Cómo Dibujar Animales Fotorrealistas

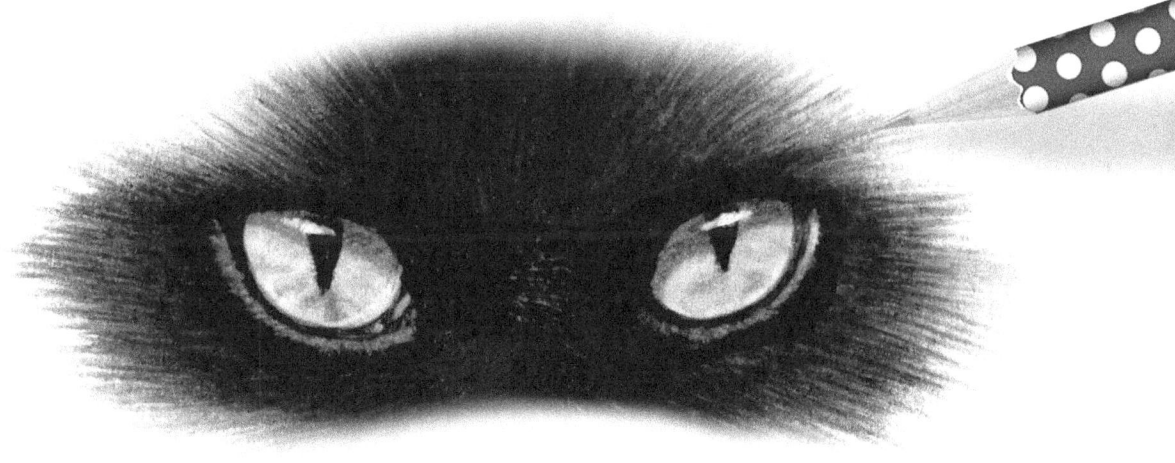

Dibujo a partir de Fotos de Referencia por Jasmina Susak

Dentro del Libro
Una Colección de Dibujos que Dominarás

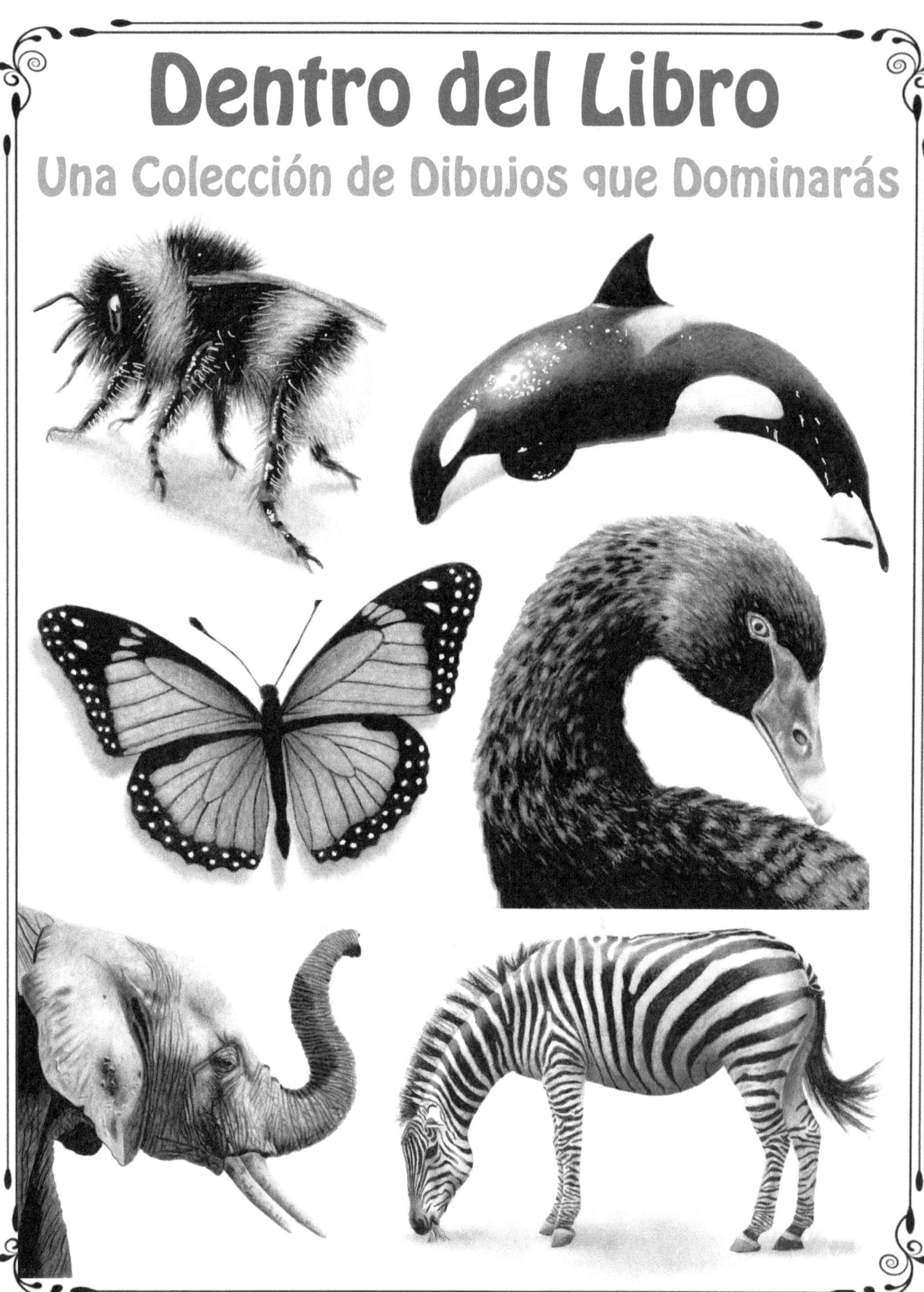

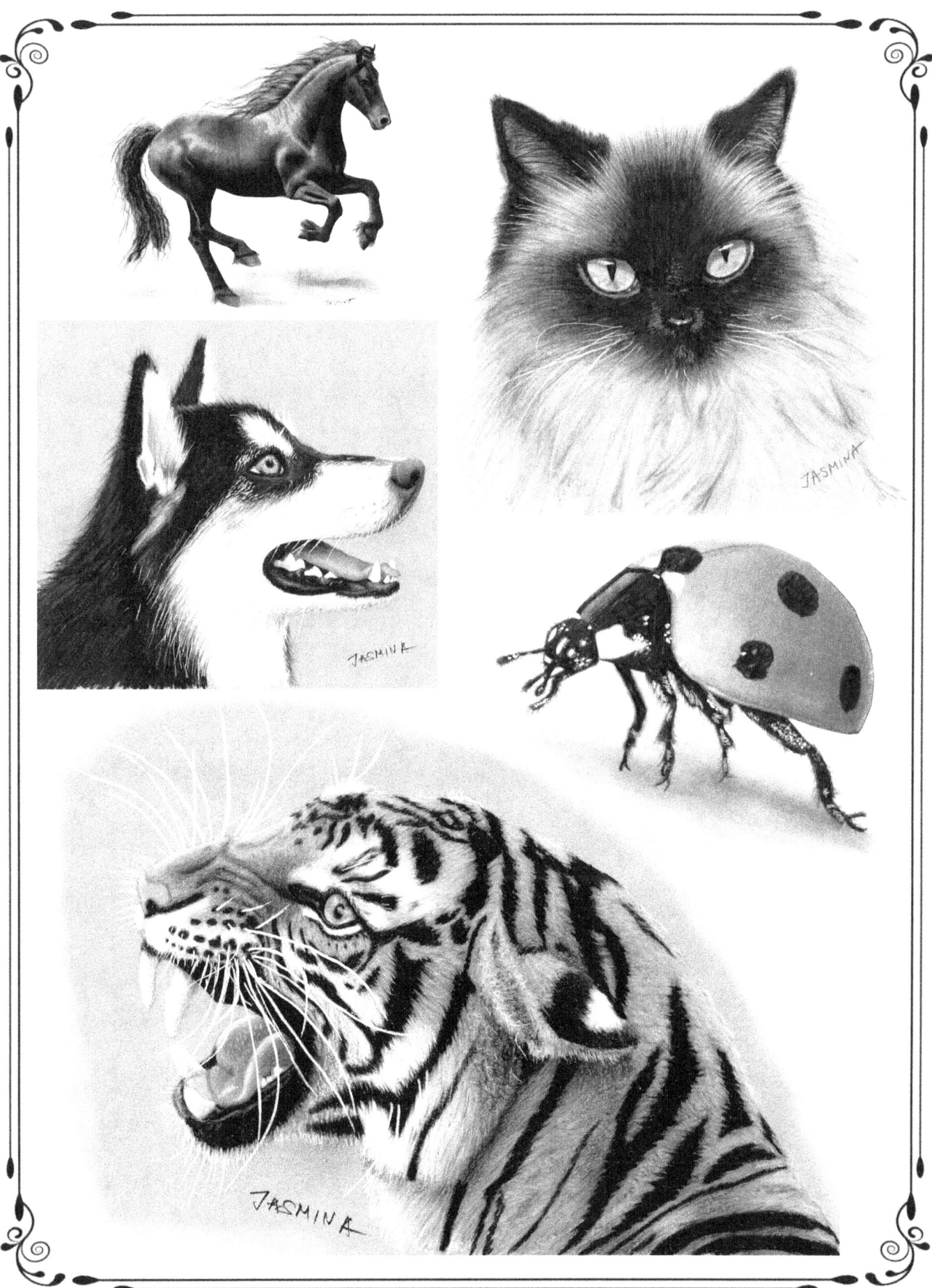

Derechos de autor

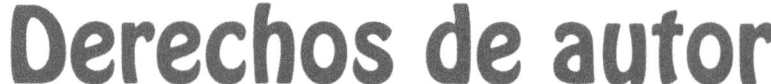

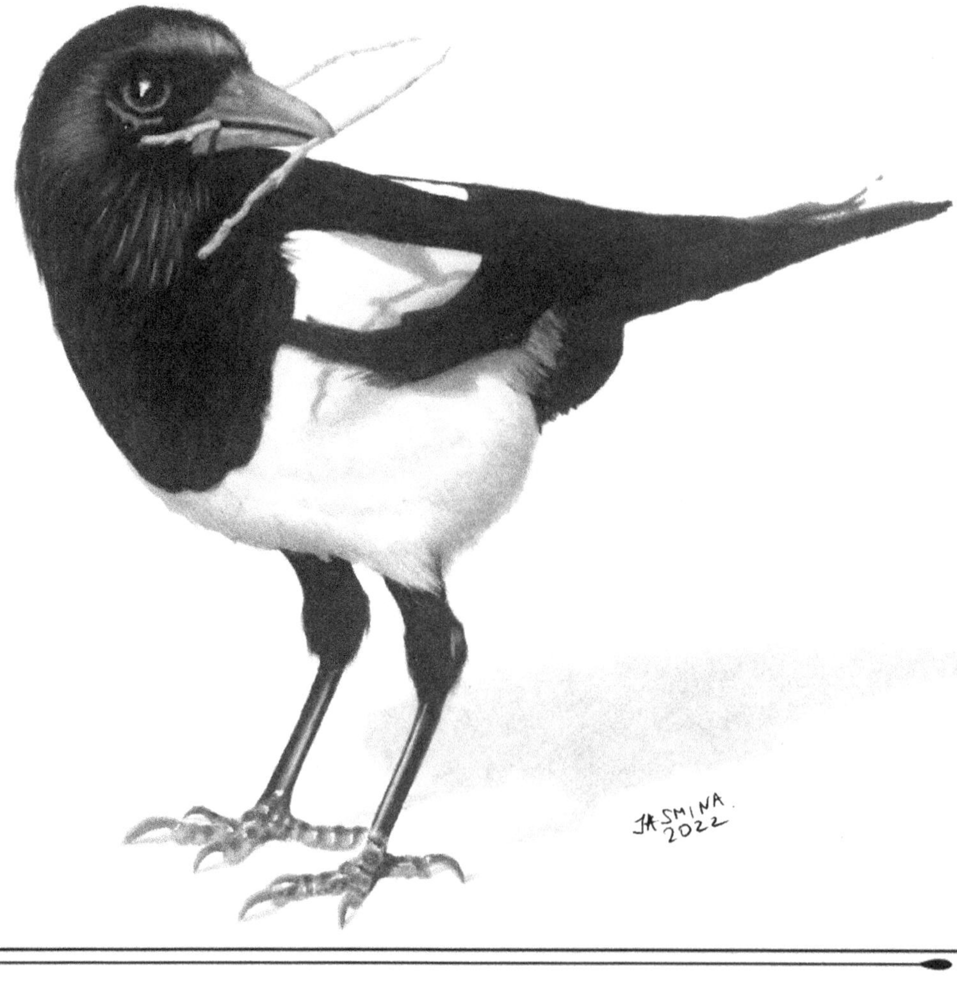

Dedicación

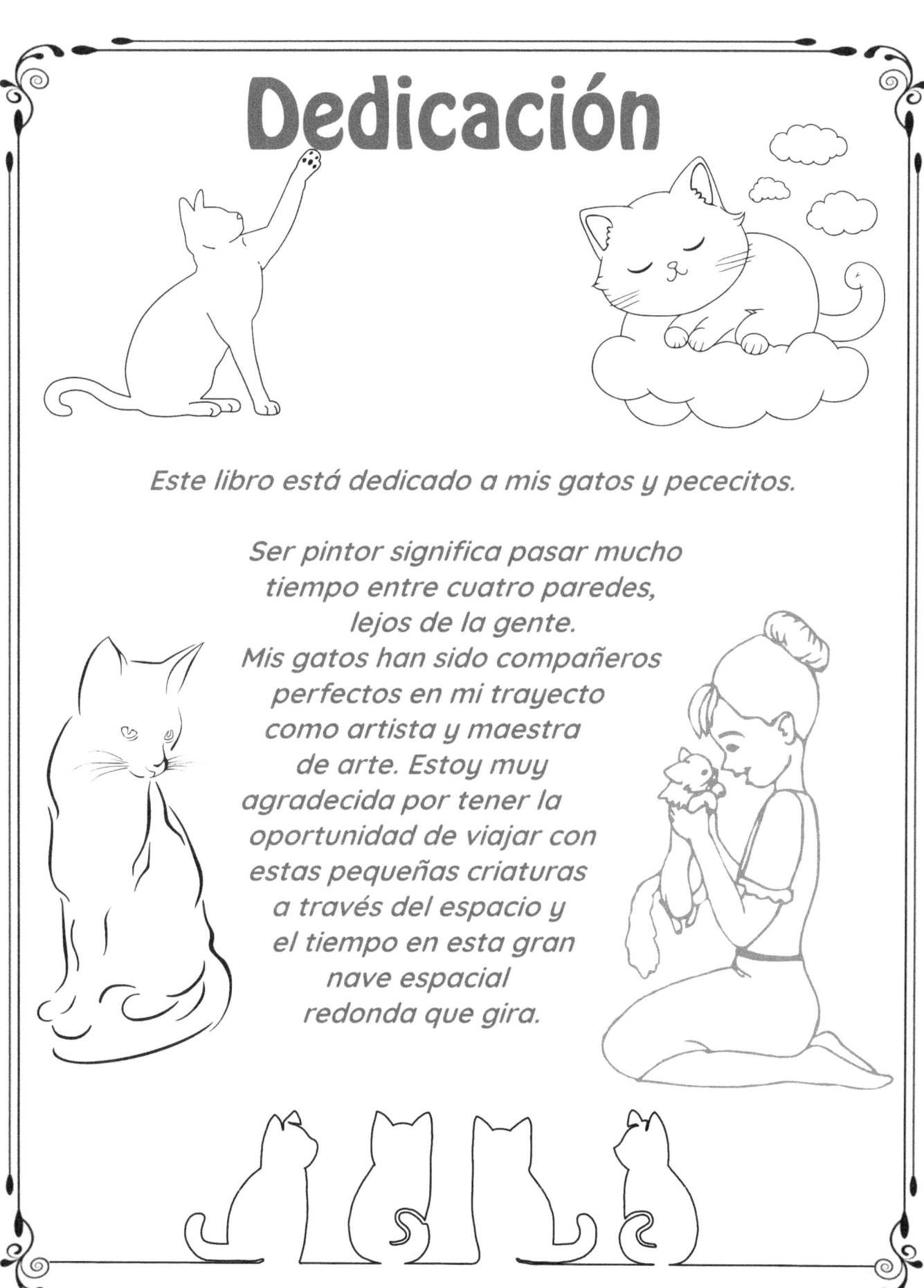

Este libro está dedicado a mis gatos y pececitos.

Ser pintor significa pasar mucho tiempo entre cuatro paredes, lejos de la gente. Mis gatos han sido compañeros perfectos en mi trayecto como artista y maestra de arte. Estoy muy agradecida por tener la oportunidad de viajar con estas pequeñas criaturas a través del espacio y el tiempo en esta gran nave espacial redonda que gira.

Tabla de Contenidos

Capítulo I: Preparación 9

    Suministros de Arte Esenciales 11

    Lápices de Grafito 12

    Papel 14

    Herramientas para Mezclar 15

    Borradores 16

    Herramientas Adicionales 18

    Papel de lija 20

    Tipos de Líneas 21

    Gradiente Suave 26

    Cómo Elegir Fotos de Referencia 28

    Cómo Elegir los Lápices Adecuados 29

    Bocetos Proporcionales: El Método de la Cuadrícula 30

    Cómo Utilizar el Método de la Cuadrícula 32

Capítulo II: Tutoriales 39

    Cómo Dibujar una Mariposa 40

    Cómo Dibujar una Orca 50

    Cómo Dibujar una Mariquita 58

    Cómo Dibujar un Abejorro 70

    Cómo Dibujar un Cisne Negro 84

    Cómo Dibujar un Gato Ragdoll 98

    Cómo Dibujar una Cebra 122

    Cómo Dibujar un Elefante 138

    Cómo Dibujar un Caballo 152

    Cómo dibujar un Husky 170

    Cómo Dibujar un Tigre 196

    Edición de tu Dibujo 212

    Epílogo 216

    Sobre la Autora 218

    Fotos de Referencia para Mejorar Habilidades 220

Introducción

Mi aspiración suprema siempre ha sido crear dibujos que se asemejen estrechamente a las fotos. Si compartes este objetivo, entonces este libro está diseñado específicamente para ti. A menudo me encuentro con la pregunta: "¿Por qué no simplemente tomar una foto?" Mi respuesta es simple: "Porque eso es fácil, ¡y nos gusta trabajar duro!"

Dibujar a partir de fotos de referencia no es tarea sencilla. Incluso con más de una década de experiencia en este campo, aún encuentro desafiante replicar una foto con precisión absoluta, a pesar de que aparente ser sin esfuerzo. Al observar un dibujo creado a partir de una foto de referencia, queda claro que el artista ha utilizado la referencia para representar con precisión la posición y relación entre rasgos faciales y otras características. Resulta difícil para cualquiera depender únicamente de la memoria para determinar las proporciones precisas de un animal o capturar sus detalles exactos. Utilizar fotos de referencia asegura una representación más realista y proporcional, a menos que la intención sea crear una obra de arte abstracta o proporcionalmente menos realista. Así que, bienvenido a esta guía diseñada para llevar tus dibujos al siguiente nivel. Suponiendo que tienes cierta experiencia previa en el dibujo, este libro tiene como objetivo refinar y mejorar tus habilidades existentes. El enfoque aquí es construir sobre tu base, ir más allá de tu zona de confort y adentrarte en técnicas más intrincadas y avanzadas. Es crucial entender que alcanzar la maestría en el dibujo es un proceso gradual. Tus intentos iniciales pueden no ser perfectos, pero es importante no desanimarse. A medida que progresas y comparas tus primeros trabajos con los más recientes, verás la notable mejora que has logrado. Al perseverar y perfeccionar constantemente tus habilidades, superarás tus logros anteriores. Con el tiempo y la práctica, tus habilidades progresarán de forma natural, llevándote a un crecimiento notable. Para asegurar una base sólida, comenzaremos con dibujos más simples como calentamiento antes de avanzar gradualmente a proyectos más intrincados y detallados. Te insto a que no te apresures en los pasos. Solo avanza cuando estés satisfecho con los resultados de la etapa anterior, dejando poco margen para futuras mejoras.

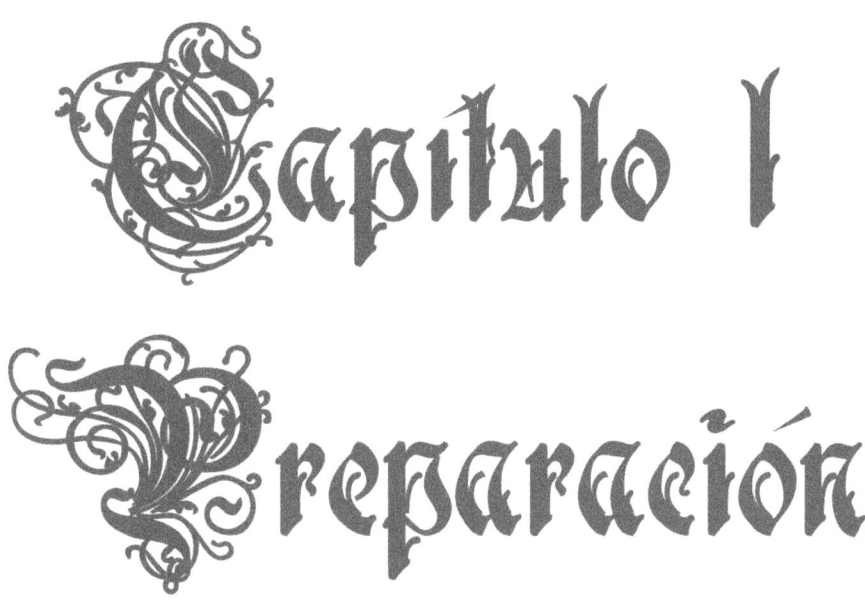

Capítulo 1
Preparación

Suministros de Arte Esenciales

Cuando se trata de herramientas de dibujo, no hay una respuesta universal que se adapte a todos. Cada artista tiene sus propias preferencias y necesidades únicas. Dependiendo de los resultados específicos que desees lograr, hay una amplia gama de materiales de dibujo disponibles para que elijas.

En este capítulo, mi objetivo es proporcionar una lista completa de las herramientas y materiales que se utilizarán en los tutoriales de este libro. Es importante tener en cuenta que la mención de marcas específicas se basa puramente en preferencias personales y no indica superioridad sobre otras opciones.

Quiero enfatizar que no tengo afiliación ni patrocinio por ninguna de las marcas mencionadas. Aunque personalmente uso y aprecio estas marcas particulares, te animo a explorar y elegir las marcas que se adapten a tus propias preferencias. Sin embargo, recomiendo optar por marcas establecidas para garantizar calidad y durabilidad.

Invertir en materiales ligeramente más caros puede mejorar tu experiencia artística en general y obtener mejores resultados en comparación con luchar con herramientas de baja calidad. Recuerda que trabajar con materiales confiables y agradables puede tener un impacto positivo en tu proceso creativo.

Lápices de Grafito

En primer lugar, quiero destacar la flexibilidad y adaptabilidad del medio que elijas para estos tutoriales. Si bien los lápices de grafito son comúnmente utilizados, siéntete libre de explorar otras opciones como el carbón o lápices de colores gris. La clave es seleccionar el medio que resuene contigo. El carbón ofrece una textura rica y expresiva, permitiendo efectos audaces y dramáticos. Por otro lado, los lápices de colores gris ofrecen un enfoque más controlado y preciso, mientras siguen ofreciendo una amplia gama de valores.

Así que ya sea que elijas carbón, lápices de grafito o lápices de colores gris, recuerda que las técnicas y principios discutidos en estos tutoriales se pueden aplicar en diversos medios. Abraza el medio que te hable y anime tu exploración artística.

Para estos tutoriales, personalmente prefiero utilizar los lápices Pitt Graphite Matt de Faber-Castell. Estos lápices en particular ofrecen una ventaja única porque tienen un acabado mate, eliminando cualquier reflejo no deseado de la luz. Esta característica los hace ideales para artistas que prefieren una superficie no reflectante.

Lo que distingue a estos lápices es que Faber-Castell ha ampliado su gama para incluir tonos aún más oscuros como 10B, 12B y 14B, superando la oscuridad máxima anterior de 9B. Esta mayor variedad permite una mayor profundidad e intensidad en tus dibujos.

Los lápices Pitt Graphite Matt están disponibles en ocho grados de dureza: HB, 2B, 4B, 6B, 8B, 10B, 12B y 14B. Dado que no hay valores más ligeros que HB, puedes utilizar sus lápices regulares o un lápiz HB y aplicar una presión ligera para obtener tonos más claros. No es necesario comprar los ocho lápices; con adquirir un solo lápiz HB, 2B y 14B será suficiente.

Variando la presión que aplicas mientras dibujas, puedes crear una amplia gama de tonos.

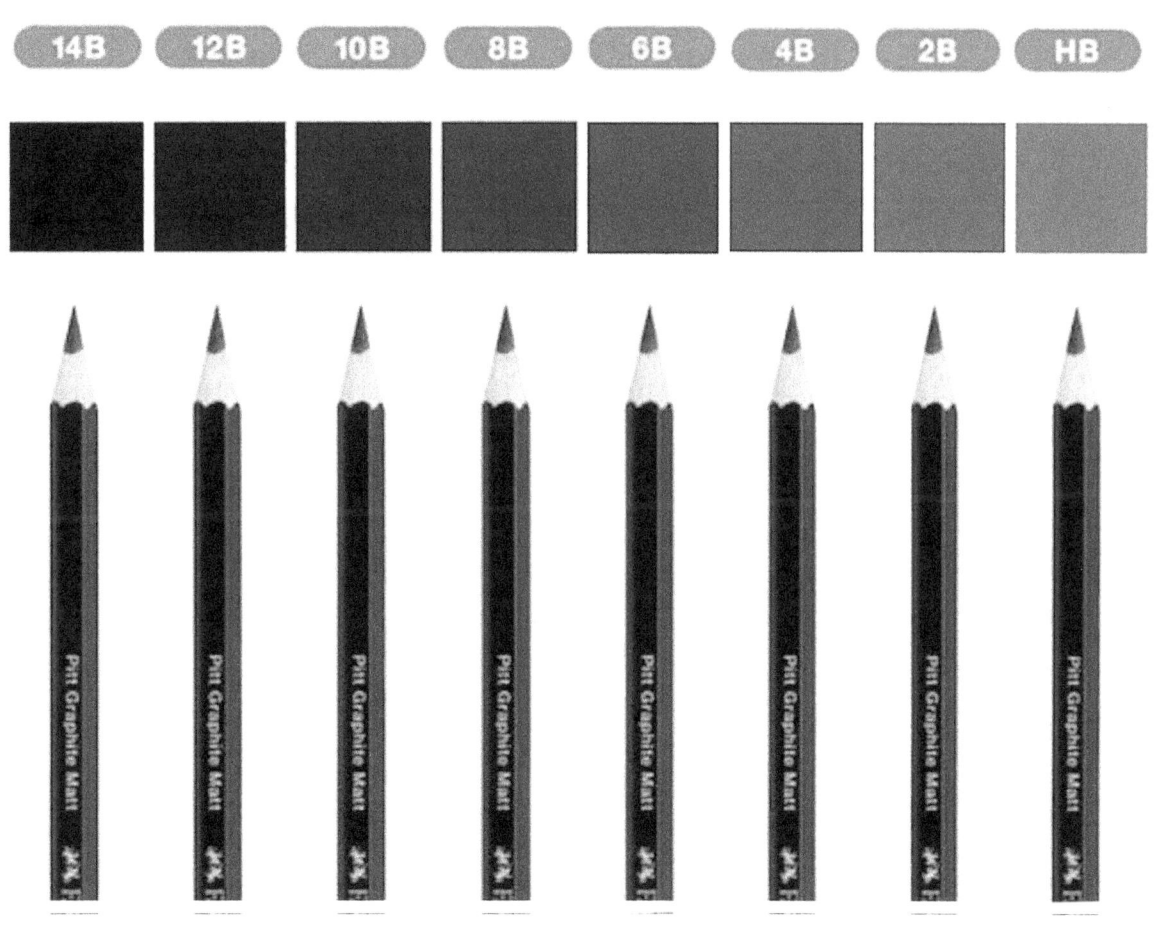

Papel

Cuando se trata de obtener resultados óptimos, la elección del papel no debe pasarse por alto. Trabajar con un papel más grueso es crucial para evitar arrugas y roturas, lo que puede ser muy frustrante durante el proceso de dibujo.

Durante la última década, siempre he confiado en el papel Fabriano Bristol para mis dibujos con lápices de colores y grafito, y nunca me ha decepcionado. Este papel tiene un peso de 250 g/m² o 145 lbs, lo que lo hace excepcionalmente grueso y resistente. Su peso sustancial le ha ganado el apodo de "tablero de ilustración" debido a su grosor.

Aunque algunos artistas prefieren papel con textura o ligeramente amarillento, mi preferencia personal radica en trabajar en una superficie lisa y de color blanco puro. Esto permite un control preciso y una estética limpia en mis dibujos. Ten en cuenta que cualquier papel Bristol puede ser una excelente opción, siempre y cuando cumpla con tus requisitos específicos.

A medida que avanzamos en los dibujos de este libro, utilizaré el formato de papel A4 (210 x 297 mm o 8.3 x 11.7 pulgadas).

Recuerda que seleccionar el papel adecuado sienta las bases para tu obra de arte, asegurando una experiencia de dibujo satisfactoria y placentera.

Herramientas para Mezclar

Cuando se trata de mezclar áreas más grandes en mis dibujos, encuentro que un simple pañuelo blanco enrollado alrededor de mi dedo sirve como una herramienta confiable. Es importante tener en cuenta que el pañuelo debe ser simple y no tener humectantes, colores o sabores. Optar por un pañuelo blanco básico y sin adornos garantiza un proceso de mezcla limpio y efectivo.

Cuando abordo áreas más pequeñas que requieren más precisión, recurro a difuminadores o tortillones. Estas herramientas en forma de lápiz, hechas de papel, son asequibles y muy eficientes. Permiten una mezcla controlada, lo que las hace ideales para lograr transiciones sutiles y suavizar bordes en detalles intrincados.

Para instancias en las que se necesita un equilibrio entre precisión y cobertura más amplia, confío en la versatilidad de los hisopos. Estos bastoncillos de algodón de fácil acceso ofrecen una opción práctica para lograr efectos de mezcla intermedios.

Frecuentemente uso el lápiz mezclador colorless de Prismacolor Premier para dibujos con lápices de grafito y lápices de colores. Esta herramienta versátil y a base de cera suaviza los bordes sin esfuerzo y logra un aspecto esponjoso, como se demuestra en los tutoriales, incluido el del gato Ragdoll.

USA SANFORD. PRISMACOLOR PC1077 Colorless Blender

Borradores

Los borradores desempeñan un papel vital cuando trabajamos con lápices de grafito, sirviendo no solo para corregir errores sino también para crear reflejos dentro de áreas sombreadas. Con una variedad de borradores a mi disposición, puedo lograr diferentes resultados y texturas a través del acto de borrar grafito.

Confío en varios tipos de borradores para lograr resultados y texturas específicas al borrar grafito. Mi colección incluye un borrador simple, un borrador moldeable, un borrador mecánico y un borrador eléctrico.

Cuando me enfrento a la tarea de borrar una sección dentro de un área especialmente oscura, un borrador moldeable puede resultar ineficaz. En esos casos, recurro al borrador eléctrico, que destaca por eliminar eficientemente el grafito, incluso de sombras profundas. Su precisión y exhaustividad lo convierten en una herramienta invaluable.

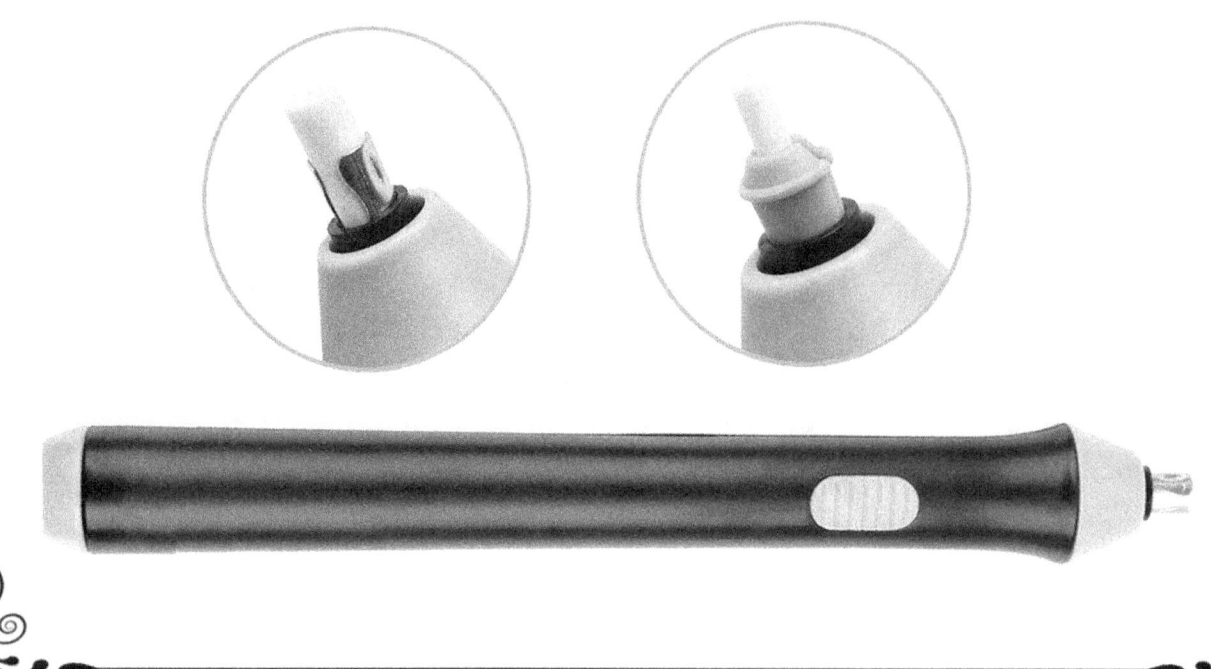

Para borrar más suavemente y gradualmente, especialmente cuando busco detalles delicados, la naturaleza maleable de un borrador moldeable es ideal. Su capacidad para levantar suavemente el grafito permite ajustes sutiles sin perturbar áreas circundantes.

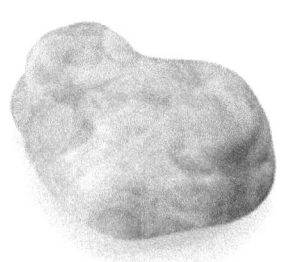

En instancias en las que busco un equilibrio entre precisión y facilidad, el borrador mecánico se convierte en la opción preferida. Su naturaleza retráctil y precisa me permite borrar selectivamente con control, logrando el efecto deseado con facilidad.

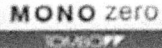

Herramientas Adicionales

Además de las herramientas mencionadas anteriormente, hay algunos elementos esenciales que contribuyen en gran medida a mi proceso de dibujo:

Sacapuntas: Un sacapuntas de mano simple es imprescindible para mantener una punta fina en mis lápices.

Cepillo para la Limpieza: Para eliminar el polvo y los residuos de grafito de mi papel, confío en un gran pincel de maquillaje. Sus cerdas suaves eliminan de manera efectiva los residuos no deseados sin el riesgo de emborronar o dejar huellas dactilares en la obra de arte. Lavarlo regularmente y secarlo adecuadamente asegura su limpieza y eficiencia para su uso futuro.

Polvo de Grafito: Para sombrear superficies más grandes o crear fondos atmosféricos, el polvo de grafito es un recurso valioso. Puede comprarse cómodamente o hacerse fácilmente frotando la punta de un lápiz de grafito contra papel de lija. El polvo resultante permite técnicas de sombreado suaves y versátiles, añadiendo profundidad y dimensión a la obra de arte.

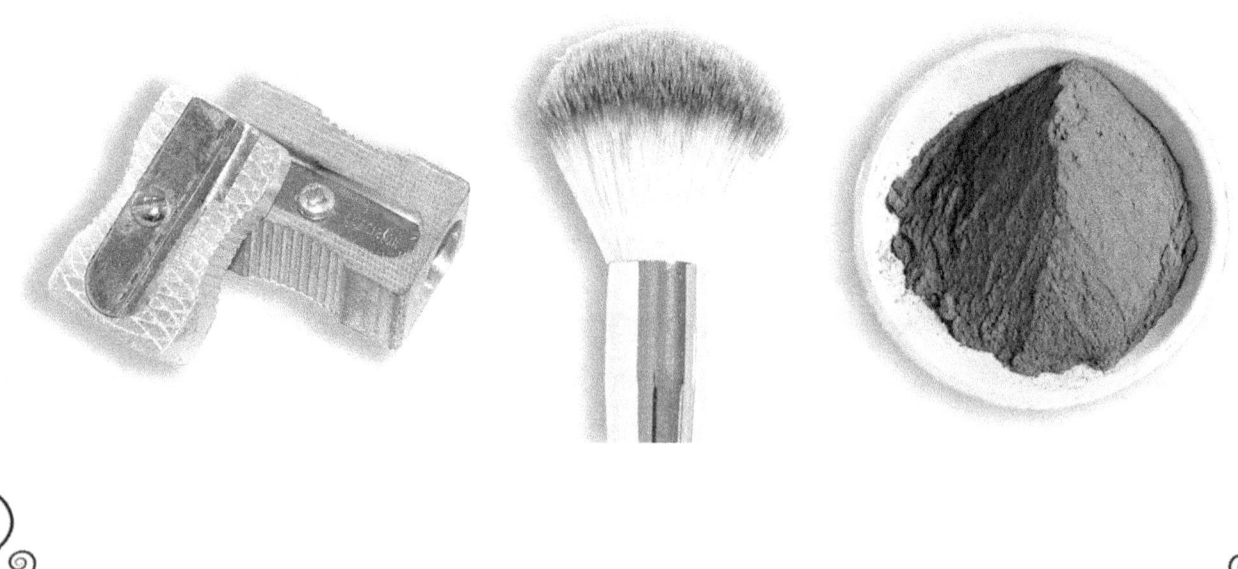

Herramientas de Enmascaramiento: Cuando quiero preservar áreas específicas al sombrear o dibujar, confío en el film de enmascaramiento Frisket (Frisket Masking Film). Este film me permite cubrir fácilmente las regiones deseadas y puede retirarse sin causar ningún daño. Aunque cinta adhesiva o papel cortado pueden servir para el propósito, optar por un film autoadhesivo diseñado especialmente para esta tarea ofrece mayor comodidad. Esta marca, bien considerada entre los artistas, ha demostrado ser confiable y altamente recomendada.

Bolígrafo de Tinta Blanca: A menudo uso un bolígrafo de tinta blanca o un gelly roll blanco para añadir detalles blancos intrincados a mis dibujos, especialmente cuando lograr un color blanco puro es complicado. Por ejemplo, al dibujar bigotes, prefiero usar este bolígrafo en lugar de sombrear alrededor de líneas pequeñas que deben permanecer intactas hasta el final del dibujo para mantener su brillo. Los borradores, por otro lado, no pueden crear las líneas precisas necesarias para los bigotes y es posible que no eliminen suficiente grafito para lograr un resultado verdaderamente blanco. Esta herramienta versátil facilita mucho el proceso y produce mejores resultados. Si no tienes un bolígrafo de tinta blanca, cualquier marcador blanco opaco o incluso un líquido corrector pueden cumplir el mismo propósito cuando se aplican sobre grafito o el medio que hayas elegido.

Papel de lija

El papel de lija es una herramienta versátil que siempre tengo a mano durante mis esfuerzos artísticos. Cumple múltiples propósitos, incluyendo afilar las puntas de mis lápices y limpiar tanto las puntas de los lápices como los borradores eléctricos.

Además, confío en el papel de lija para crear una punta afilada en mi borrador eléctrico. Para lograrlo, simplemente lo enciendo y lo paso en un ángulo de 45 grados sobre el papel de lija. Esta técnica asegura una punta nítida y precisa, lo que permite borrar con precisión en áreas detalladas de mis dibujos.

Para afilar las puntas de mis lápices, los giro suavemente contra el papel de lija, asegurando una punta precisa y fina. La superficie abrasiva del papel de lija elimina eficientemente el exceso de grafito y ayuda a mantener el rendimiento óptimo del lápiz.

El papel de lija también puede servir como herramienta para crear tu propio polvo de grafito.

Tipos de Líneas

Diferentes texturas requieren tipos específicos de líneas y técnicas de sombreado para lograr los efectos deseados. Aquí, introduciré brevemente algunos esenciales y proporcionaré imágenes de ejemplo que los acompañen.

Tramado

El tramado implica aplicar líneas paralelas que no se cruzan entre sí, una al lado de la otra, para cubrir un área por completo o parcialmente. Esta técnica es ideal para dibujar cabello humano rizado o pelaje largo y brillante de animales, como la melena recta de un caballo.

Para ilustrar esta técnica, consulta la imagen que acompaña.

En el primer paso (1), usando un lápiz 2B, traza líneas hacia el punto más claro del rizo, enfocándote específicamente en la sección central donde el cabello se dobla. Aplica presión firme en el lado izquierdo en la zona más oscura y ve disminuyendo gradualmente la presión en el lápiz mientras te acercas al punto más claro.

A continuación, en el paso dos (2), repite el proceso en el lado opuesto. Comienza con presión firme y disminuye suavemente el toque a medida que te acerques a la zona que dibujaste previamente. Deja algo de espacio en blanco entre las líneas. El tamaño del espacio en blanco determina el tamaño y el brillo de los rizos. Para rizos pequeños, deja un espacio en blanco reducido.

En el tercer paso (3), agrega más sombreado cubriendo el extremo del rizo con un tono mucho más oscuro, como un 8B. Aplica presión firme al principio y disminuye gradualmente mientras trazas las líneas hacia el punto más claro.

Finalmente, en el paso cuatro (4), utiliza un difumino para mezclar los extremos de los trazos sobre el punto más claro. Para añadir más realismo, crea cabellos sueltos aleatorios, borrando el grafito en varias áreas del dibujo. Esta técnica dará como resultado un mechón de cabello rizado y brillante. Es importante señalar que en este caso, no utilizamos el trazado cruzado ni la técnica del circulismo, de los cuales hablaré con más detalle más adelante.

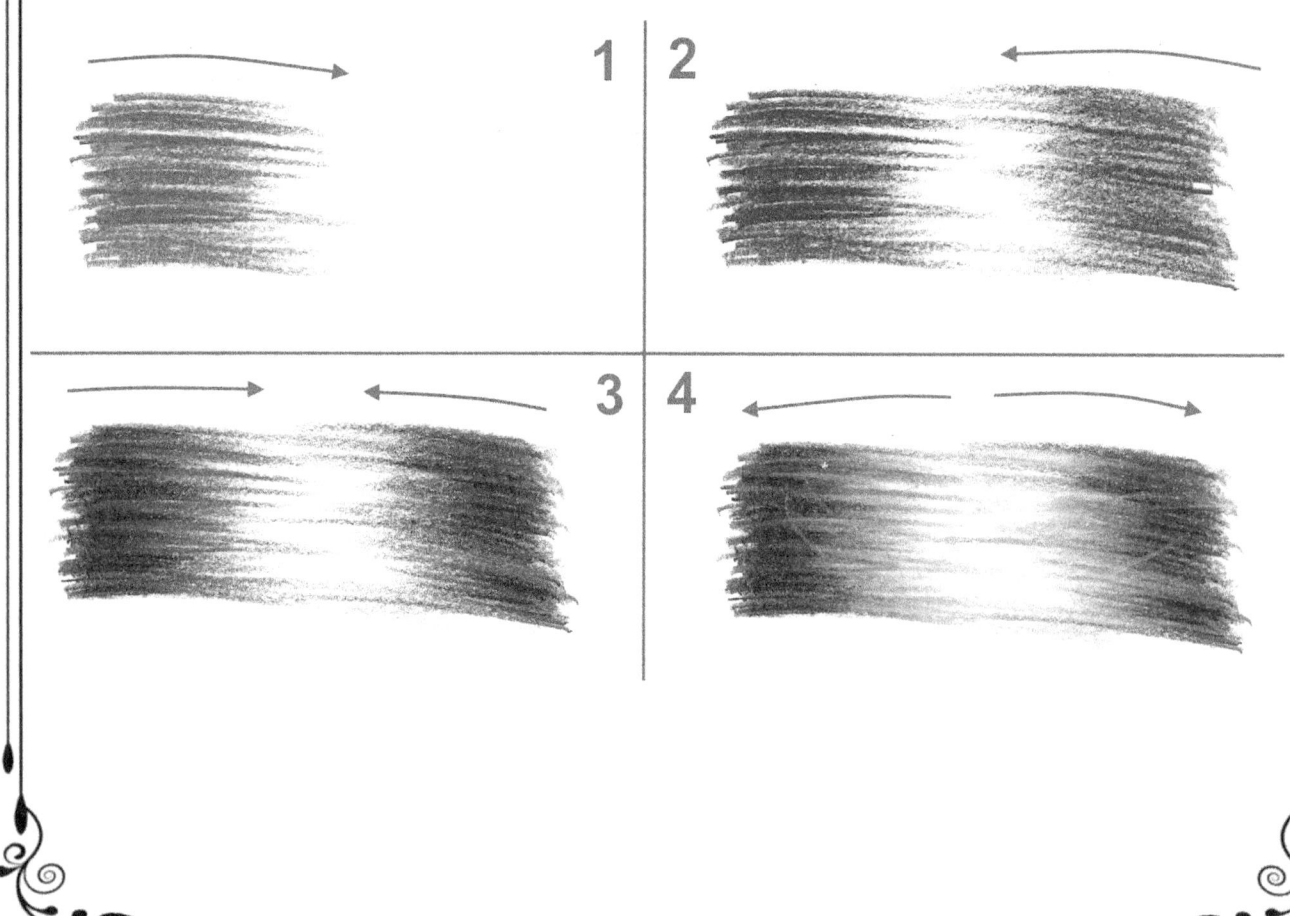

Técnica del Trazado Cruzado

El trazado cruzado es una técnica valiosa para crear una amplia gama de texturas, especialmente en telas y otras superficies intrincadas. Para lograr este efecto, comienza aplicando trazos de lápiz paralelos muy juntos en una dirección. Luego, agrega otra serie de líneas en un ángulo de 90 grados, perpendicular a los trazos iniciales.

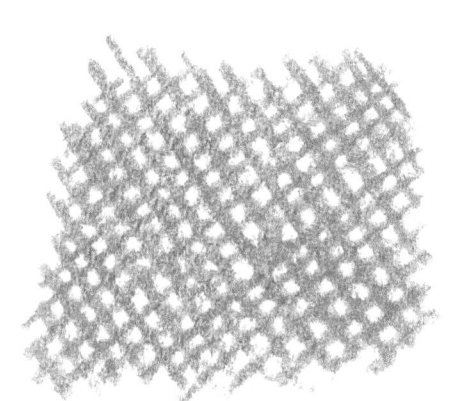

Punteado

El punteado es una técnica que implica crear un patrón de numerosos puntos en la superficie. Algunos artistas incluso crean obras completas utilizando solo el punteado. Cuando se utiliza el punteado para crear sombreado, los puntos se colocan más cerca en las áreas sombreadas, mientras que para los aspectos destacados, los puntos se espacian ligeramente más aparte. Esta técnica es especialmente útil cuando se trabaja con lápices que pueden no producir una textura suave sin importar cuán fuerte presionemos. El punteado nos permite igualar la textura aplicando más sombra en las áreas más claras y logrando un efecto de sombreado gradual y controlado sin avanzar repentinamente ni cometer errores. Proporciona un enfoque metódico y preciso para crear texturas y tonos realistas en nuestros dibujos.

También es crucial considerar la nitidez o embotamiento de la punta del lápiz cuando se busca texturas específicas. Una punta de lápiz muy afilada puede crear detalles precisos y finos, mientras que una punta completamente embotada puede producir trazos más amplios y suaves. Al ajustar la nitidez de la punta del lápiz, tenemos un mayor control sobre las texturas que queremos lograr en nuestros dibujos. Esto nos permite variar el nivel de detalle y crear diferentes efectos visuales, mejorando el realismo y la expresión general de nuestra obra de arte.

Garabateo

El garabateo es una técnica que implica dibujar líneas de manera aleatoria y sin estructura para cubrir un área específica. Con el garabateo, tienes la libertad de soltarte y crear marcas espontáneas. Una vez que hayas terminado de garabatear, puedes mezclar las líneas utilizando un pañuelo o un difumino, lo que resulta en un efecto único y texturizado. Puede ser especialmente útil para crear ciertas texturas en tu obra de arte.

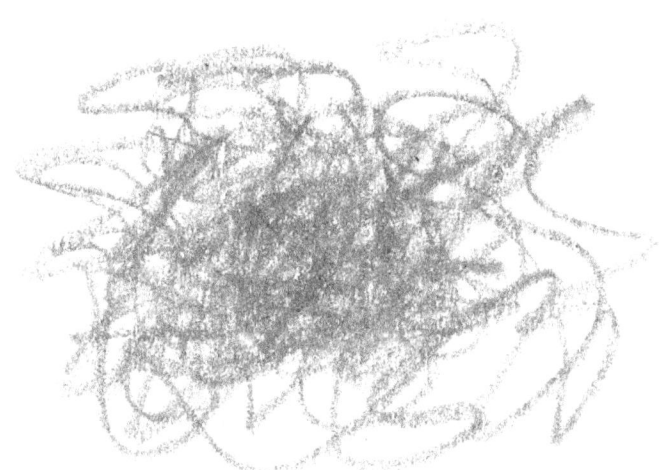

Técnica de circulismo

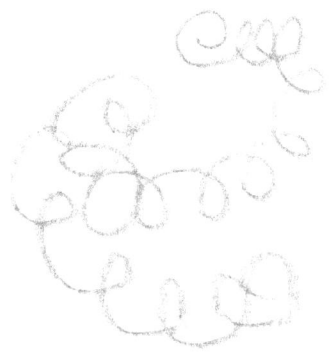

El circulismo es un método que implica aplicar círculos superpuestos, como se muestra en la imagen de la izquierda. Si bien el ejemplo proporciona una comprensión básica, en la práctica, los círculos deben estar mucho más cerca entre sí y repetirse hasta lograr una textura uniforme.

Ahora, dibujemos los círculos super-poniéndolos repetidamente. Echa un vistazo a la imagen de la derecha para ver el resultado final. Al dibujar círculos uno sobre otro, podemos cubrir completamente el papel y crear una textura suave, especialmente útil para dibujar la piel humana y texturas similares.

Personalmente, utilizo esta técnica y la recomiendo mucho para lograr una textura sin costuras y sin líneas visibles. Es importante utilizar un papel de buena calidad, suave y grueso que pueda soportar múltiples capas de coloración presionada. El papel delgado podría desmoronarse y rasgarse al usar muchas capas de círculos superpuestos.

Gradiente Suave

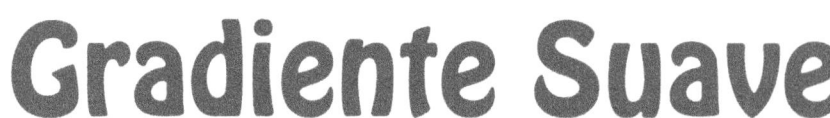

En el mundo de los dibujos realistas, dominar el arte de crear un gradiente suave es fundamental. Esta técnica implica conectar sin problemas tonos oscuros, medios y resaltados, sin bordes visibles entre ellos. Los tonos deben fluir elegantemente entre sí, creando una transición perfecta. Una vez que hayas dominado el gradiente suave, las posibilidades para el dibujo realista son ilimitadas.

Para practicar esta técnica, te animo a sombrear una superficie plana, como se muestra en la imagen adjunta. Aunque no entraré en detalles sobre cómo sombrear una esfera en este libro, ya que es un tema ampliamente explorado, creo que es importante reforzar la importancia de practicar el gradiente suave. Sirve como base para crear texturas y volúmenes realistas.

La clave para lograr una transición suave entre diferentes grados de grafito radica en ajustar la presión aplicada al lápiz. En la imagen de la izquierda, observarás cómo apliqué lápices 2B, HB, H, 3H y 5H uno al lado del otro, manteniendo una presión constante en todo momento. En el lado derecho, comencé con un lápiz 2B, ejerciendo una presión firme en el lado izquierdo de la muestra. A medida que me movía hacia la zona más clara a la derecha, gradualmente liberaba la presión en mi lápiz.

Continuando con un lápiz HB, solapé ligeramente el lado derecho del área previamente dibujada con 2B, presionando más fuerte para mezclar los tonos, aliviando la presión mientras sombreaba hacia el lado derecho. Repetí este proceso con un lápiz H y 3H, y finalmente, usé un lápiz 5H en el lado izquierdo, aplicando una presión muy ligera para permitir que el tono más claro se desvaneciera suavemente en el brillo del papel. Al volver a utilizar los lápices previamente usados, los mezclamos perfectamente, haciendo que los bordes sean invisibles.

2B HB H 3H 5H

2B HB H 3H 5H

Practicar esta técnica perfeccionará tu habilidad para crear gradientes realistas y desarrollar un ojo discernidor para transiciones suaves en tu obra de arte.

Cómo Elegir Fotos de Referencia

Al seleccionar una foto de referencia para tu dibujo, es importante elegir imágenes que exhiban buen contraste y eviten parecer planas. Incluso si la foto original carece de un contraste fuerte, puedes crearlo en tu dibujo al enfatizar los aspectos destacados y las sombras, como se muestra en el tutorial de la cebra. Además, asegúrate de que los sujetos en las imágenes sean reconocibles incluso como miniaturas pequeñas.

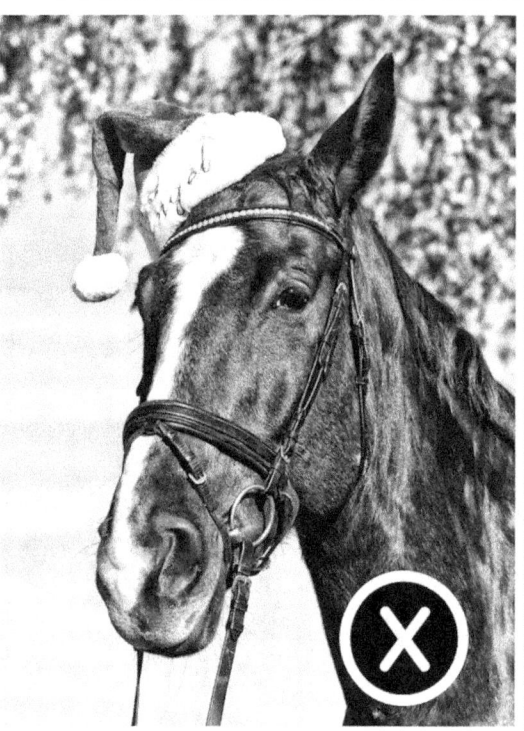 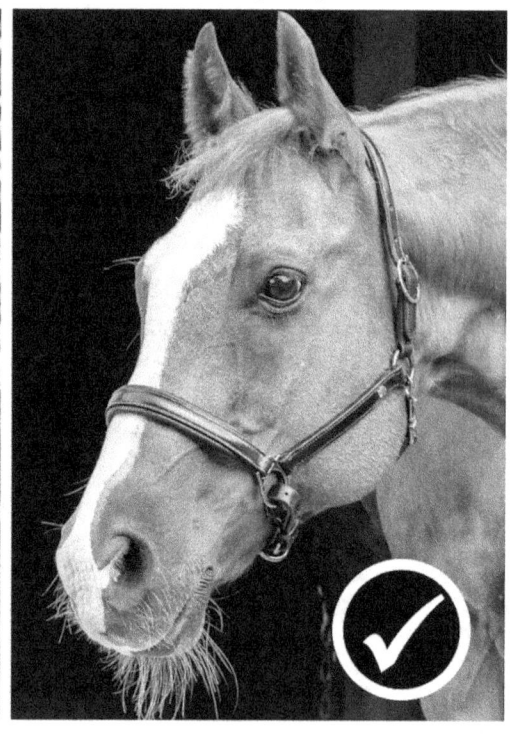

Para mejorar la claridad, puedes considerar colorear el fondo que rodea al animal con blanco o incluso negro en un software de edición de imágenes. Al simular el fondo de papel blanco, puedes evaluar mejor el contraste, los valores y la composición general de tu sujeto. Al eliminar los detalles en el fondo, el animal se convierte en el punto focal principal. Este enfoque minimalista puede resultar en una composición poderosa e impactante, especialmente cuando el objetivo es enfatizar al animal y crear un fuerte impacto visual. A lo largo de los tutoriales en este libro, profundizaré más en el tema de cómo elegir fotos de referencia y te proporcionaré consejos valiosos para hacer las mejores selecciones para tu obra de arte.

Cómo Elegir los Lápices Adecuados

Puede que te preguntes cómo elegir los lápices adecuados para tus futuros dibujos cuando no esté aquí para guiarte como en estos tutoriales. La habilidad de elegir el grado correcto se desarrolla con el tiempo a través de la práctica y la experiencia. Yo generalmente confío en mi intuición y tomo el lápiz que me viene a la mente primero cuando veo la foto de referencia. Sin embargo, este método puede ser desafiante para los principiantes, ya que es fácil seleccionar el tono equivocado.

Para ayudarte al principio, he desarrollado una herramienta útil llamada "Color Picker for Artists", disponible tanto como una aplicación móvil como de escritorio. Esta herramienta te permite cargar tu foto de referencia, seleccionar un área específica y la aplicación sugerirá la coincidencia más cercana en términos de lápices de colores o grafito. La versión de escritorio incluso ofrece una función de precisión, mostrando la coincidencia en porcentaje. Si bien estas son aplicaciones de pago, su costo equivale a solo unos pocos lápices, y pueden ahorrarte un tiempo valioso al elegir los lápices correctos. Para obtener más información y enlaces, visita nuestro sitio web en www.pen-pick.com

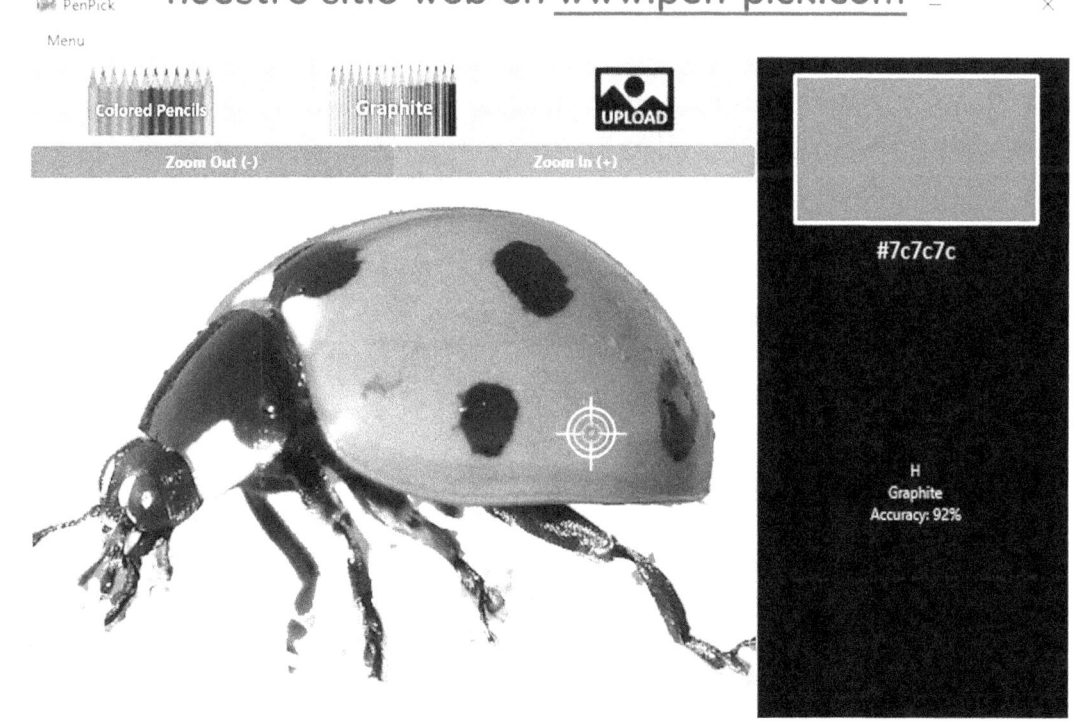

Bocetos Proporcionales

Al crear dibujos realistas con lápices de grafito, es crucial tener una base sólida. El boceto inicial debe ser proporcional y preciso, ya que los lápices oscuros no se borran fácilmente. Sin embargo, solo el boceto no garantiza un resultado realista. Es posible tener un boceto perfecto, pero terminar con un dibujo que carece de realismo, al igual que un boceto menos perfecto se puede transformar a través del sombreado y la ubicación estratégica de los valores.

Aunque el trazado puede proporcionar una solución rápida, obstaculiza el desarrollo de las habilidades de dibujo a mano alzada y la paciencia, y presenta desventajas significativas a largo plazo. Además, en papel de alta calidad y grosor, el trazado puede ser ineficaz debido a la limitada transparencia, lo que resulta en líneas mal ubicadas.

El Método de la Cuadrícula

El Método de la Cuadrícula es una técnica simple y efectiva para transferir con precisión los contornos de una foto de referencia a la superficie de tu dibujo. Implica dividir tanto la foto de referencia como la superficie del dibujo en una cuadrícula de cuadros de tamaño igual. Al observar cuidadosamente la foto de referencia cuadro por cuadro y replicar el contenido en cada cuadro correspondiente en tu superficie de dibujo, puedes asegurarte de mantener proporciones y ubicación precisas.

Para desarrollar habilidades de dibujo a mano alzada, te recomiendo encarecidamente que utilices el Método de la Cuadrícula. Comienza dibujando las líneas principales a mano alzada, recurriendo a la cuadrícula solo si las proporciones parecen incorrectas en tu boceto inicial. A medida que ganas confianza, aumenta gradualmente el tamaño de los cuadros de tu cuadrícula, confiando cada vez menos en la cuadrícula en sí. Los artistas avanzados pueden usar solo algunas líneas de referencia de la cuadrícula, confiando más en su "ojo artístico".

El Método de la Cuadrícula tiene una rica historia en el mundo del arte, que se remonta a la Edad Media. Uno de los artistas más renombrados que empleó esta técnica fue Albrecht Dürer.

La imagen adjunta muestra el método de Dürer para posicionar a su modelo dentro de una cuadrícula enmarcada, lo que le permitió realizar un dibujo preciso y fiel en papel.

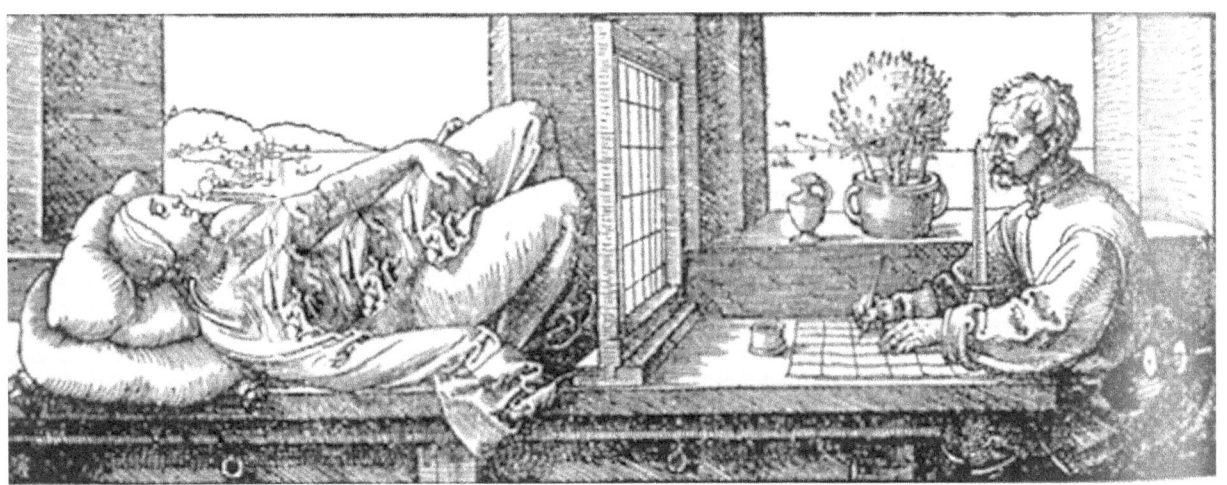

El Método de la Cuadrícula también fue utilizado por muchos otros artistas del Renacimiento, incluido el gran Leonardo da Vinci. Incluso en la actualidad, el Método de la Cuadrícula sigue siendo una técnica valiosa para los artistas que buscan descomponer sujetos complejos y mantener la precisión en sus obras de arte.

Cómo Utilizar el Método de la Cuadrícula

Entonces, ¿cómo utilizar el Método de la Cuadrícula para crear un cuadro sobre tu foto de referencia y tu hoja de papel en blanco?

Si encuentras difícil dibujar un cuadro a mano sobre tu foto de referencia, existen herramientas digitales disponibles para ayudarte. Una de estas herramientas es GriDraw, una aplicación que he desarrollado. GriDraw ofrece una herramienta de dibujo de cuadros convenientes que puede ayudarte a colocar líneas de cuadros en tu foto de referencia. Para obtener más información sobre GriDraw y realizar una compra, visita su sitio web en www.gridraw.net

Recomiendo encarecidamente usar celdas cuadradas con una relación de aspecto de 1:1 en lugar de celdas rectangulares al dibujar cuadros. Esto se debe a que las celdas cuadradas son más simples y más fáciles de trabajar, lo que permite una mayor precisión y proporción en tu obra de arte.

1. Comienza decidiendo el número deseado de columnas y filas para tu cuadro.

2. Dibuja un cuadro sobre tu foto de referencia, etiquetando cada celda con números o letras como se muestra en la imagen adjunta.

3. En una hoja de papel en blanco, dibuja el cuadro con las mismas filas y columnas que tu foto de referencia. Asegúrate de etiquetar las celdas de la misma manera. Para obtener resultados óptimos, recomiendo usar un lápiz HB y aplicar una presión suave. Los lápices más ligeros (duros) tienden a crear canales en el papel, lo que puede ser indeseable al sombrear. No es necesario usar lápices más oscuros, ya que pueden permanecer visibles incluso después de borrar.

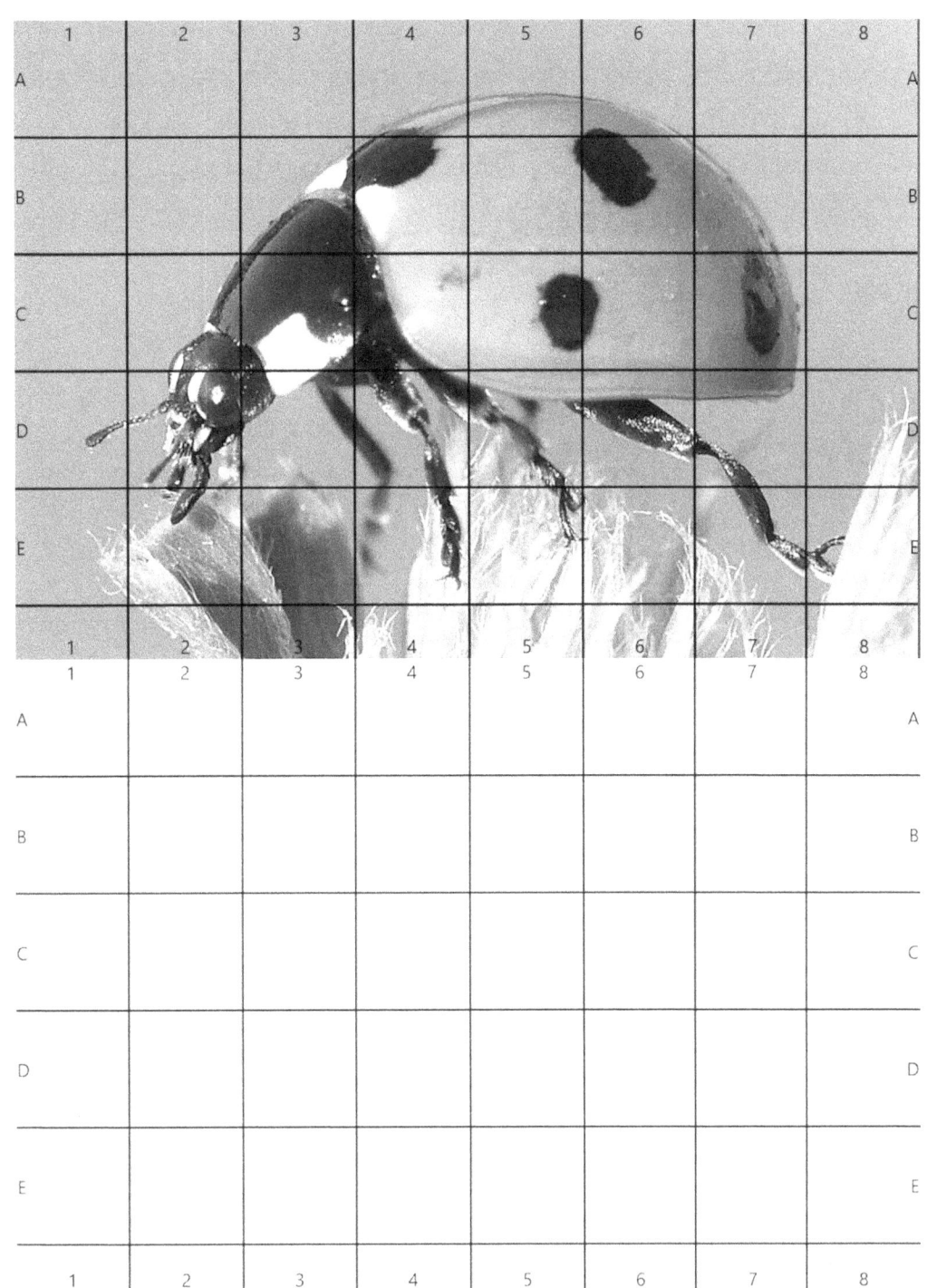

4. Ahora es hora de comenzar a dibujar las líneas que necesitarás para tu dibujo. Estas líneas pueden ser formas simples o detalles intrincados, según lo que encuentres más útil en la foto de referencia. Elige un cuadro en la cuadrícula como punto de partida y localiza el cuadro correspondiente en tu papel o lienzo con

cuadrícula. En la imagen proporcionada, puedes ver que comencé en el cuadro B7, dibujando la curva del caparazón de la mariquita.

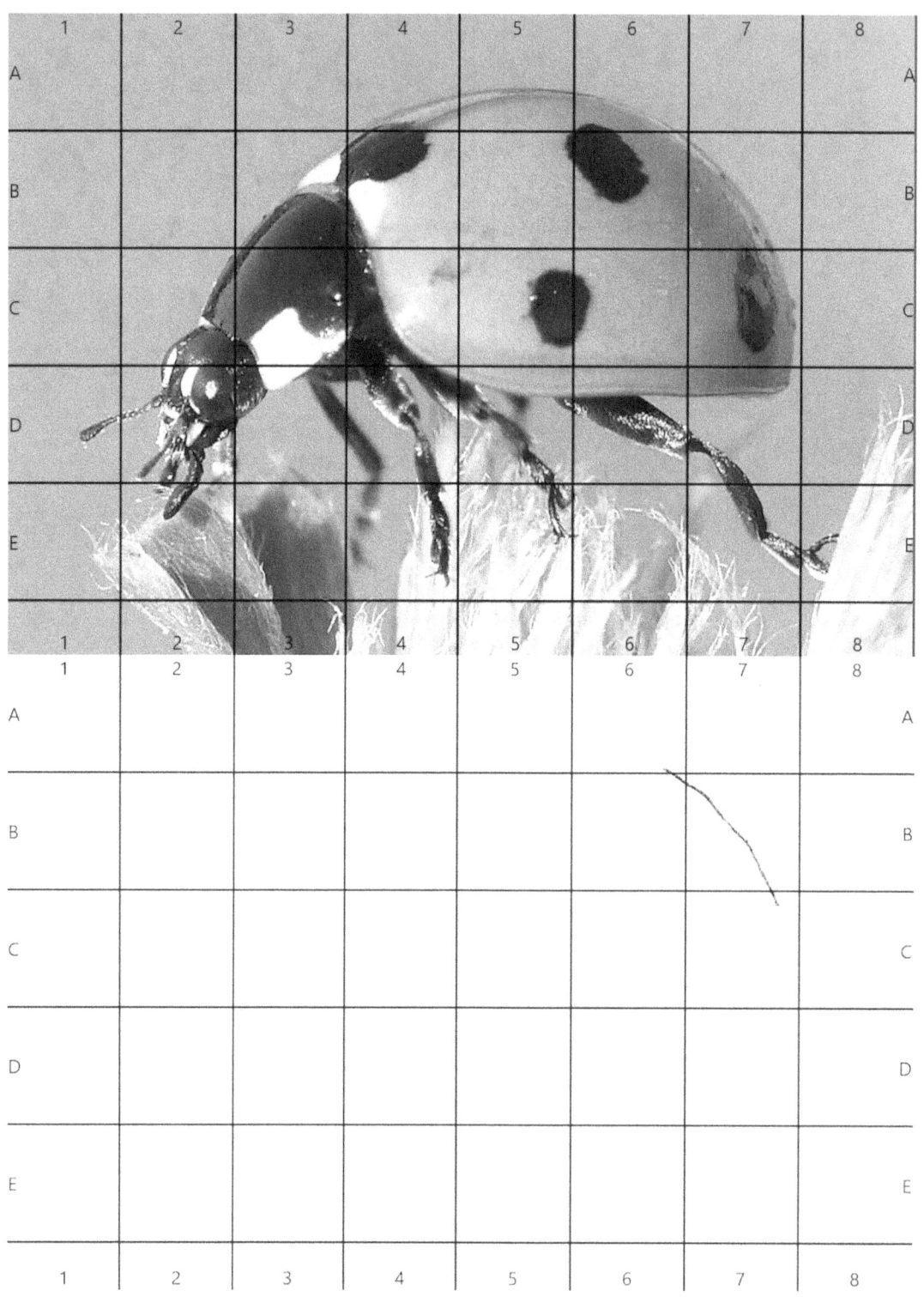

5. A medida que dibujas, sigue cuidadosamente el contorno de un cuadro a otro, asegurándote de hacer referencia a las etiquetas marginales para llevar un registro de tu posición. Presta mucha atención a dónde comienza y termina el contorno dentro de cada cuadro, manteniendo la precisión y capturando la forma deseada.

6. Tómate un momento para revisar cuidadosamente tu boceto. Evalúa la precisión general y la proporción del dibujo, comparándolo con la foto de referencia. Realiza los ajustes necesarios para asegurarte de que las proporciones sean correctas y los detalles estén capturados con precisión.

7. Si estás satisfecho con tu boceto y tienes confianza en su precisión, es hora de borrar cuidadosamente las líneas de la cuadrícula de tu papel. Utiliza una goma de borrar suave y trazos suaves para eliminar las líneas de la cuadrícula, asegurándote de no manchar ni dañar ninguna parte de tu dibujo. Una vez que las líneas de la cuadrícula estén borradas, tendrás un dibujo limpio listo para las siguientes etapas de sombreado y detalles.

En la imagen proporcionada, puedes ver las líneas de boceto clave que consideré importantes para mi dibujo.

Para practicar el método de la cuadrícula, usa tu lápiz para recrear el boceto que he proporcionado sobre las líneas de la cuadrícula en la imagen del paso 3 en este capítulo.

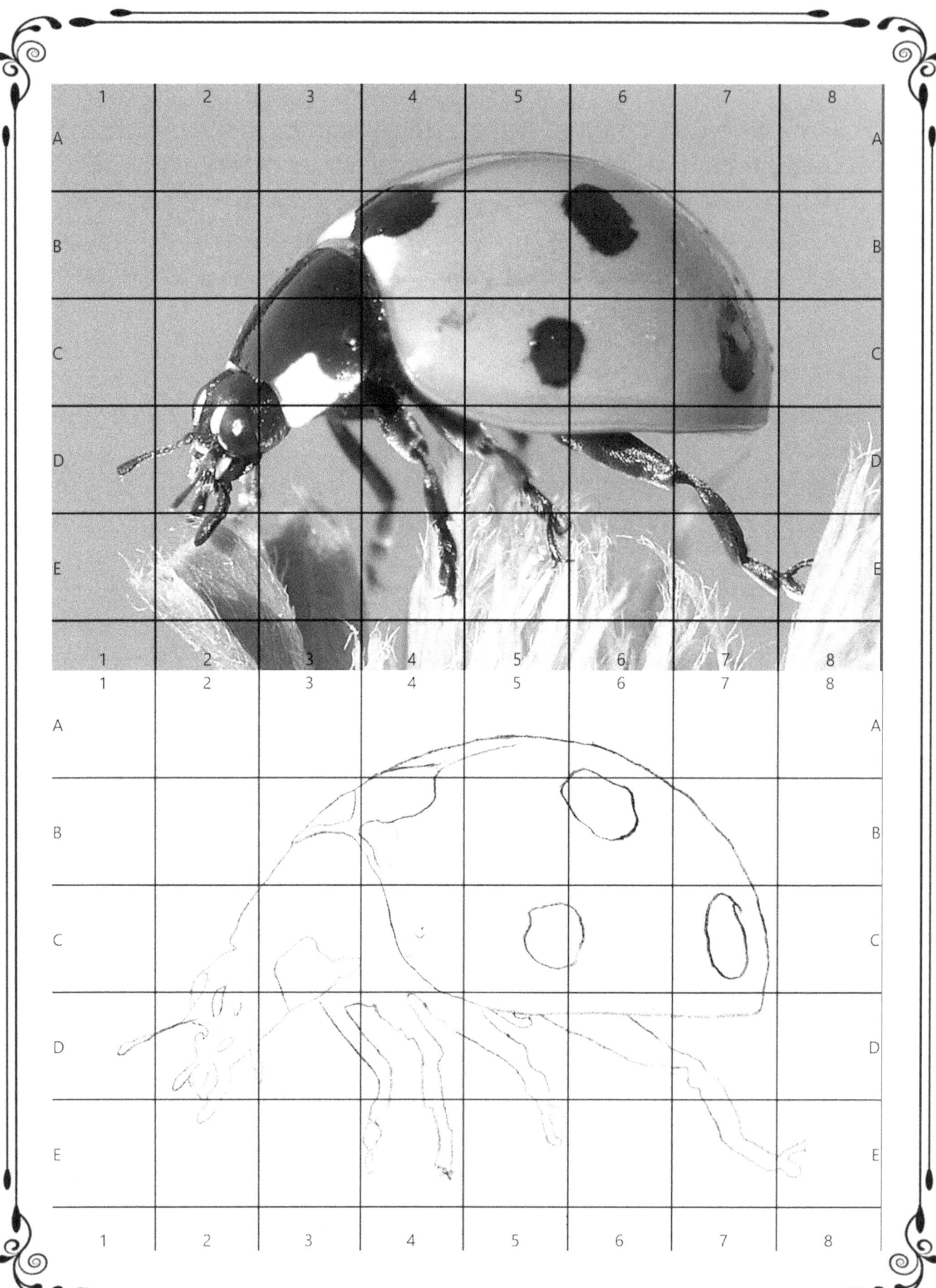

Si encuentras difícil crear el boceto utilizando el método de la cuadrícula o si simplemente prefieres tener un boceto prehecho para trabajar, puedes descargar todos los bocetos presentados en este libro desde mi sitio web www.jasminasusak.com/sketch.

Estos bocetos se proporcionan en un archivo ZIP comprimido para facilitar la descarga. Una vez que hayas descargado el archivo, puedes descomprimirlo para acceder a las imágenes de bocetos individuales. A partir de ahí, puedes imprimir los bocetos en el papel de tu elección y comenzar a sombrear sobre las líneas existentes. Esta puede ser una opción útil para ahorrar tiempo y asegurar la precisión en tus dibujos.

Aquí tienes otra imagen para que practiques:

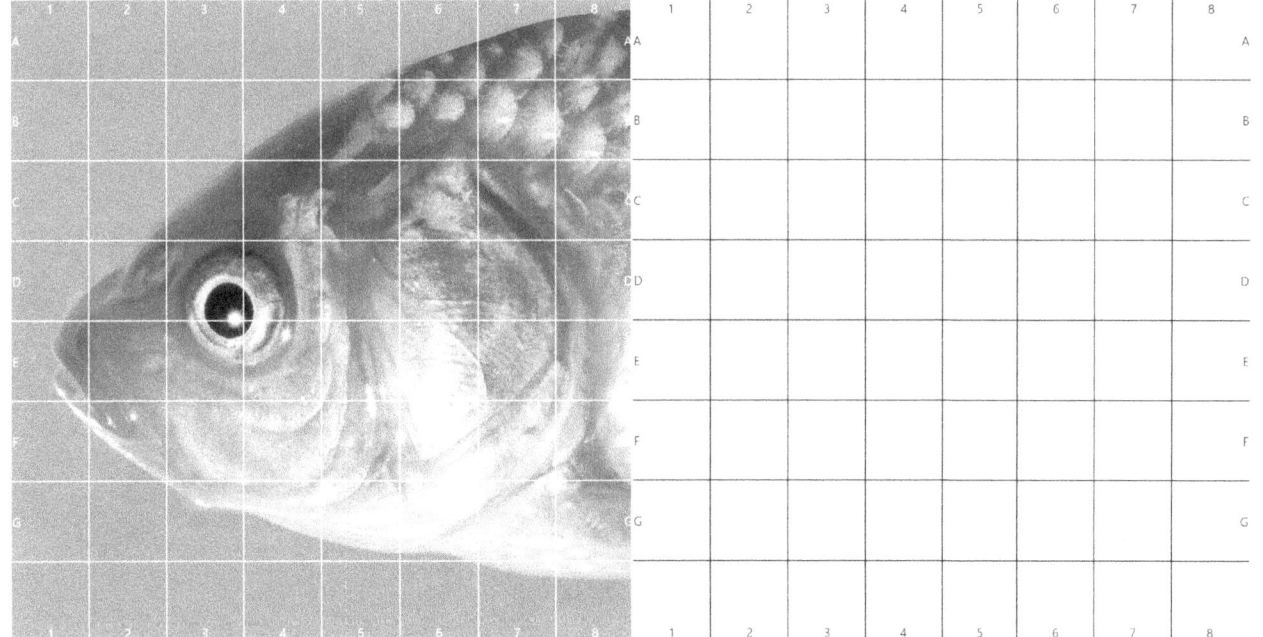

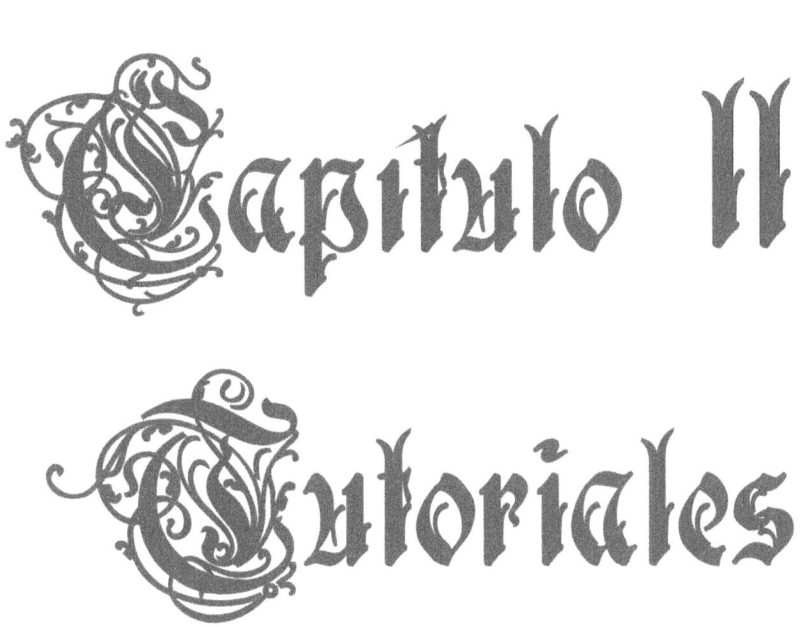

Capítulo II
Tutoriales

Cómo Dibujar una Mariposa

Dibujar una mariposa puede ser un excelente punto de partida para principiantes que exploran las técnicas de lápiz de grafito. Es relativamente simple, pero te permite practicar habilidades fundamentales como el dibujo a mano alzada, el sombreado y la captura de detalles delicados mientras creas un sujeto hermoso y reconocible.
A medida que avances, las habilidades aprendidas en este sencillo tutorial te empoderarán para abordar temas más complejos y desafiantes con confianza.

La Foto de Referencia

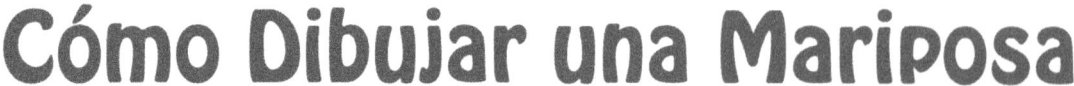

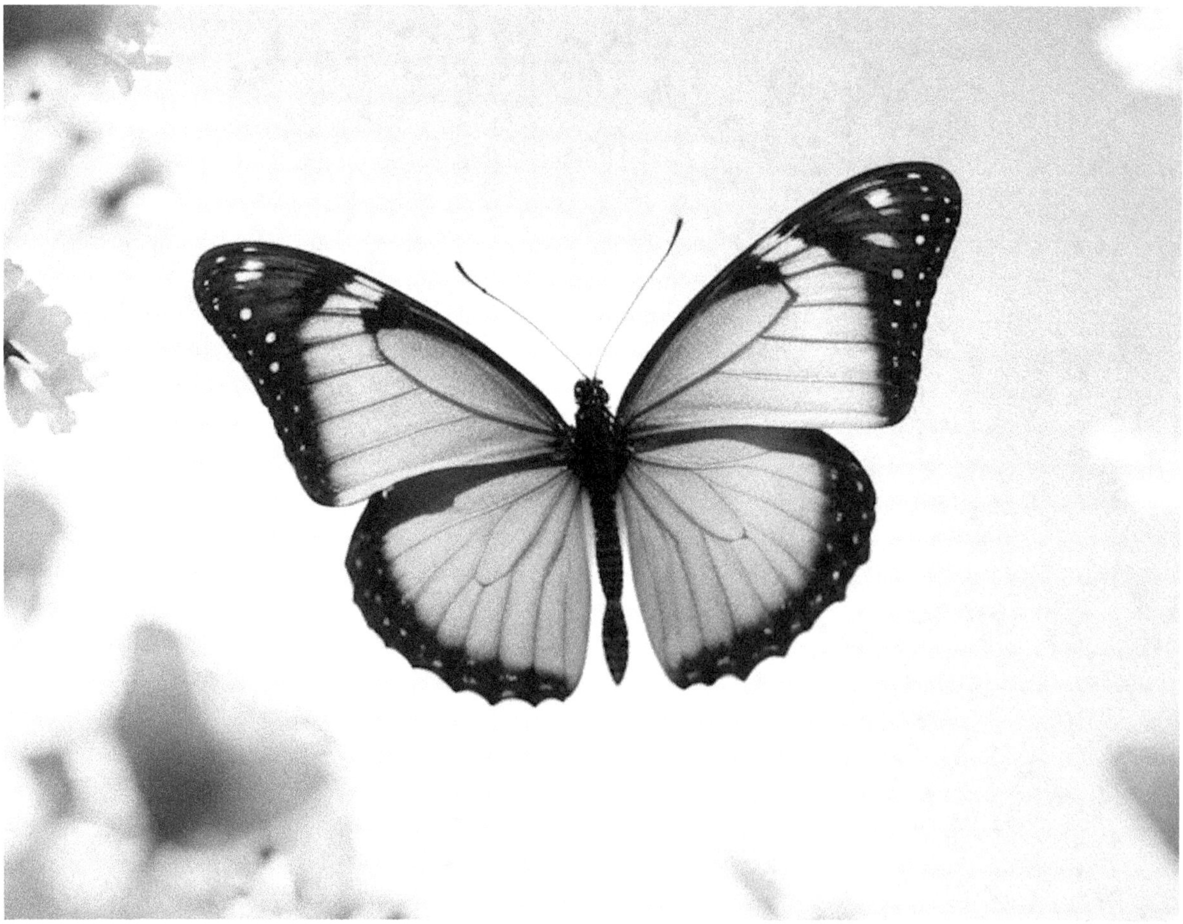

Boceto, Contornos Básicos

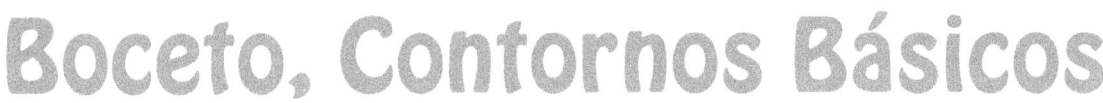

Utilicé un generador de imágenes de inteligencia artificial para crear esta foto de referencia, asegurando que no encontraremos problemas de derechos de autor. Animo a otros artistas a abrazar y utilizar tales innovaciones, ya que abren infinitas posibilidades para generar materiales de referencia únicos para nuestras obras de arte. En la imagen de abajo, encontrarás las líneas principales de mi boceto.

Como puedes observar, he añadido puntos adicionales a lo largo del borde en comparación con lo que se muestra en la foto de referencia.

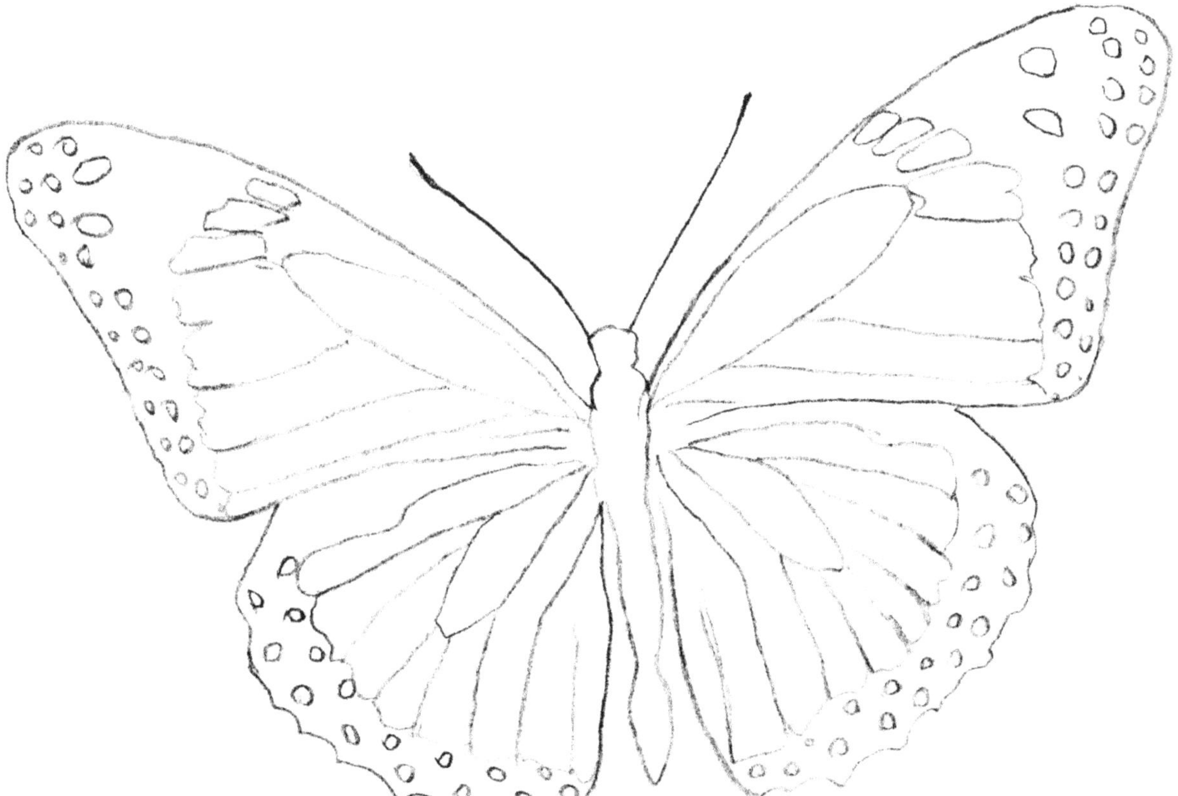

Creando las Sombras Más Profundas

Adéntrate en el paso crucial que da forma a casi toda la mariposa. Aunque no es inherentemente desafiante, esta fase requiere una inversión considerable de tiempo y precisión. Utilicé un lápiz 14B, aplicando una presión firme para producir las sombras más profundas. Afilar el lápiz regularmente es esencial para lograr bordes nítidos y delinear las líneas dentro del patrón. Ten en cuenta que este tipo de lápiz blando se desgasta rápidamente bajo una presión intensa. Frecuentemente, necesito reponer lápices más oscuros que 2B, especialmente dado que a menudo confío en estos tonos más profundos para lograr una profundidad fotorrealista en mis dibujos.

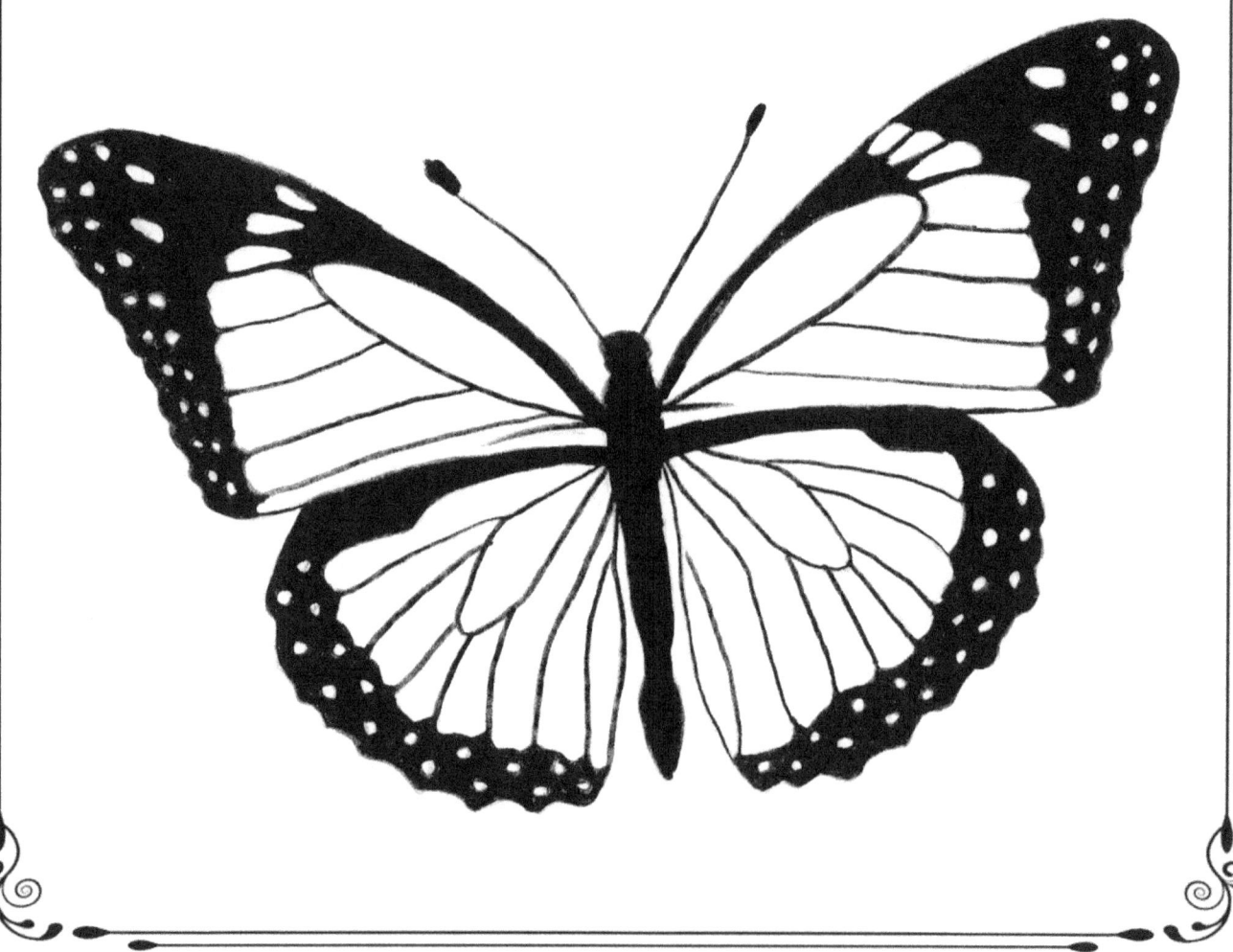

Iniciando el Proceso de Tonos Medios

Avancemos al sombreado de las partes más claras de las alas, preservando la blancura exclusivamente para los pequeños puntos adyacentes a los bordes del ala.
Para mantener la precisión, asegúrate de que tus trazos de lápiz sigan la dirección del patrón.

Consulta la imagen adjunta que está marcada digitalmente con líneas que indican la dirección correcta de los trazos.
Para esta etapa, abstente de utilizar técnicas de trama cruzada o circulismo; concéntrate únicamente en emplear trazos a lo largo de las direcciones designadas.

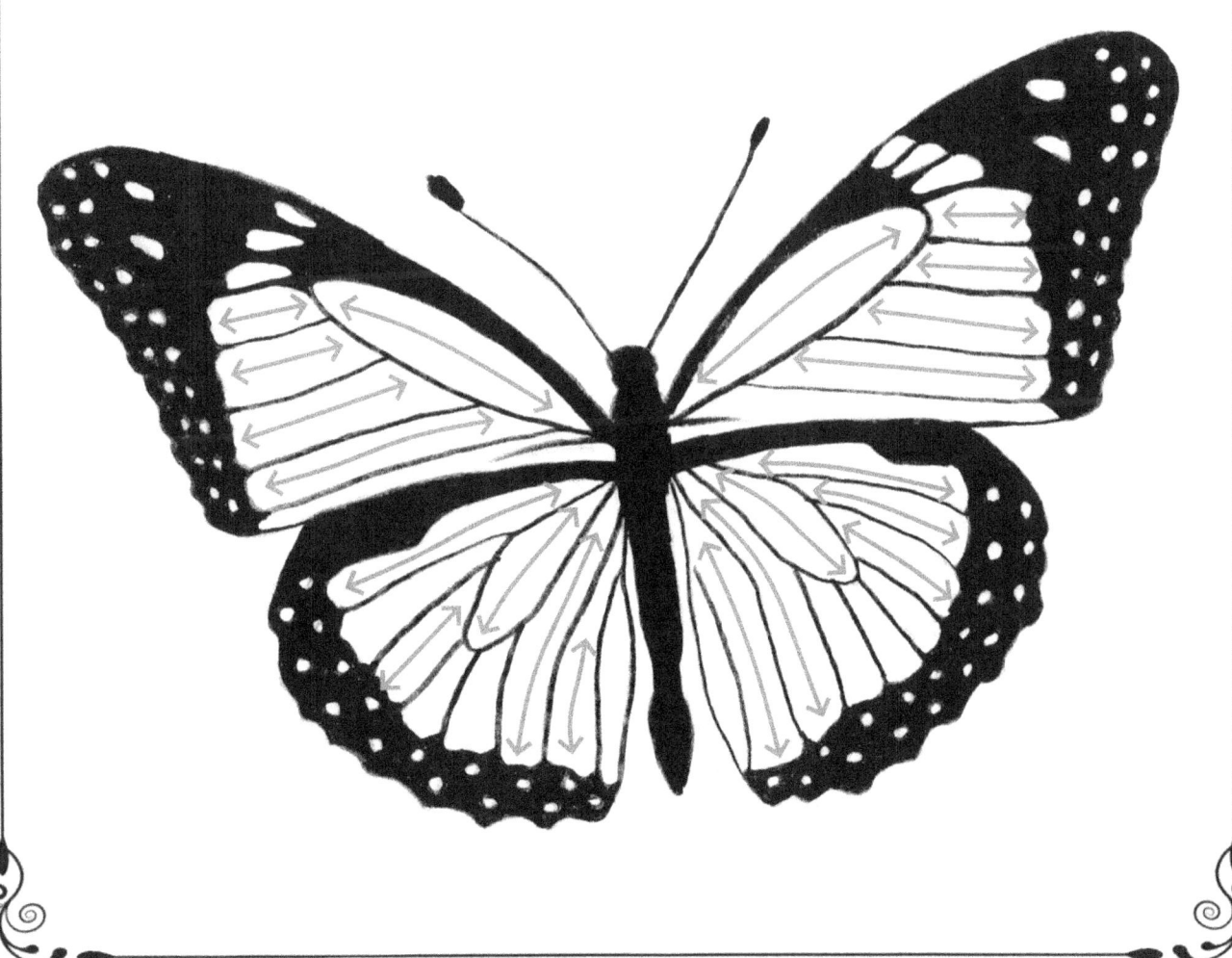

Bocetando las Secciones de Tonos Medios

Ahora, utilizando un lápiz HB y consultando la dirección indicada en la imagen anterior, comienza a dibujar trazos a través de los patrones del ala, apuntando a cubrir completamente el papel. Es esencial mantener una presión constante durante todo este proceso, ya que gradualmente añadiremos más profundidad más adelante.

Mi intención es descomponer estos pasos en etapas manejables, mejorando tu comprensión y guía. Típicamente, cuando dibujo por diversión, a menudo trabajo en un área a la vez, incluso con lápices de colores. Sin embargo, en este tutorial, estoy adoptando un enfoque de capa por capa, simplificando el proceso al centrarme en un lápiz a la vez.

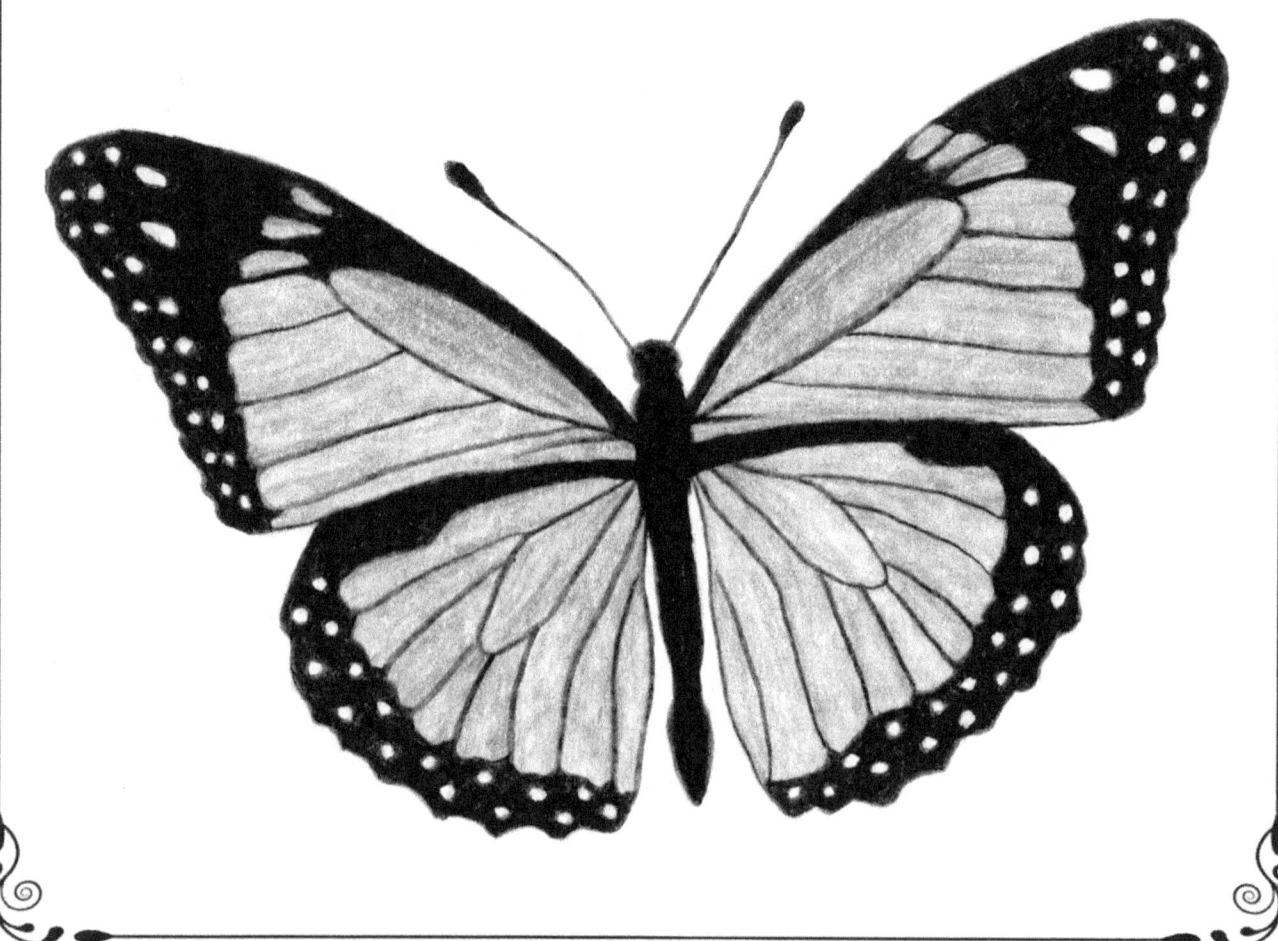

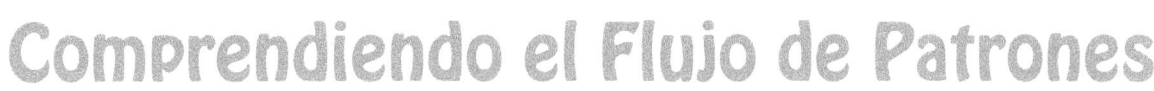

Comprendiendo el Flujo de Patrones

Para contrarrestar la planitud actual de las áreas de tonos medios, necesitamos introducir variaciones de valor más ricas. Como se evidencia en la imagen de referencia, estas regiones grises muestran una oscuridad significativamente mayor junto al cuerpo de la mariposa y a lo largo de los bordes del ala.

He incorporado flechas digitales en la imagen anterior para indicar la dirección en la que debes dibujar.

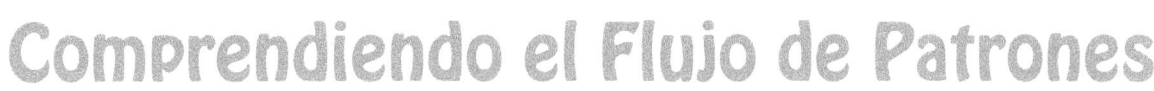

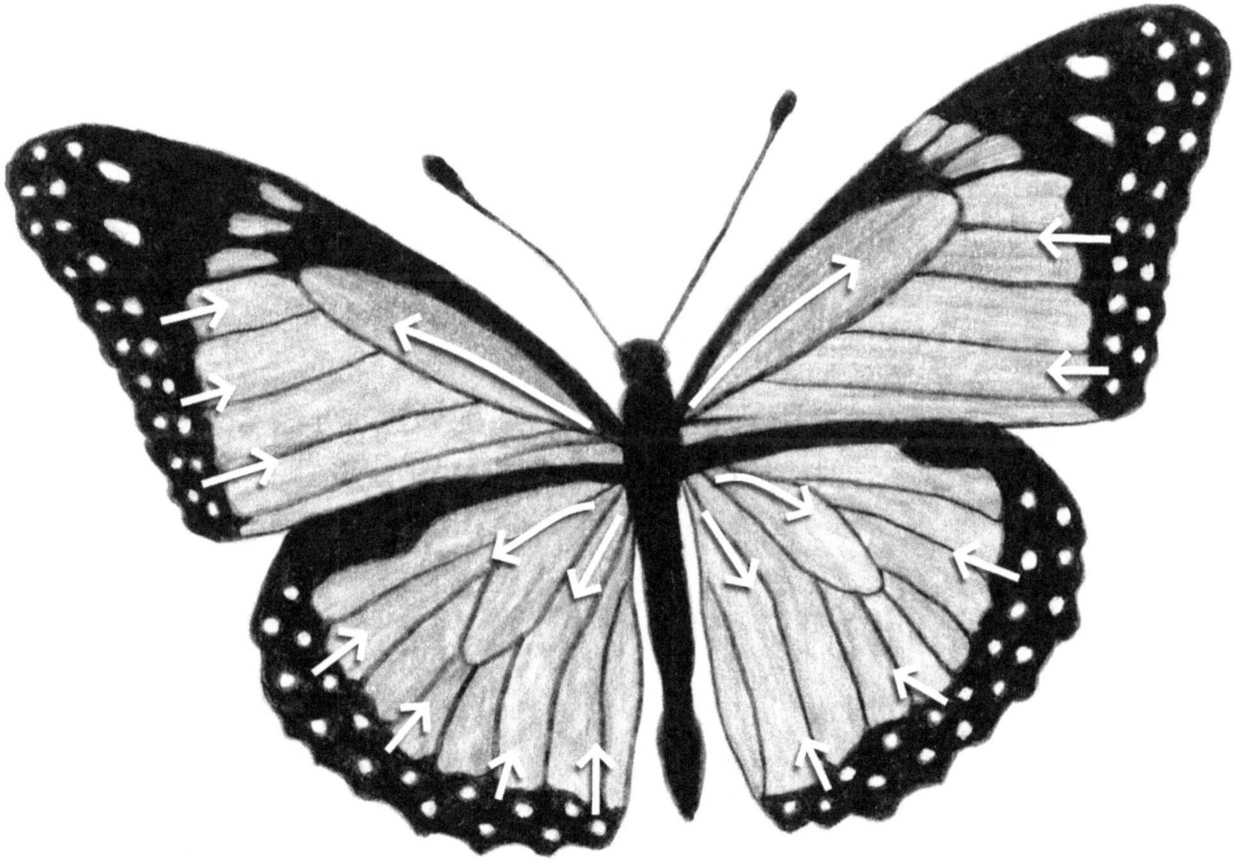

Con un lápiz 4B, coloca la punta sobre las áreas negras más oscuras y reproduce los trazos en línea con las flechas que proporcioné. A medida que avanzas desde las zonas más oscuras hacia los tonos medios, libera suavemente la presión del lápiz para garantizar una transición fluida.

Aplica la misma técnica desde el cuerpo de la mariposa hacia afuera.

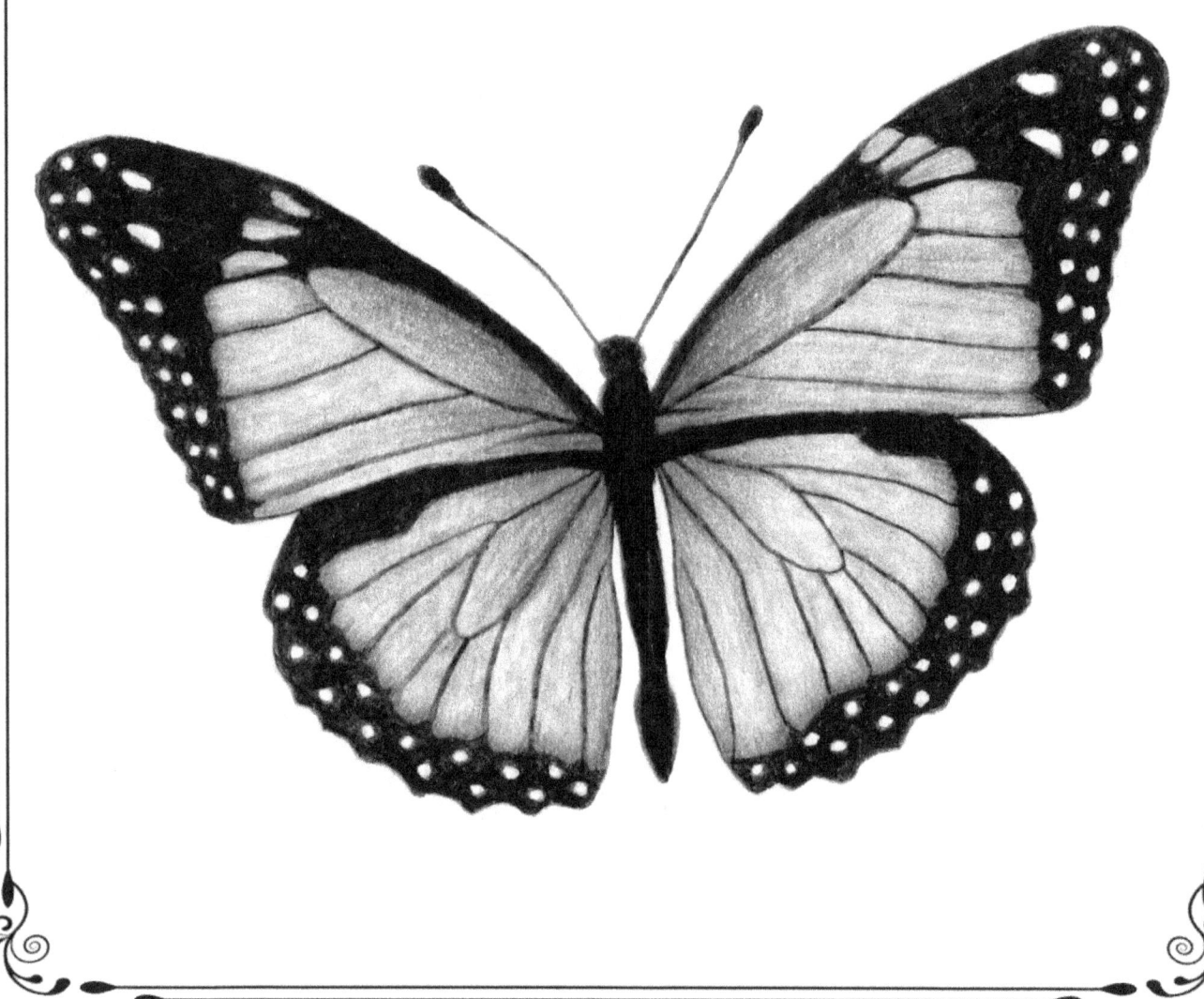

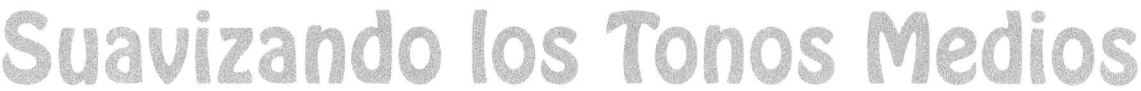

Suavizando los Tonos Medios

Después, utiliza un difumino o un hisopo de algodón
para mezclar delicadamente estas regiones.
Si las secciones sombreadas parecen más claras después
del difuminado, puedes volver a aplicar los lápices
correspondientes. Por el contrario, si aparecen más oscuras,
utiliza un borrador moldeable para aclarar suavemente
las áreas deseadas.

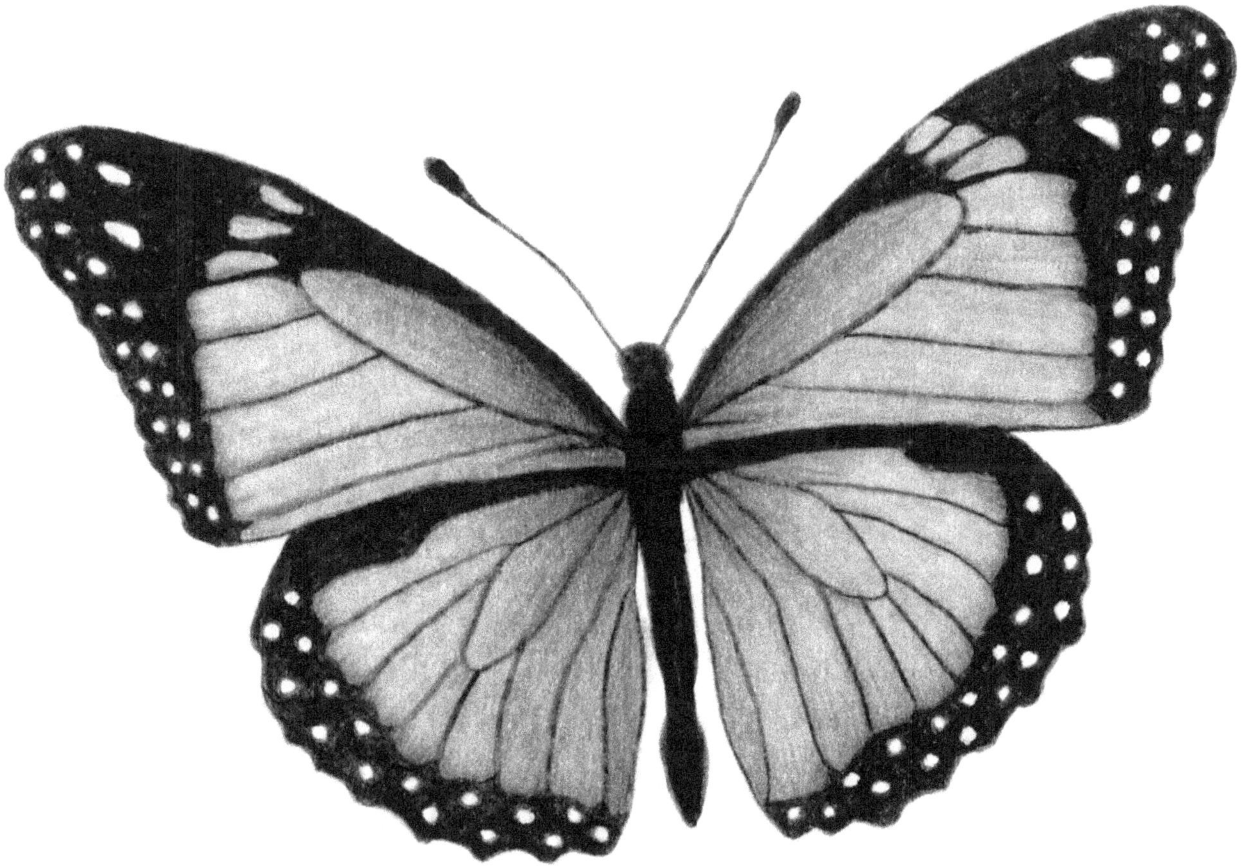

Crear la Sombra Proyectada

Para otorgar una cualidad tridimensional a la mariposa, introduzcamos una sombra proyectada por la mariposa sobre la superficie hipotética en la que descansa, aunque difiera de su posición en la foto de referencia. Utilicé un hisopo de algodón para aplicar polvo de grafito en esta sombra proyectada, ya que los trazos de lápiz no proporcionarían la suavidad necesaria para el efecto deseado.Simplemente, reproduce la forma inferior de la mariposa usando polvo de grafito mientras mantienes en mente la fuente de luz determinada.

En mi caso, imaginé que la fuente de luz provenía de la esquina superior derecha y sombreé el área en consecuencia.

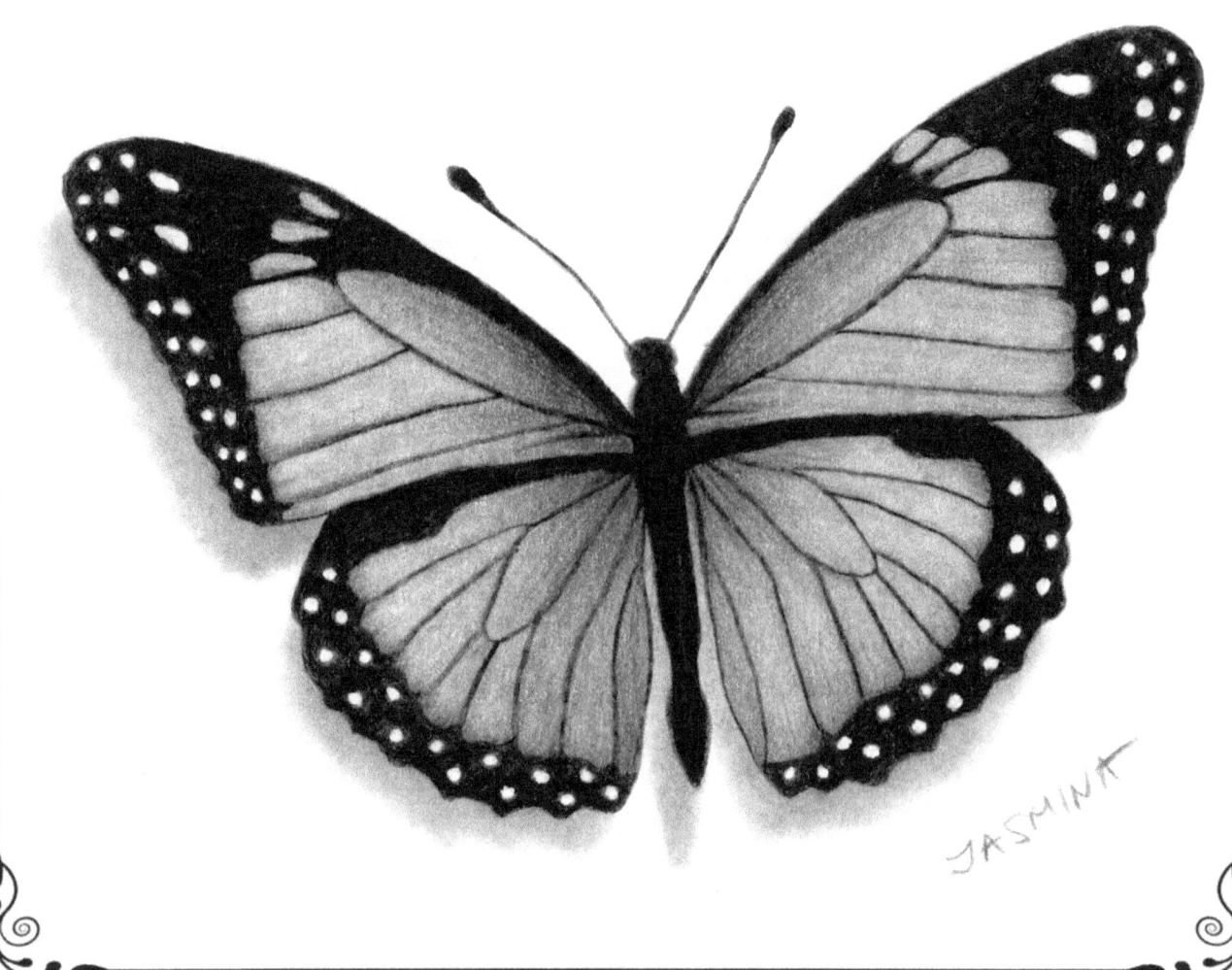

JASMINA

48

Interludios de Dibujo

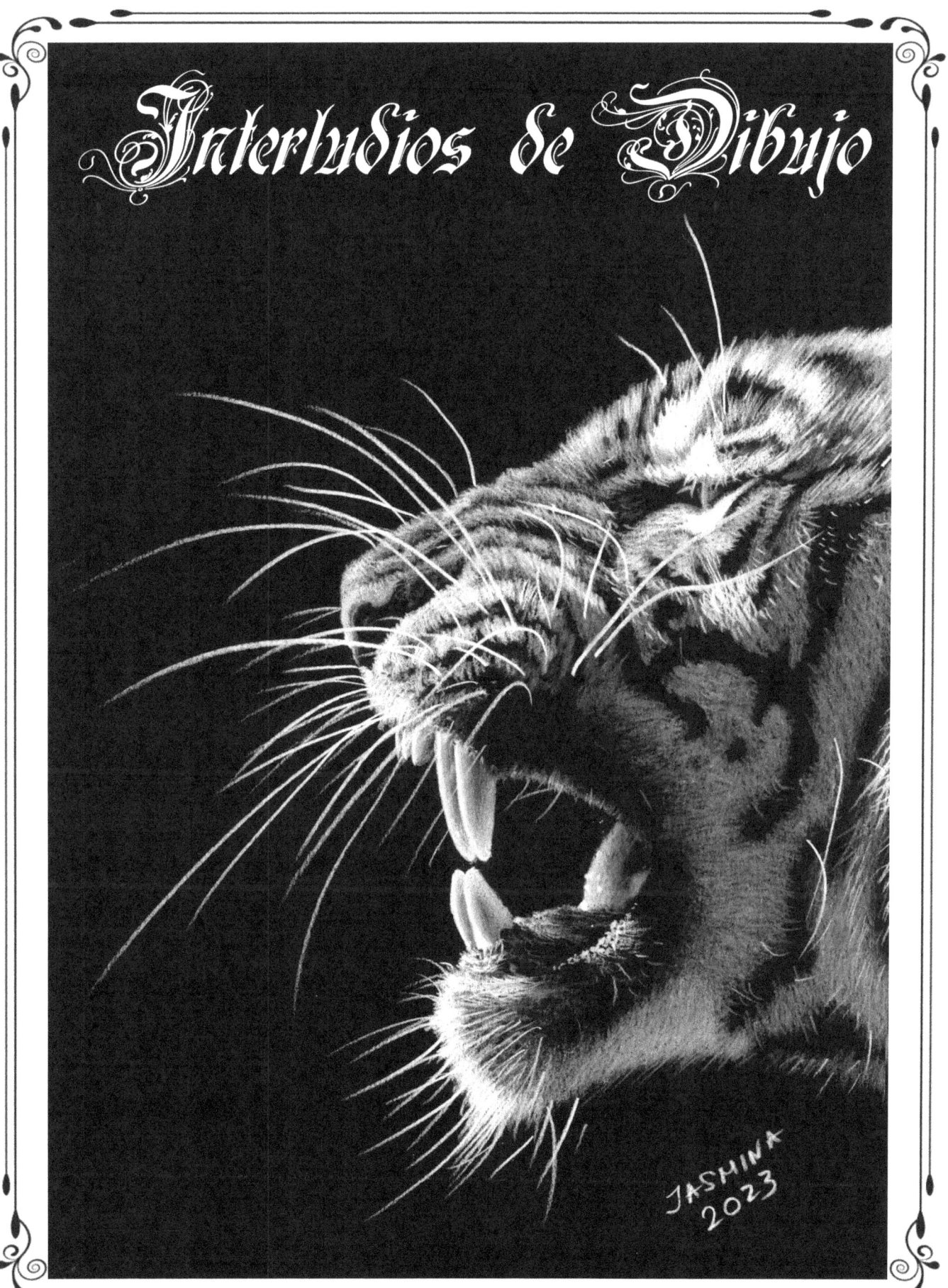

Cómo Dibujar una Orca

Dibujar una orca, la ballena asesina, ofrece una oportunidad cautivadora para abrazar la simplicidad y crear una obra de arte impactante con un fuerte contraste en blanco y negro. Al centrarse en la forma elegante y poderosa de la ballena, los artistas pueden mostrar la belleza del minimalismo al mismo tiempo que perfeccionan sus habilidades para capturar texturas y sombras realistas. El resultado es una obra de arte cautivadora y visualmente impactante que celebra la magnificencia de estas notables criaturas marinas.

La Foto de Referencia

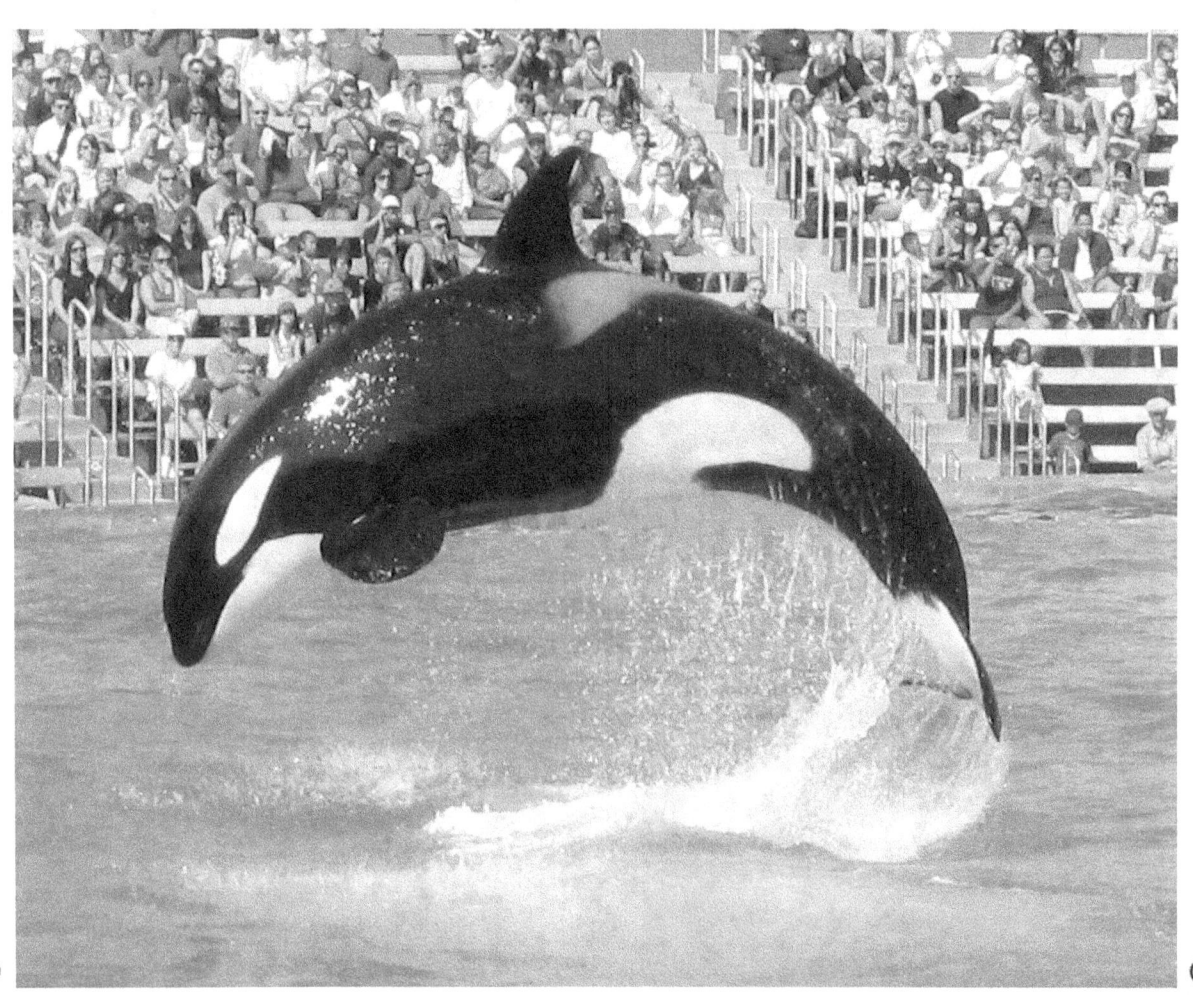

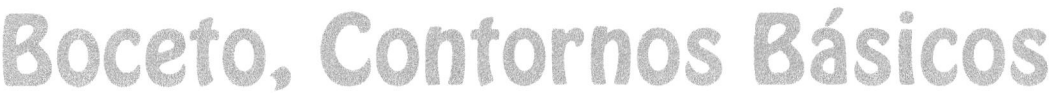

Boceto, Contornos Básicos

En la imagen a continuación, he resaltado las líneas cruciales que desempeñan un papel significativo en guiar mi proceso de sombreado. Estas líneas forman el contorno principal del cuerpo de la orca y ayudan a distinguir los límites entre las regiones negras y blancas contrastantes. A medida que avanzo, me centraré en estos elementos clave para garantizar un sombreado preciso y una representación realista.

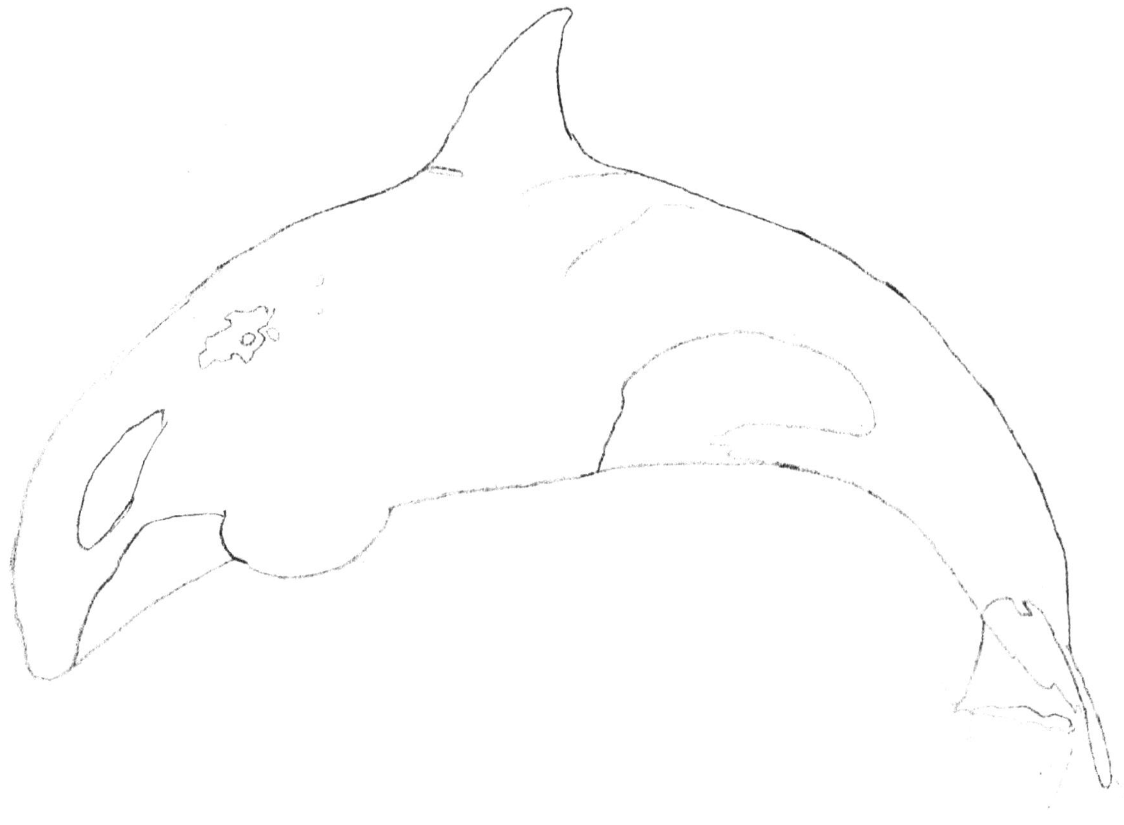

Dibujando las Partes Más Oscuras

Un error común entre los principiantes es que algunos evitan usar colores negros u oscuros en sus dibujos, temiendo la irreversibilidad. ¡Sin embargo, no dejes que ese miedo te detenga! Aplicar tonos negros puede añadir una sensación de profundidad y dimensión a tu obra de arte. Recuerda, si cometes un error, siempre puedes comenzar de nuevo. Así que no dudes en empezar con sombras negras.

En el caso de este dibujo de la orca, crear la sombra más profunda es esencial. Utilizando un lápiz 9B o más oscuro, aplica presión firme para lograr la oscuridad deseada. Observa las áreas que he coloreado inicialmente en esta imagen. Apliqué un poco menos de presión en la parte superior de las regiones oscuras en el centro del cuerpo, ya que queremos preservar el espacio para resaltar.

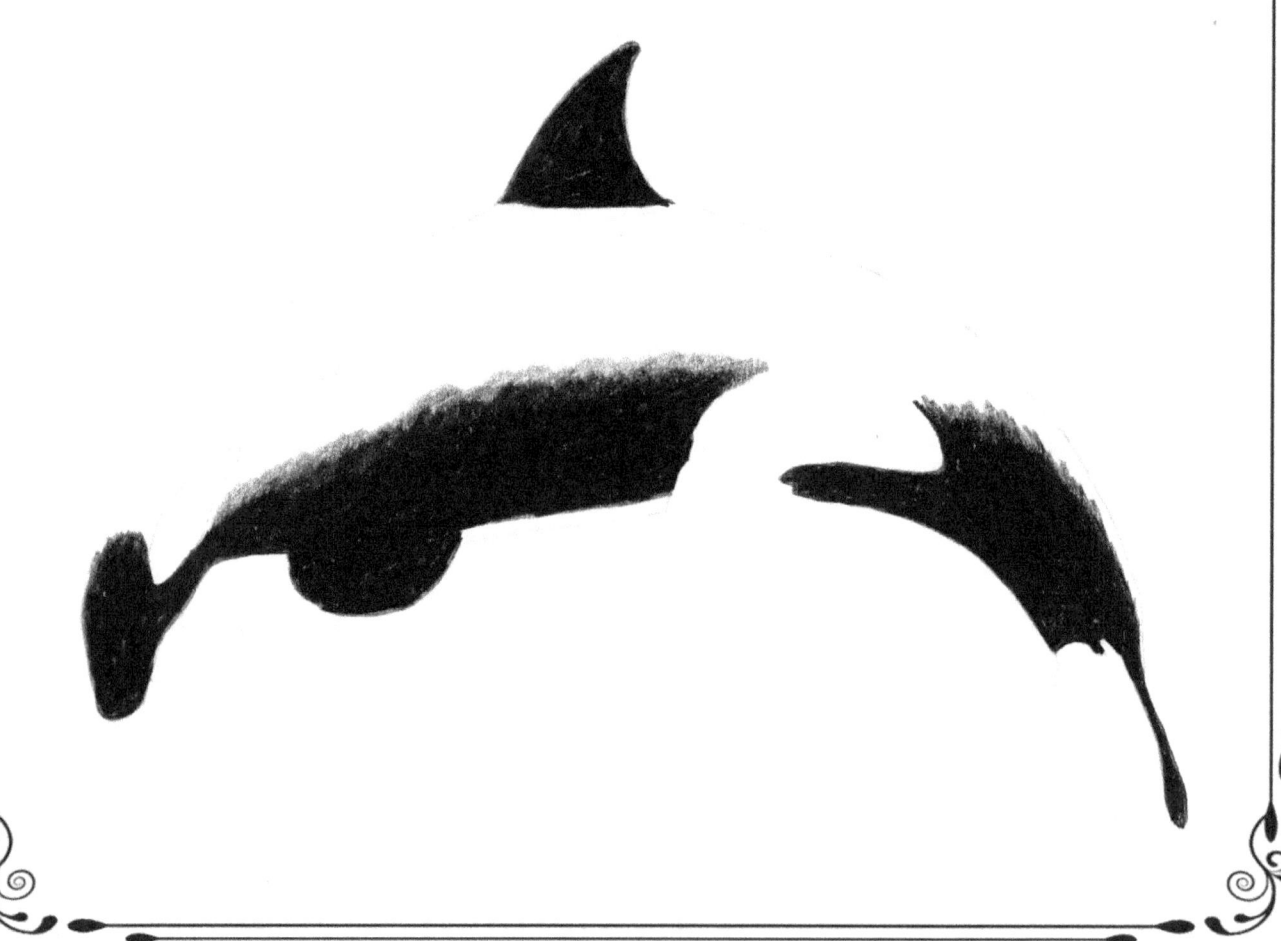

Sombrea las Áreas Resaltadas

Ahora, avanza con un lápiz 2B, sombreando hacia la parte superior del cuerpo de la orca, centrándote en lograr una textura suave y uniforme. Si encuentras puntos más claros, simplemente llénalos con el lápiz 2B o incluso con un lápiz más oscuro si es necesario. El objetivo principal es mezclar sin problemas las partes más oscuras con las áreas resaltadas, que también son bastante oscuras, para crear una forma redondeada y realista para el cuerpo de la orca.

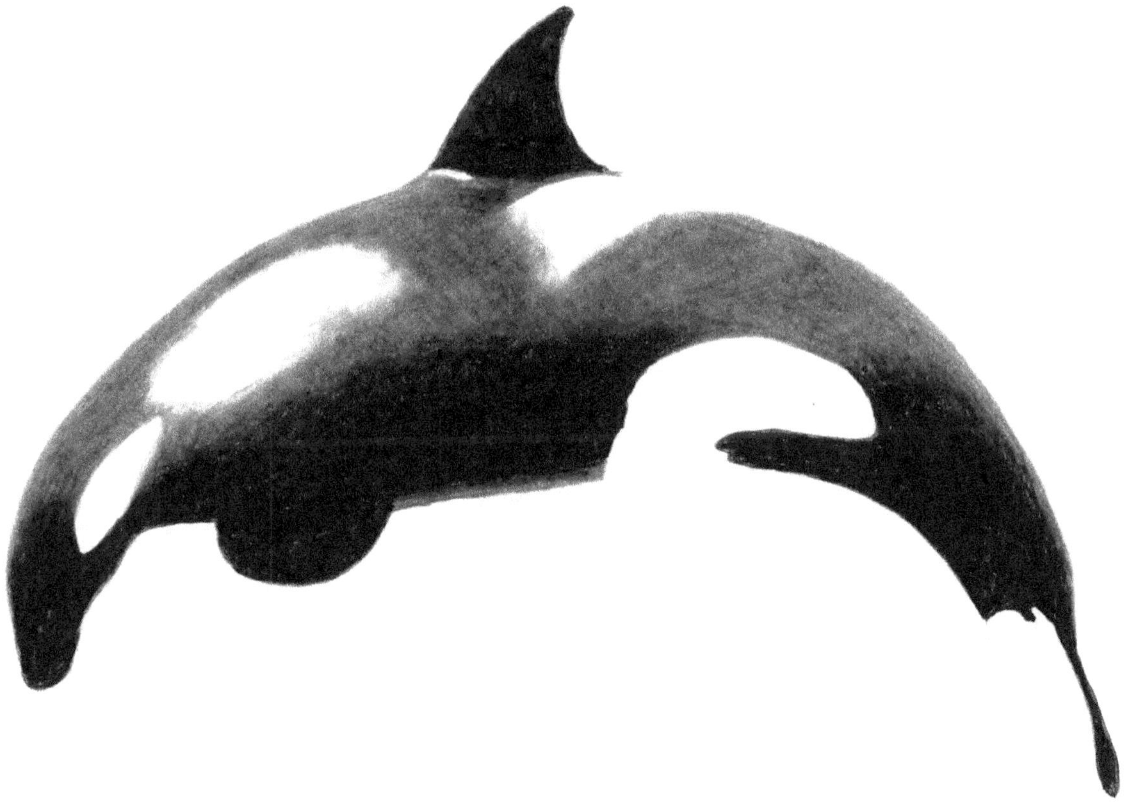

Creando una Transición Suave

Para lograr una apariencia redondeada y realista en el cuerpo de la orca, debemos centrarnos en refinar la transición entre las áreas resaltadas y sombreadas. Para este propósito, te recomiendo usar un lápiz 8B para difuminar delicadamente los valores y crear un gradiente más uniforme. A medida que sombrees hacia arriba, intenta reducir la presión en tu lápiz o elige un tono más claro como 6B para asegurar un cambio gradual en los tonos. Al observar cuidadosamente los cambios que realicé en la imagen anterior y compararlos con la imagen actual, notarás cómo el nuevo gradiente mejora los contornos del cuerpo de la orca, dándole un aspecto más realista y tridimensional.

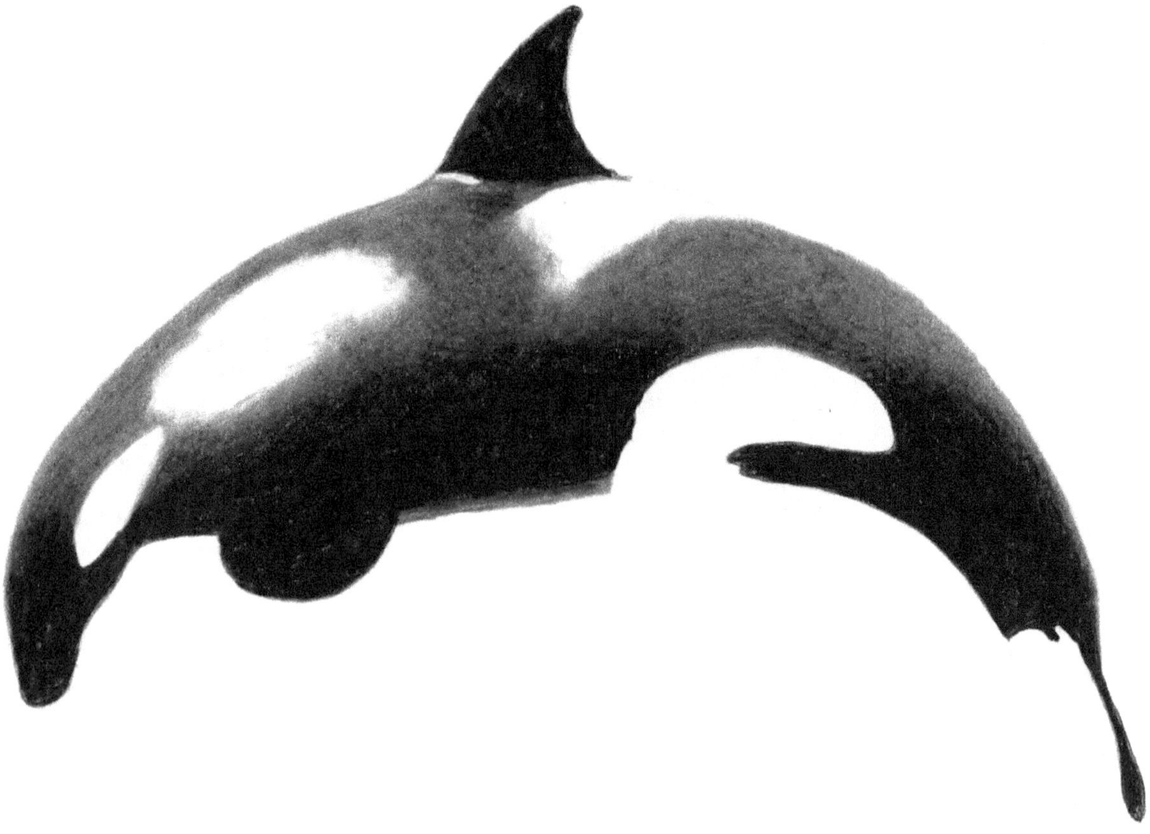

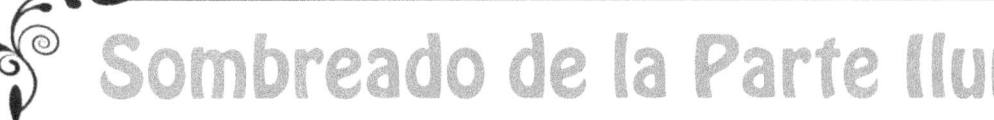

Sombreado de la Parte Iluminada

Ahora, centrémonos en el área en la parte superior de la espalda de la orca que está altamente iluminada. Para lograr una textura suave y realista, te recomiendo usar un lápiz HB y aplicar la técnica de circulismo. Comienza sombreando suavemente y superponiendo tus trazos gradualmente para crear el efecto deseado. Recuerda que la clave está en crear una textura uniforme, evitando cualquier línea visible sobre el cuerpo de la orca, que es conocida por su apariencia suave y elegante, especialmente cuando está mojada, como se muestra en la foto de referencia. Ten especial cuidado al dibujar alrededor de la pequeña área en el centro de los reflejos, asegurándote de que permanezca completamente blanca. Este contraste con las áreas sombreadas circundantes añadirá la ilusión de una superficie brillante e iluminada. Al incorporar hábilmente tres valores distintos de reflejos, puedes lograr un efecto llamativo que sugiere tanto luminosidad como profundidad, al mismo tiempo que enfatiza la coloración negra de la orca.

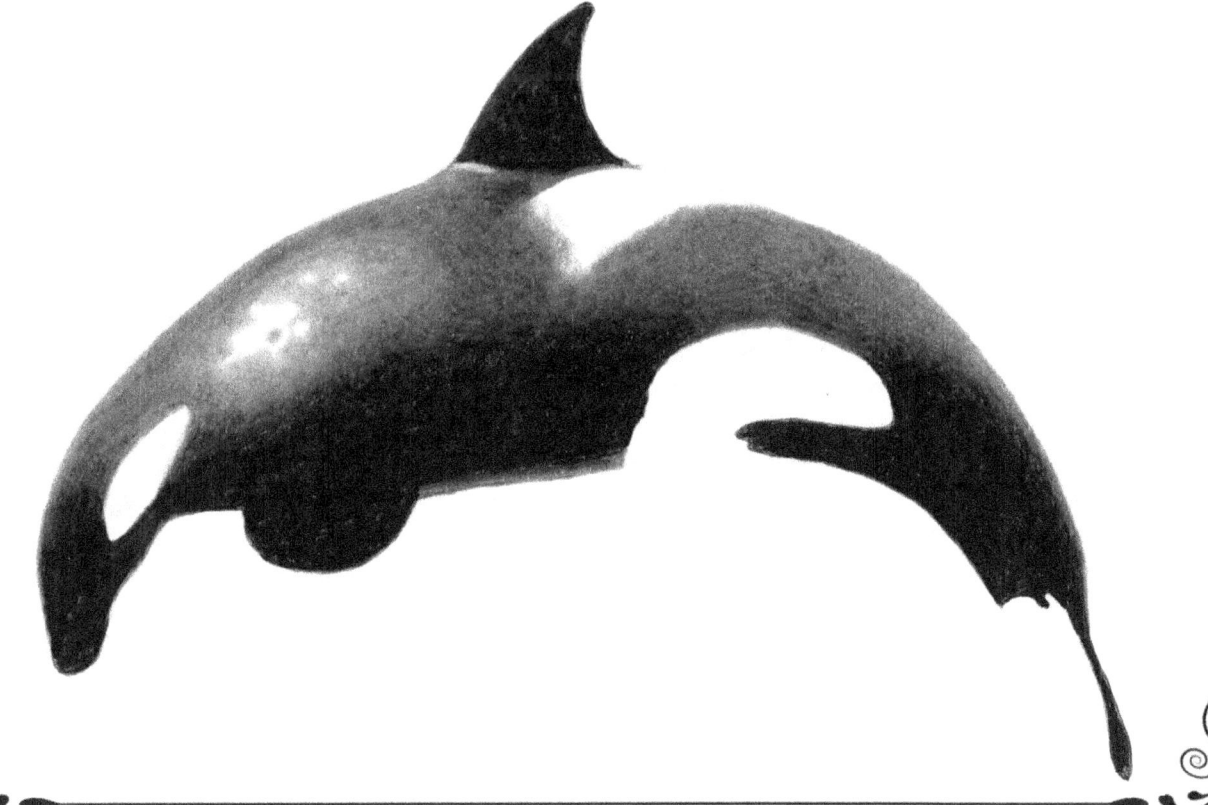

Sombreando las Partes Blancas

Para crear profundidad y realismo, es esencial sombrear incluso las partes blancas del cuerpo de la orca, especialmente aquellas en sombra propia. Imagina sombrear una esfera en un tutorial de dibujo típico y aplica una técnica similar aquí. Para lograrlo, te sugiero cubrir el fondo con cinta adhesiva o cualquier material adecuado para evitar sombrear involuntariamente, y luego utiliza un hisopo de algodón para sombrear cuidadosamente las partes inferiores de las áreas blancas. Disminuye gradualmente la presión a medida que te desplazas hacia arriba, difuminando el sombreado suavemente hacia las partes blancas iluminadas que deben permanecer impecables. No olvides prestar atención a la cola también; estudia mi paso y la foto de referencia para asegurar precisión en tu proceso de sombreado.

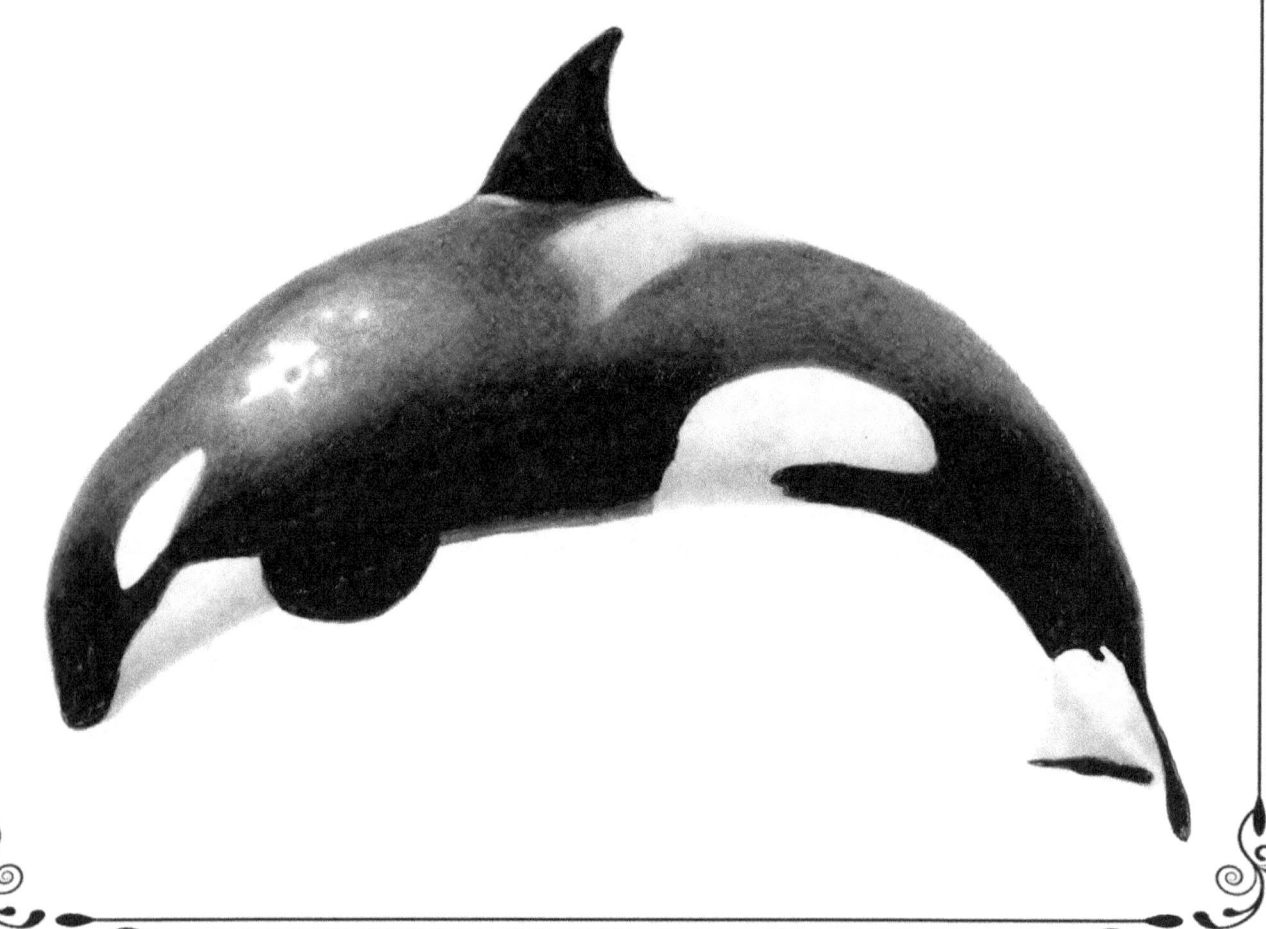

Creando un Aspecto Húmedo

Ahora vamos a realzar el efecto brillante de la orca añadiendo pequeños puntos blancos alrededor de la parte superior iluminada y otras áreas relevantes. Incluso puedes crear estos puntos usando un borrador eléctrico, pero en mi experiencia, usar un bolígrafo de gel blanco es mucho más fácil y produce mejores resultados. Si tienes ambas herramientas, siéntete libre de probarlas y ver cuál funciona mejor para ti. Es fascinante cómo estos pequeños detalles realmente resaltan el aspecto acuoso en la representación de la orca.

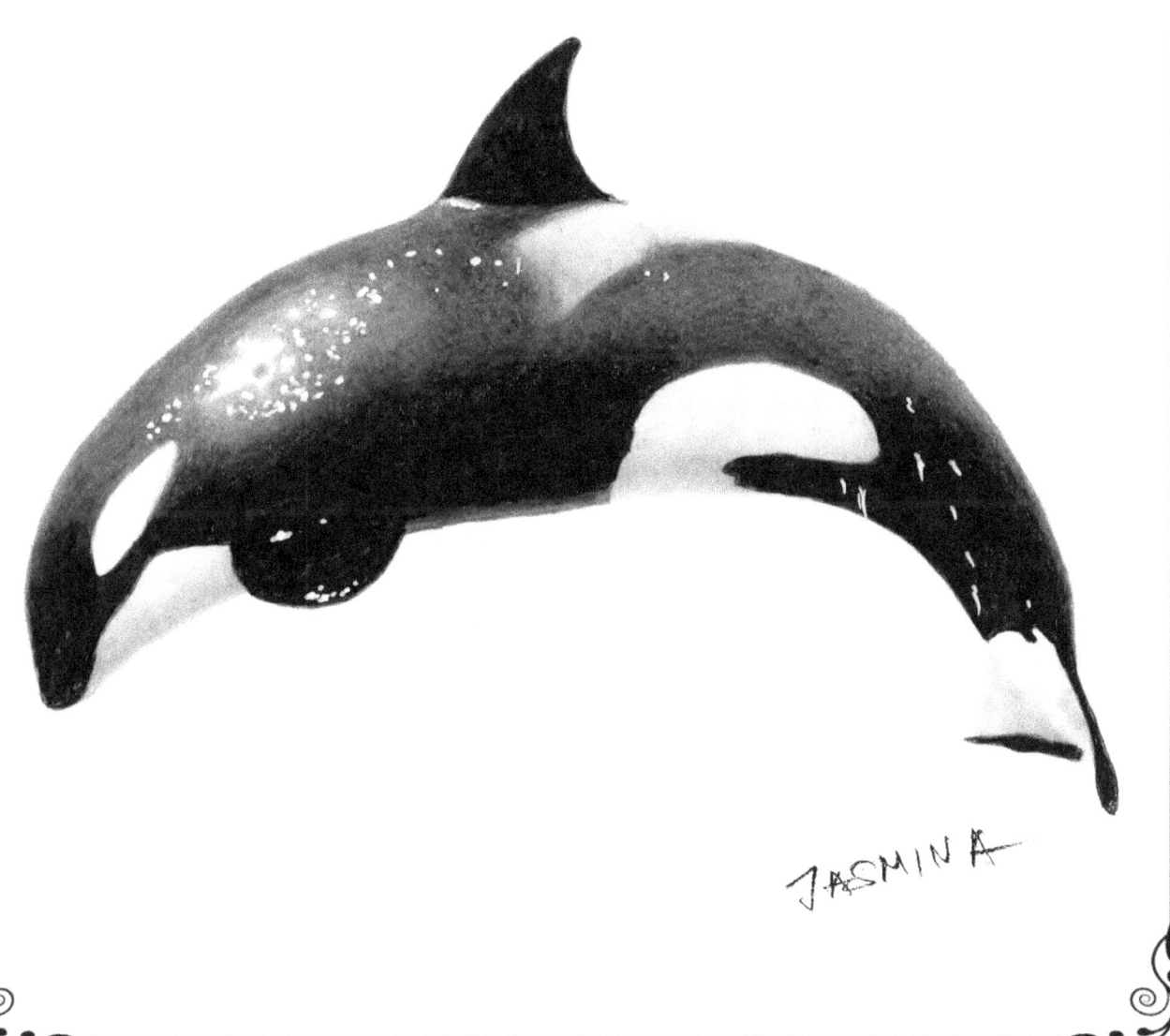

Cómo Dibujar una Mariquita

Dibujar una mariquita brinda una excelente oportunidad para practicar técnicas de sombreado, especialmente transiciones de gradiente, como se discute en el capítulo "Gradiente Suave".
Estos adorables insectos no solo traen alegría, sino que también desempeñan un papel vital en mantener el equilibrio del ecosistema, al devorar plagas y contribuir a la salud de nuestros jardines biológicos.
Capturaremos su encanto y belleza en el papel mientras celebramos su presencia beneficiosa en la naturaleza.

La Foto de Referencia

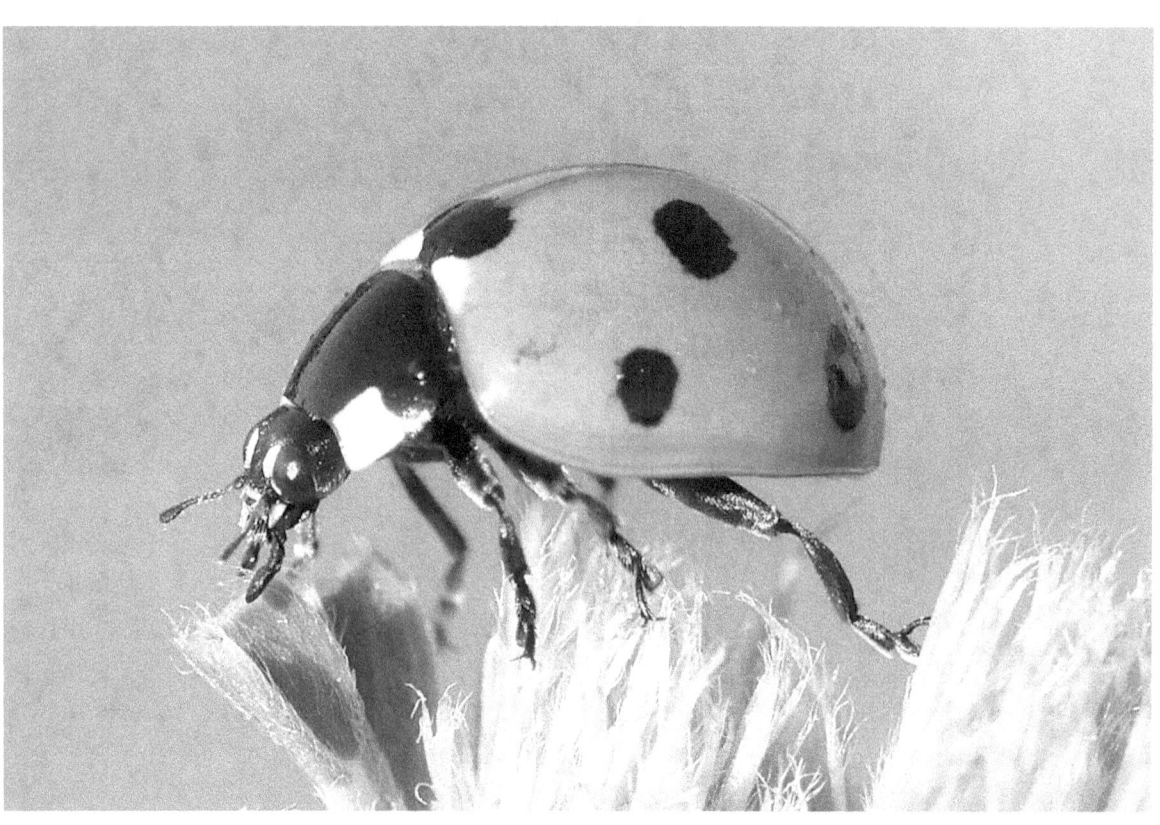

Boceto, Contornos Básicos

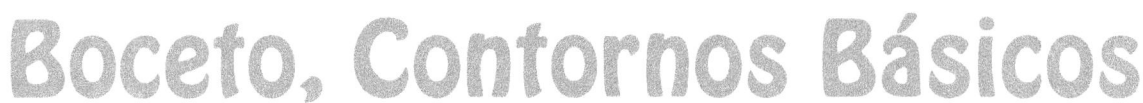

Para recrear este boceto, por favor consulta el capítulo "El Método de la Cuadrícula" para obtener instrucciones detalladas y orientación paso a paso sobre el proceso.

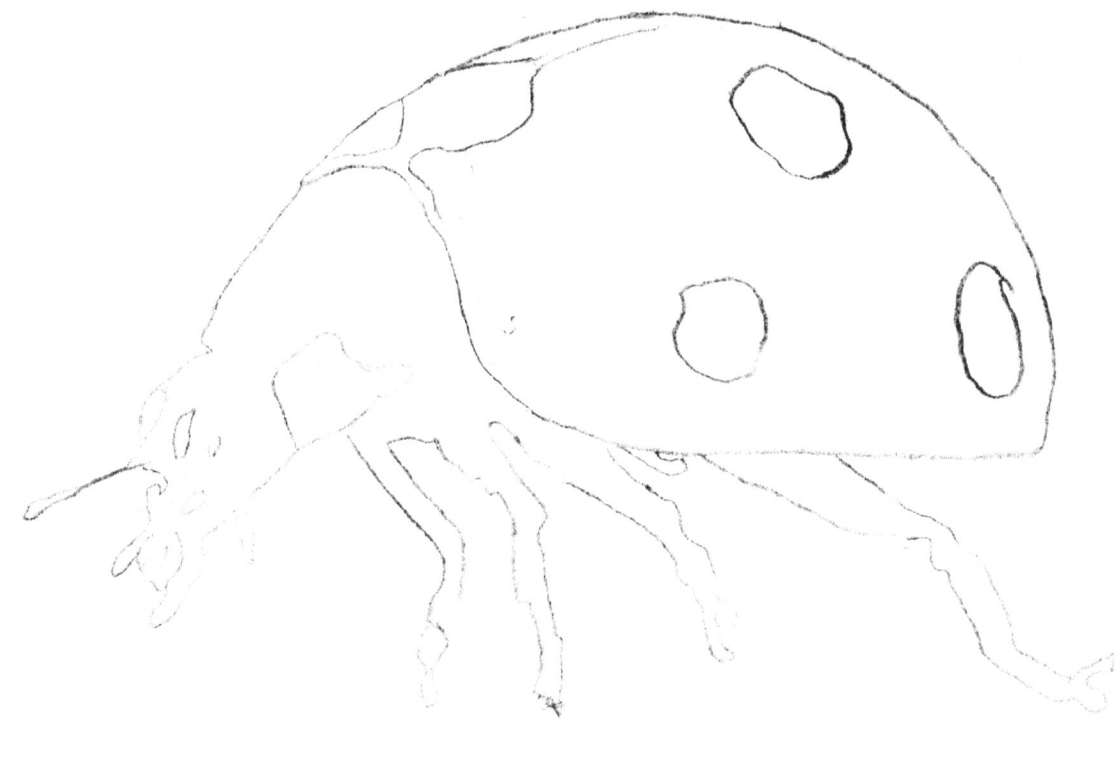

Enmascarando el Fondo

En esta ocasión, he elegido sombrear usando polvo de grafito aplicado con un pañuelo. Para resaltar las líneas del boceto de las manchas negras, refuérzalas ligeramente para mantener su visibilidad debajo de la capa de sombreado de grafito. Sin embargo, estas manchas no necesitan estar exactamente en las mismas ubicaciones que en la foto de referencia.

Para bloquear el fondo de la sombra y asegurarte de que los bordes exteriores estén limpios y definidos, estoy utilizando una Frisket Masking Film. Usar este producto o una cinta adhesiva o un trozo de papel cortado es una técnica efectiva para proteger el área circundante mientras trabajas en detalles específicos de la obra. Utilizar la película de máscara es esencial porque una vez que el grafito está firmemente impresionado en el fondo, borrarlo sin dejar rastro sería prácticamente imposible.Esta película se puede pegar fácilmente sobre el papel y retirar sin causar daños. Después de colocar la película sobre mi boceto, corté con cuidado alrededor de los bordes de la mariquita con un cuchillo de precisión, como el X-acto, dejando el caparazón accesible para el sombreado mientras protejo el área alrededor de él.

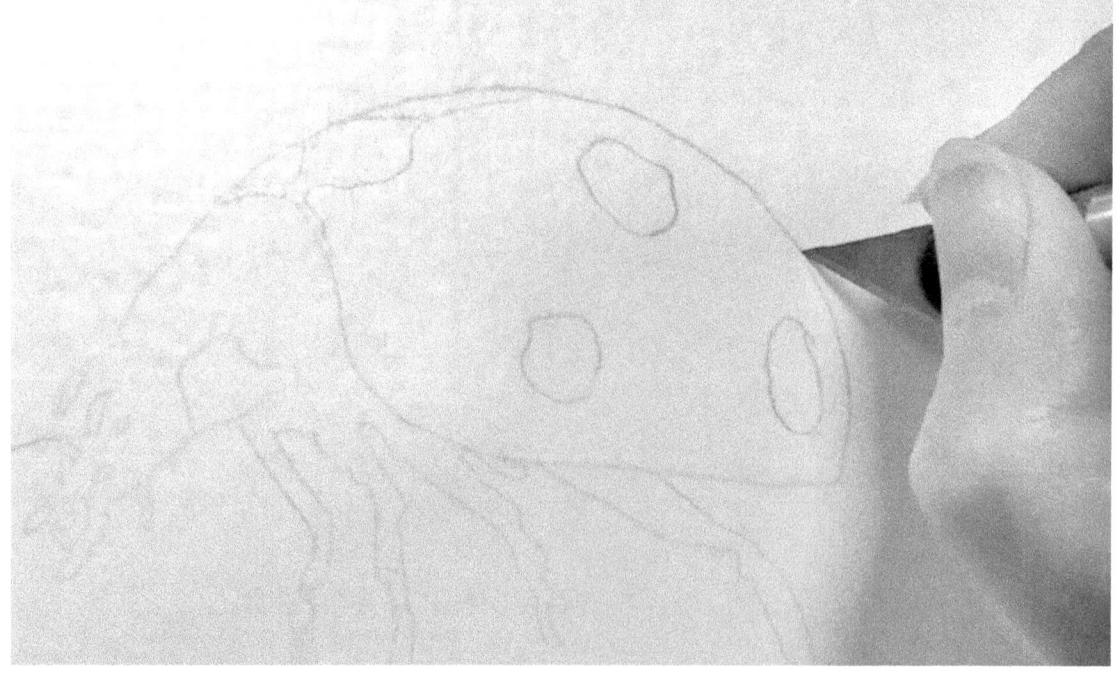

Sombreado del Caparazón de la Mariquita

Ahora que tenemos el área del caparazón expuesta, procedamos con el sombreado. Antes de aplicar el polvo de grafito a tu dibujo, pruébalo en una hoja de papel aparte para ver la graduación que producirá. Además, ten cuidado de no tocar el papel con los dedos, ya que podrían dejar marcas no deseadas una vez que se aplique el polvo de grafito. Para evitar esto, siempre coloco mi mano sobre una hoja de papel aparte mientras trabajo en mi dibujo. Esto asegura que mi mano no entre en contacto con la obra de arte, manteniéndola limpia y libre de manchas. Sumerge tu dedo, envuelto en un pañuelo, en polvo de grafito. Aplica cuidadosamente este grafito sobre el área, comenzando con la parte sombreada en el lado derecho y presionando con una presión decreciente mientras sombreas hacia el lado izquierdo. Esta técnica creará una transición gradual entre los tonos oscuros y claros. Recuerda siempre comenzar en el lado derecho después de sumergir tu pañuelo en polvo de grafito, aplicándolo para el área sombreada. El grafito restante en el pañuelo será suficiente para el área más clara a la izquierda. Aplicar movimientos circulares te ayudará a lograr una transición suave entre los tonos.

Capas y Eliminación de la Máscara

Avanza capa por capa, construyendo cuidadosamente los tonos hasta lograr el resultado deseado. La elección del tono de polvo de grafito es importante; en mi caso, uso un tono B. Si tienes un tono más oscuro, es posible que desees quitar algo de grafito de tu pañuelo antes de aplicarlo en tu dibujo para evitar que se vuelva demasiado oscuro y difícil de borrar. Por otro lado, si tienes un polvo de grafito HB o más claro, es posible que no sea lo suficientemente oscuro para el área sombreada.

Después de retirar la Frisket Masking Film, deberías observar que tu área sombreada se asemeja a la de mi próxima imagen. Sin embargo, si encuentras que el resultado no es satisfactorio, te recomiendo comenzar de nuevo en un nuevo boceto. Dado que estás solo en las etapas iniciales del dibujo y aún no has invertido mucho esfuerzo, repetir este paso hasta que estés contento con el resultado es un enfoque inteligente. Espero que encuentres esta técnica de sombreado interesante, especialmente considerando que es más rápida y produce un aspecto más suave en comparación con el uso de lápices de grafito y difuminado. Tómate tu tiempo para dominar este método antes de pasar al siguiente paso, y siéntete libre de explorar y experimentar con el proceso hasta lograr el efecto deseado.

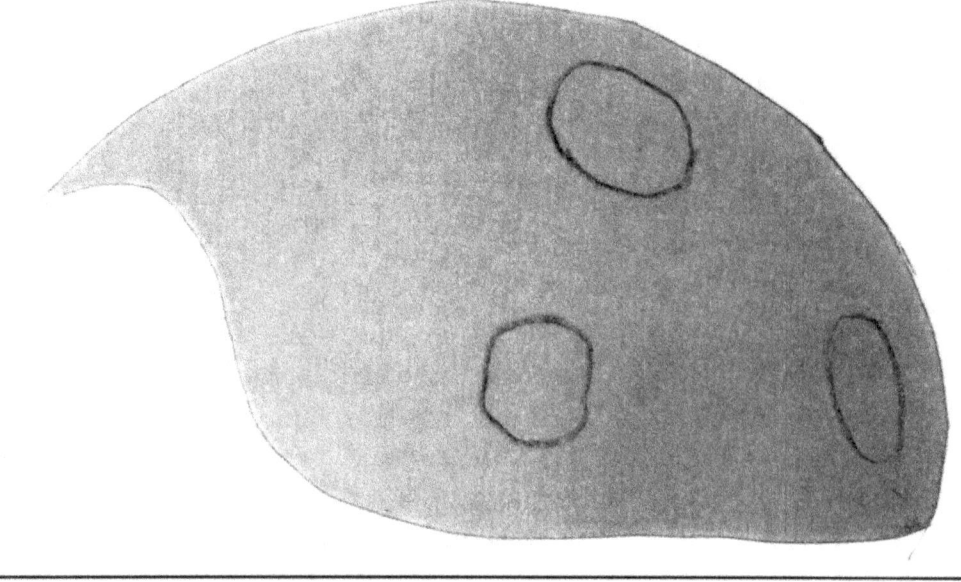

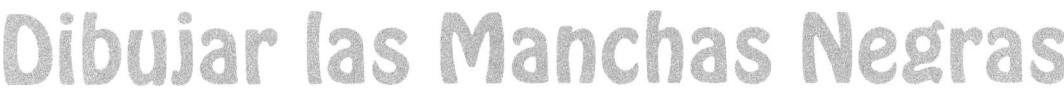

Dibujar las Manchas Negras

En el siguiente paso, nos centraremos en agregar las distintivas manchas negras al caparazón de la mariquita. Para lograr esto, toma tu lápiz 14B y aplica presión firme mientras dibujas estas manchas. El objetivo es crear un tono profundo y contrastante que resalte frente al sombreado de grafito circundante.

Como mencioné anteriormente, no te sientas limitado por la foto de referencia al dibujar las manchas en el caparazón de la mariquita. Tienes la libertad creativa para interpretarlas y colocarlas según lo consideres apropiado. En mi caso, perdí accidentalmente el boceto inicial de la mancha en la parte superior del caparazón, pero ahora la he agregado nuevamente aproximando su posición.

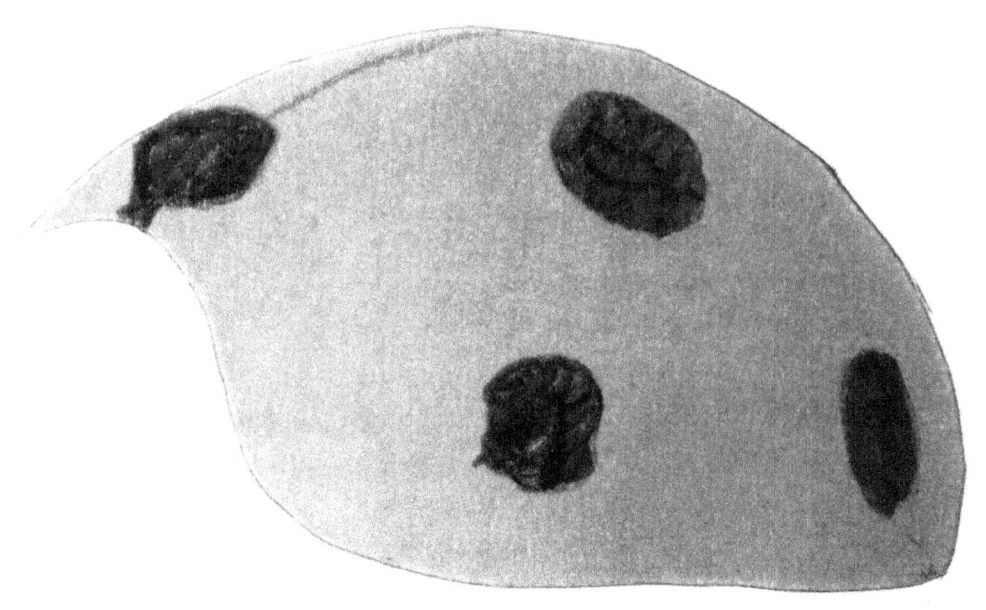

Crear Destellos

A continuación, realzaremos el caparazón de la mariquita con algunos destellos. Para lograr este efecto, levanto suavemente un poco de grafito usando una goma maleable, como se muestra en la siguiente imagen. Para un destello más pronunciado, utilizo una goma eléctrica para iluminar el centro de esta área. Este brillo adicional le da al caparazón una apariencia redondeada y hermosa.

Además, borro meticulosamente las dos manchas blancas cerca de la cabeza para preservar su blancura, mejorando el contraste y haciéndolas destacar con elegancia.

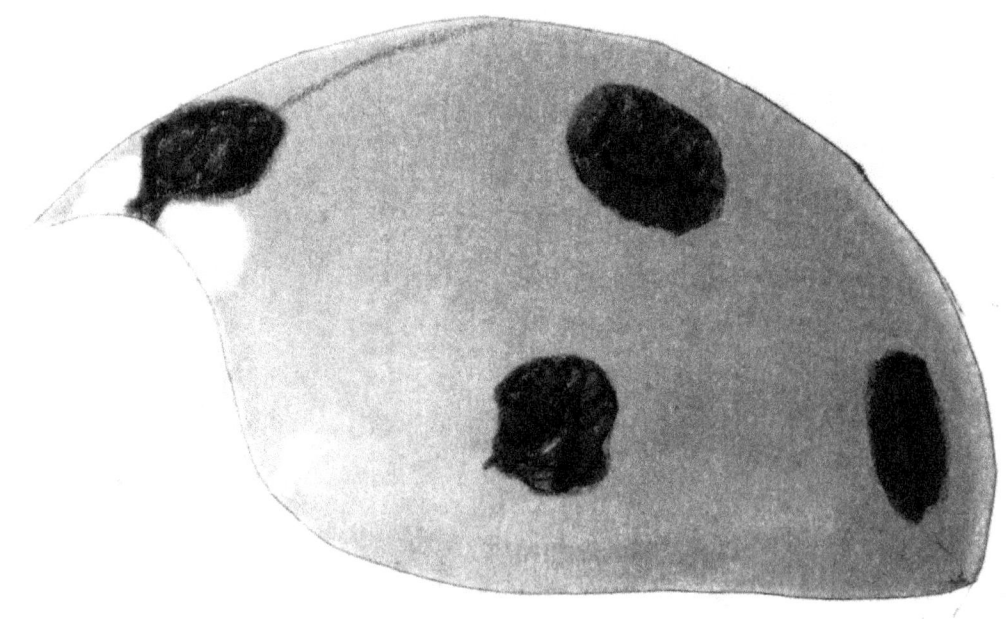

Dibujando las Áreas Más Oscuras

Continuemos sombreando todas las áreas más oscuras utilizando el tono más profundo, como el **14B**. Refiérase a la imagen debajo para observar con precisión qué áreas he sombreado, dejando ciertas secciones pequeñas en blanco. Tómese un tiempo para estudiar tanto la foto de referencia como mi proceso paso a paso para comprender las acciones necesarias para su dibujo.

Es importante destacar que he dejado intencionalmente la parte negra resaltada sobre el pronoto (la zona negra entre la cabeza y el caparazón) sin tocar. Esta área se sombreará con un grado más ligero para indicar el brillo que posee.

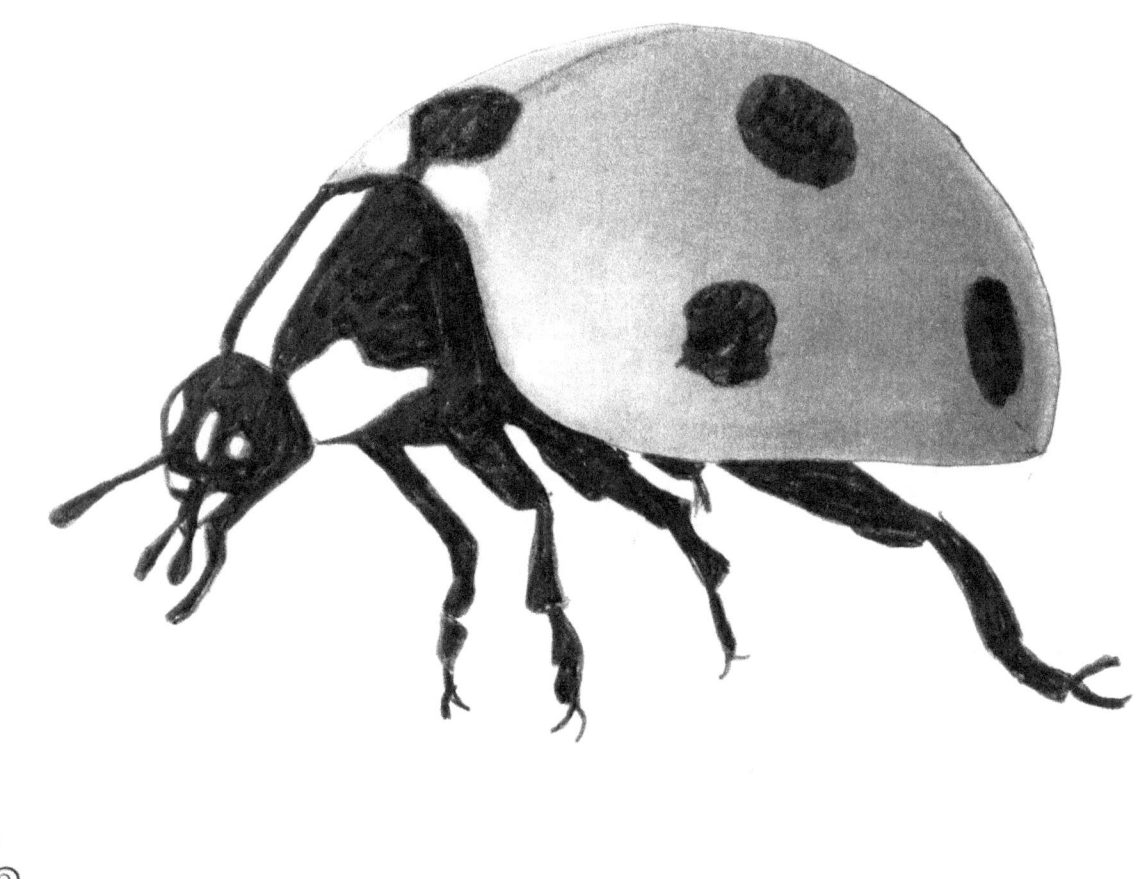

Difuminando y Sombreando los Detalles

A continuación, sombrearemos el área previamente sin tocar sobre el pronoto. Comienza utilizando un lápiz HB en la parte superior de esta área, y gradualmente haz la transición hacia la región sombreada con 14B. Luego, difumina el borde entre estos tonos con un lápiz 6B para lograr un gradiente suave.

Además, toma un difuminador y difumina cuidadosamente los bordes de las patas en el fondo para darles una apariencia ligeramente borrosa. Este efecto creará la impresión de que estas patas están posicionadas detrás de las patas que están más cerca de los ojos del espectador. También, difumina el borde del caparazón junto al pronoto para asegurar una transición sin problemas entre las dos secciones.

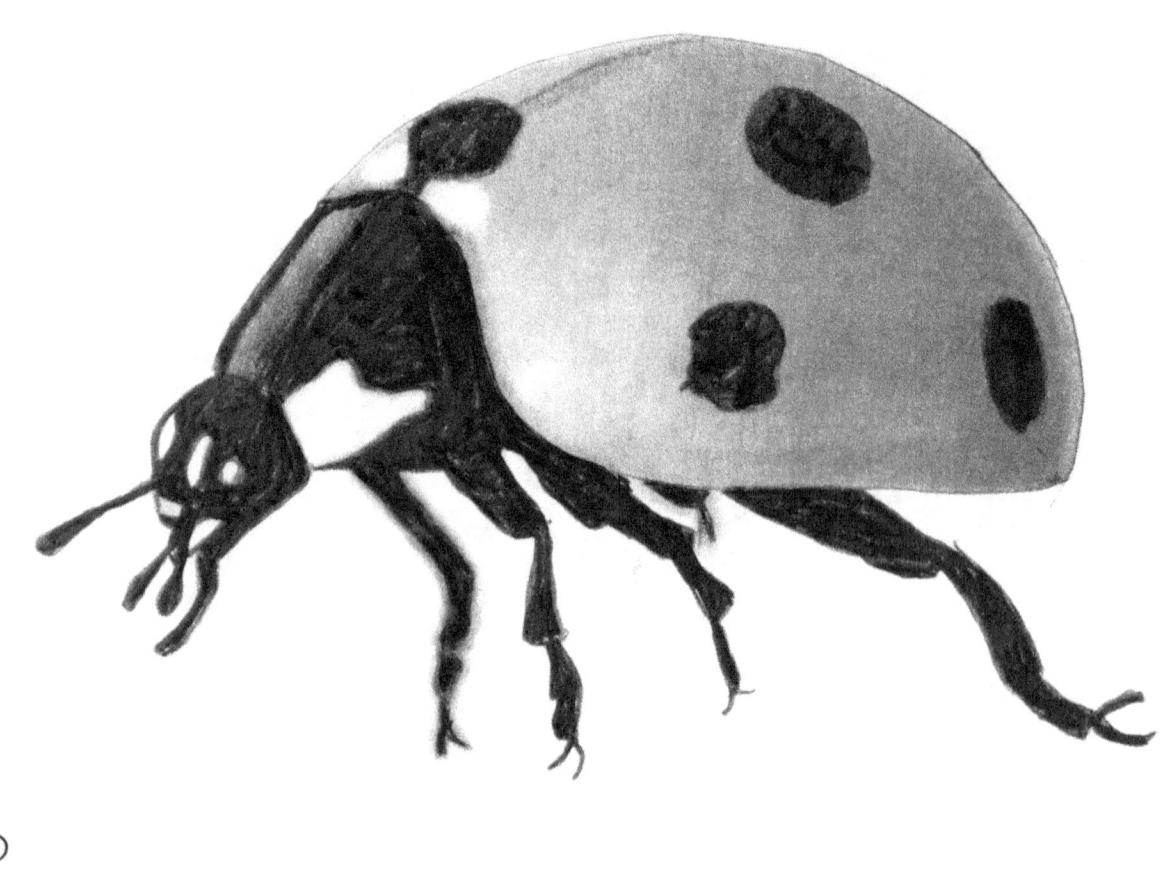

Pelando las Patas

Como se puede apreciar en la foto de referencia, las patas tienen una textura peluda. Para lograr este efecto, utilizaremos un difuminador de cera incolora. Al colocar su punta suavemente a lo largo del borde de la pata y dibujarla hacia afuera en la dirección requerida, podemos crear la apariencia de pequeños pelitos, tal como se muestra en mi dibujo. Esta técnica realza la esponjosidad, otorgando una cualidad realista y vívida a las patas en la obra de arte.

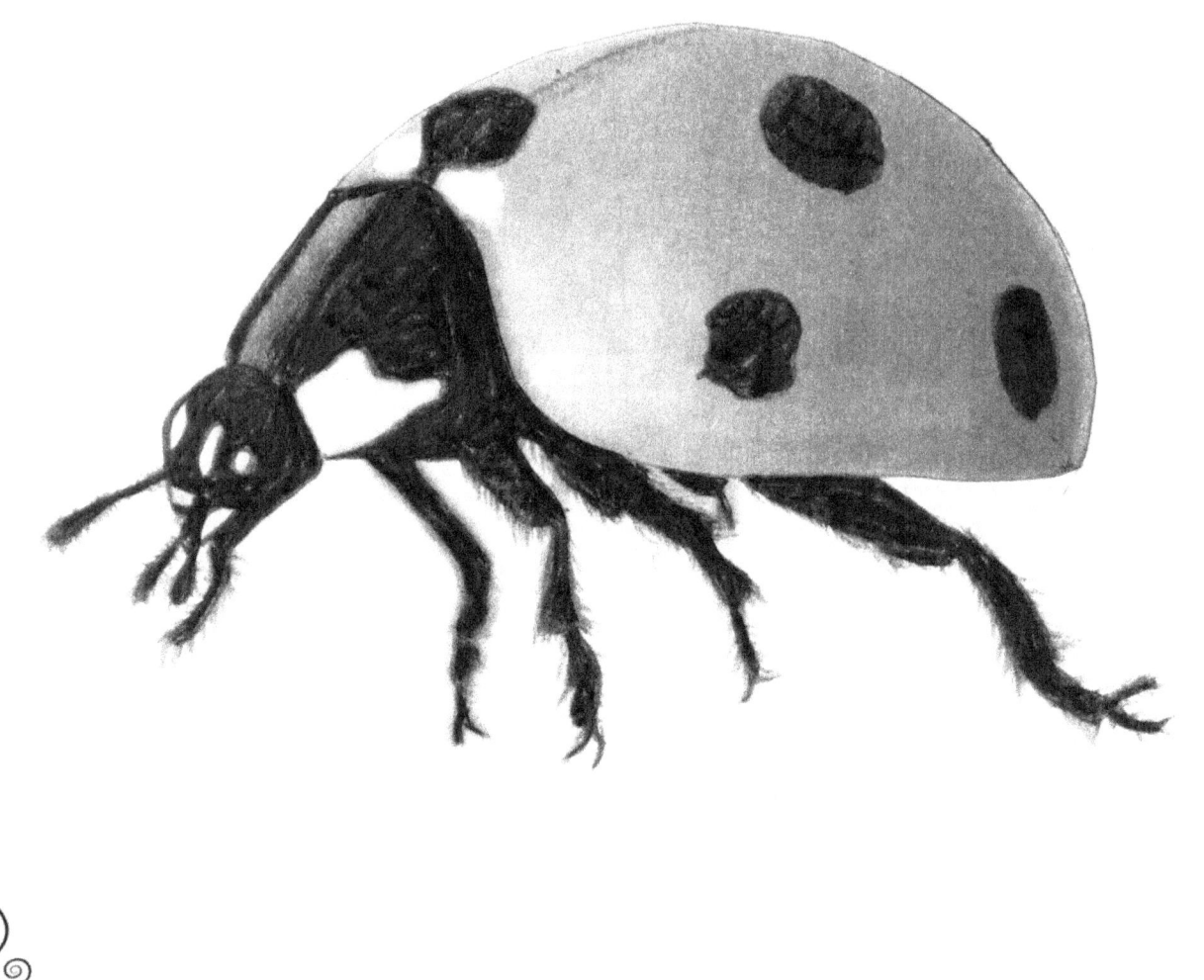

Realza con Pequeños Destellos

Ahora es el momento de agregar los toques finales incorporando pequeños puntos destacados donde corresponda. Para lograr este efecto, utilicé la punta afilada de mi goma de borrar eléctrica, eliminando cuidadosamente el grafito y creando destacados brillantes. Para las áreas que requerían un valor blanco puro, utilicé un bolígrafo de gel de tinta blanca.

En la imagen adjunta, puedes observar numerosos puntos blancos pequeños que coloqué meticulosamente por toda la mariquita, incluso en sus patas.

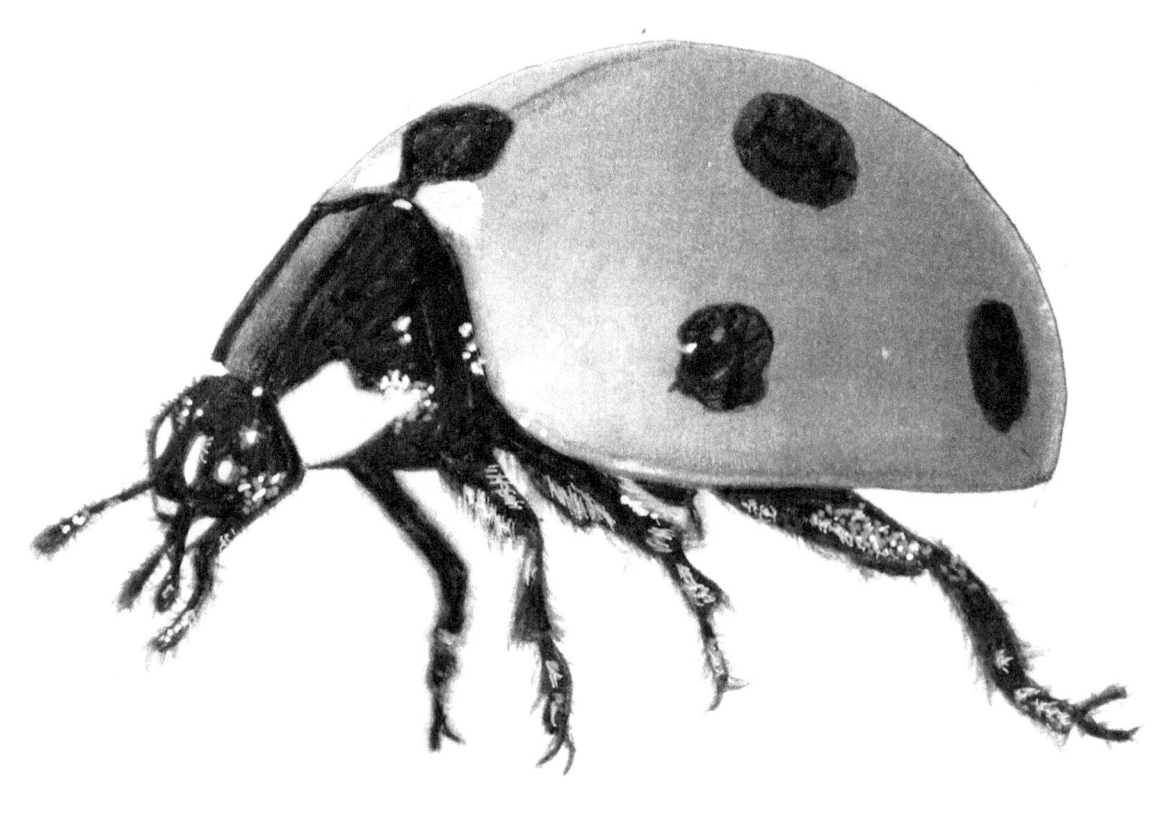

Dominando las Sombras Proyectadas para el Realismo

Una vez que estés satisfecho con la apariencia general de tu dibujo, es hora de mejorar su sensación tridimensional y realista creando una sombra proyectada debajo de la mariquita. Para lograr esto, utilicé polvo de grafito y un pincel para pintar, empleando movimientos de ida y vuelta para aplicar la sombra.

La sombra debe parecer más oscura junto a las patas de la mariquita y gradualmente desvanecerse en el fondo. Al aplicar el polvo de grafito con un pincel, comienza enfocándote en las áreas que requieren un tono más oscuro. A medida que sombreas hacia afuera, tendrás cada vez menos polvo de grafito en el pincel para usar, creando una transición suave y gradual entre la sombra proyectada y el fondo. Esta técnica resulta en un efecto realista y tridimensional para el dibujo.

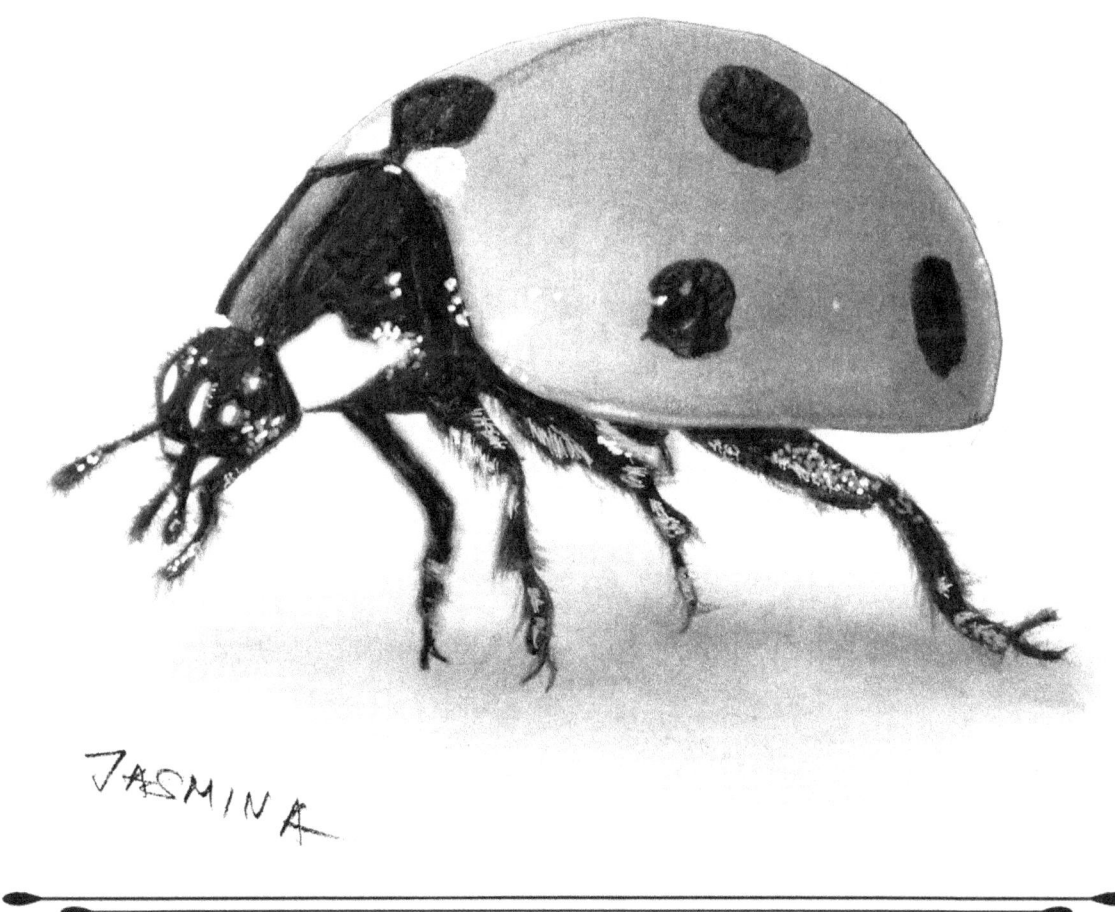

JASMINA

Cómo Dibujar un Abejorro

Con sus cuerpos peludos y su distintiva coloración negra y amarilla, los abejorros son sujetos fascinantes para la exploración artística. Los abejorros son conocidos por su naturaleza gentil y dócil, lo que los convierte en una presencia querida en jardines y hábitats naturales. Como artista y entusiasta de la naturaleza, personalmente he plantado trébol en mi amplio jardín, específicamente para atraer y proveer alimento a las abejas melíferas y abejorros. Observarlos zumbando felices entre las flores vibrantes es una verdadera alegría e inspira a capturar su encanto en el papel. Al crear obras de arte que muestren su belleza, podemos generar conciencia sobre la importancia de proteger estas valiosas y en peligro especies.

La Foto de Referencia

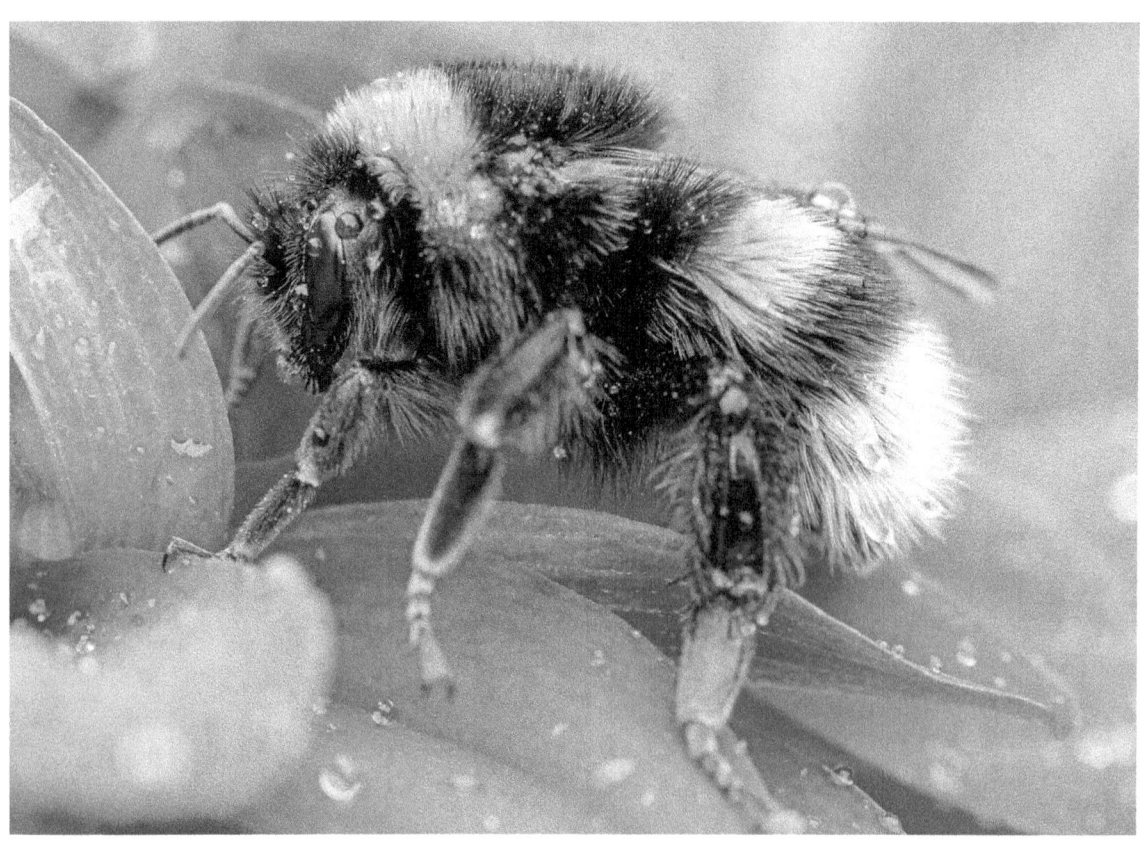

Boceto, Contornos Básicos

En mi enfoque, he enfatizado la importancia de delinear el cuerpo principal y las patas, así como de marcar el borde entre los llamativos segmentos negros y amarillos con líneas en zigzag. Recuerda que no todos los detalles en tu boceto necesitan coincidir perfectamente con la foto de referencia. Siéntete libre de experimentar y explorar, incluso desviándote de las posiciones exactas de las alas si te sientes inspirado para hacerlo.

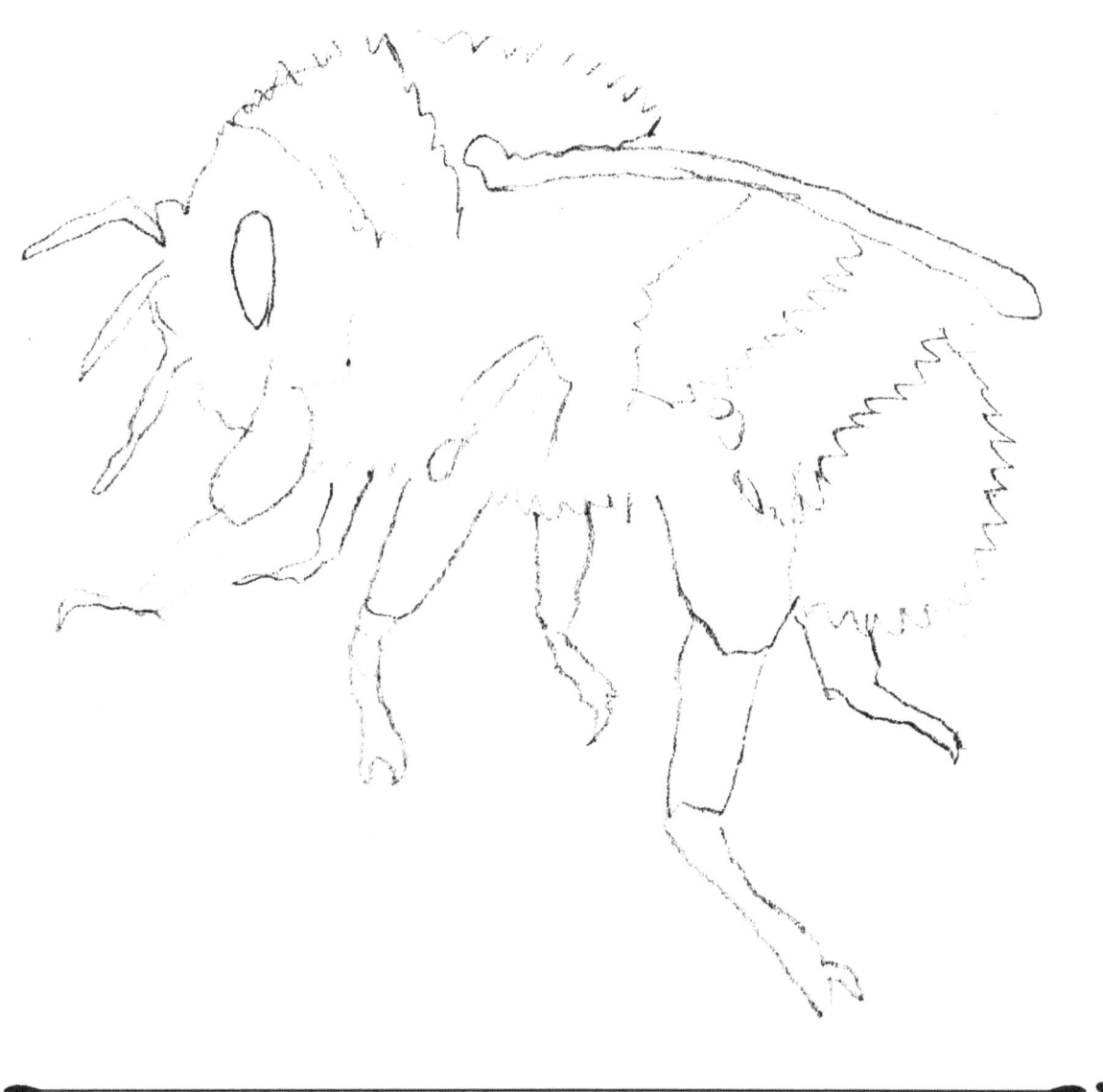

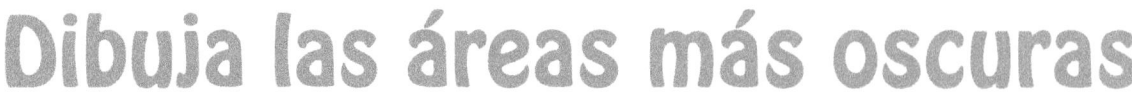

Con un lápiz 14B, comienza trazando las regiones que deben ser completamente negras. Reconocer estas áreas en la foto de referencia podría ser algo desafiante, así que por favor consulta mi paso para observar dónde he aplicado el tono más profundo.

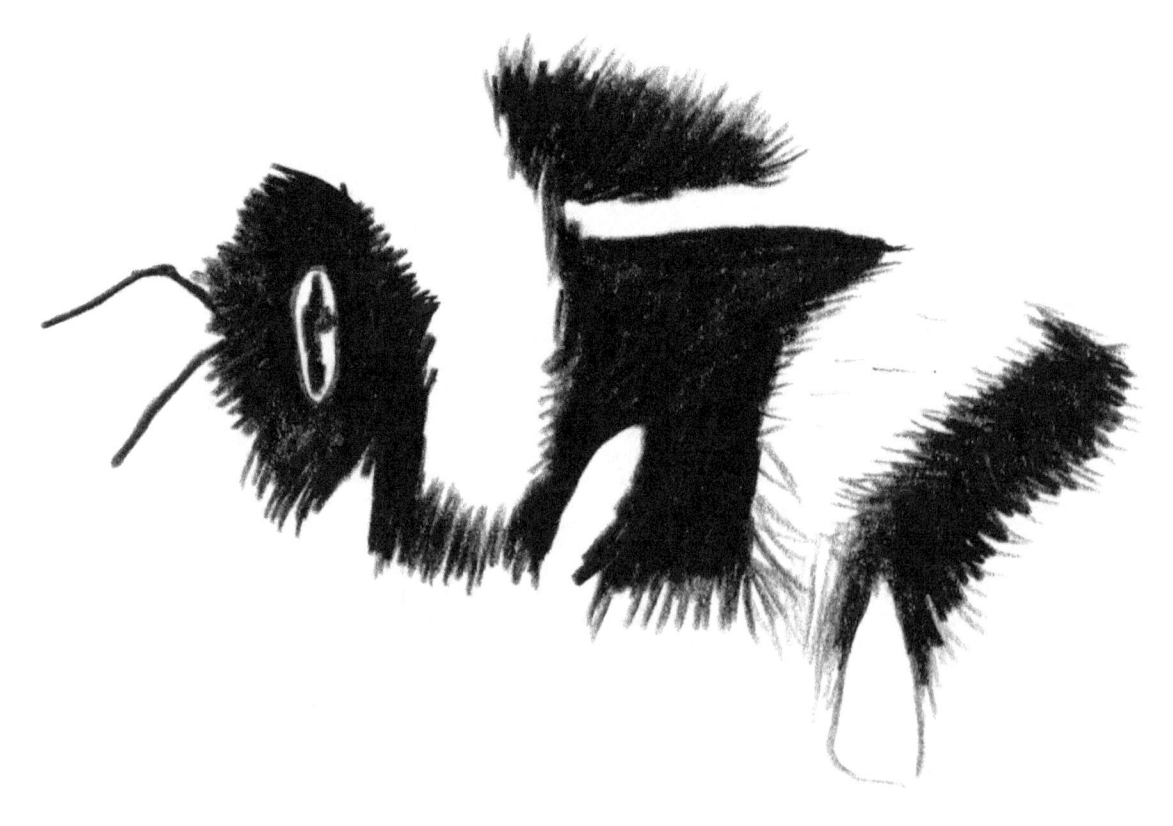

Dibujando Pelos Más Claros

Las abejas carpinteras se distinguen por sus características franjas negras y amarillas, a menudo culminando en una sección con la punta blanca, similar a una cola. Ahora, utilizando un lápiz HB, concéntrate en trazar los delicados pelos sobre los dos segmentos amarillos. Reduce gradualmente la densidad de estos trazos para la sección de pelos blancos.
Como en los pasos anteriores, asegúrate de alinear tus trazos de lápiz con el crecimiento y flujo natural de los pelos.

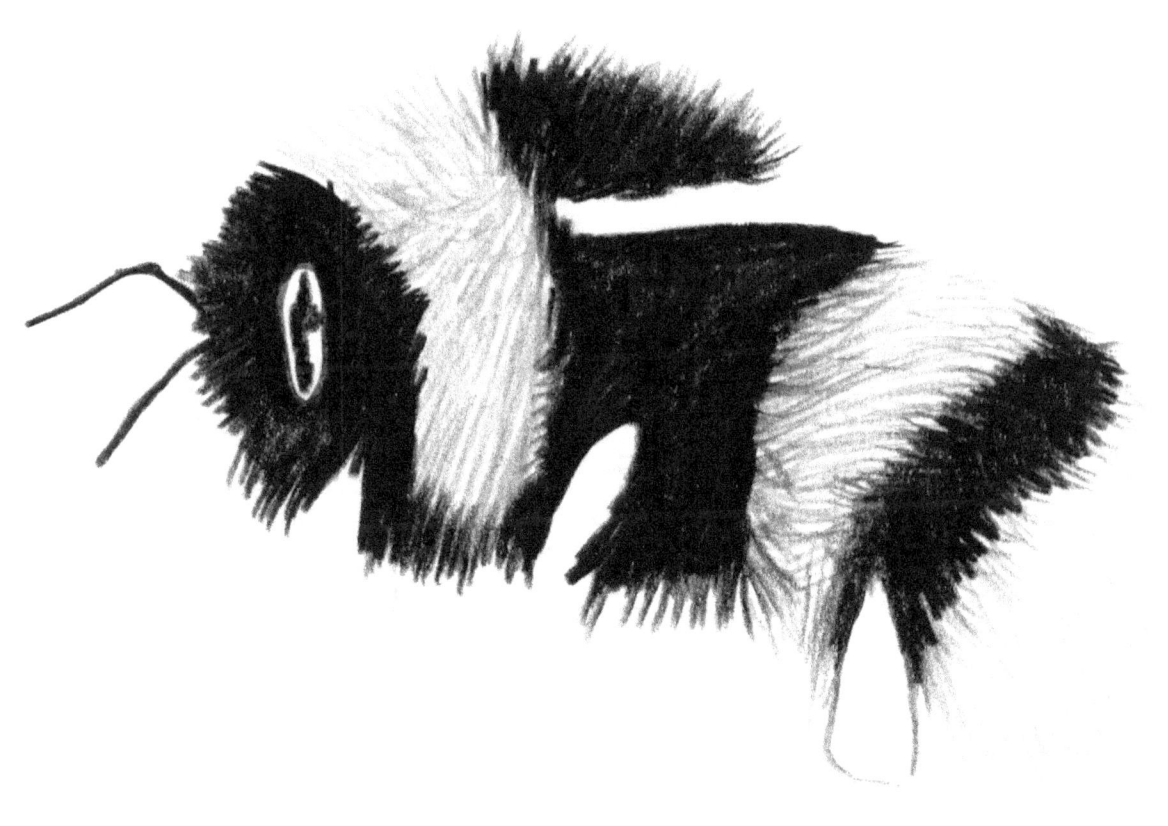

Mezclando los Pelos Más Claros

Para lograr un aspecto más suave y natural, utiliza un difuminador o un hisopo de algodón para mezclar meticulosamente los pelos que has dibujado. Este proceso de mezcla evitará que los pelos parezcan afilados y distintos, contribuyendo a una textura más realista y suave.

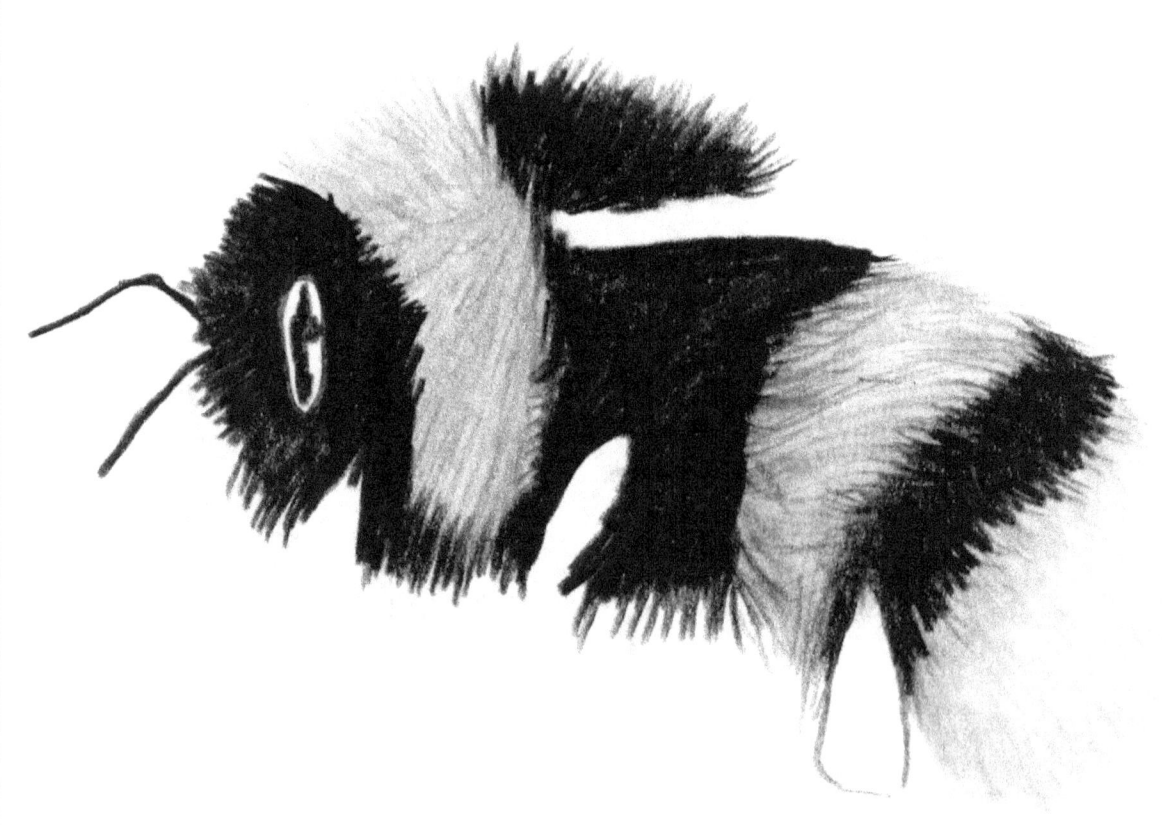

Refinando con un Difuminador Incoloro

En esta etapa, utilicé un difuminador incoloro de Prismacolor Premier para fusionar los extremos de los pelos negros que dibujé con un lápiz 14B. Esta mezcla se aplica a los pelos negros que se extienden sobre las partes amarillas y blancas del abejorro, así como a los que se encuentran en el borde exterior contra el fondo. Para realizar esto, coloca la punta del difuminador en el área negra y haz un trazo rápido en la dirección necesaria. Aunque también se puede usar un lápiz 2B para esta tarea, noté que el efecto de mezcla es más delicado y texturizado al utilizar este difuminador específico.

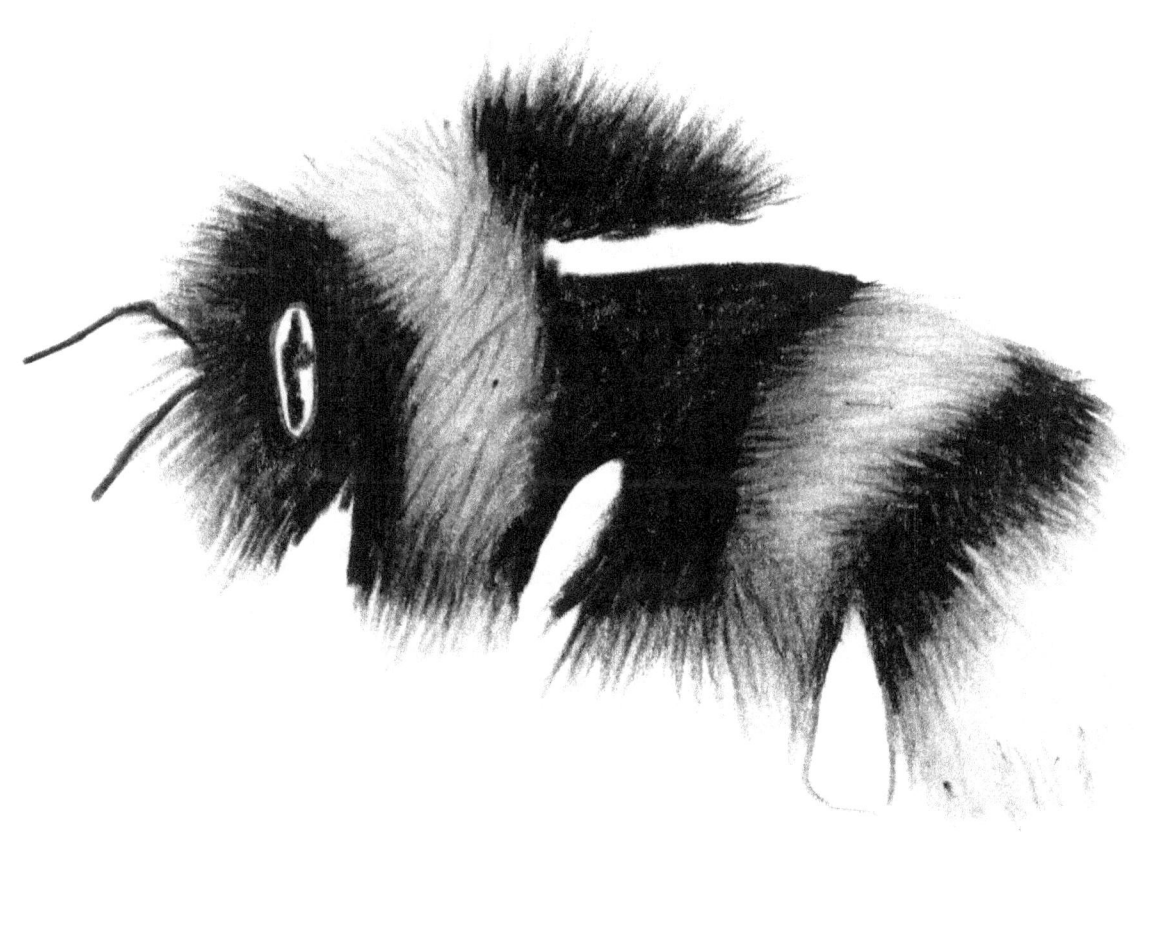

Agregando Pelos Destacados

En el siguiente paso, vamos a introducir algunos pelos delicadamente destacados en la unión de las secciones negras, donde se encuentran con las regiones amarillas y blancas. Tienes la opción de crear estos finos pelos brillantes utilizando un borrador eléctrico o un bolígrafo de tinta blanca. Si los reflejos parecen demasiado luminosos después de usar el bolígrafo de gel blanco, una solución simple es acariciarlos suavemente con un difuminador una vez que la tinta se haya secado, logrando un tono ligeramente más oscuro.

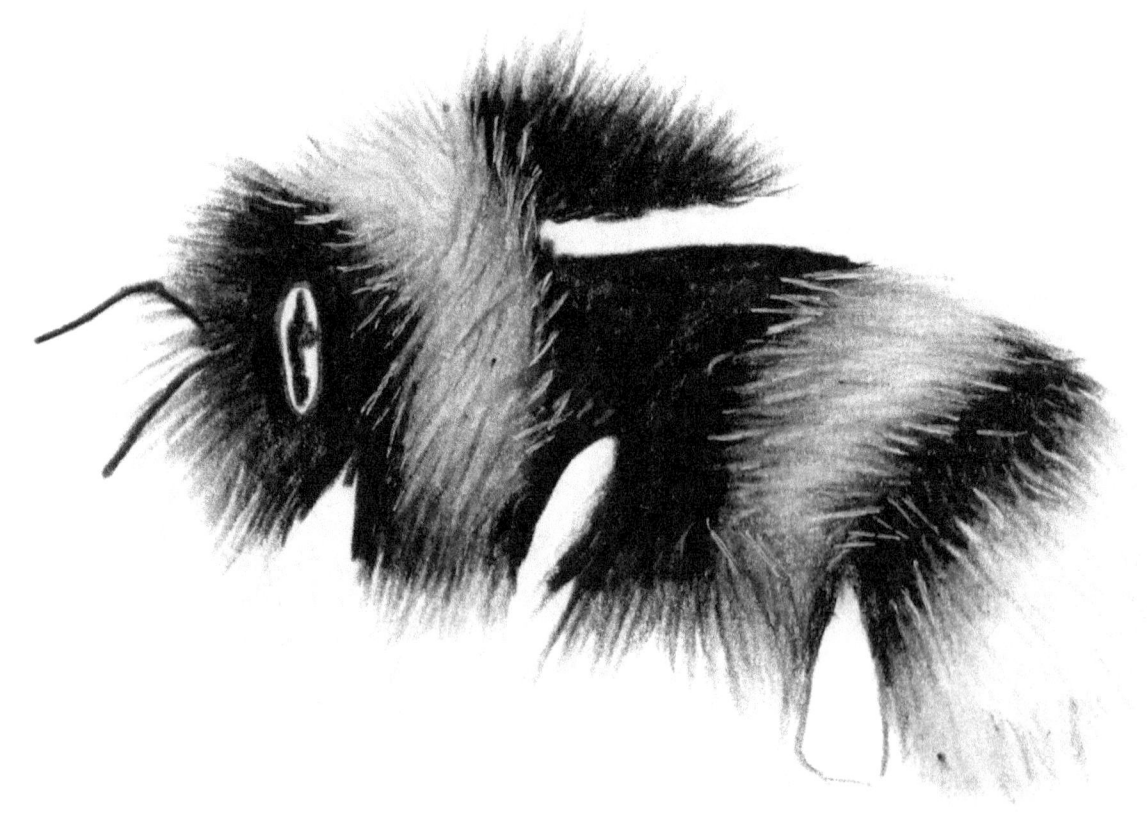

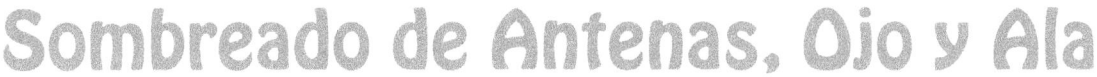

En esta fase, procederemos a sombrear las secciones superiores de las antenas con un lápiz HB. Utiliza el mismo lápiz para sombrear también el ojo y el ala. Mientras sombreas el ala, asegúrate de ajustar la presión que aplicas para crear un efecto texturizado que sea menos uniforme y más tridimensional.

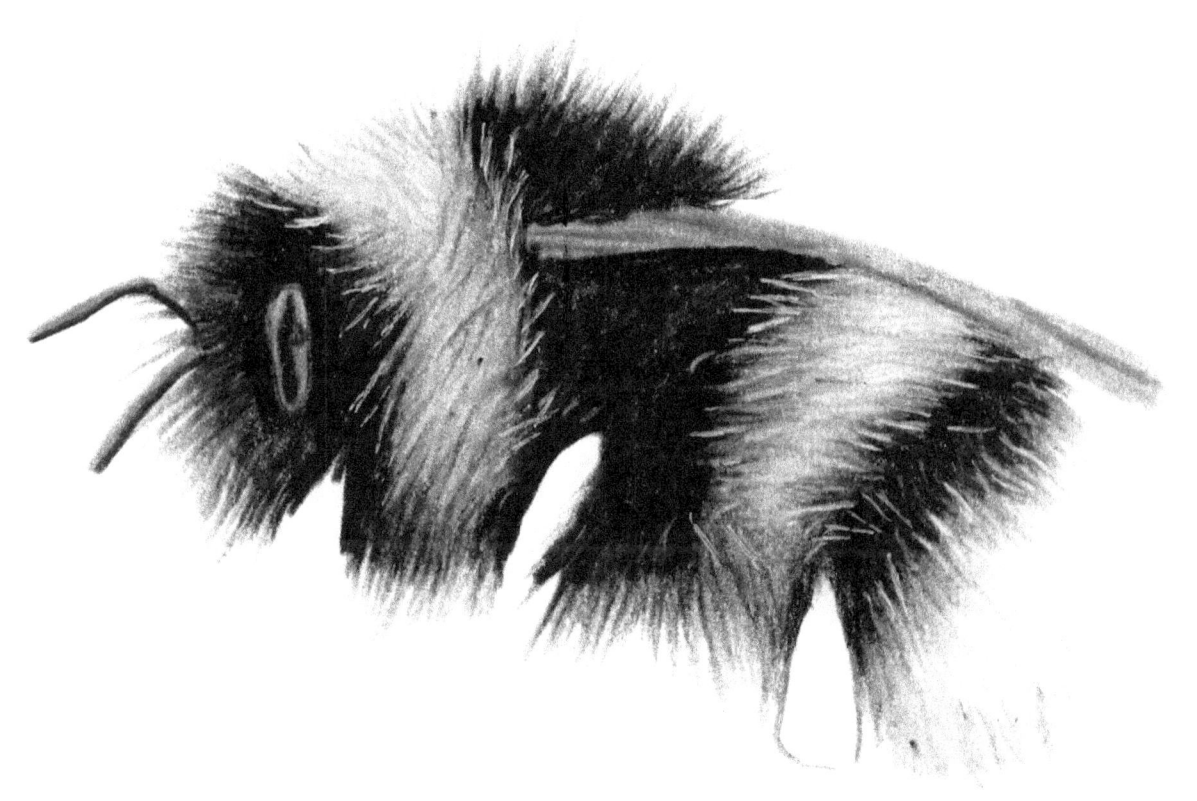

Iniciando el Dibujo de las Patas

Cuando estés preparado, podemos comenzar a dibujar
las patas. Para lograr una sensación de iluminación completa
y redondez, utilicé un lápiz 2B para sombrear las secciones
exteriores de las patas. Observa la imagen adjunta
para identificar las regiones específicas que he
sombreado en esta instancia.

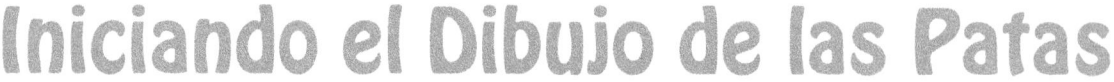

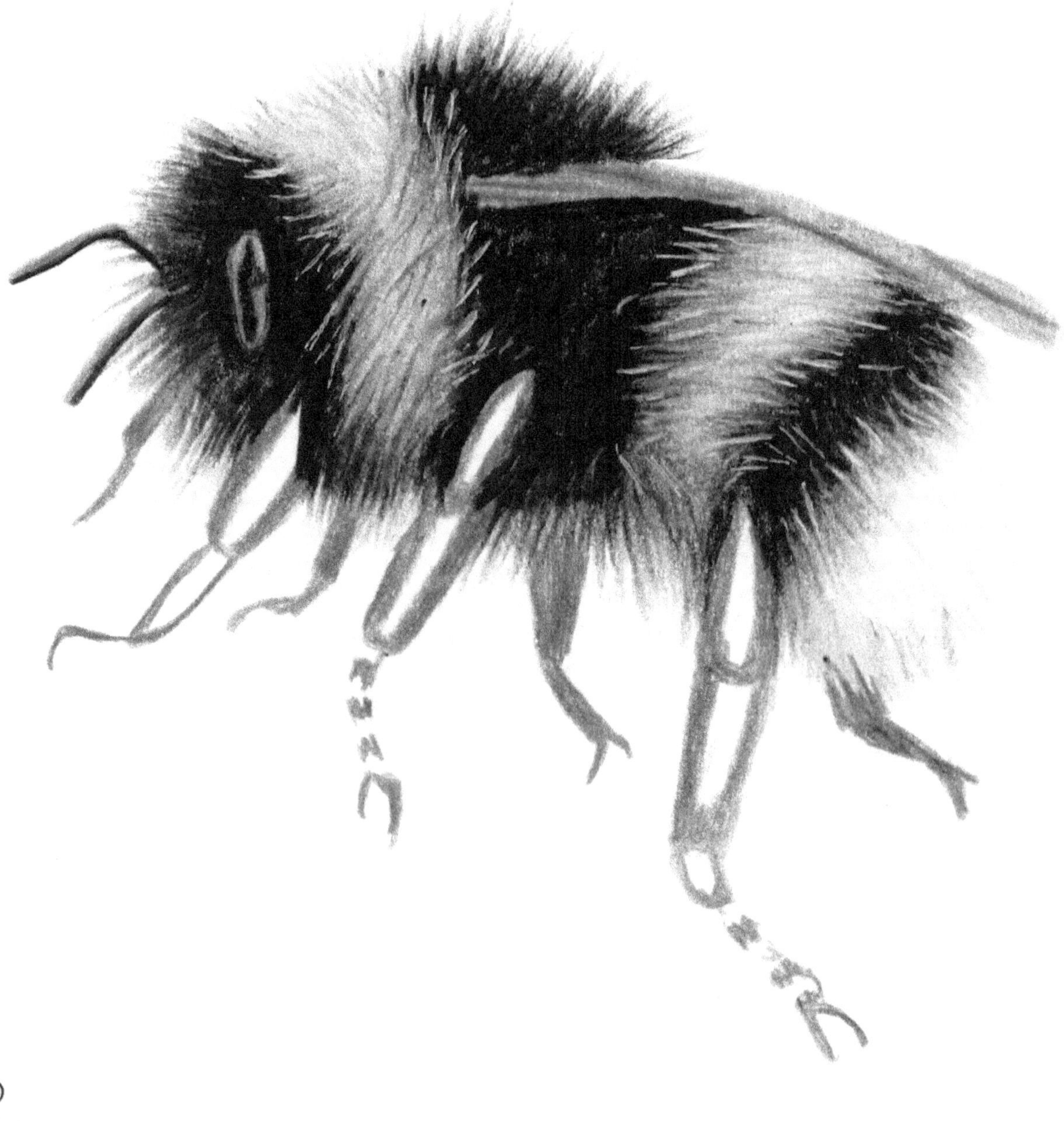

Continúa sombreando las áreas que quedaron sin tocar en el paso anterior, centrándote en las secciones intermedias de las partes de las patas. Utiliza un lápiz **10B** para este sombreado. Luego, utiliza un lápiz **6B** para difuminar las transiciones entre los dos tonos, asegurando un flujo gradual y sin interrupciones entre ellos. Esta técnica de difuminado producirá un efecto redondeado para las patas.

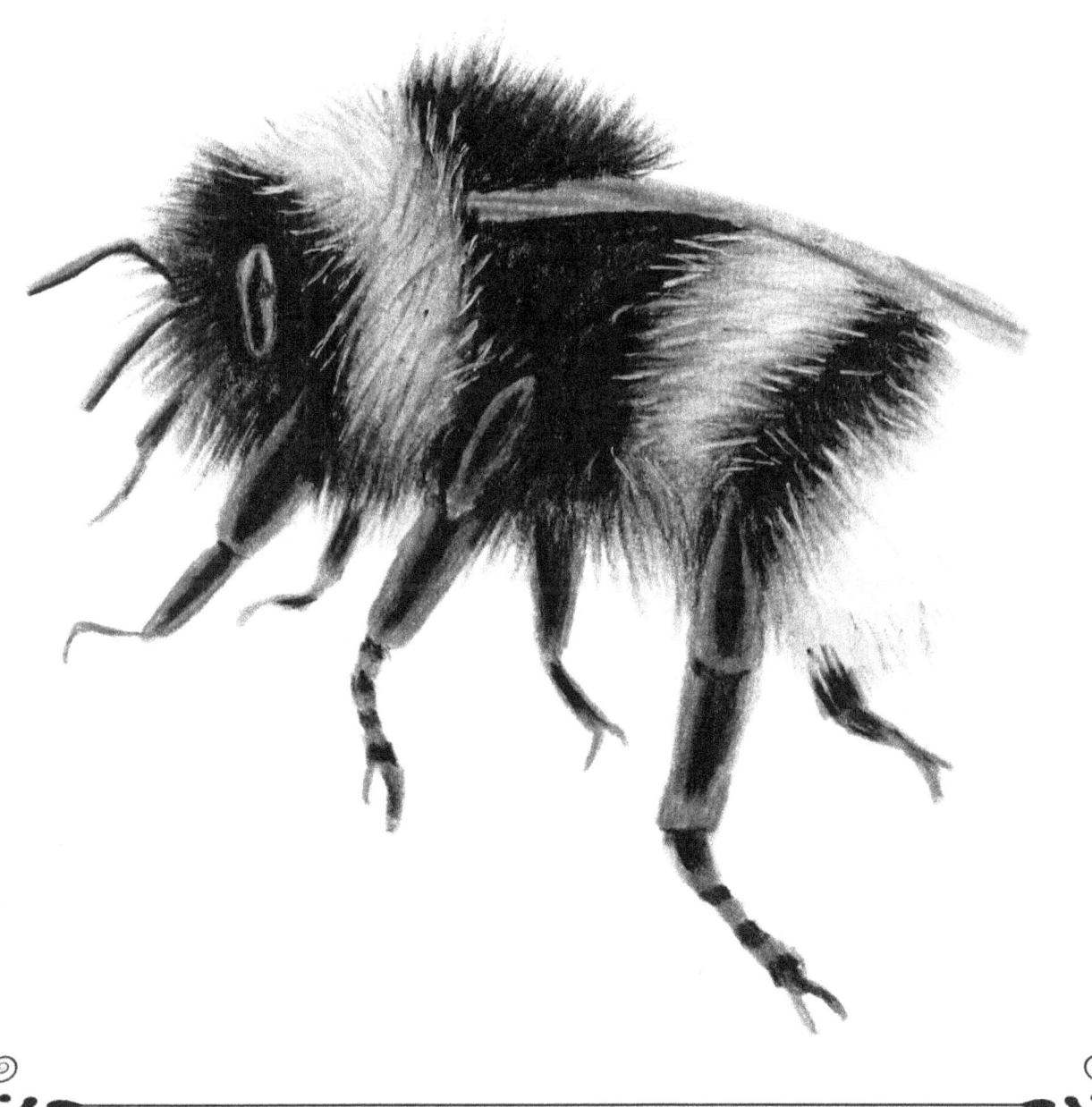

Refinando los Detalles de las Patas

Avanzando, utiliza un lápiz 2B para dibujar con cuidado los pequeños pelitos que adornan toda la superficie de las patas, siguiendo la guía visual que te proporciono en la imagen adjunta. Una vez que estés satisfecho con el resultado, procede a difuminar estos pelitos dibujados utilizando un difuminador incoloro o un tono más claro, como HB.
Este difuminado creará una apariencia armoniosa y texturizada para los pelitos de las patas.

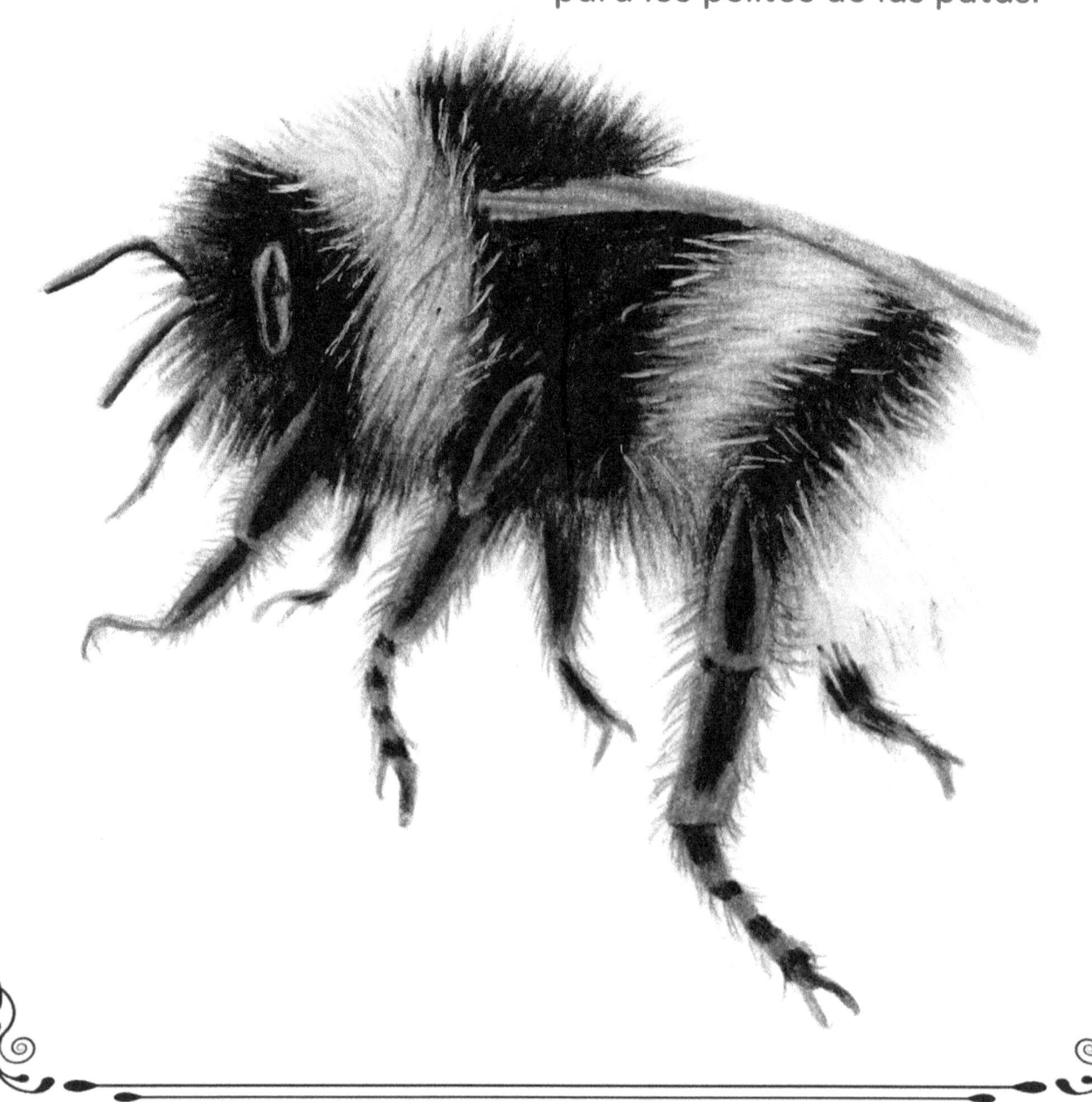

Continuando, utiliza un bolígrafo de tinta blanca para crear con delicadeza los minúsculos pelitos que adornan las patas. Estos pelitos a menudo brillan a la luz o llevan rastros de polen, lo que justifica su representación con la precisión de un bolígrafo de tinta blanca o un borrador eléctrico. Además, esparce algunos diminutos puntos estratégicamente por todo el cuerpo de la abeja, transmitiendo la idea de polen y su diligente recolección. Esto infundirá a tu obra de arte un toque de vida y vitalidad.

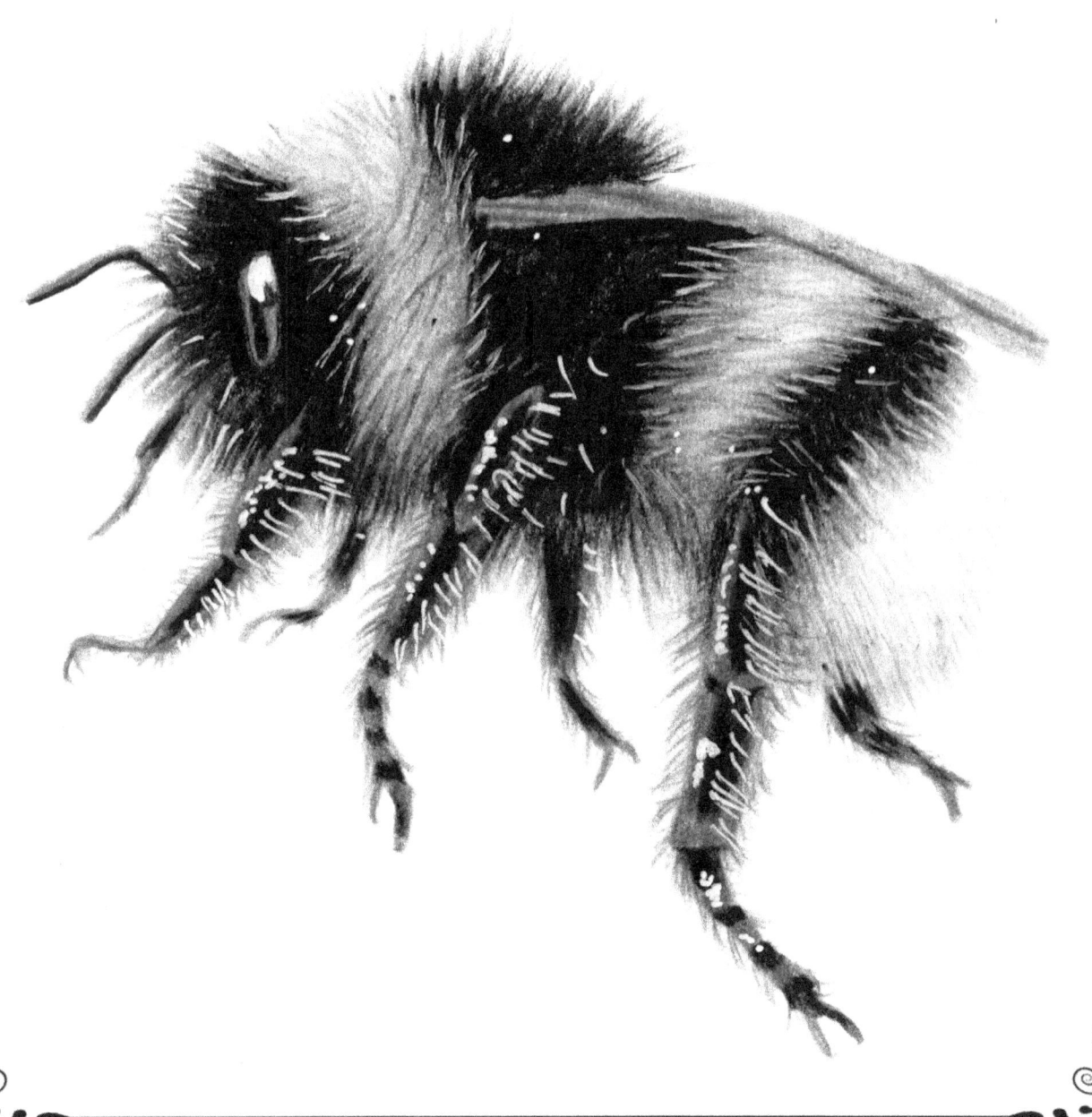

Conclusión de la Obra de Arte de la Abeja

Si estás satisfecho con tu interpretación de la abeja, puedes considerar ampliar tu composición dibujando una flor debajo de ella, como si estuviera posada sobre ella. Para añadir un toque adicional de realismo, opté por representar la sombra proyectada por la abeja sobre la superficie imaginaria. Esto se logró aplicando suavemente polvo de grafito con un pincel, lo que le otorga una dimensión sutil y atmosférica a la escena.

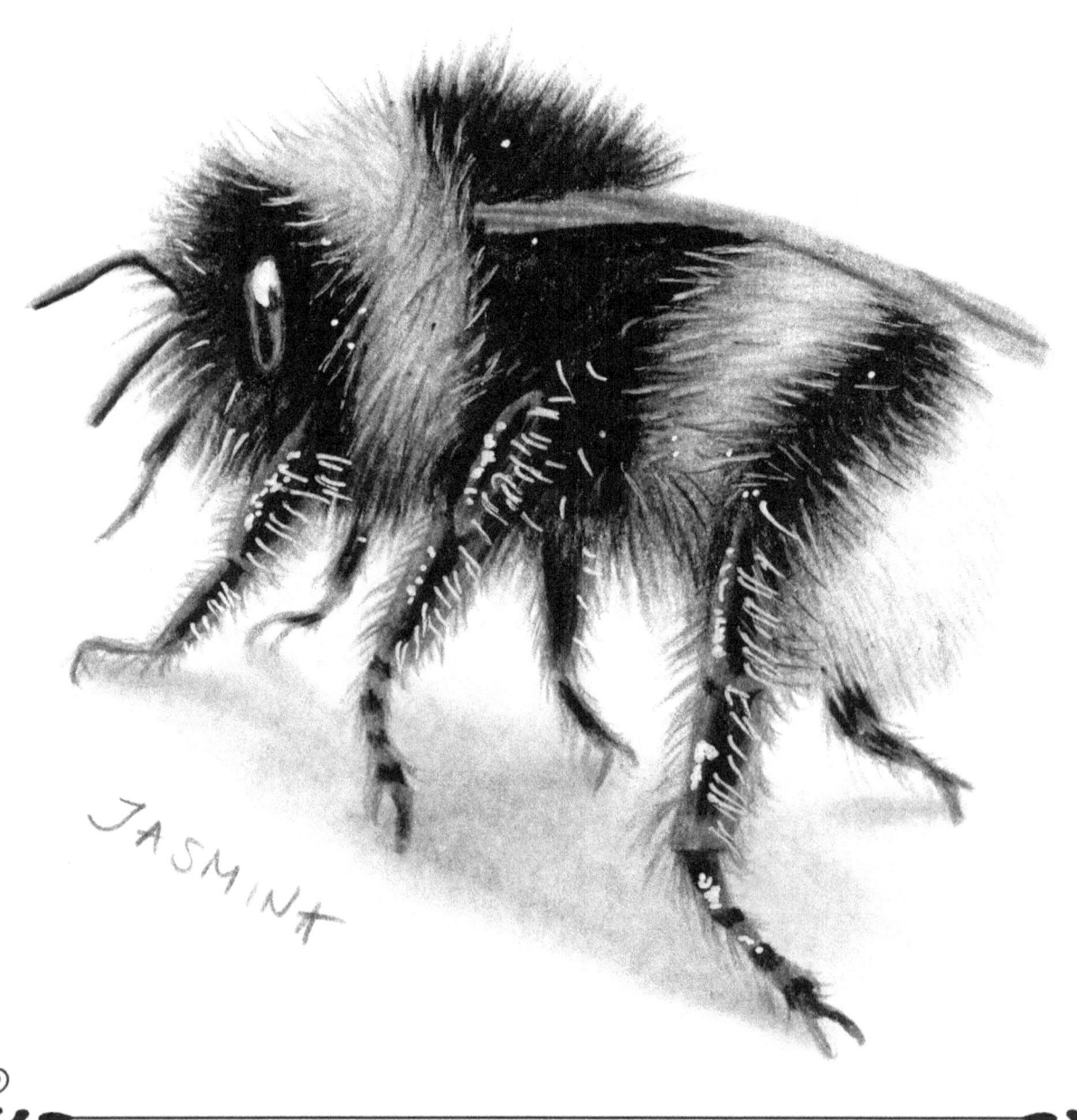

Interludios de Dibujo

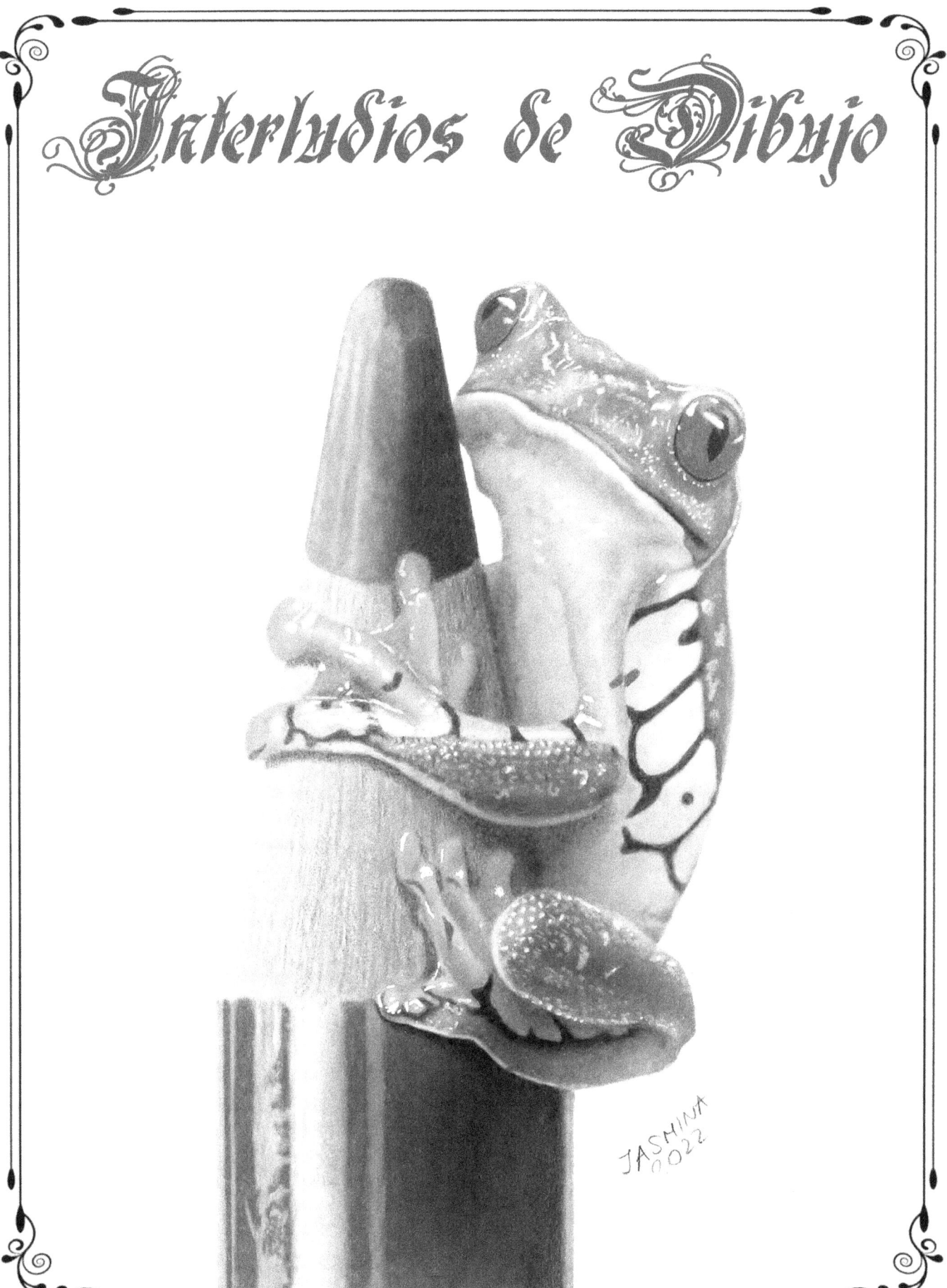

Cómo Dibujar un Cisne Negro

Dibujar un cisne negro ofrece la oportunidad de practicar texturas, sombras y detalles intrincados, al mismo tiempo que exploras cómo la luz juega sobre las plumas oscuras, realzando el realismo y el atractivo de tu obra de arte. Aprecia la elegancia de la naturaleza y desarrolla tus habilidades artísticas al capturar la belleza del cisne negro. Vamos a dar vida a este dibujo.

La Foto de Referencia

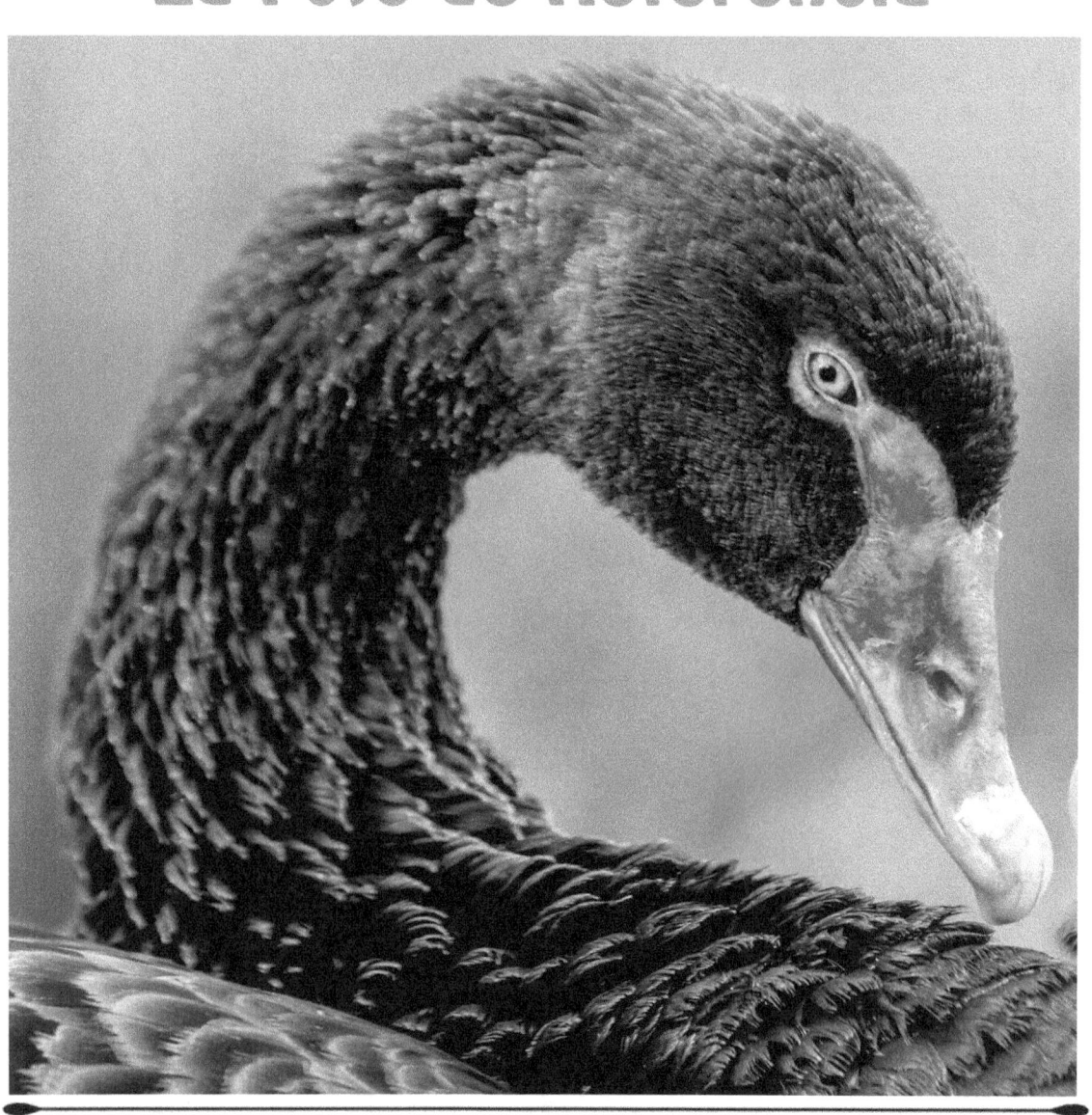

Boceto, Contornos Básicos

En la siguiente imagen, encontrarás mi boceto a lápiz que he escaneado. Tómate un momento para estudiar y analizar las líneas que he considerado importantes y significativas en mi dibujo. Estas líneas han sido elegidas cuidadosamente para capturar la esencia y el carácter del sujeto. Observa los detalles, las curvas y la precisión en cada trazo, ya que contribuyen a la composición general.

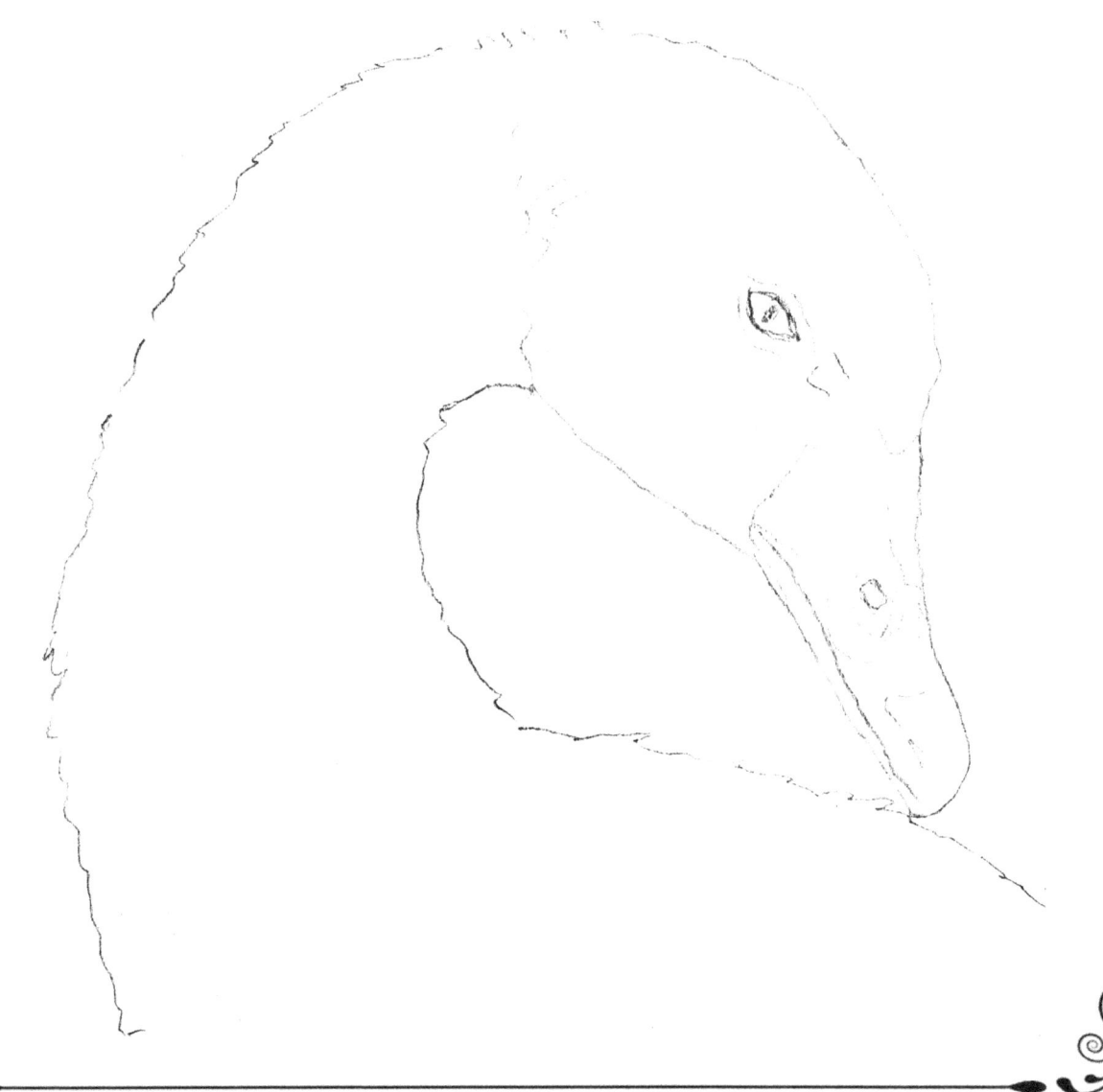

Analizando los Valores del Cisne Negro

Comencemos analizando la fotografía del hermoso cisne negro y descomponiéndola en diferentes niveles de valores.
Para ello, puede utilizar cualquier aplicación de edición de imágenes que tenga un efecto de posterización.
He creado una herramienta gratuita para este propósito llamada Posterize Image Online Free Tool, que se encuentra disponible en el sitio web Pencil Drawing Tutor
www.pencildrawingtutor.com

Upload image

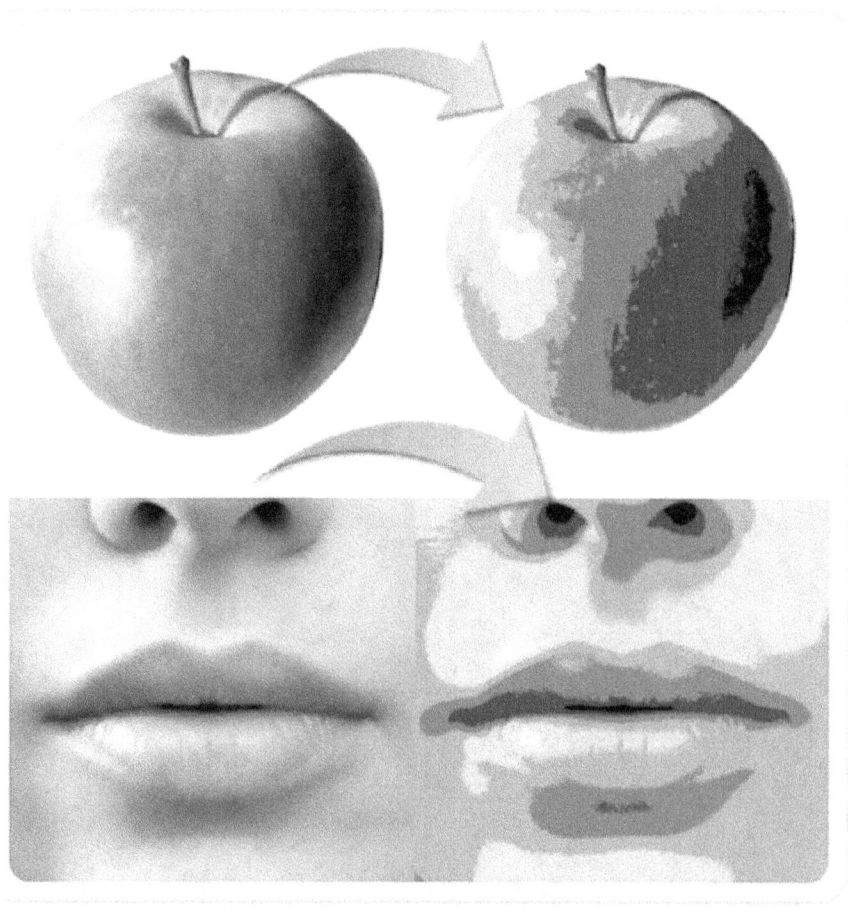

Cuando suba su foto al Posterize Image Online Free Tool, mueva el control deslizante situado debajo de la imagen para seleccionar el número de niveles de valores deseado.
Por ejemplo, si elige 2 niveles, la imagen mostrará únicamente blanco y negro. Con 3 niveles, se añade un valor de gris entre el blanco y el negro.

En la captura de pantalla mostrada, seleccioné 4 niveles, lo que da como resultado negro, blanco y tonos de gris más claros y más oscuros. Estos cuatro valores son suficientes para dividir la foto en áreas bien definidas para el sombreado.
Aunque puede experimentar con cinco niveles o más, considero que comenzar con estos cuatro valores proporciona una base sólida, teniendo en cuenta el nivel de detalle que añadiremos

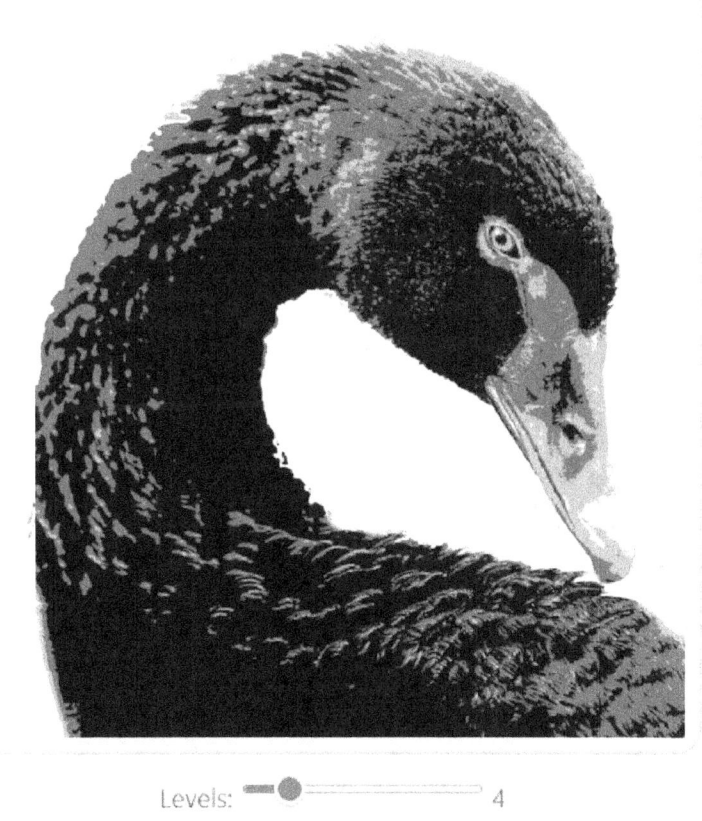

Levels: ●————————— 4

Download posterized image

Encontrar los Tonos Correctos

En la siguiente imagen, encontrarás la imagen "posterizada" que he creado. Muestra el negro y dos tonos de gris que he seleccionado. He conectado cada tono con una línea hasta el cuadro correspondiente. Este enfoque nos ayuda a identificar los valores claramente, sin distracciones causadas por los grados circundantes o los detalles intrincados.

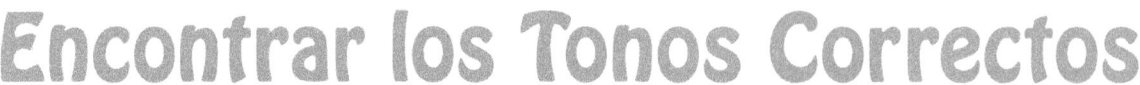

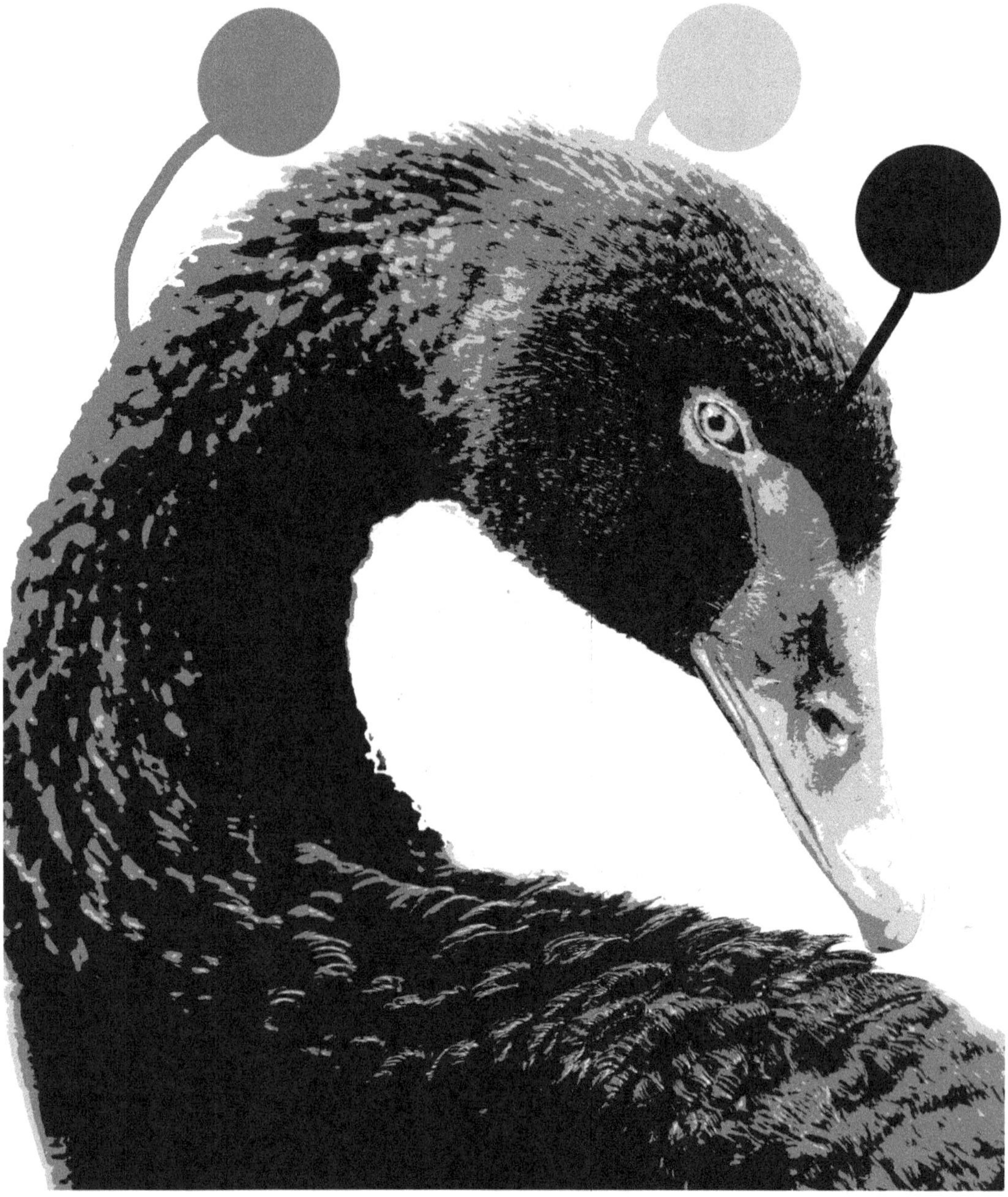

Seleccionando los Lápices Adecuados

Al simplificar la imagen de esta manera, podemos identificar fácilmente los lápices ideales para nuestro dibujo. En mi opinión, estos tres lápices son una combinación perfecta para los diferentes cuadros. Sin embargo, siempre se pueden hacer ajustes durante el proceso de sombreado. En esta etapa, contar con los grados correctos de lápices es crucial para establecer la base de nuestra obra de arte.

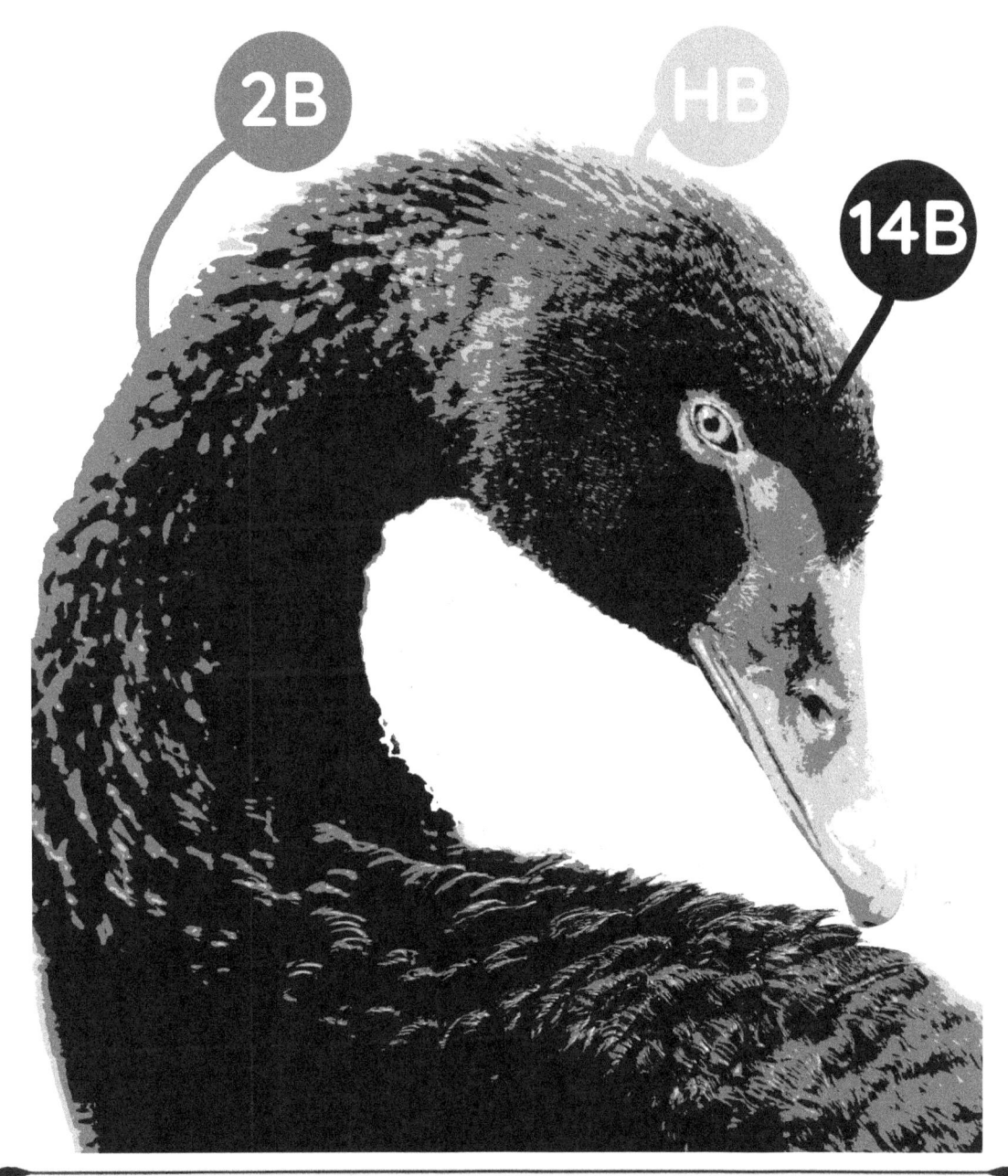

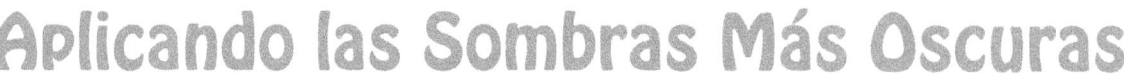

Para simplificar el proceso, nos centraremos en el ojo y el pico más adelante. Por ahora, vamos a sombrear las plumas negras. Comencemos usando un lápiz 14B para sombrear las áreas visibles en la imagen adjunta. Aplica presión firme mientras sombreas para lograr un tono profundo y oscuro. Recuerda que no es necesario dibujar cada pluma individualmente, como se ve en las fotos de referencia. En su lugar, concéntrate en aproximar el sombreado para capturar las sombras más profundas que se encuentran entre las plumas negras iluminadas que se superponen.

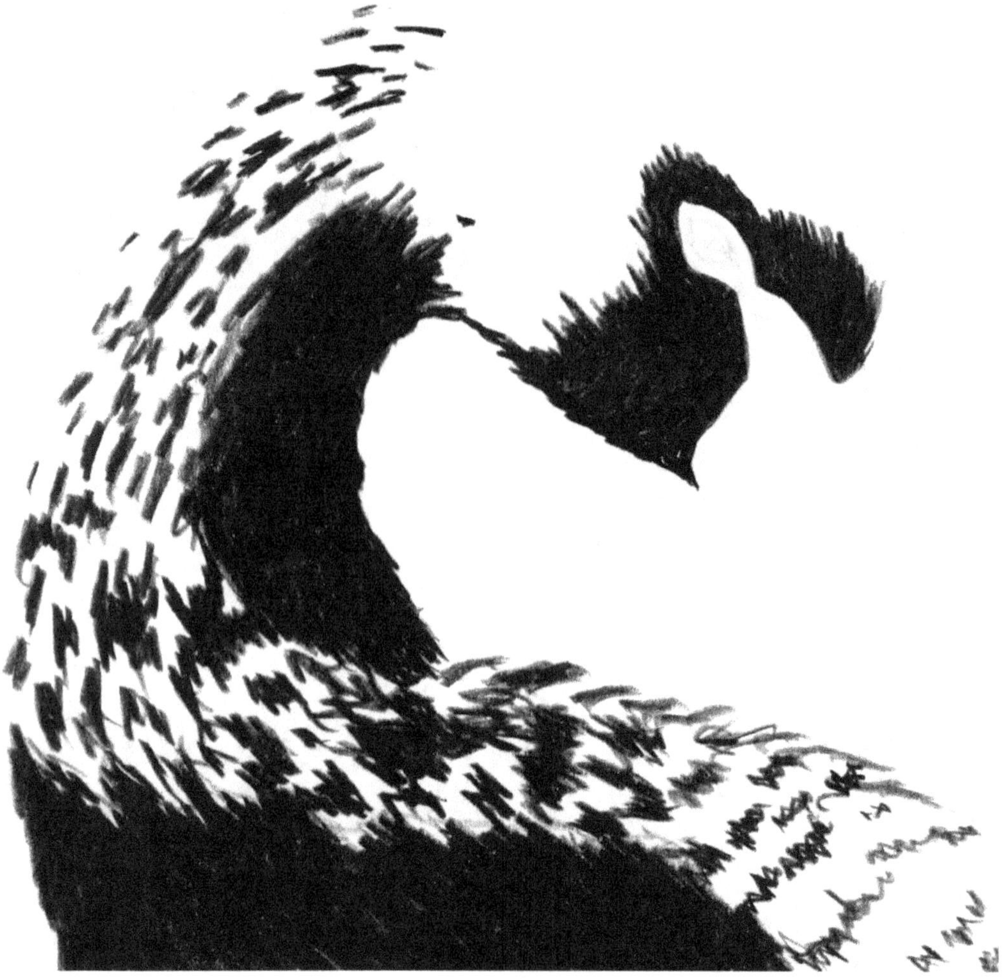

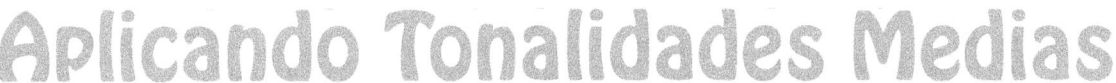
Siguiendo los valores mostrados en la imagen en el paso "Seleccionando los Lápices Adecuados", procedamos con un lápiz 2B para sombrear todas las áreas designadas, asegurando una aplicación uniforme y consistente. Reserva las secciones destinadas al tono más brillante, que sombrearemos con un lápiz HB. Siempre dibuja trazos en la dirección del flujo y crecimiento de las plumas. Además, dibuja alrededor de los bordes exteriores, sigue justo al lado de los bordes 14B para crear luz reflejada, ya que el borde negro a menudo está ligeramente iluminado.

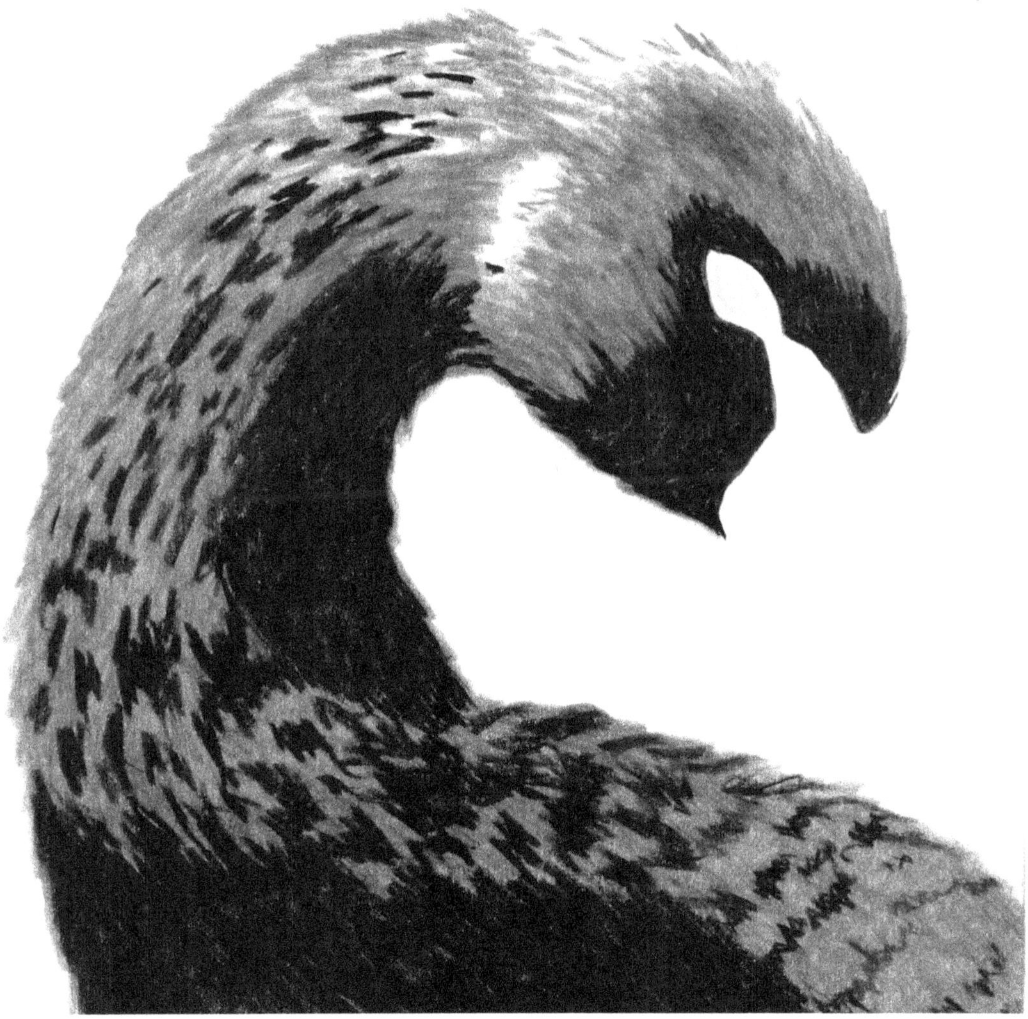

Aplicando las Tonalidades Más Claras

En este paso, usemos el lápiz HB para cubrir delicadamente las áreas más pequeñas restantes. Concéntrate en crear las tonalidades más claras que añaden profundidad y dimensión a las plumas del cisne negro.

Después de aplicar los reflejos, mezcla estas áreas cuidadosamente utilizando un difuminador.

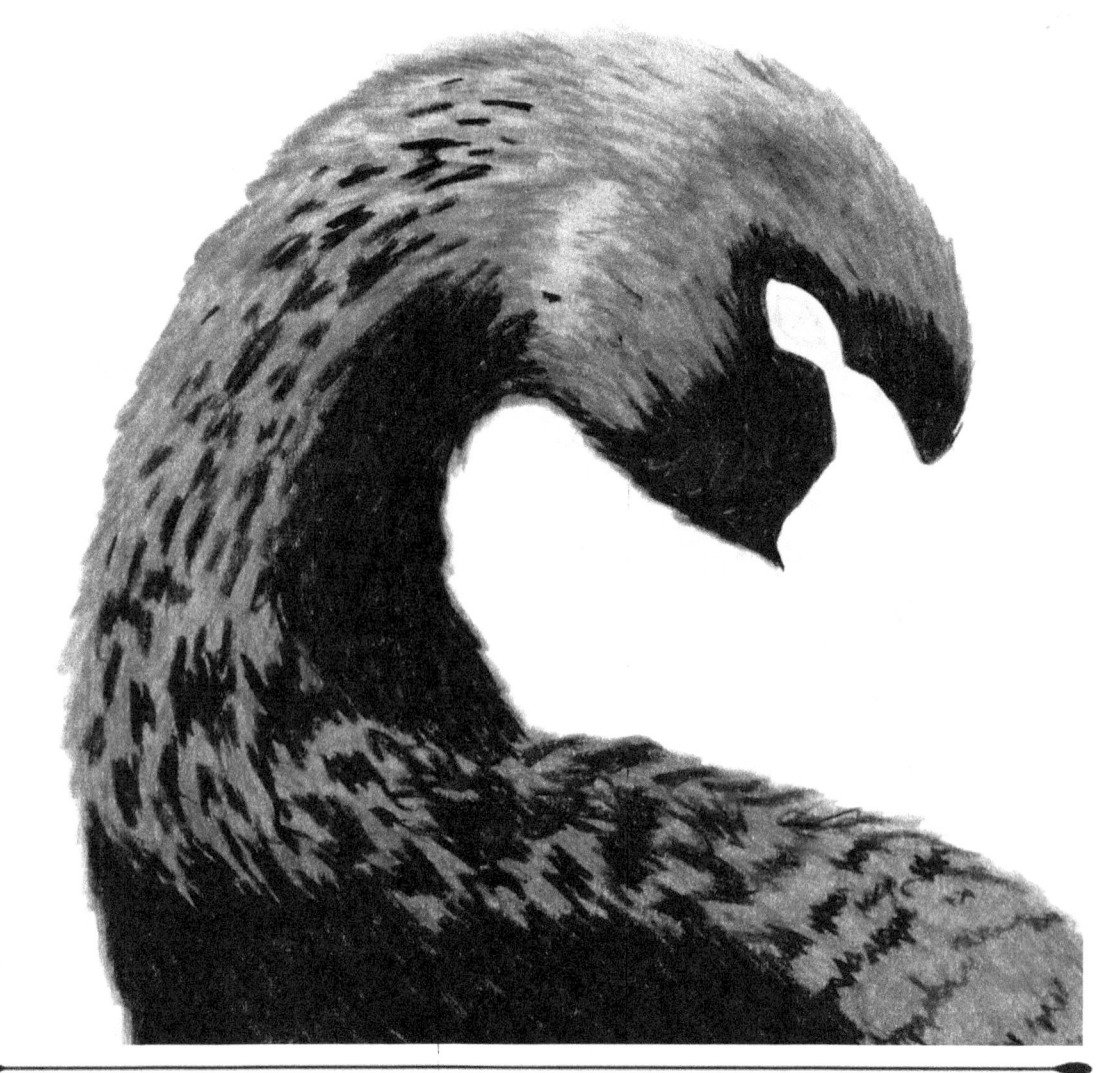

Luego, difumina las tonalidades **14B** y **2B** de manera uniforme utilizando un lápiz **6B**, que se encuentra entre ellas. Ajusta la presión para crear una transición suave: disminuye la presión al alejarte de las áreas **14B** hacia las áreas **2B**, y viceversa. Esta técnica elimina los bordes visibles y hace que estas tonalidades fluyan entre sí sin que se noten bordes. Dado que comenzamos con solo 3 valores, ahora podemos crear tonalidades adicionales sombreando hábilmente entre estos valores.

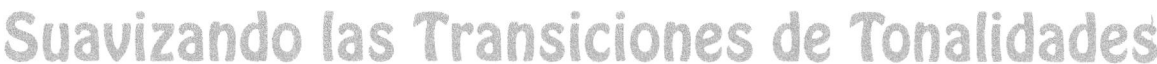

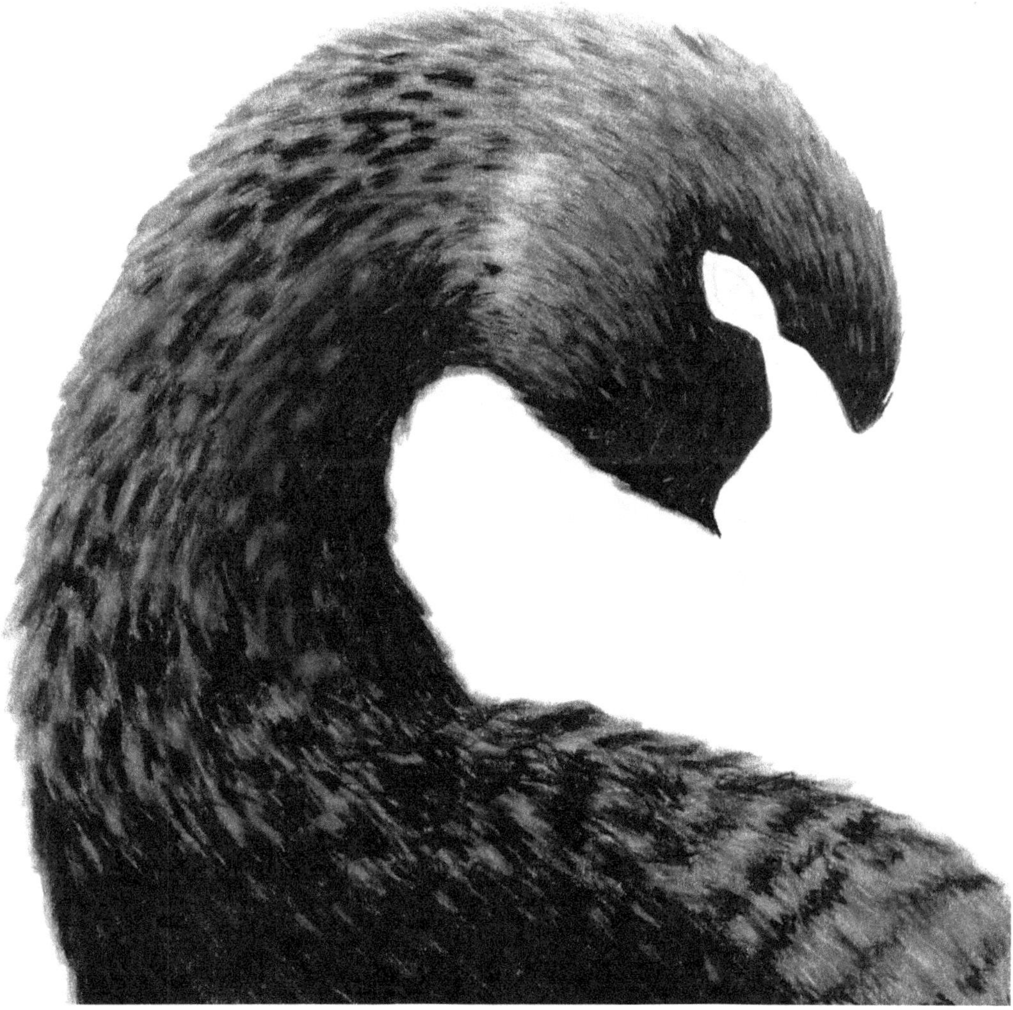

Creación de Destellos

Ahora, mejoremos nuestro dibujo añadiendo destellos a las áreas 2B utilizando una goma de borrar. Recuerda que aumentar el rango de tonalidades hará que tu dibujo sea más realista. Tómate un momento para comparar tu imagen actual con la anterior para observar el impacto de estos destellos. Si la goma de borrar maleable no es suficiente para eliminar suficiente grafito, considera usar una goma de borrar de plástico o goma para obtener mejores resultados. Para lograr un flujo perfecto entre los destellos y la tonalidad 2B, haz que sus bordes sean ligeramente más oscuros, borrando menos en los bordes de los destellos, o sombrea estos bordes con cualquier lápiz.

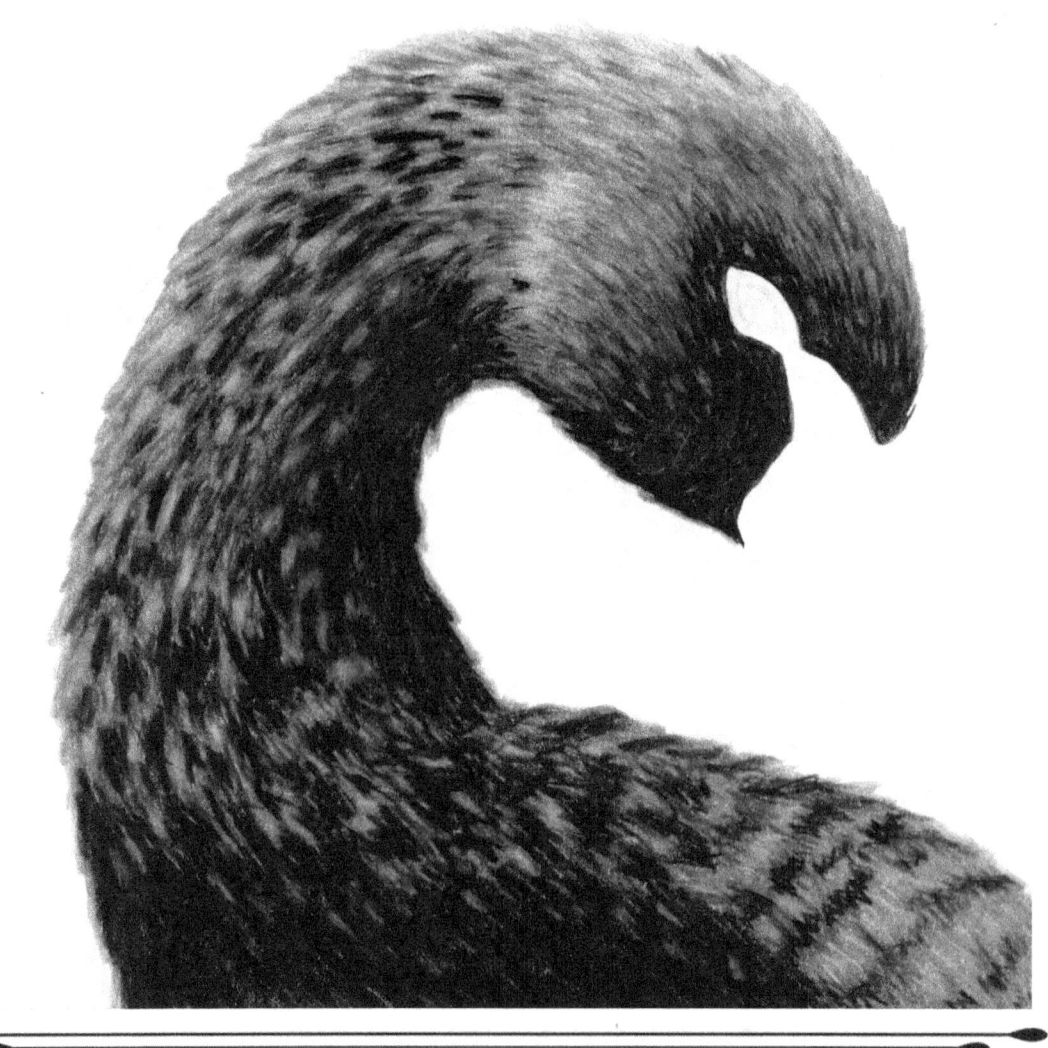

Dibujando las Áreas Más Oscuras del Pico

Si estás satisfecho con las plumas, el siguiente enfoque es en el pico. Para comenzar, utiliza un lápiz 14B para crear las partes más oscuras, como la pupila, el contorno del ojo, la narina y la línea entre el pico superior e inferior, como se muestra en la imagen a continuación.

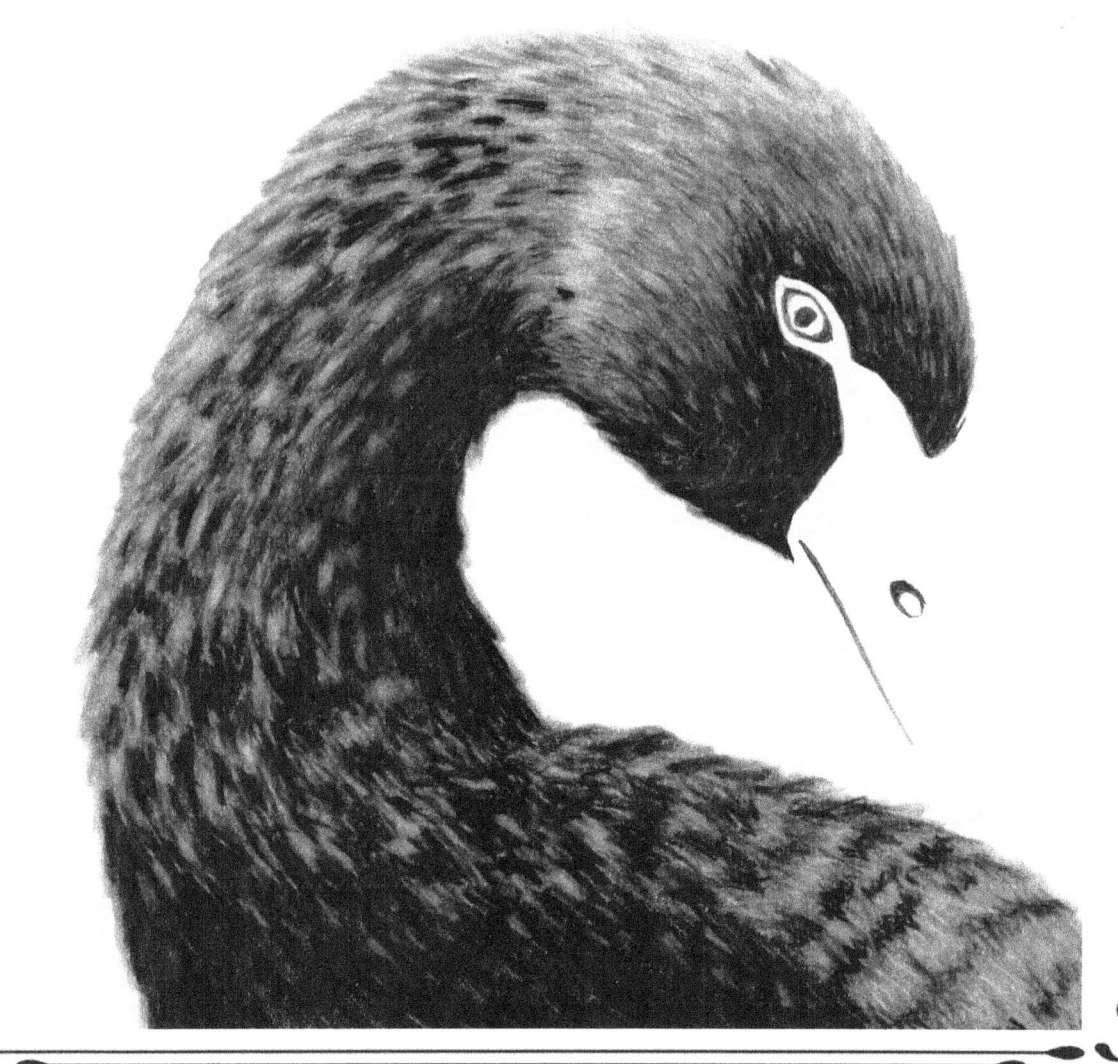

Dibujando las Tonalidades Medias del Pico

Comienza aplicando suavemente las pinceladas del lápiz 2B, construyendo gradualmente las tonalidades medias para lograr una transición suave desde las áreas más oscuras. Presta atención a la estructura única del pico, capturando sus curvas elegantes y su sutil textura con cada trazo. A medida que avanzas, consulta constantemente la imagen de referencia para obtener orientación, analizando la interacción entre la luz y la sombra en la superficie del pico. Recuerda utilizar diferentes presiones para controlar la oscuridad del lápiz, agregando un toque de profundidad y realismo a tu dibujo. Practica las técnicas de mezcla para fusionar las tonalidades medias de manera uniforme, lo que resultará en una apariencia cohesiva y armoniosa.

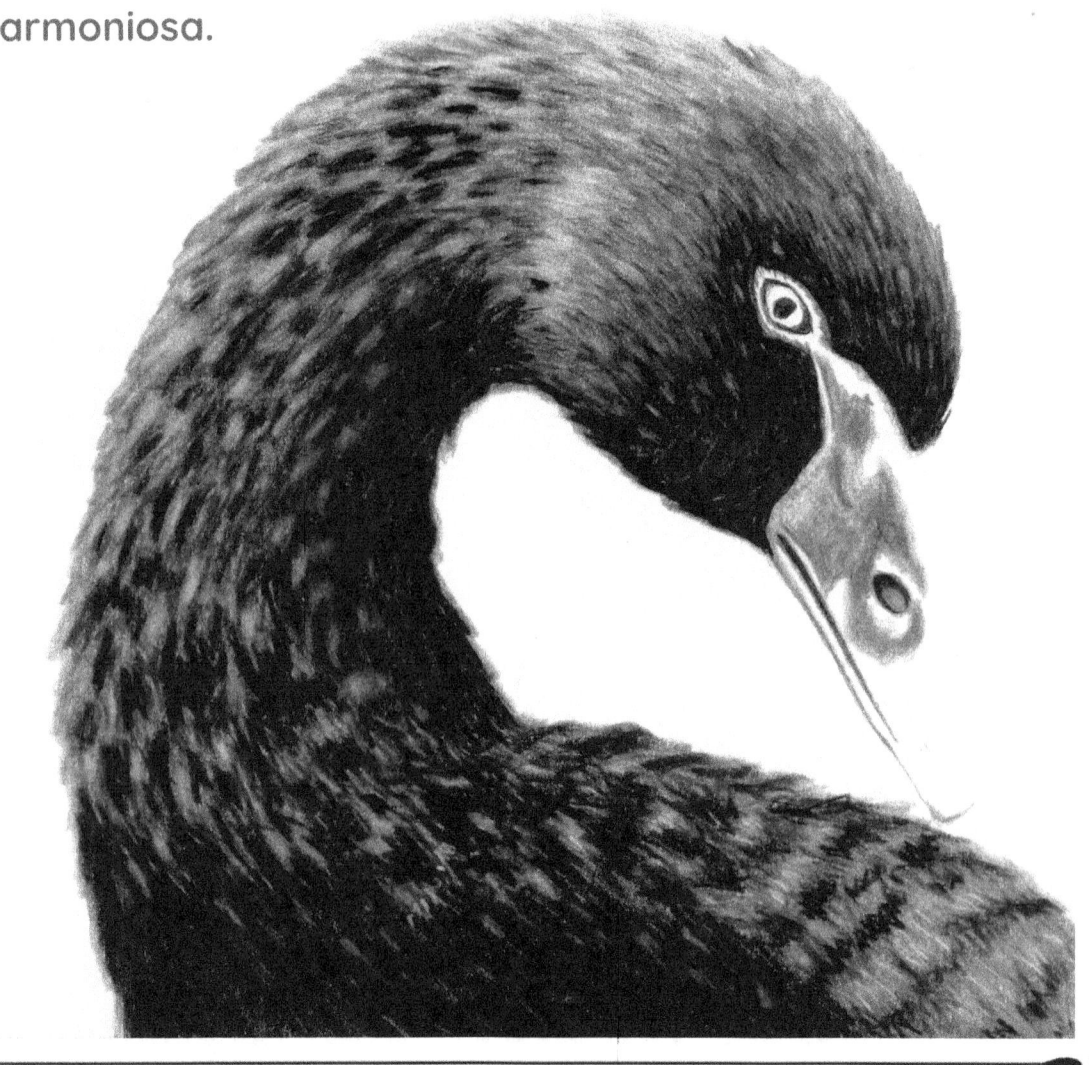

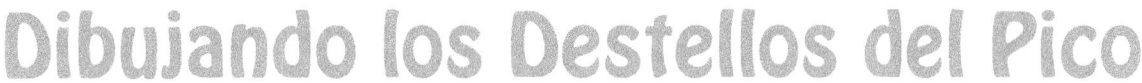

Dibujando los Destellos del Pico

Para completar este dibujo, usaremos un lápiz HB para agregar destellos a las partes más brillantes del pico. Aplica presiones variadas, ya que incluso entre las áreas destacadas, hay diferentes tonos que capturar. Para un aspecto uniforme, usa un difumino para mezclar cuidadosamente estas áreas, asegurándote de que no haya líneas visibles.

Si es necesario, usa una goma de borrar amasada para borrar suavemente los destellos más brillantes. Si los destellos parecen demasiado intensos, puedes ajustarlos fácilmente sombreándolos con un lápiz y luego mezclando todo junto.

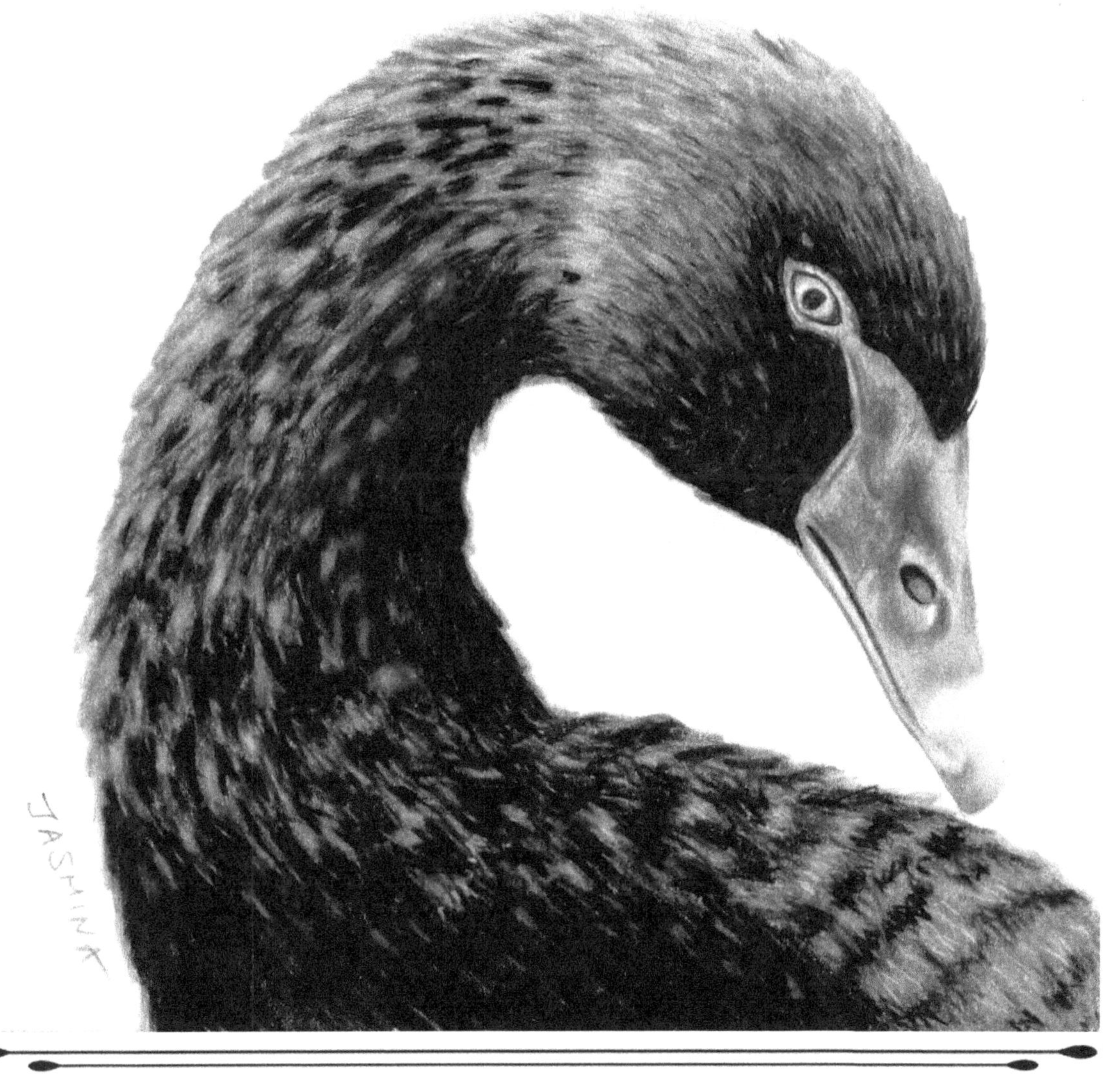

Cómo Dibujar un Gato Ragdoll

Dibujar un gato Ragdoll con su largo y esponjoso pelaje y sus hermosos ojos hipnotizantes puede ser un proyecto artístico cautivador y gratificante, ofreciendo una excelente oportunidad para mostrar textura, profundidad y personalidad en tu obra de arte.

La Foto de Referencia

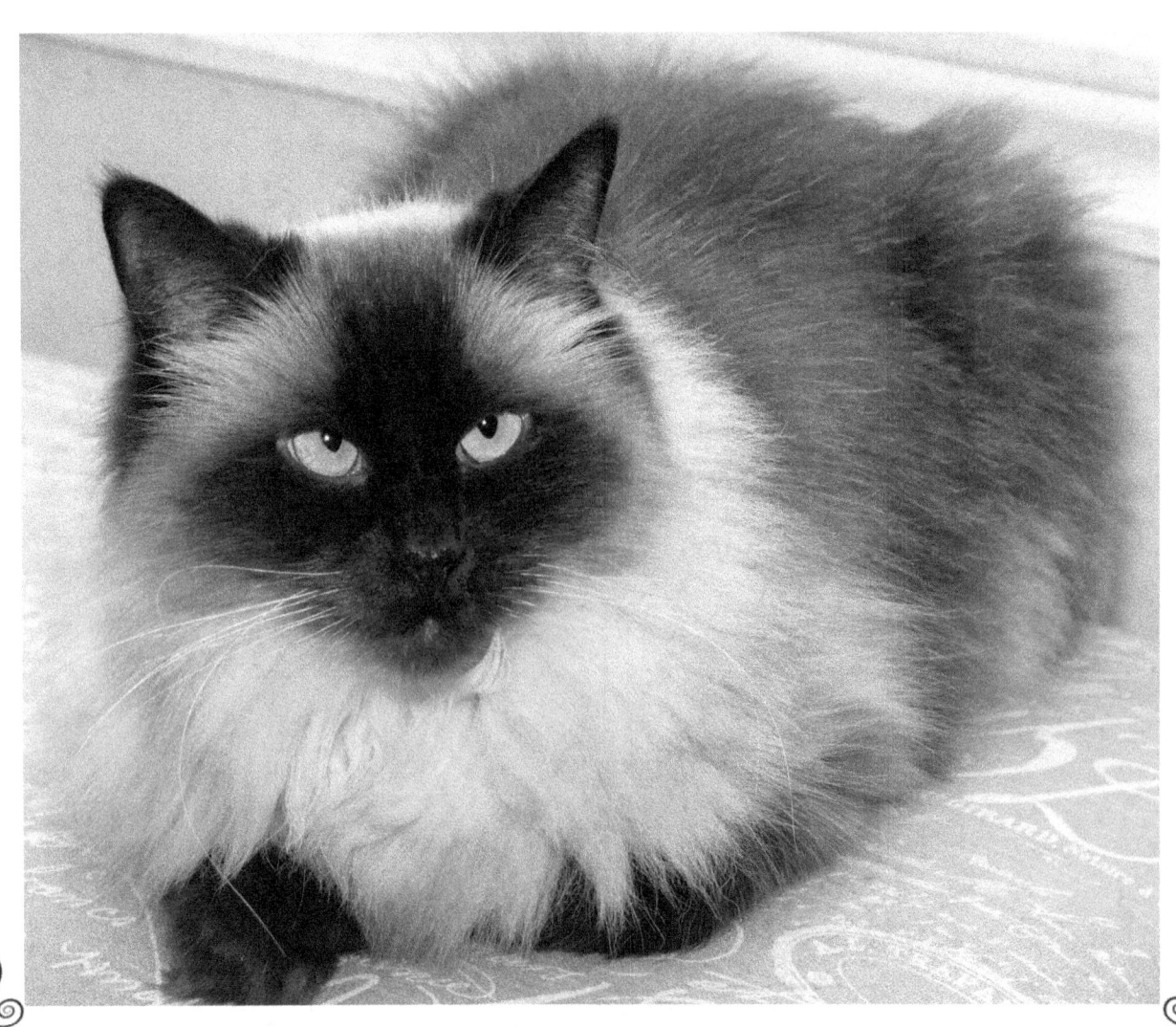

Mientras trabajaba con esta foto de referencia de un gato Ragdoll, noté que los ojos en la imagen estaban cruzados, lo que no coincidía con la expresión deseada que quería retratar. También quería enfatizar unos ojos más grandes y expresivos para capturar realmente el encanto de esta raza. Por lo tanto, decidí seleccionar e incorporar los ojos de otra foto de referencia que reflejara mejor el aspecto de los ojos que imaginaba.

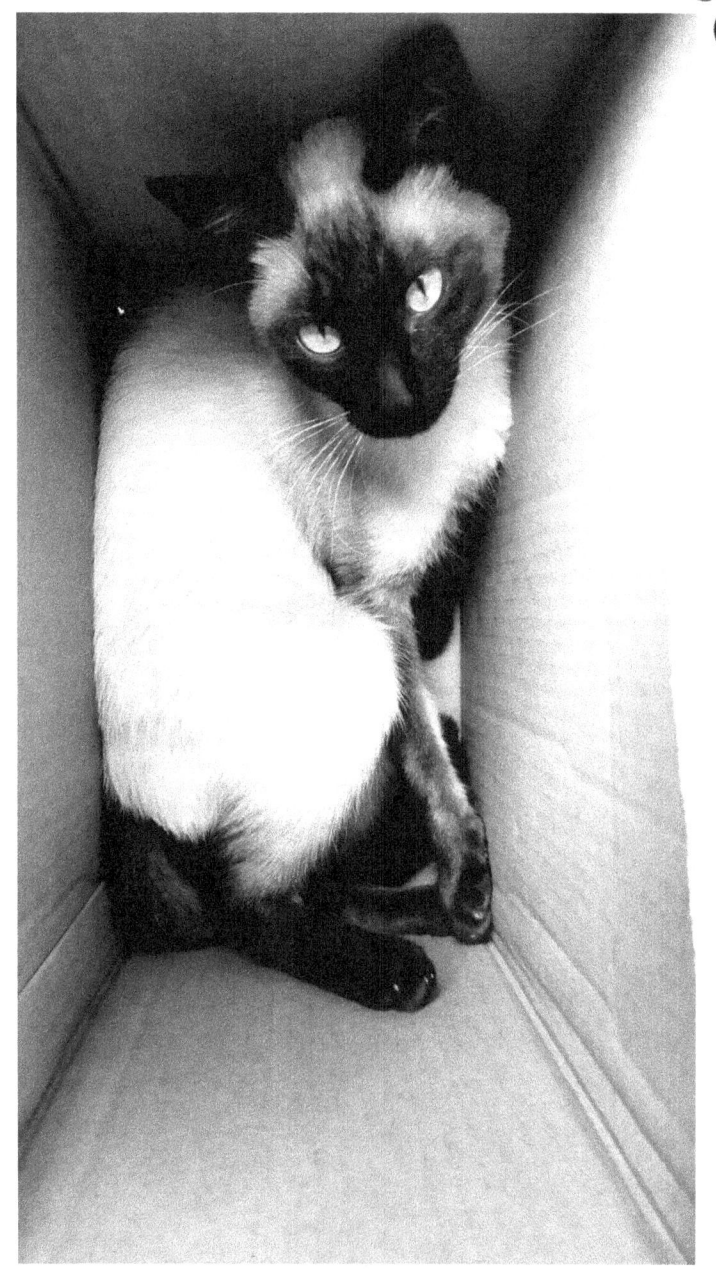

Sin embargo, decidí no utilizar la foto completa como referencia porque el gato estaba representado en una posición poco natural dentro de una caja de cartón y la iluminación del pelaje no se alineaba con mi visión para el dibujo. Por lo tanto, utilicé solo los ojos de esta foto. El resto del dibujo se basó en la primera foto que muestra al gato en una posición más natural y proporcionó los detalles de iluminación y pelaje deseados. Animo a todos a utilizar fotos de referencia como base, pero siéntanse libres de modificar o combinar elementos de diversas fuentes como mejor les parezca. Este enfoque permite una representación más personalizada del sujeto.

Boceto, Contornos Básicos

En el boceto mostrado a continuación, presta mucha atención a las líneas esenciales que he enfatizado. Las posiciones precisas de los ojos, la cabeza y las orejas del gato son puntos focales cruciales. En lugar de una línea recta, he utilizado líneas de boceto zigzag para marcar el borde entre el pelaje más claro y más oscuro, pero estas no se dibujaron en su posición exacta, ya que su ubicación puede variar de un gato a otro, lo que nos da un poco de libertad para relajarnos y hacer variaciones desea- das a nuestro gusto. Además, la colocación exacta de los bigotes tampoco es crucial y se puede aproximar al final del dibujo.

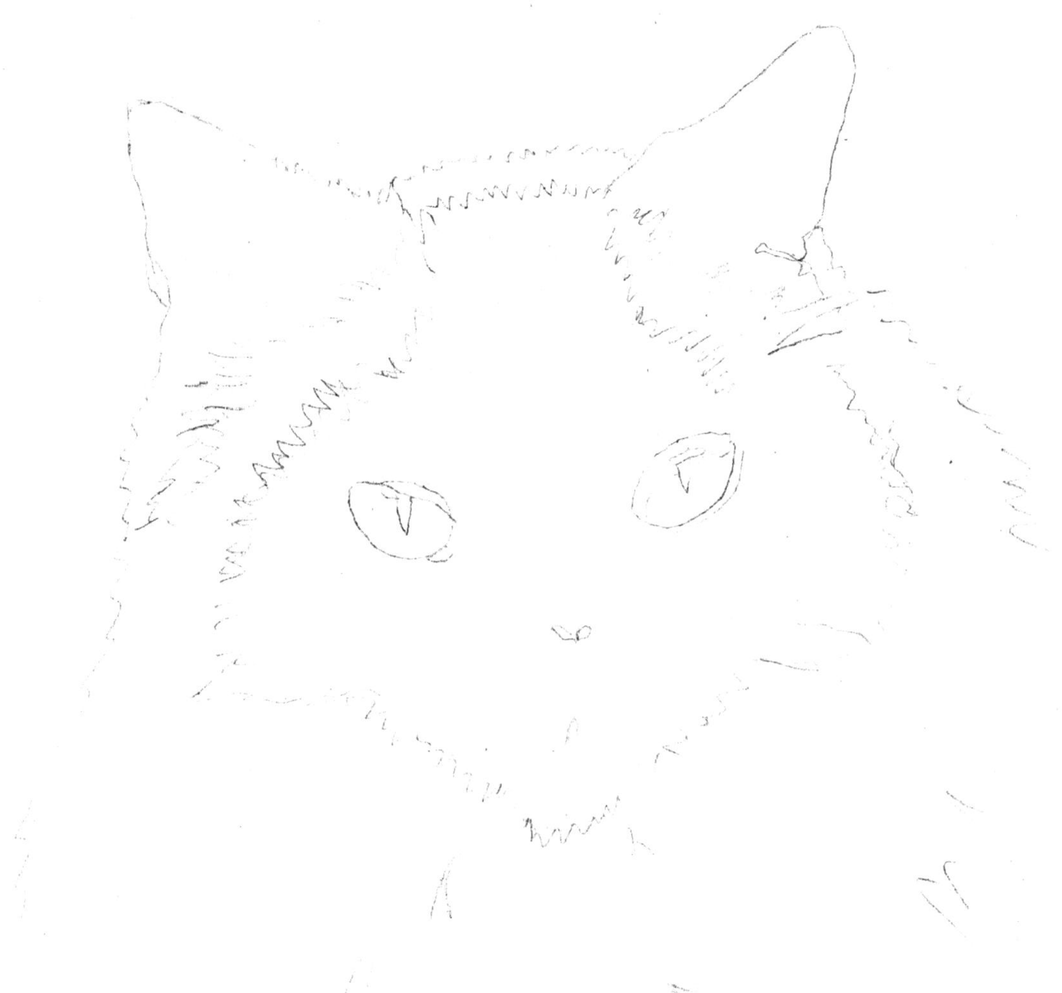

Creando la Base para los Ojos

Comencemos con los ojos, un aspecto crucial que priorizo no solo al dibujar animales, sino también en mis retratos humanos. Obtener resultados satisfactorios con los ojos establece el tono para toda la obra de arte, lo que me permite avanzar con confianza en el resto, donde la precisión absoluta no siempre es necesaria.

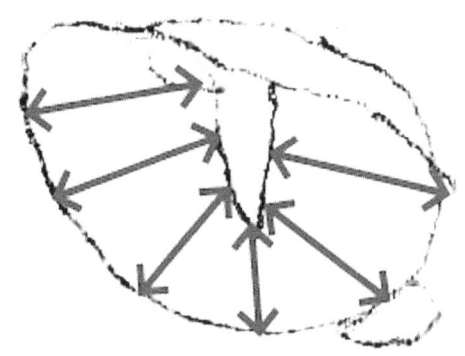

Ahora, comencemos sombreando los iris. La clave es dibujar rayos que se originen desde el borde del iris y se extiendan hacia el centro de la pupila, como se muestra en esta imagen con flechas colocadas digitalmente sobre mi boceto. Cada rayo debe irradiar desde el centro exacto del ojo, creando un efecto realista.

Para sombrear los iris, te recomiendo usar un lápiz HB. Para la sombra proyectada por el párpado superior sobre el iris, utiliza un lápiz más oscuro, como el 2B. Hay dos enfoques que puedes seguir: puedes omitir las áreas de los reflejos y dibujar alrededor de ellas, o sombrear todo el iris y luego crear los reflejos utilizando una goma de borrar o un bolígrafo de tinta blanca una vez que los ojos estén completamente sombreados.

A continuación, difumina las áreas previamente sombreadas con un difumino para impregnar el grafito en el papel. Como resultado, notarás que las áreas pueden volverse ligeramente más oscuras, pero no te preocupes, ya que podemos crear fácilmente los reflejos sobre estas partes.

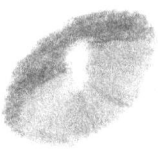

Pero primero, dibujemos los patrones más oscuros sobre los iris. Para esto, utilicé un lápiz 2B, colocándolos aproximadamente en las mismas áreas que en la foto de referencia. Sin estos patrones, los ojos pueden lucir planos. Agregar estos pequeños detalles e "imperfecciones" puede hacer que el dibujo se vea más realista, creando una textura natural que lo distingue del arte digital.

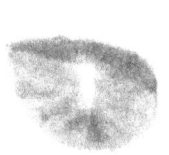
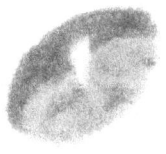

A continuación, utiliza una goma de borrar para crear los reflejos. Analiza la foto de referencia para identificar las áreas más brillantes en los iris y borra cuidadosamente para imitar esos reflejos en tu dibujo. Esta atención al detalle dará vida a tu obra de arte y mejorará la apariencia realista de los ojos.

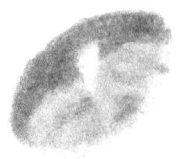

Introduciendo el Tono Más Oscuro

Demos un paso audaz agregando el grado más profundo, 14B, alrededor de los iris para observar cómo interactúan los valores de los ojos con los alrededores oscuros. Esto nos ayudará a determinar si los iris necesitan ajustes en la oscuridad o luminosidad.

Además, sombrea las pupilas con el lápiz más oscuro que tengas, aplicando una presión firme para lograr un color negro intenso que represente el tono más oscuro en el dibujo.

Difumina cuidadosamente los bordes entre las áreas recién creadas de color negro y los iris utilizando un lápiz 2B, eliminando suavemente cualquier nitidez que pueda haber surgido. La punta del difumino podría ser demasiado gruesa para esta tarea, así que necesitamos la precisión del lápiz para lograr el efecto de difuminado oscuro deseado.

Si no tienes nada más que cambiar en las irises, puedes empezar a dibujar el pelaje.

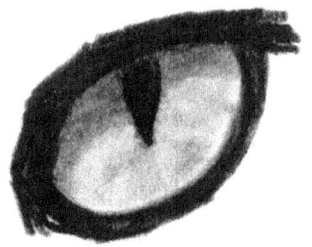

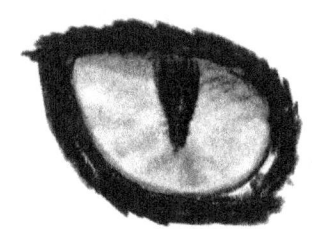

Analizando el Crecimiento y Flujo del Pelaje

Observa detenidamente a un gato o estudia imágenes de gatos, y notarás un patrón fascinante: todos los pelos, ya sean largos o cortos, parecen irradiar desde el centro de sus caras, justo entre sus ojos. En la siguiente imagen, notarás un punto colocado sobre el punto crucial que mencioné, acompañado de flechas que indican la dirección del crecimiento y flujo del pelaje. Esta guía será invaluable durante todo el proceso de dibujar el pelaje, ayudándote a dirigir con confianza tus trazos de lápiz y lograr una textura realista y viva en tu obra de arte.

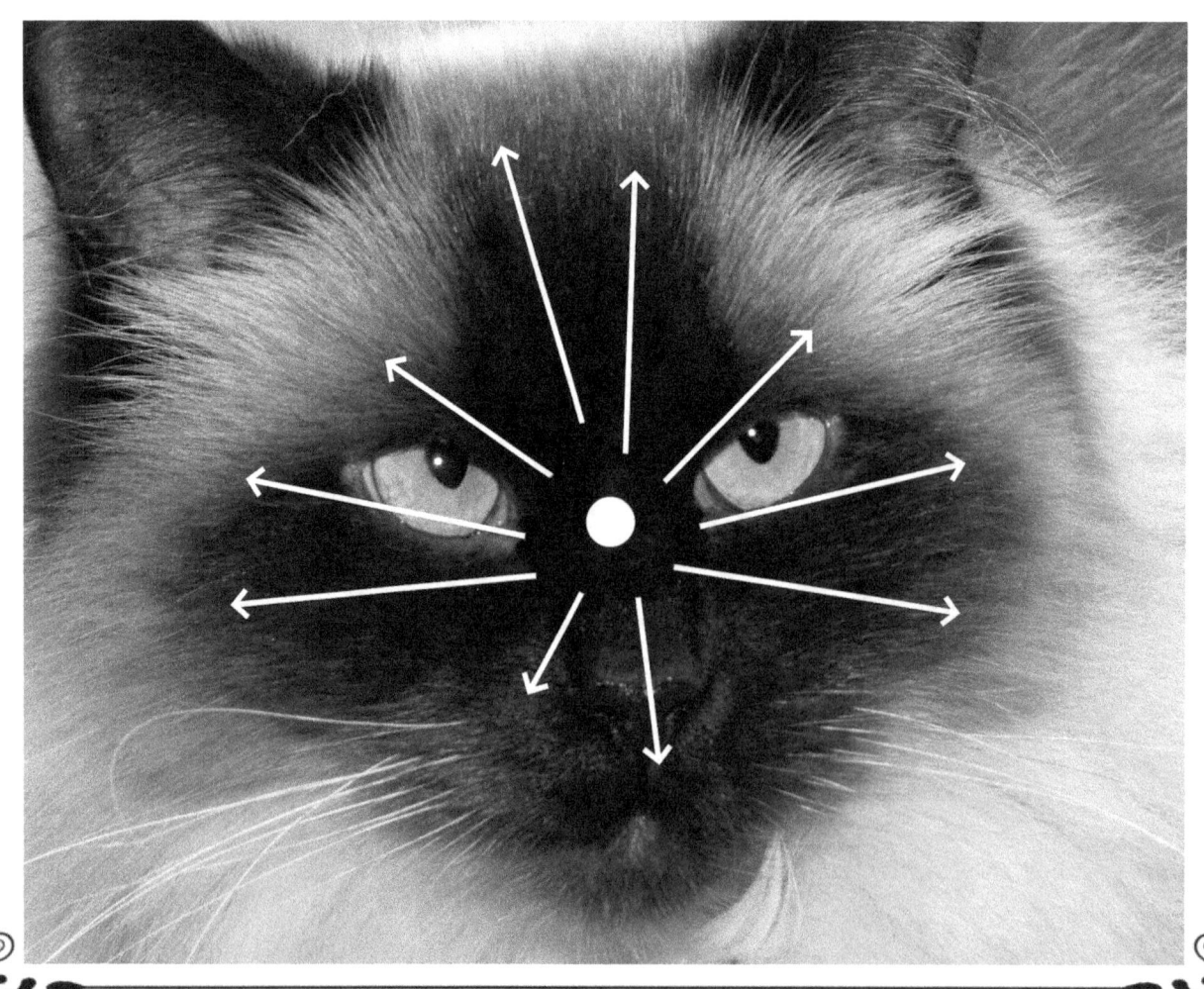

Dibujando Pelaje Negro en el Rostro

Siguiendo estas instrucciones, dibuja con confianza las líneas con un lápiz **14B**, presionando firmemente y colocándolas cerca unas de otras para lograr una cobertura completa del papel y crear las áreas negras, como se muestra en la siguiente imagen.

Presta atención a los trazos similares a pelos a lo largo del borde del área dibujada para replicar la textura realista. Además, omite el reflejo sobre la nariz y el área iluminada en el lado derecho, ya que estos detalles sutiles realzan la apariencia realista de la obra de arte.

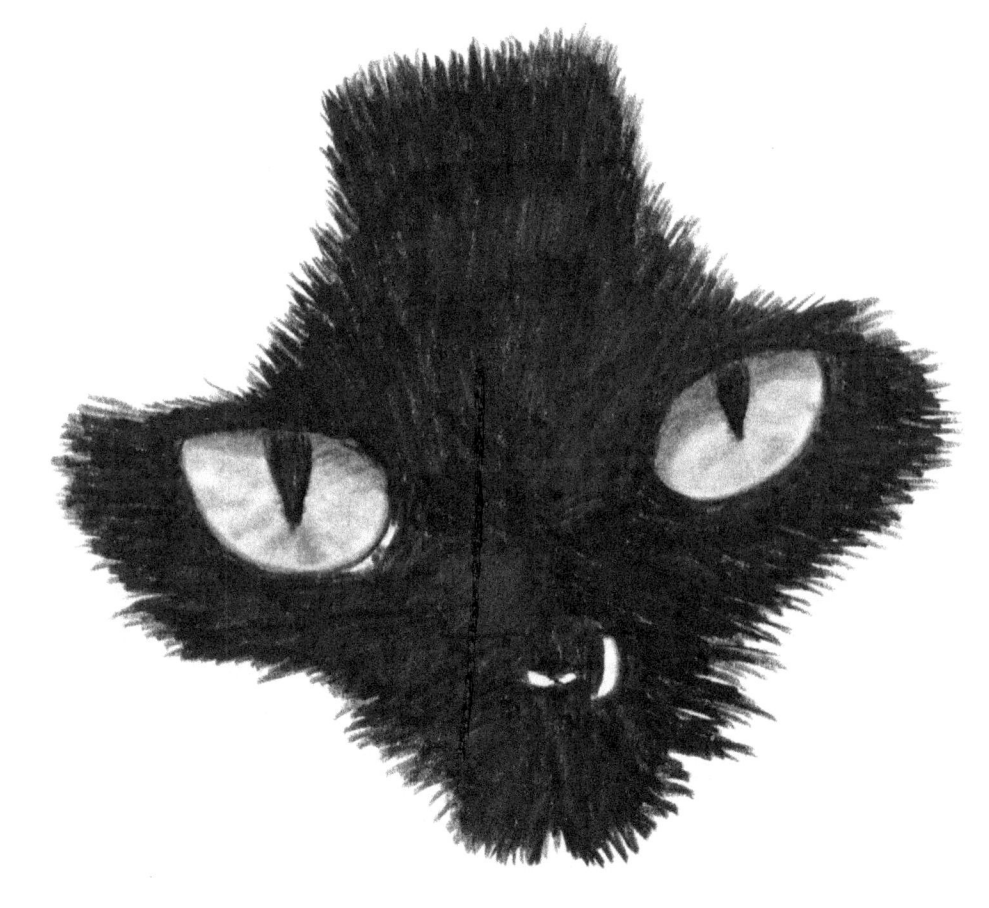

Pelaje Esponjoso con Difuminador

Manteniendo la dirección de todos los trazos del lápiz que se originan desde el centro del rostro, procede a difuminar los bordes usando un difuminador incoloro de Prismacolor. Coloca la punta de la herramienta más adentrada en el área, ligeramente alejada del borde, permitiéndole recoger una generosa cantidad de grafito para crear líneas largas y suaves mientras lo difuminas hacia afuera.

Siguiendo estas instrucciones, experimentarás la abrumadora satisfacción de crear el efecto esponjoso del pelaje, lo que hace que el proceso sea increíblemente gratificante. Dominar esta técnica elevará tus dibujos, dando vida a tu obra de arte con un realismo y atención a los detalles notables.

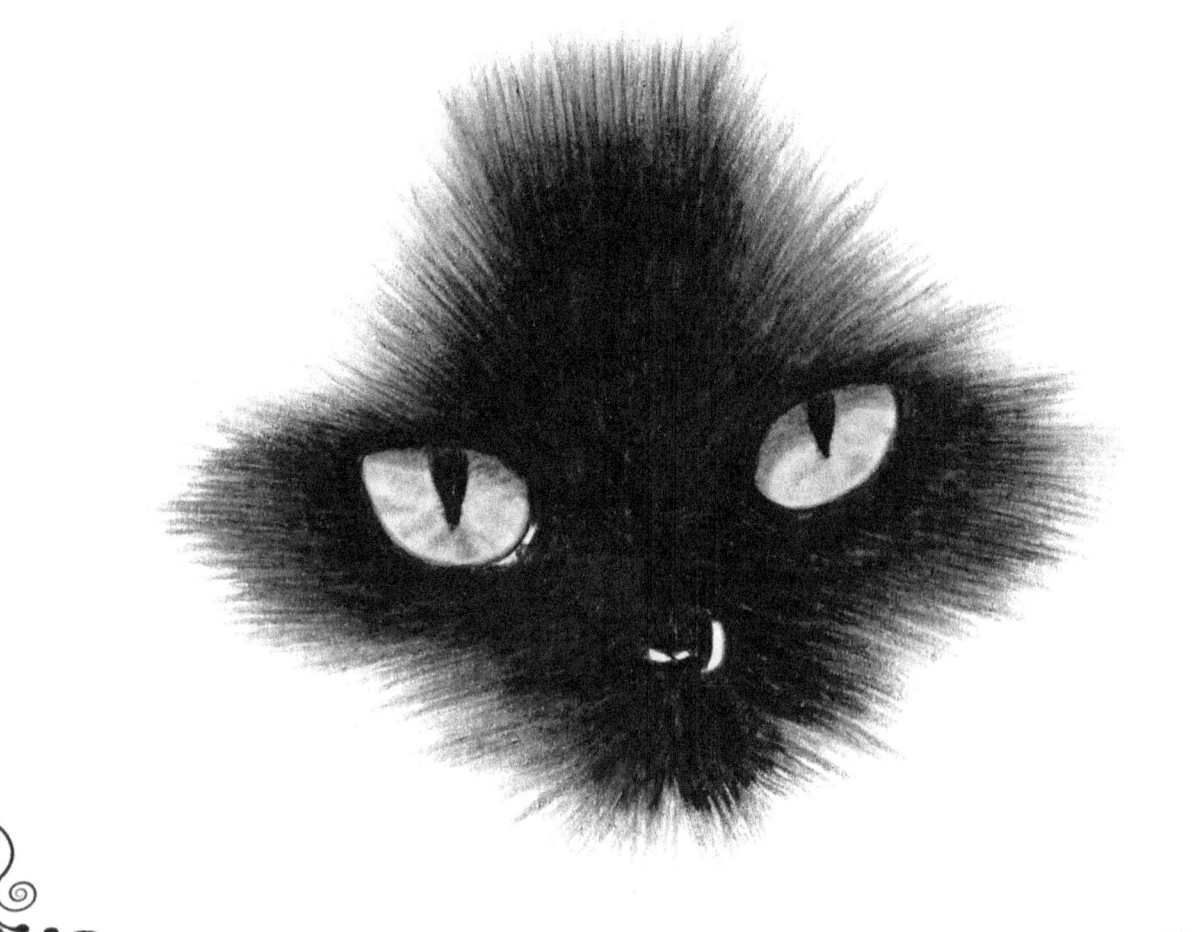

Destacando el Rostro y los Ojos

A continuación, borra delicadamente un poco de grafito para crear los reflejos alrededor de la nariz, apuntando a un tono gris oscuro para mantener la profundidad. De manera similar, resalta los párpados inferiores, logrando un tono ligeramente más claro que el negro, como se muestra en la imagen adjunta. Además, borra las luces reflejadas sobre los iris y sobre las pupilas, luego considera agregar un punto con un bolígrafo de tinta blanca para realzar su brillo. Observa cómo los ojos y el rostro del gato cobran vida con estas luces reflejadas, infundiendo a tu dibujo una capa adicional de fotorrealismo y detalle cautivador. Incluso si estas luces reflejadas no están presentes en la foto de referencia, tienes la libertad artística de infundir a tu dibujo un sentido vibrante de vida y alma al incorporarlas habilidosamente.

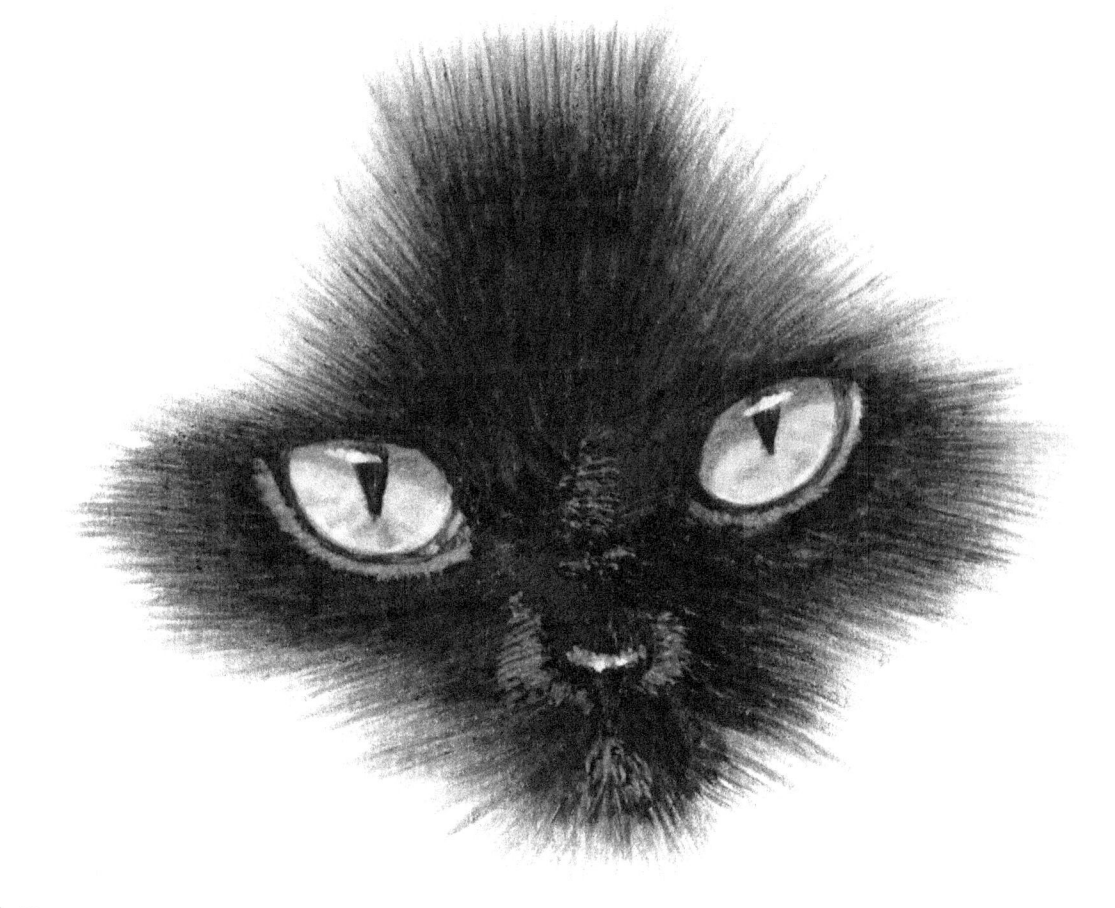

107

Áreas Oscuras en las Orejas

En este paso, trabajaremos en las orejas para finalizar la parte superior de la cabeza conectando hábilmente los pelos largos entre el centro del rostro y las orejas. Utilizando un lápiz 14B, replica cuidadosamente las partes más oscuras de las orejas mientras prestas mucha atención a la foto de referencia para comprender la dirección del flujo del pelo. Para lograr un aspecto realista y texturizado, asegúrate de que los bordes de estas áreas estén dibujados con trazos similares a pelos, creando una transición fluida entre los pelos más oscuros y más claros. Con habilidad, utilizando el lápiz oscuro, dibujaremos el espacio entre los pelos más brillantes, como se muestra en la siguiente imagen.

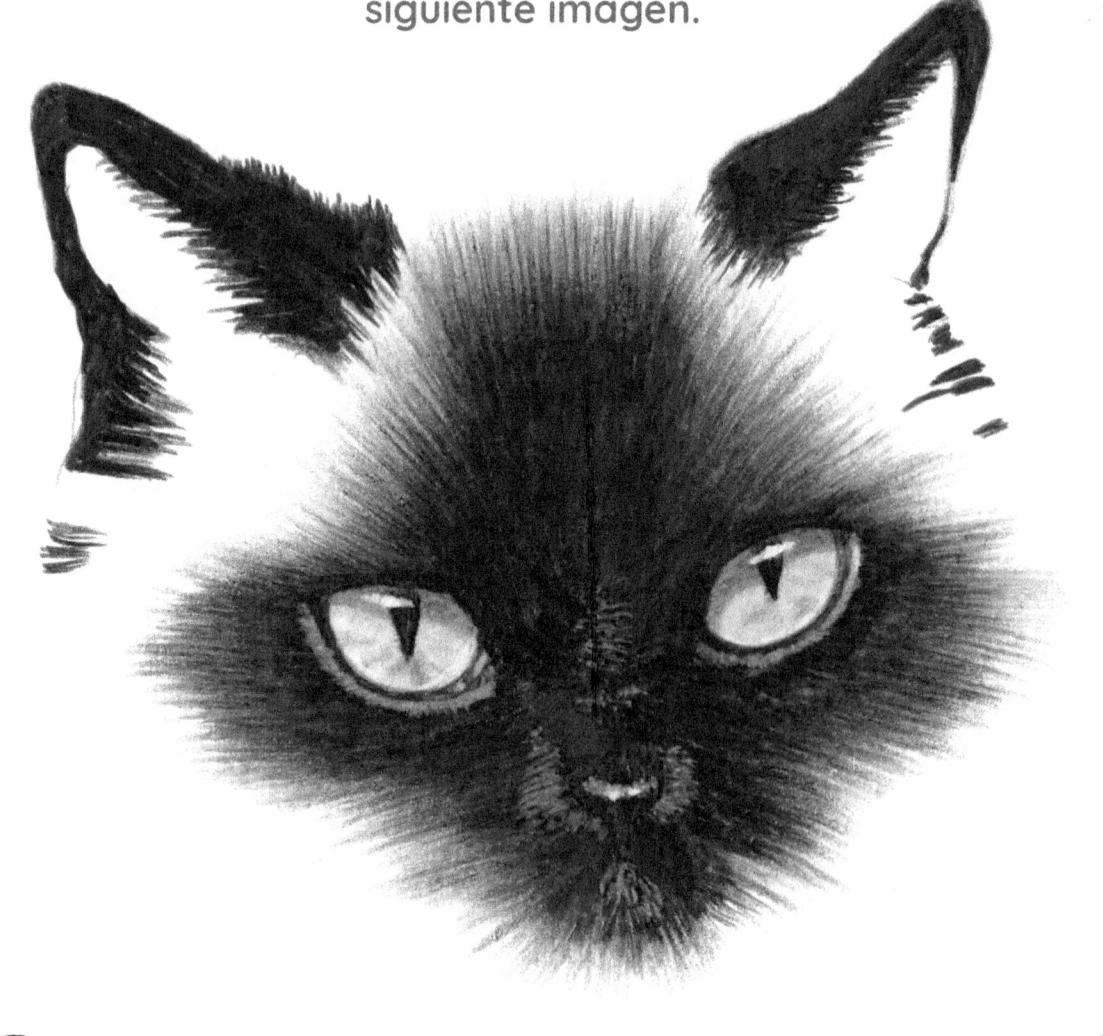

Agregando el Tono Medio

En este paso, nos centraremos en sombrear las partes internas de las orejas utilizando un lápiz HB, capturando cuidadosamente los detalles sutiles que agregan profundidad y dimensión a nuestro dibujo. Además, agregaremos pelos oscuros intrincados y pequeños hacia abajo en ambos lados del rostro, infundiendo a la obra de arte una apariencia realista. Para una mejor guía, compara esta imagen con la anterior para seguir con precisión las áreas donde se han colocado estos trazos de lápiz. Finalmente, utiliza un difumino o un hisopo de algodón para difuminar hábilmente las partes internas de las orejas, creando una transición suave de tonos.

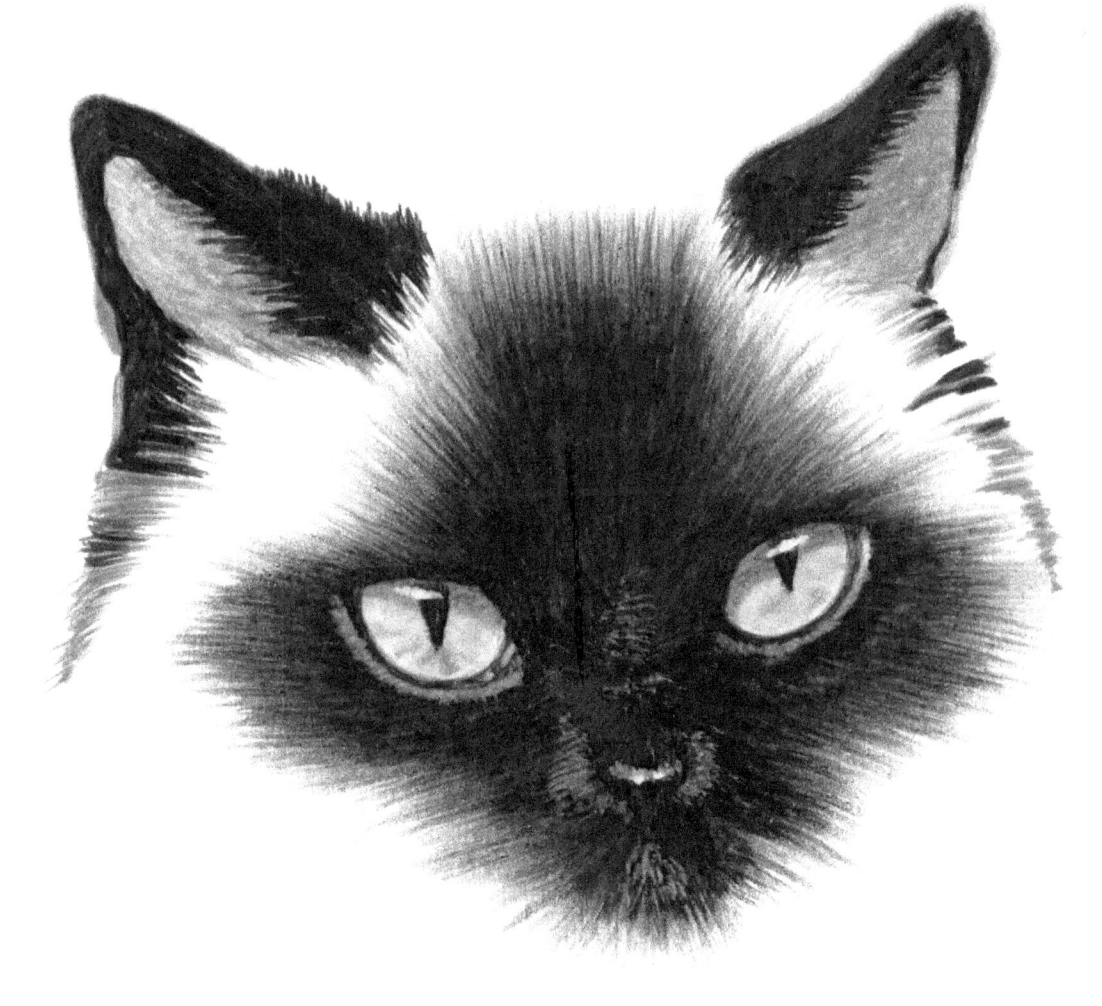

Detalles Intrincados en los Pelos de las Orejas

Vamos a replicar cuidadosamente los intrincados pelos de la foto de referencia utilizando un lápiz 14B, comenzando sobre las áreas negras y las partes internas de las orejas previamente dibujadas con el lápiz HB. Presta atención a cómo estos pelos hábilmente representados suavizan sutilmente la prominencia de las áreas internas mientras mantienen su visibilidad contra el fondo claro.Difumina estos pelos usando un difumino o un difuminador incoloro para lograr una apariencia fluida y realista.

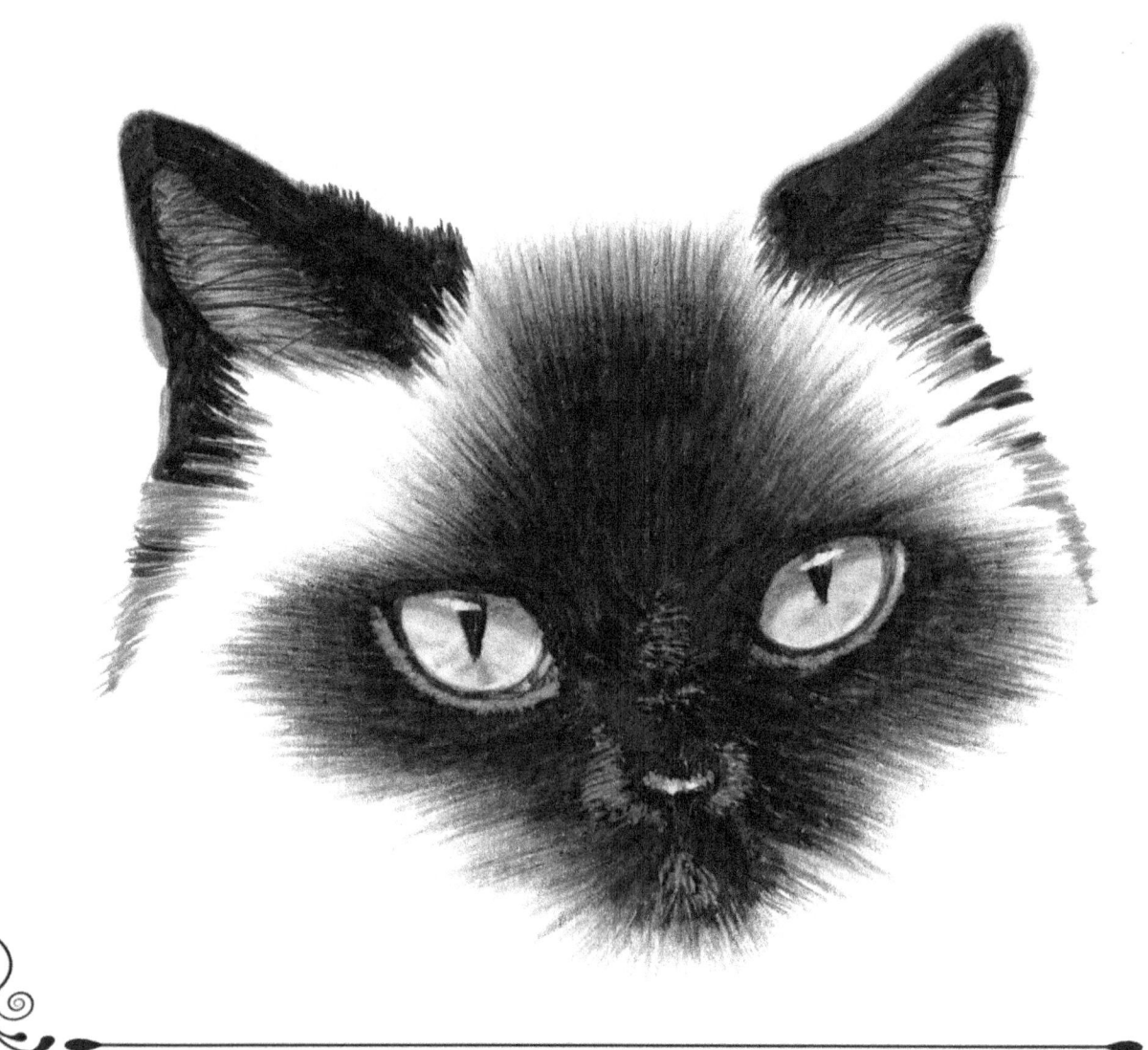

Agregando Volumen al Pelaje de las Orejas

En este paso, utiliza un difuminador incoloro para lograr una textura esponjosa en los bordes externos de las orejas. Coloca la punta del difuminador sobre las líneas hechas con el lápiz 14B y muévelo hacia afuera, creando trazos cortos para lograr un efecto realista. Presta atención a la foto de referencia para la dirección de estos pelos y haz los trazos en la parte superior de las orejas ligeramente más largos para mayor precisión, como se muestra en la siguiente imagen.

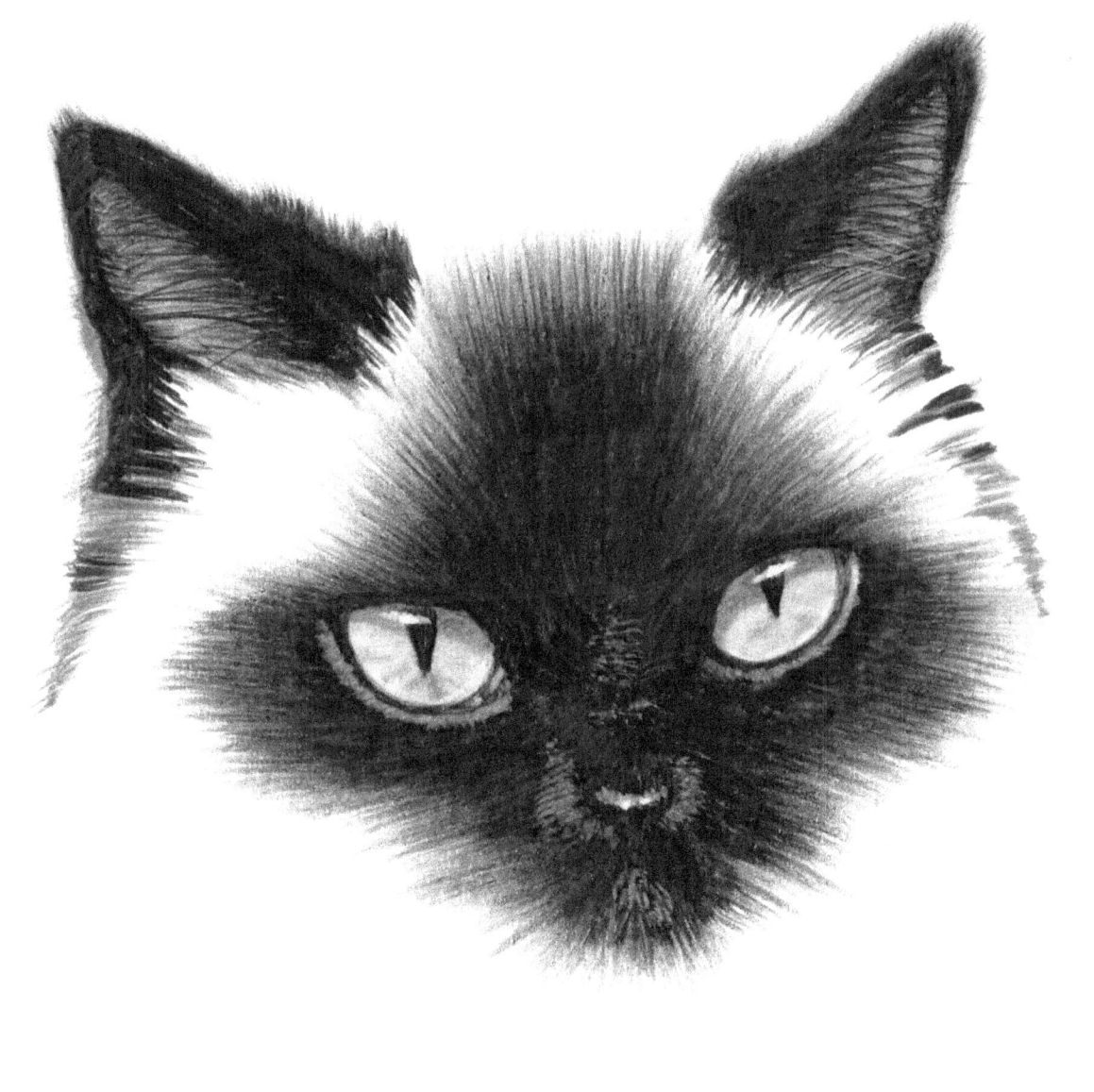

Entendiendo la Dirección del Pelaje

Ahora es el momento de difuminar todo el pelaje brillante en la parte superior de la cabeza, ahora que hemos completado las áreas circundantes. Para este proceso de difuminado, utilizaré un difuminador incoloro de Prismacolor. Antes de continuar con el difuminado, es crucial tomar un momento para estudiar la imagen de la dirección del pelaje. Para ayudar en este proceso, he colocado digitalmente líneas con flechas sobre el paso anterior, mostrando la dirección precisa en la que se dibujaron los trazos. Examinar cuidadosamente esta guía nos permitirá comprender el flujo y movimiento del pelaje, lo cual es fundamental para lograr una textura realista y esponjosa. Una vez que hayamos estudiado y comprendido completamente la dirección natural del pelaje, podremos pasar al siguiente paso del difuminado con confianza.

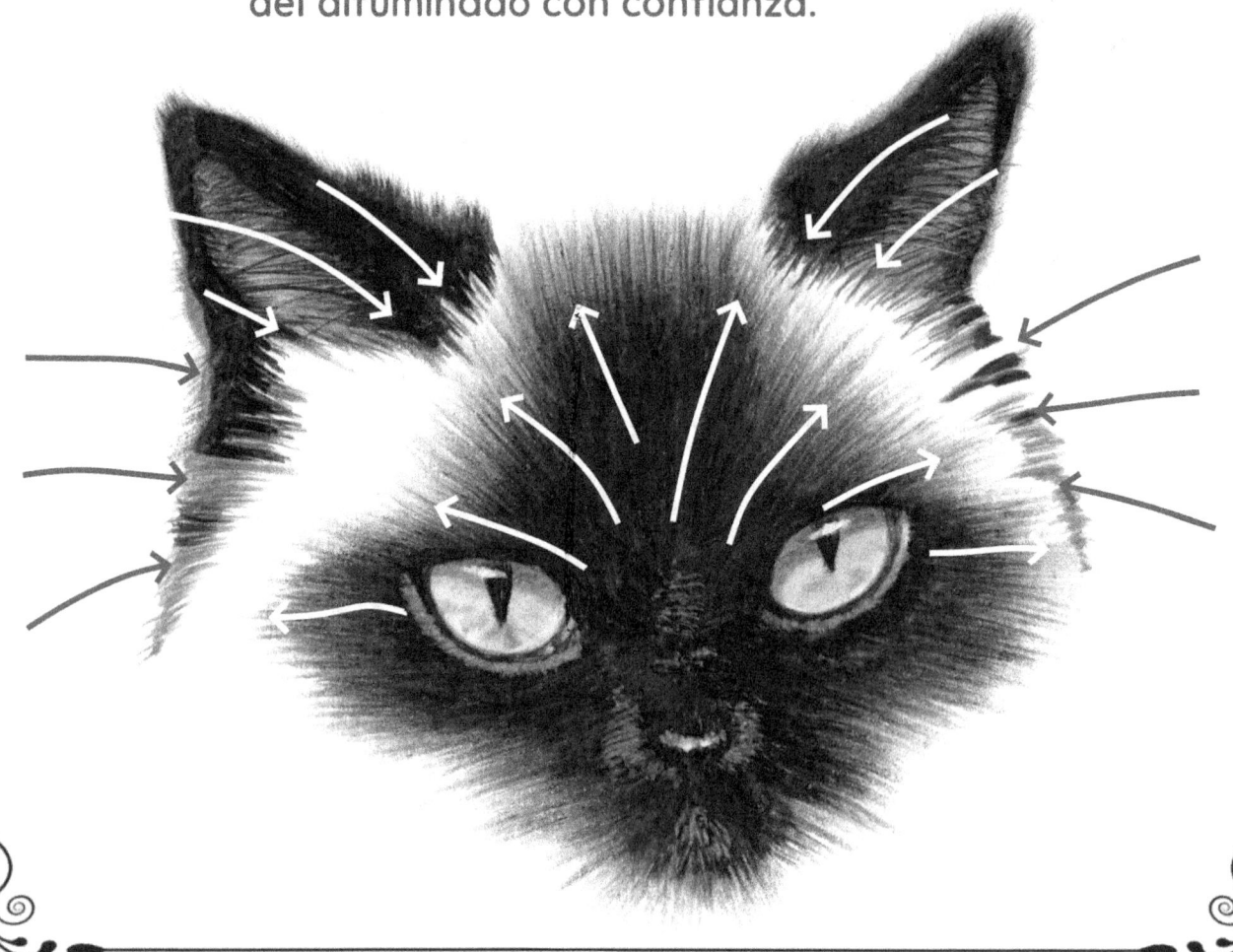

Creando un Pelaje Brillante y Esponjoso

Para crear el aspecto esponjoso del pelaje brillante, difumina los trazos recogiendo hábilmente el grafito de las áreas oscuras en ambos lados, comenzando desde el centro del rostro y extendiéndote hacia las orejas, y desde las orejas hacia adentro en el pelaje brillante, siguiendo la dirección indicada por las flechas en la imagen anterior.

Para facilitar y ser más preciso, siéntete libre de girar el papel para que sea más cómodo aplicar los trazos en la dirección requerida. Ten en cuenta que cada parte del pelaje brillante debe recibir un poco de grafito, como observarás al estudiar la foto de referencia. No hay áreas completamente blancas en el pelaje, por lo que es esencial cubrir completamente estas regiones, variando la oscuridad y luminosidad para que coincida con la textura natural y profundidad del pelaje en la imagen de referencia.

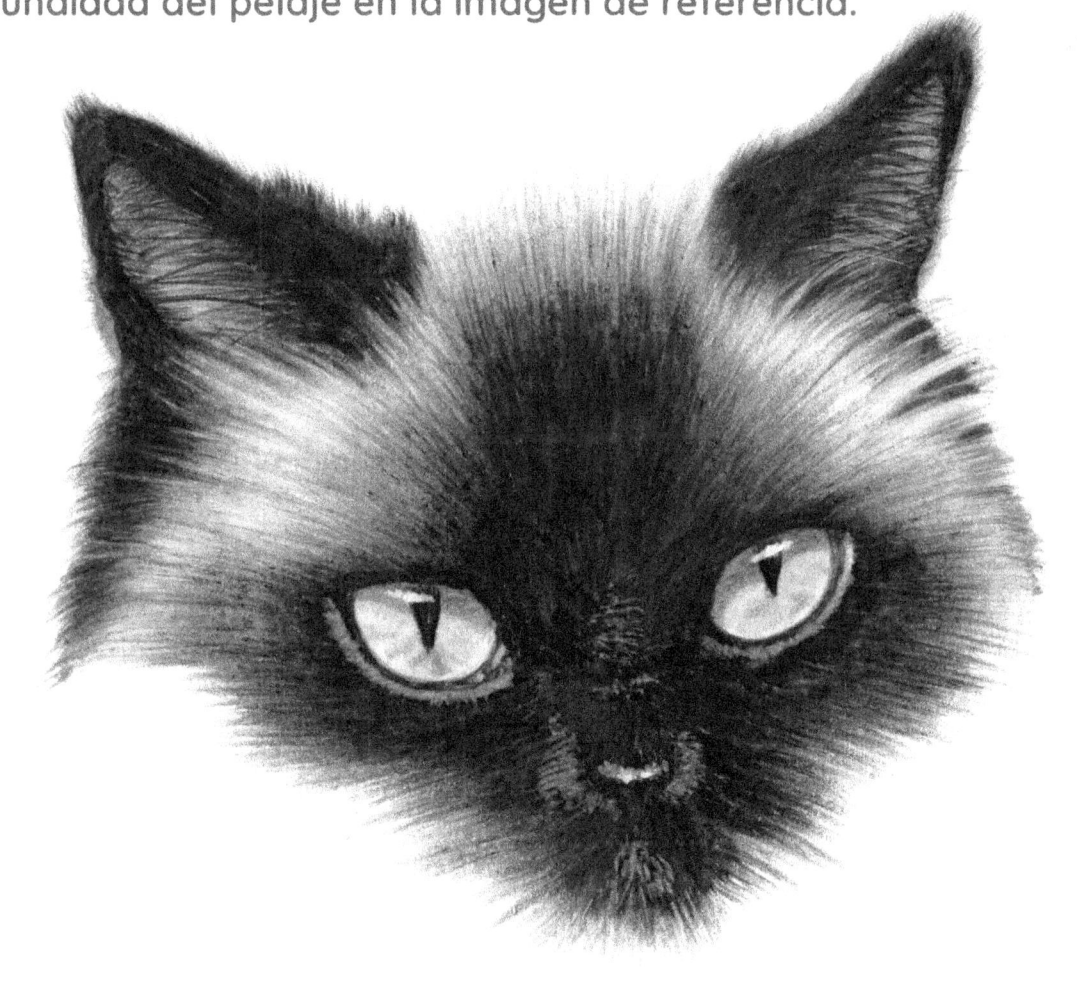

Refinando con Detalles Delicados

Para completar la parte superior de la cabeza, dibujaré algunas líneas "frescas" sobre el pelaje brillante y esponjoso utilizando un lápiz 14B bien afilado, siguiendo las mismas direcciones que antes. Además, crearé algunas líneas más brillantes usando un bolígrafo de tinta blanca, que encontré muy útil para este propósito. En la siguiente imagen, puedes ver dónde he agregado estos pelos. Si las líneas te parecen demasiado blancas, simplemente espera a que la tinta se seque y luego repasa suavemente con un difumino. Esto hará que las líneas sean ligeramente más oscuras pero seguirán destacando en las áreas oscuras.

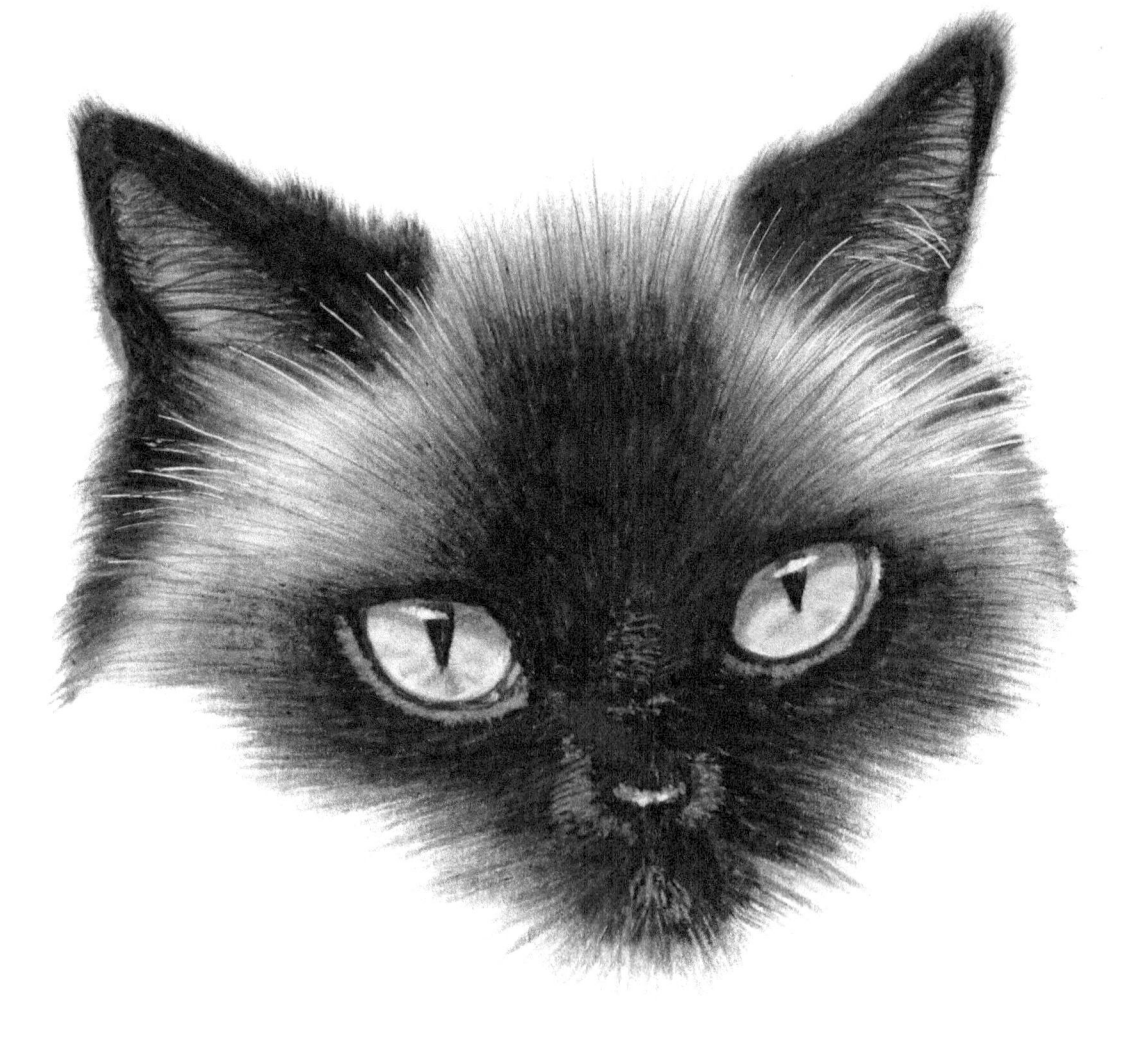

Creando una Base Suave para el Torso

A continuación, centrémonos en la parte inferior de la imagen, específicamente el torso del gato. Los pelos en esta área tienen un aspecto más suave y delicado, creando una textura única que no requiere dibujar pelo por pelo. A pesar de no tener pelaje blanco, esta región mantiene un brillo que se puede lograr sombreando suavemente polvo de grafito con un pañuelo envuelto alrededor de nuestro dedo, siguiendo el flujo natural del pelo.

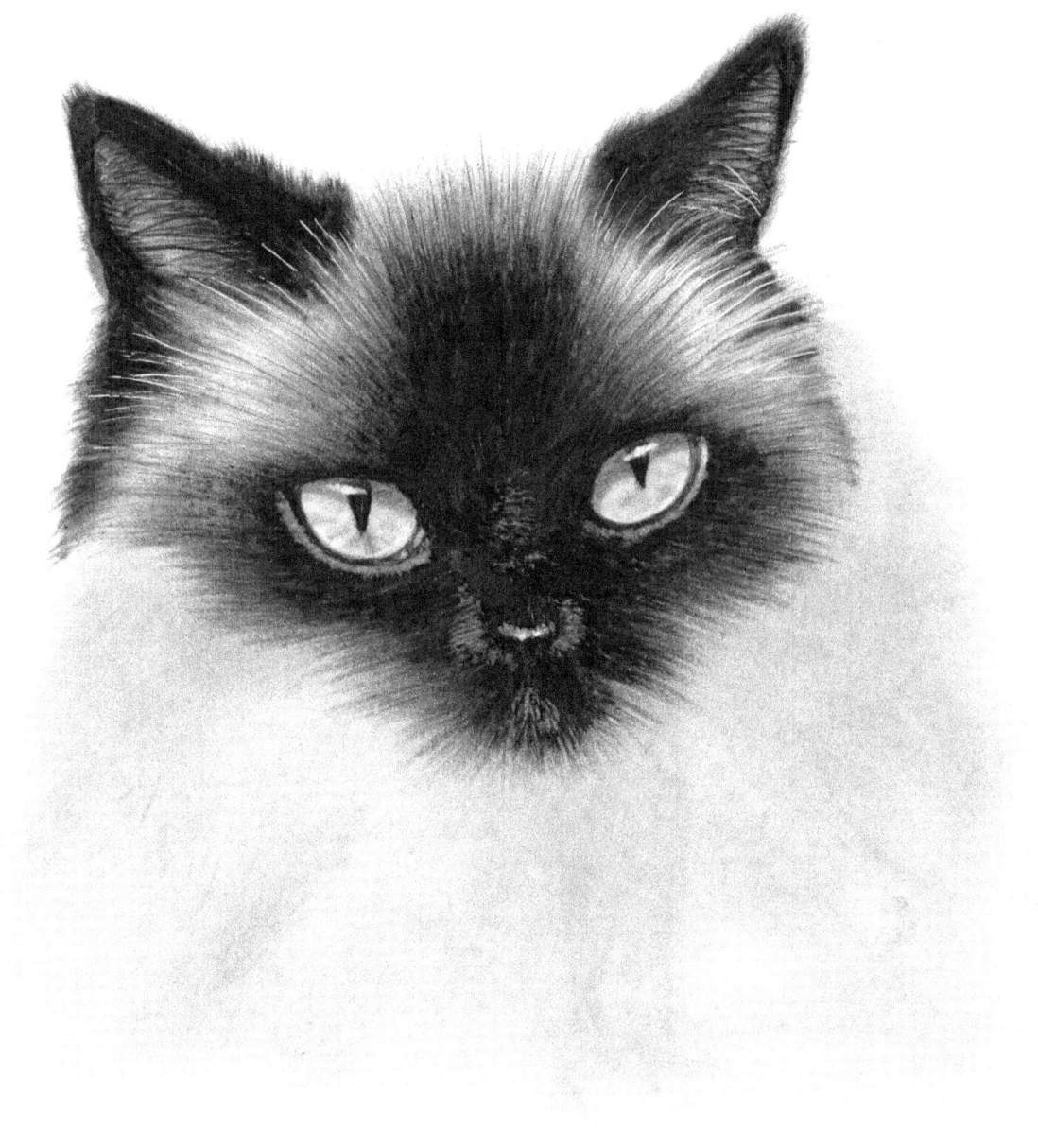

Agregando Tonos Más Oscuros

A medida que avanzamos, es hora de añadir profundidad y dimensión a nuestro dibujo enfocándonos en tonos más oscuros en áreas específicas. Para lograr esto, toma tu difumino y sumerge suavemente la punta en polvo de grafito. Aplica cuidadosamente el polvo en las regiones seleccionadas, creando sombras intensas y resaltando los contornos, como se muestra en la siguiente imagen.

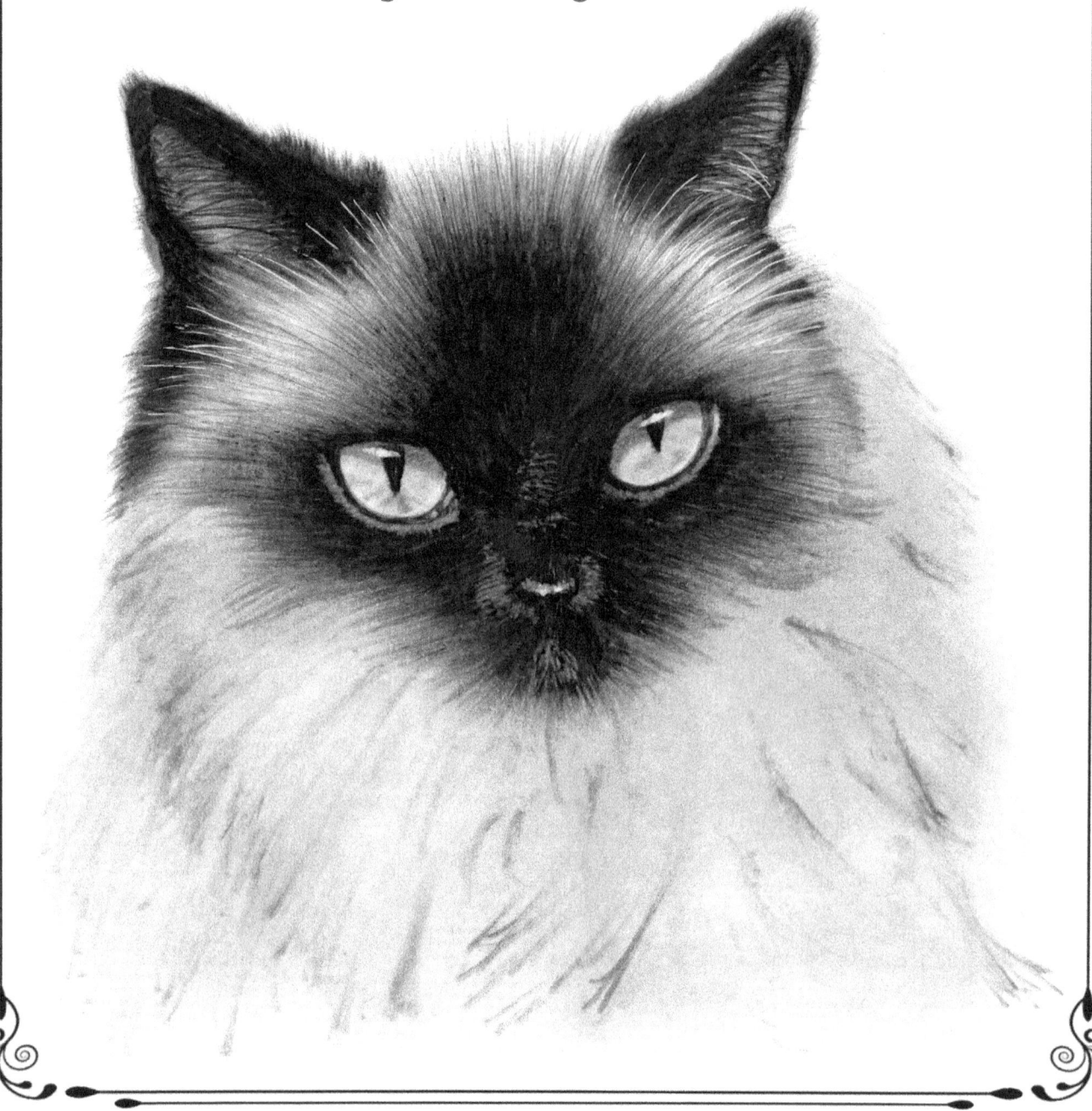

Realzando el Pelaje del Torso

Ahora que hemos añadido tonos más oscuros para mejorar la profundidad, es hora de resaltar los reflejos. Para esta delicada tarea, te recomiendo encarecidamente que utilices una goma de borrar moldeable, ya que permite un control preciso y garantiza que la textura del pelaje se mantenga esponjosa y natural. Trabaja cuidadosamente con la goma moldeable, eliminando el grafito poco a poco hasta lograr los valores deseados, creando eficazmente esos reflejos brillantes y cautivadores.

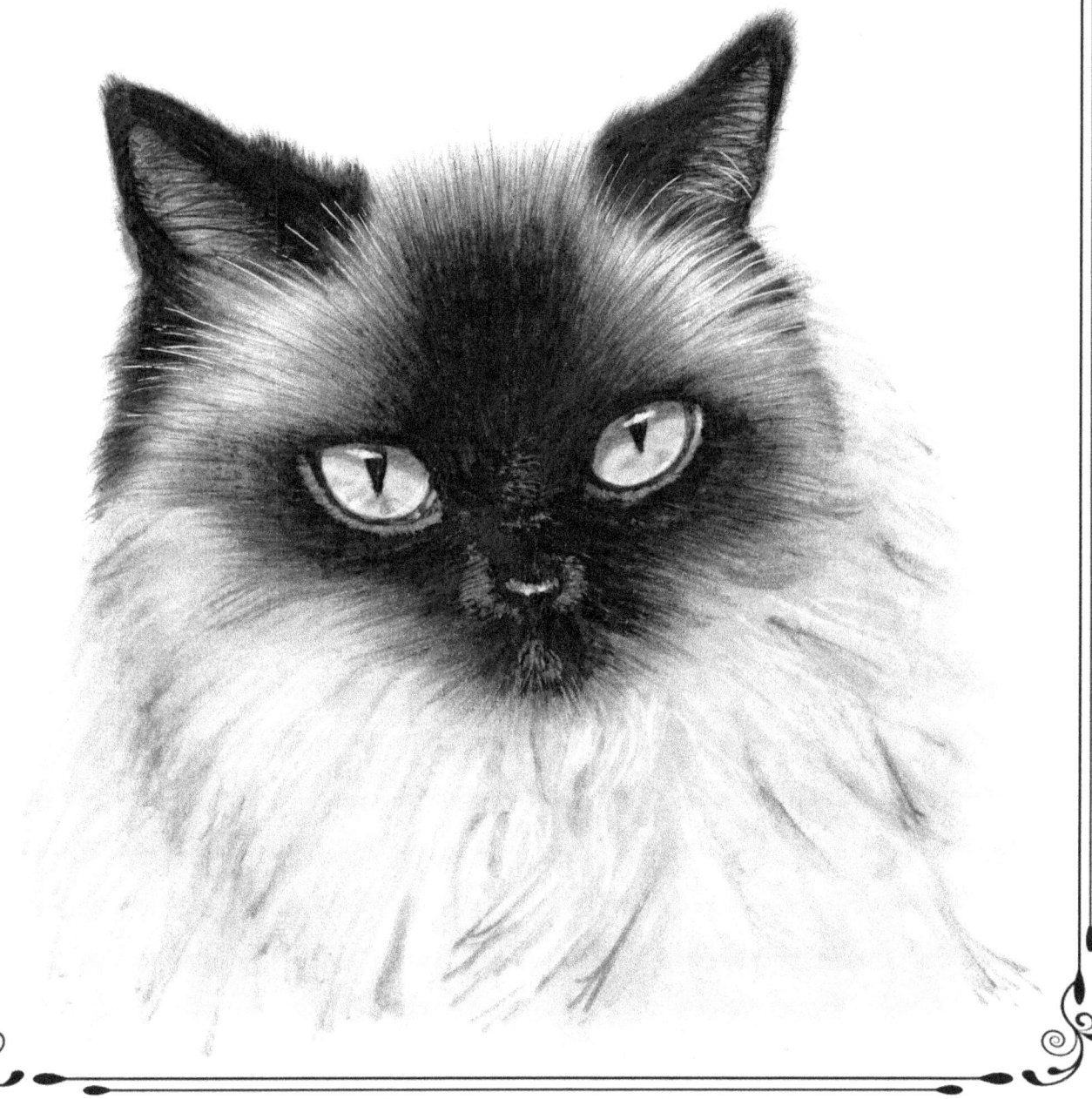

Suavizando la Cabeza y el Torso

Con cuidado, recogí el grafito con la punta del difuminador incoloro de Prismacolor y difuminé los pelos oscuros previamente dibujados desde la parte inferior del rostro hacia y sobre el torso, extendiéndolos de manera continua en la textura esponjosa del pelaje del torso. Esta técnica asegura que las áreas oscuras se mezclen de manera natural.

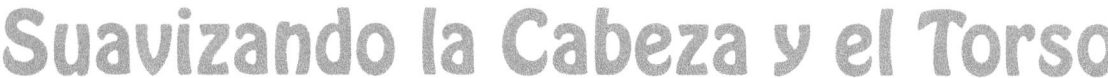

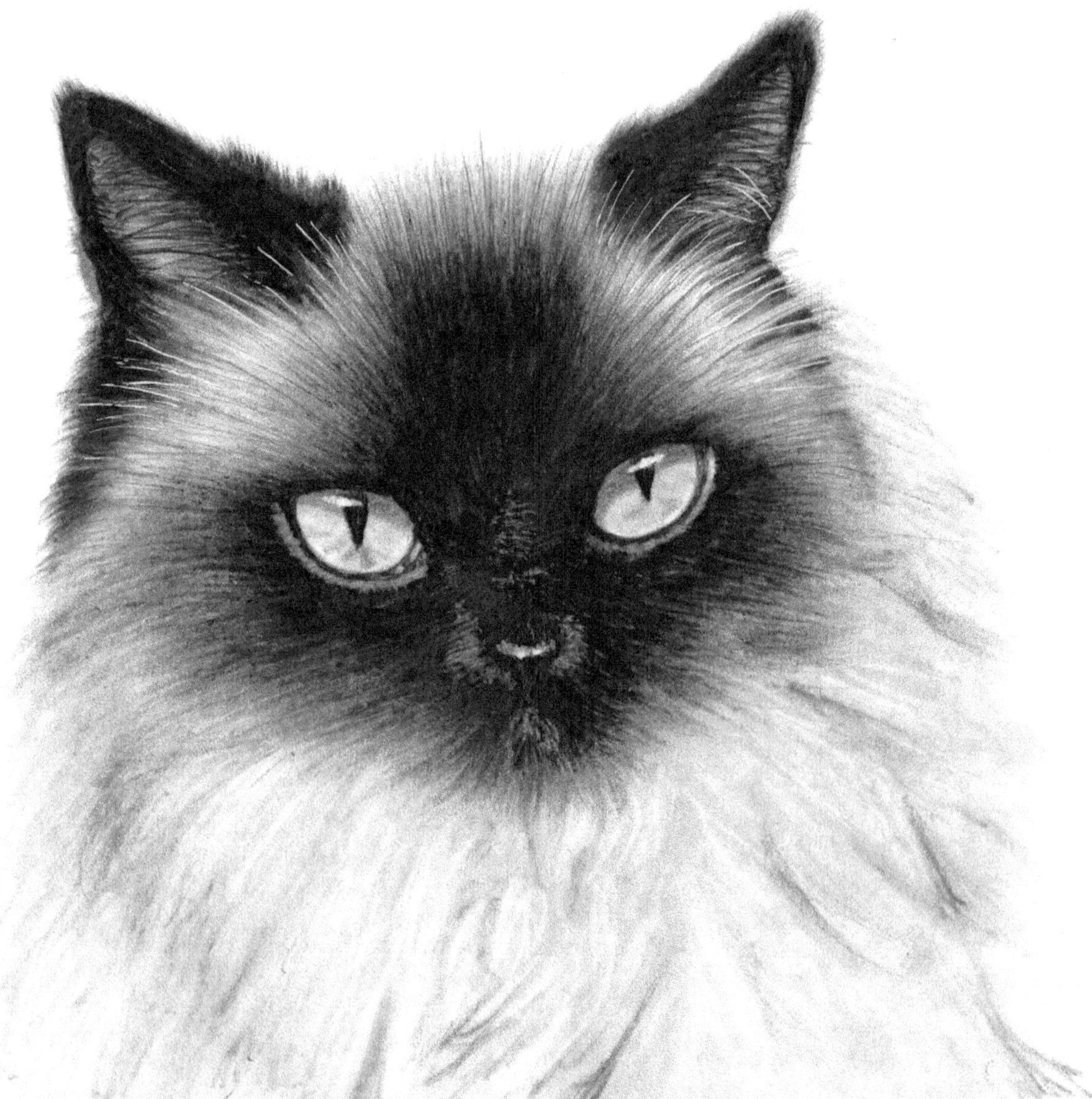

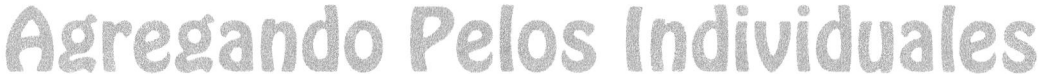
Agregando Pelos Individuales

Para enriquecer aún más la textura del torso, dibujaremos cuidadosamente pelos individuales largos en toda la superficie, siguiendo el flujo natural como lo hemos hecho antes. Utilizando un lápiz HB bien afilado, emplea trazos rápidos y seguros en un patrón aleatorio. Algunos de estos trazos pueden originarse desde el pelaje oscuro de la parte inferior del rostro del gato, creando una transición sin problemas entre las dos áreas.

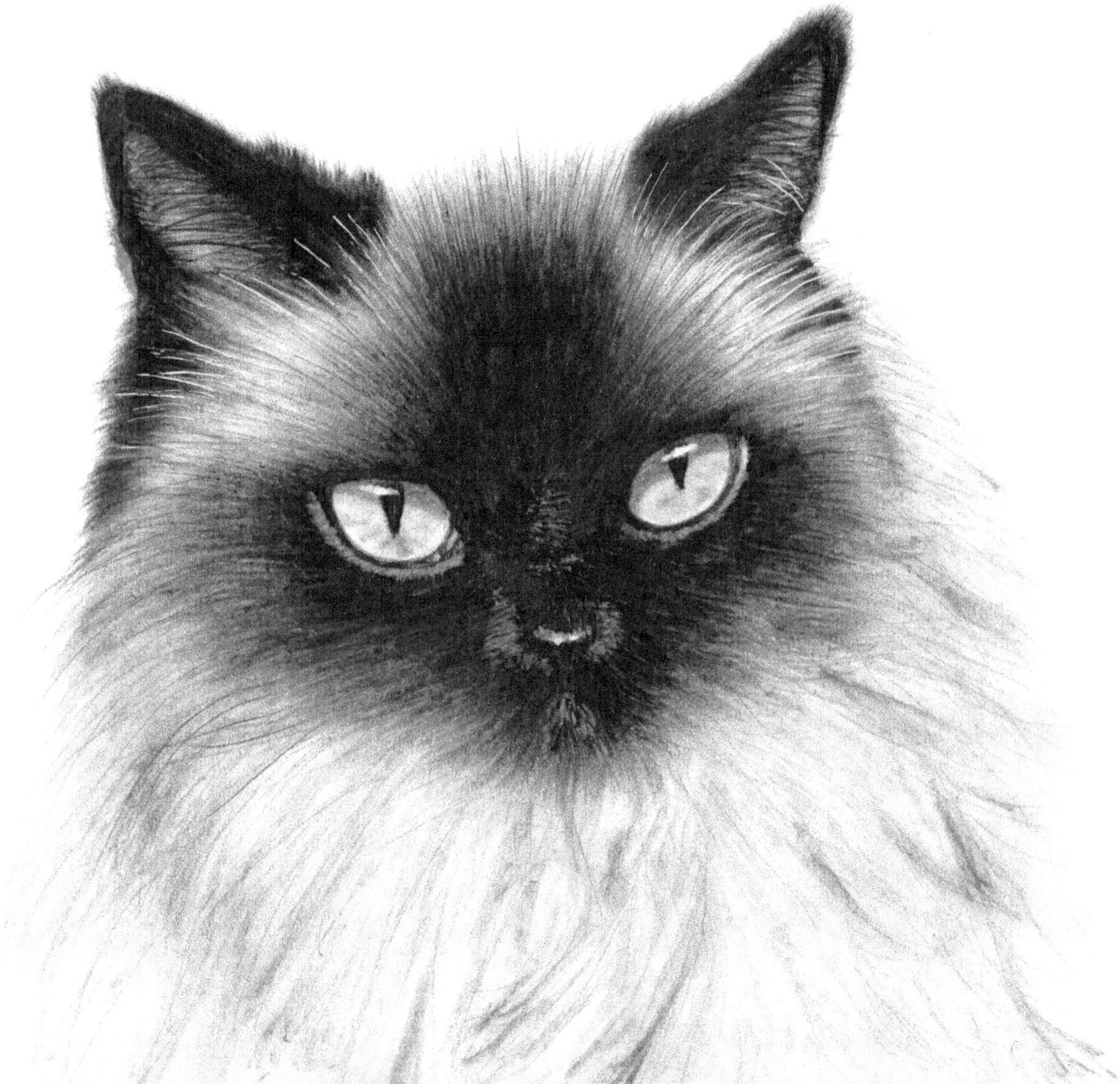

Dibujando Bigotes

La famosa cita de Leonardo da Vinci,
"El arte nunca está terminado, solo abandonado", es cierta,
pero he llegado a un punto en el que me siento satisfecho con
el dibujo y no hay nada más que quisiera cambiar o añadir.
Sin embargo, siéntete libre de explorar más y hacer cualquier
ajuste que consideres adecuado en tu propia obra de arte.
Entonces, si todo se ve bien, podemos concluir el dibujo
agregando los bigotes con un bolígrafo de tinta blanca.

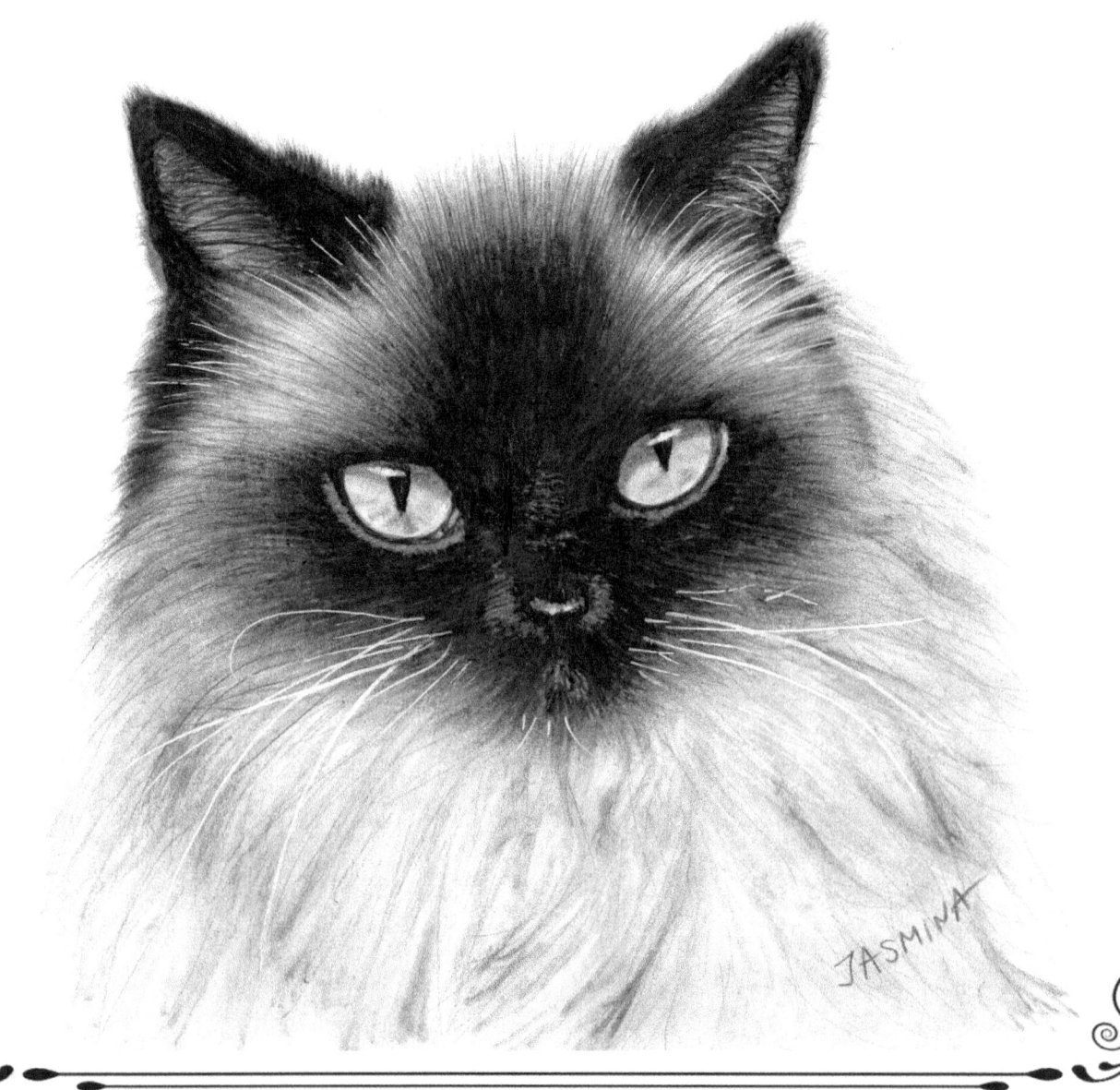

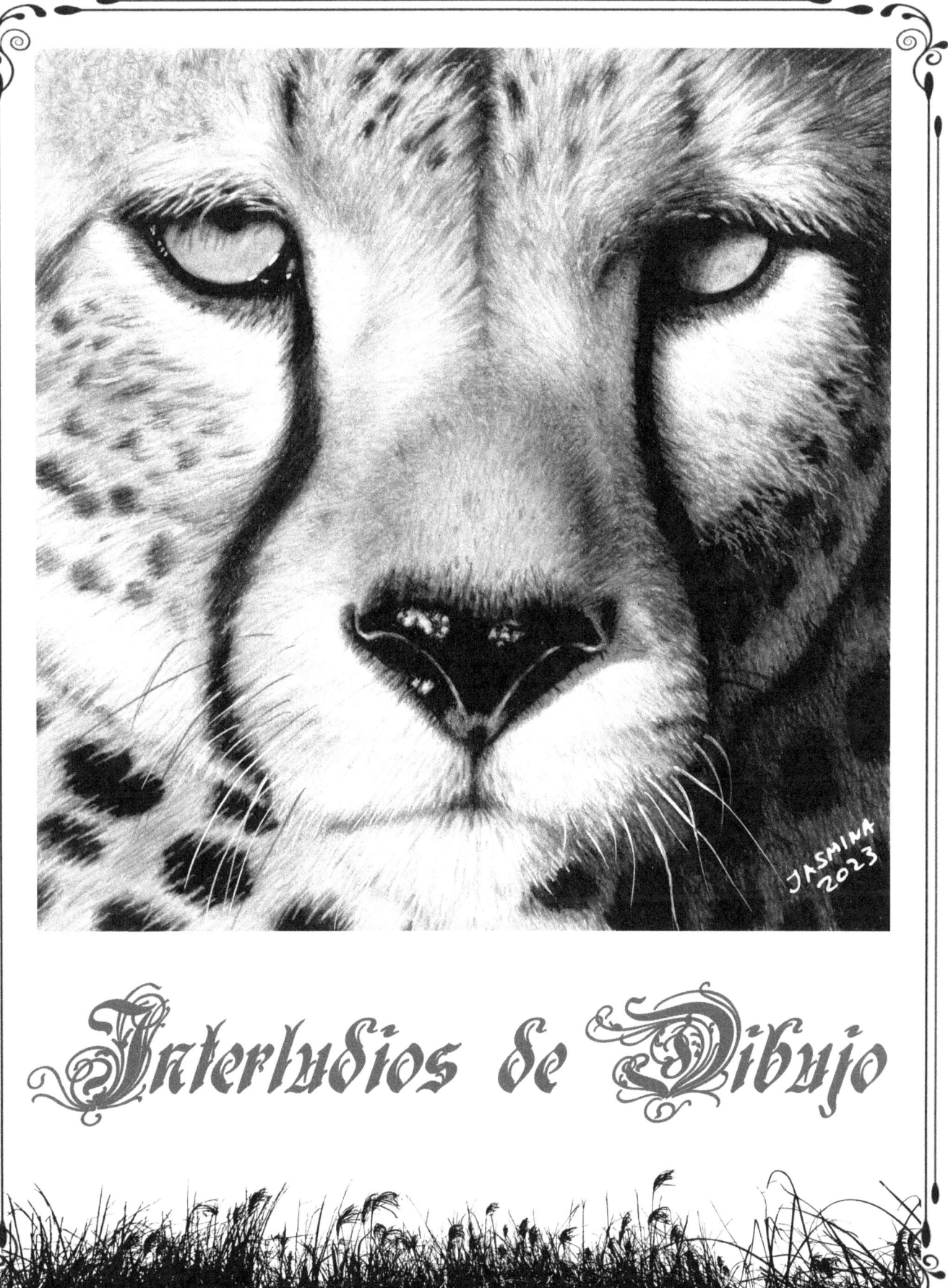

Interludios de Dibujo

Cómo Dibujar una Cebra

Dibujar una cebra ofrece una maravillosa oportunidad para sumergirse en el mundo de los patrones, el contraste y las texturas únicas. Las distintivas rayas blancas y negras de la cebra ofrecen un sujeto visualmente impactante que desafía nuestras habilidades de observación y dibujo. Al estudiar y dibujar una cebra, podemos mejorar nuestra comprensión de la luz y la sombra, desarrollar nuestra atención al detalle y explorar la fascinante interacción entre los espacios positivos y negativos. Apreciemos la belleza y diversidad del reino animal y capturemos la hipnotizante hermosura de la cebra en el papel.

La Foto de Referencia

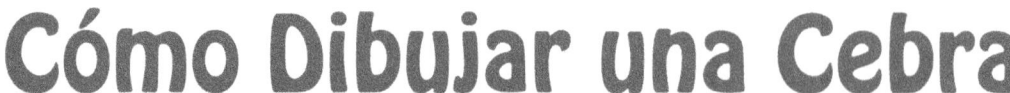

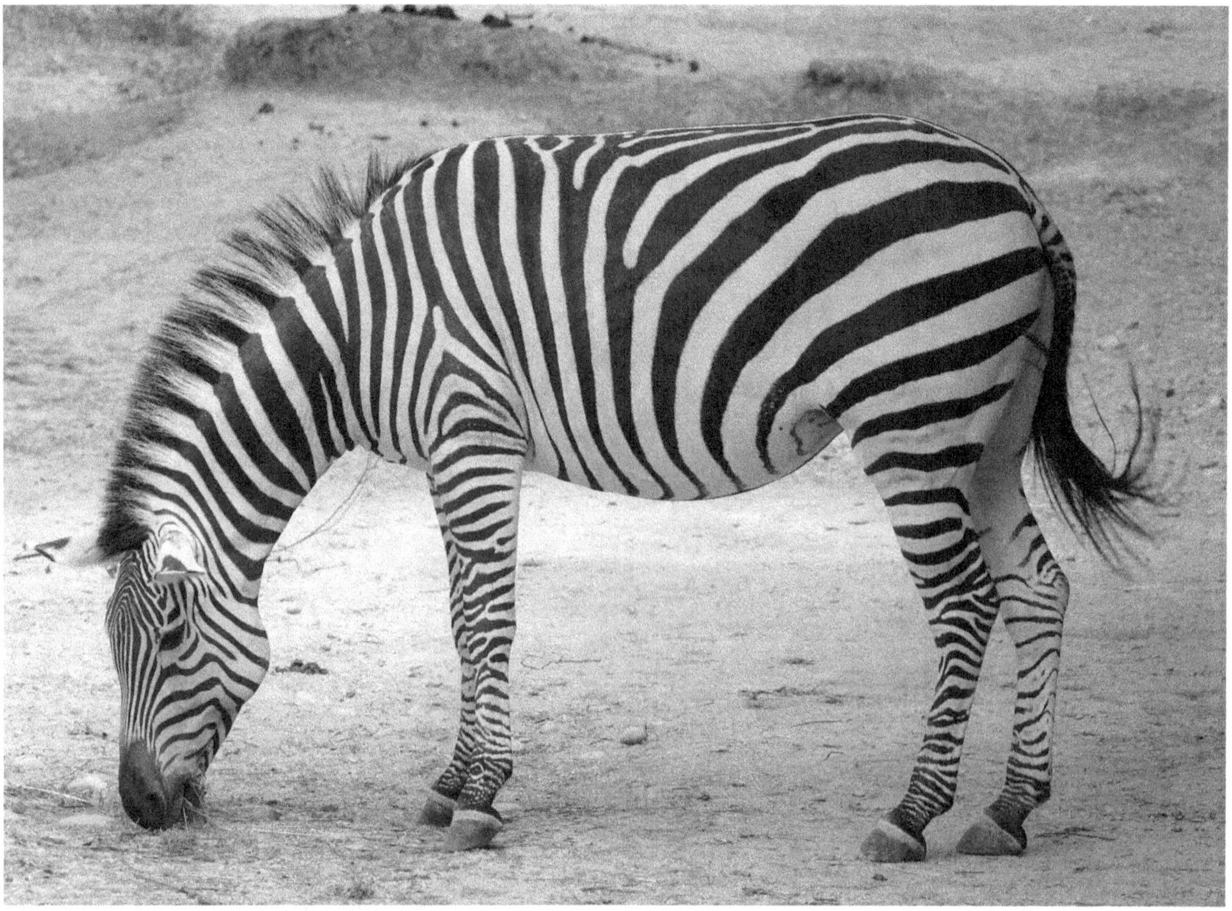

Boceto, Contornos Básicos

En la siguiente imagen, he resaltado las líneas que considero importantes. Utilizando el método de la cuadrícula, puedes crear el contorno principal de la cebra. Al dibujar la cebra, no es necesario adherirse estrictamente al método de la cuadrícula para las rayas blancas y negras. Puedes crearlas de manera aleatoria. Sin embargo, en este caso, he elegido dibujar cada detalle como se muestra en la foto de referencia para proporcionar una comparación clara entre mi dibujo y la imagen original. En mi imagen de boceto, he marcado las rayas negras con pequeñas marcas en forma de "x" para distinguirlas de las rayas blancas. Esto me ayuda a evitar confusiones y asegura que sombree las áreas que deben ser negras.

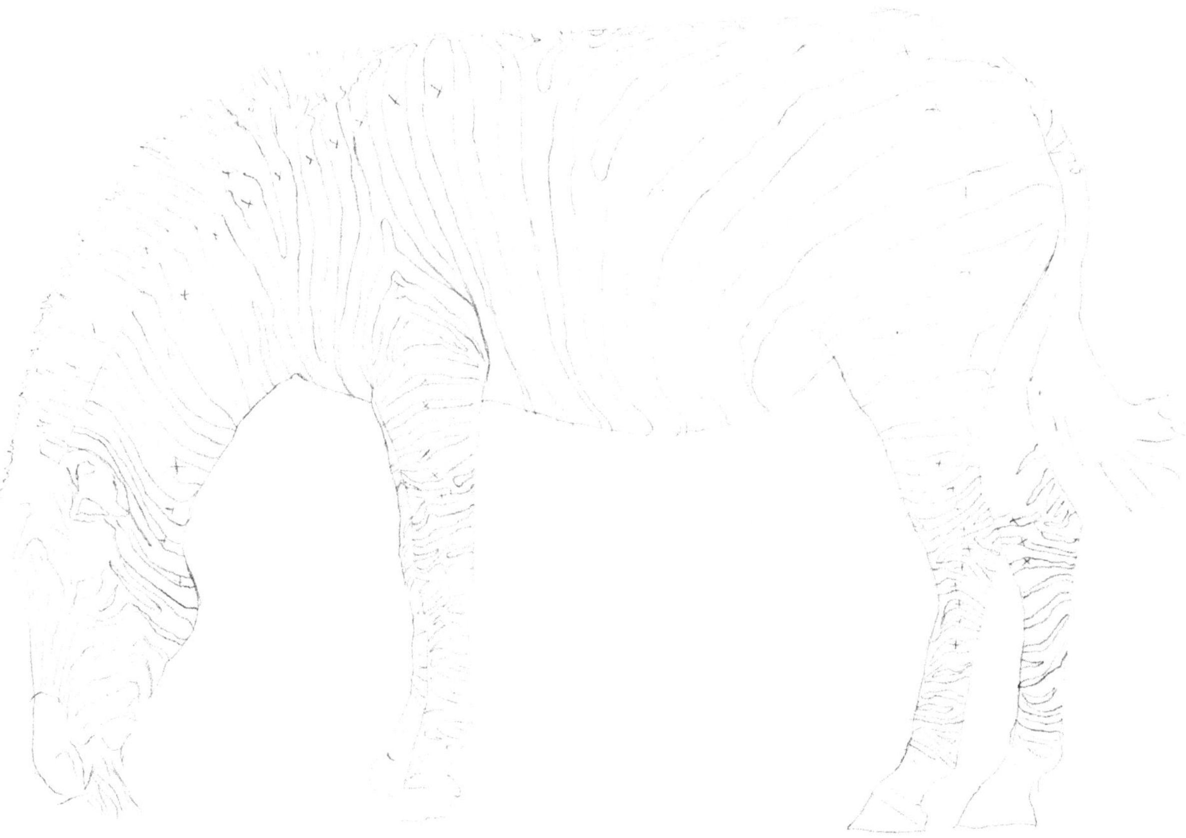

Dibujando las Rayas Negras

Comienza usando un lápiz **14B** para cubrir las áreas que son absolutamente negras en la foto de referencia. En este paso, dejaremos intencionalmente las áreas superiores de las rayas negras sin tocar por ahora, ya que requerirán un valor más claro para representar las áreas iluminadas. Aunque estas partes pueden no ser visibles en la foto de referencia, queremos centrarnos en crear contraste y profundidad en nuestro dibujo.

Aplica el lápiz con presión firme y uniforme para crear un tono oscuro y rico. Si te sientes inseguro o deseas hacer ajustes, puedes usar un lápiz HB con un toque más ligero para rellenar estas áreas antes de comprometerte con el valor más oscuro. Una vez que estés seguro con la ubicación y apariencia de las áreas negras, puedes repasarlas con un lápiz muy oscuro, como un 8B o más oscuro, para mejorar aún más la profundidad y riqueza de los tonos negros. Este paso es crucial y requiere atención cuidadosa. Completar este paso solo requerirá una cantidad sustancial de tiempo, aproximadamente 2.5 horas en mi caso. Así que, tómate tu tiempo, especialmente cuando trabajes en los detalles intrincados como las rayas delgadas sobre las patas y la cabeza.

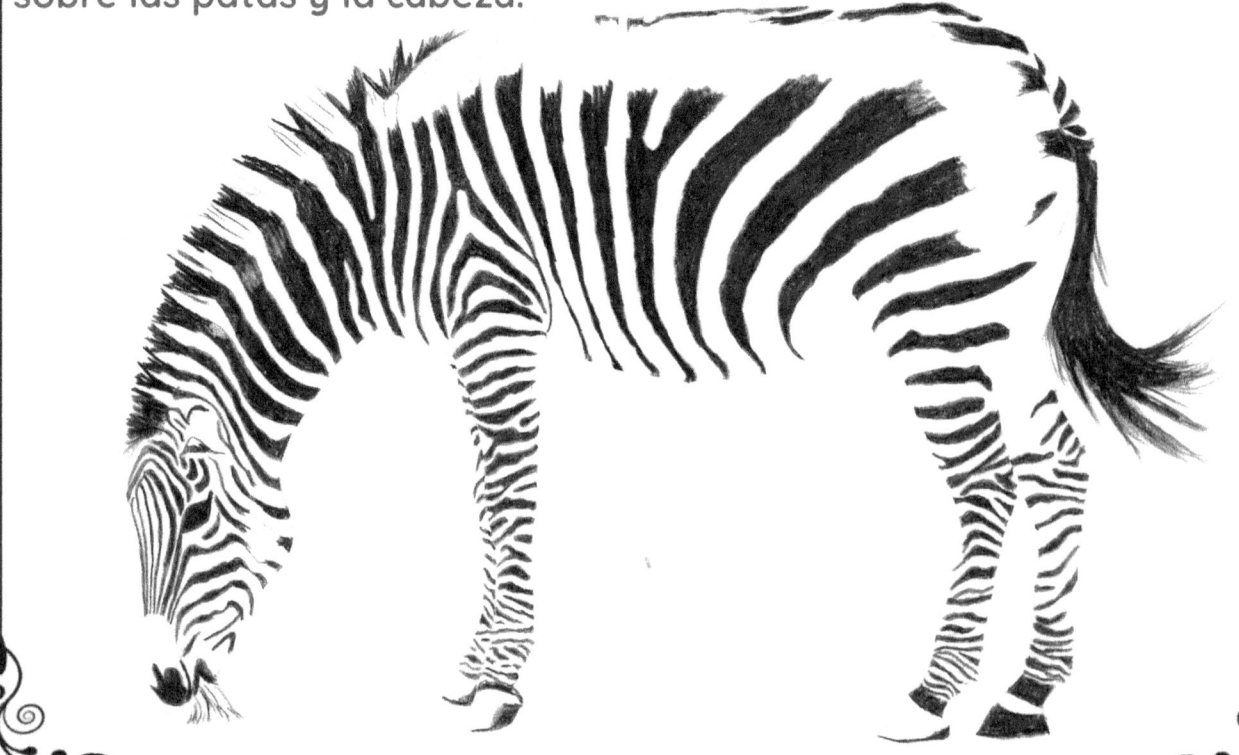

Destacando las Rayas Negras

En el siguiente paso, sombrea las rayas negras resaltadas que anteriormente dejaste sin tocar en la imagen. Utiliza un lápiz HB para esta parte del proceso. Además, aclara las porciones superiores de las rayas negras sobre el cuello, específicamente debajo de las raíces de los pelos de la melena, ya que estas áreas tienen un ligero resalte. Puedes lograr este efecto utilizando cuidadosamente un borrador.

Es importante no apresurarse y dibujar con precisión para lograr el efecto deseado. Cada persona tiene su propio ritmo, y dedicar suficiente tiempo a cada paso asegura la precisión y la atención al detalle.

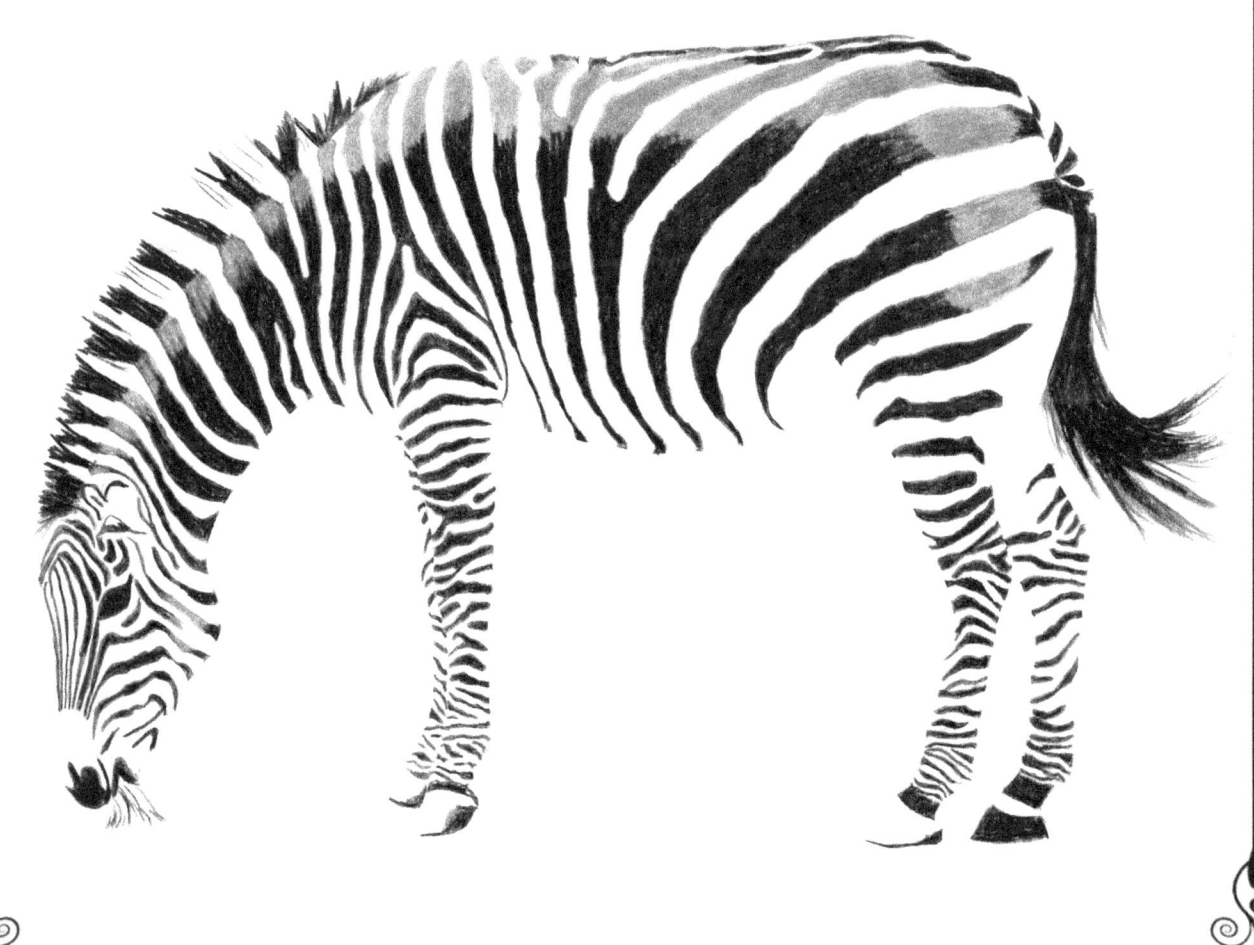

Suavizando las Transiciones de Tonos

En el siguiente paso, queremos enfocarnos en difuminar los bordes entre las dos sombras que aplicamos previamente. El objetivo es crear una transición suave donde las sombras fluyan sin problemas entre sí. Si has practicado la técnica discutida en el capítulo "Gradiente Suave", esta es la oportunidad perfecta para utilizarla. Para empezar, te recomiendo usar un lápiz 4B para el difuminado. A medida que difuminas, puedes aumentar gradualmente la presión en el lápiz, especialmente en las áreas donde sombreaste las partes más oscuras de las rayas con el lápiz 14B. Puedes usar movimientos circulares suaves o trazos de ida y vuelta para suavizar la transición y crear un flujo continuo entre las sombras. Esta técnica de difuminado ayudará a darle a la cebra una apariencia más tridimensional, agregando profundidad en comparación con el aspecto plano anterior.

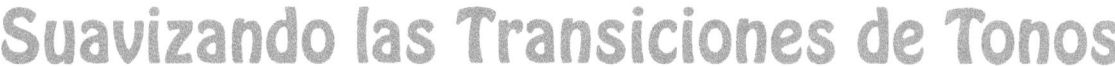

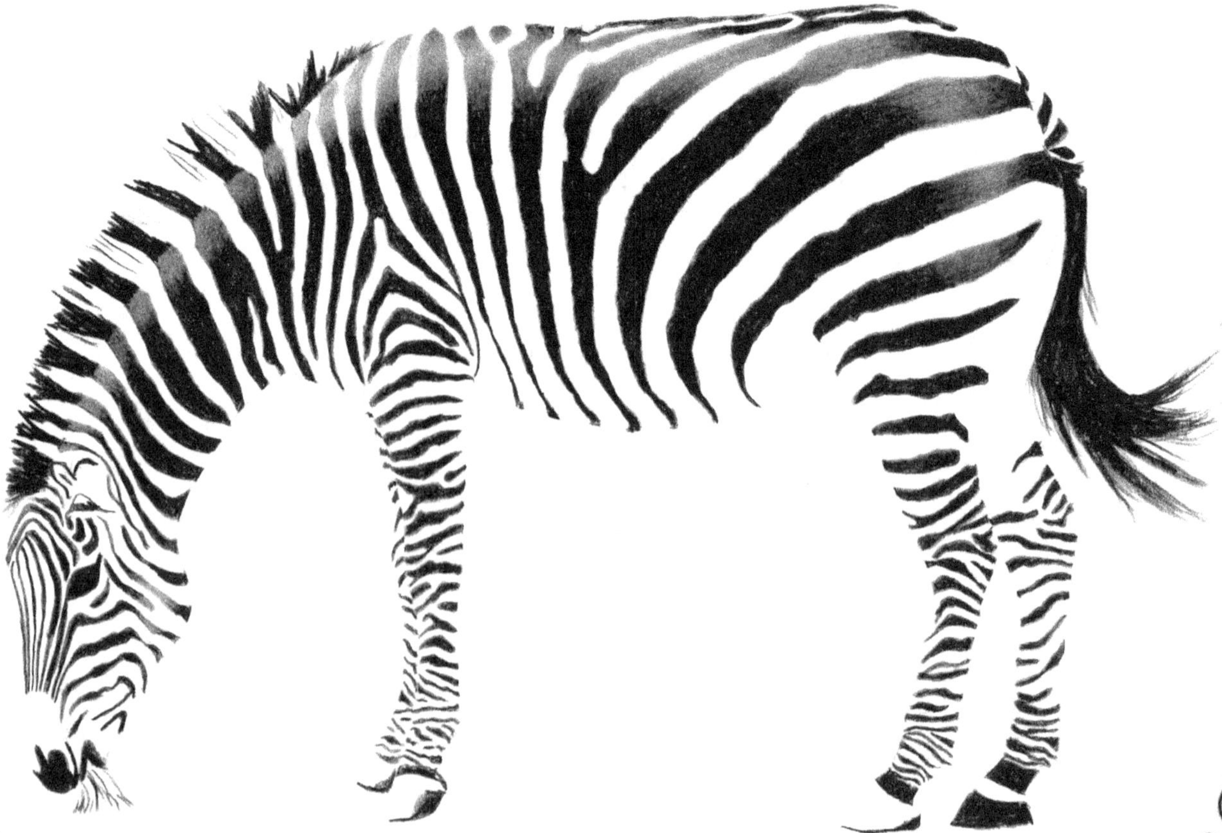

Sombreado de Pezuñas y Muzzle

En el siguiente paso, nos concentraremos en sombrear las pezuñas y el hocico de la cebra utilizando un lápiz HB. Consulta la imagen adjunta para identificar las áreas específicas que requieren sombreado. Presta atención a las sombras, los puntos destacados y la textura en la imagen de referencia para guiar tu técnica de sombreado. Si es necesario, puedes usar un difumino para suavizar y difuminar suavemente las áreas sombreadas.

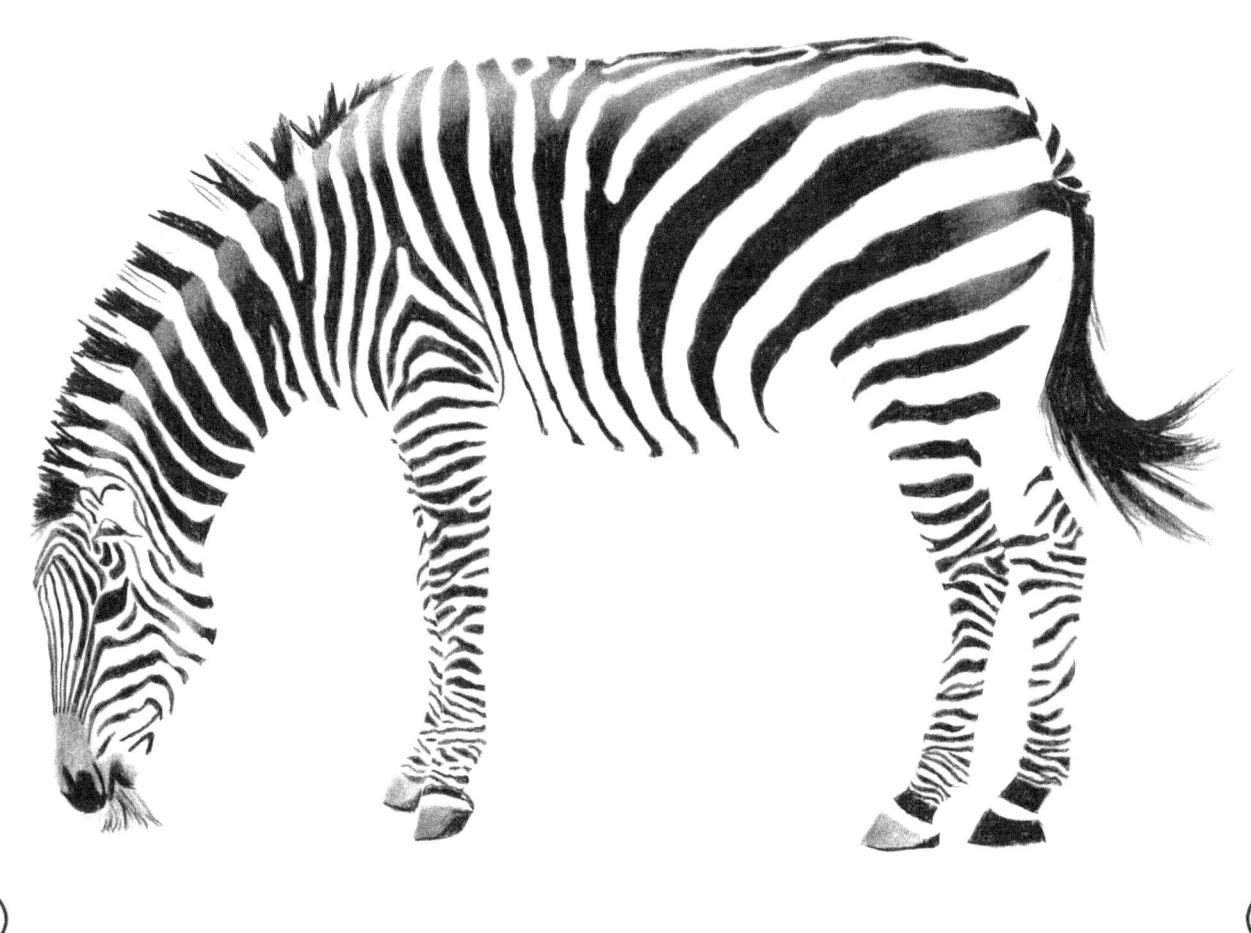

Difuminando las Transiciones de Tono

En este paso, crearemos una transición de tono gradual y sin costuras entre las pezuñas y el hocico previamente sombreados y las secciones dibujadas con el lápiz 14B. Para lograrlo, usaremos un lápiz 8B y reduciremos gradualmente la presión mientras sombrearemos desde las sombras hasta las partes iluminadas. Si una zona parece demasiado clara o carece de sombreado suficiente, simplemente agrega más capas de sombreado para lograr el tono deseado. Usa tu lápiz para aplicar sombreado adicional con cuidado, construyéndolo gradualmente hasta lograr la consistencia deseada. Por otro lado, si ciertas áreas parecen demasiado oscuras o necesitan aclararse, puedes usar suavemente un borrador para eliminar algo de grafito de esas áreas específicas.

Sé delicado y cauteloso al usar el borrador, ya que no deseas quitar demasiado ni dañar el papel. Después de aclarar las áreas más oscuras, puedes suavizar las transiciones y difuminarlas con los tonos circundantes.

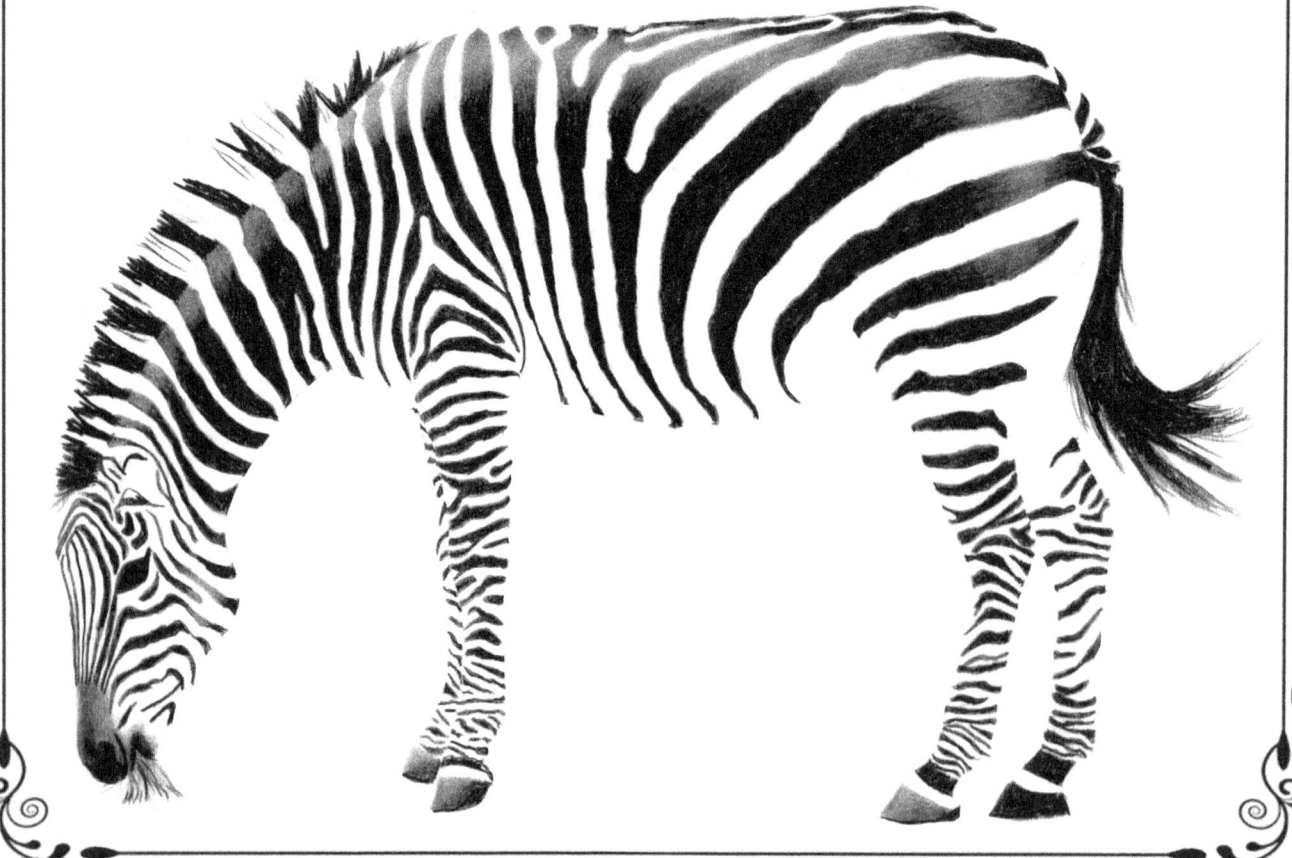

Sombreando las Áreas Blancas

Ahora, centrémonos en sombrear el pelaje blanco. Aunque al principio pueda parecer contraproducente sombrear pelaje blanco, podemos lograr el efecto deseado utilizando un toque ligero y construyendo capas adicionales. Esta técnica requiere paciencia y trabajo continuo hasta lograr el aspecto deseado. En la siguiente imagen, observa las áreas sombreadas con un lápiz HB como referencia para tu propio sombreado. Ten en cuenta que presioné firmemente cerca de los bordes y gradualmente aligeré mi toque a medida que me acercaba a los puntos más claros. Puedes usar un lápiz HB con una presión más ligera o cambiar a un lápiz más duro como 2H para un sombreado más claro. Esta transición gradual permite que el tono más claro se mezcle sin problemas con el brillo de los puntos más claros. No olvides crear luces reflejadas en áreas como los cuartos traseros junto a la cola. Al presionar ligeramente el lápiz y aplicar una presión ligeramente más oscura y más alejada del borde, puedes agregar un efecto tridimensional. Incluso si no son visibles en la foto de referencia, estas luces reflejadas realzan la redondez del sujeto.

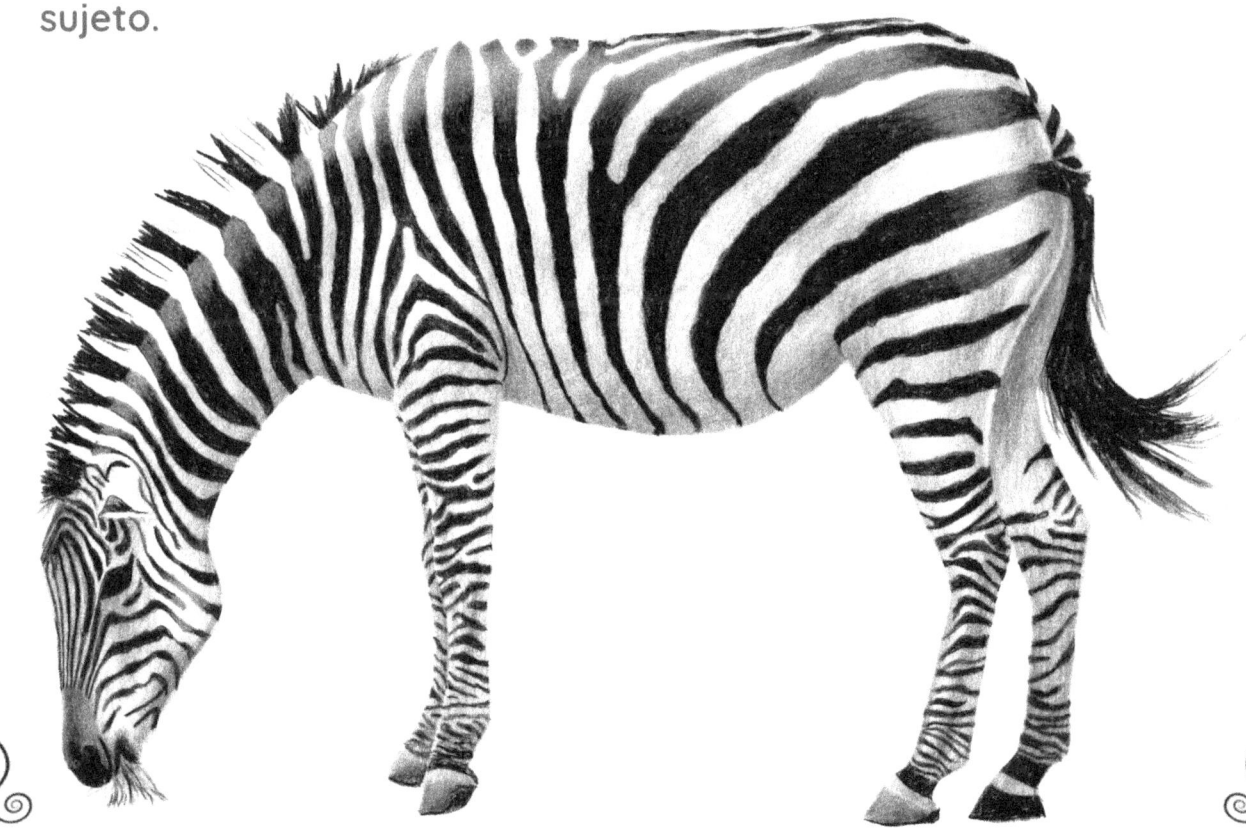

Intensificando los Tonos

Vamos a evaluar si se necesita un sombreado adicional. Al observar detenidamente, he notado que la sombra propia en el vientre de la cebra parece demasiado clara. Para abordar esto, te recomiendo cambiar a un lápiz 4B y aplicar una presión firme a lo largo de los bordes, aligerando gradualmente la presión a medida que te alejas. Además, la parte superior sombreada del cuello y debajo de los ojos requieren sombreado adicional. Asimismo, es importante señalar que la parte posterior del cuerpo de la cebra, a la sombra por la cola, debe ser significativamente más oscura. Al comparar esta imagen con la anterior, podrás observar claramente la diferencia en los valores. Para lograr el efecto deseado, usa un lápiz más oscuro, como 4B o 6B, y aplica una presión considerable al sombrear. Esto creará un contraste más fuerte y realzará la zona sombreada, añadiendo profundidad y dimensión al dibujo. Es crucial sombrear todas las partes, excepto las zonas iluminadas. Notarás que al sombrear el hombro con una presión más ligera en comparación con las sombras circundantes, aparecerá más brillante y se destacará con mayor prominencia en el papel.

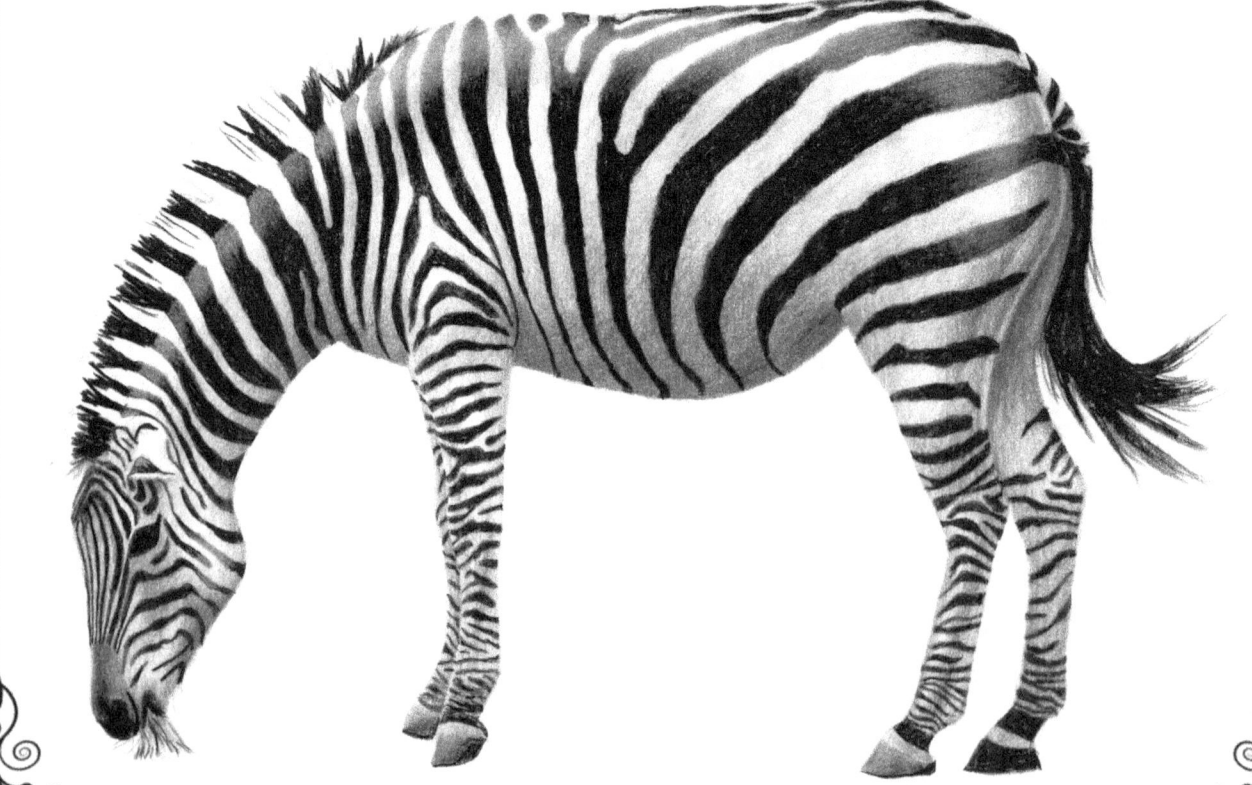

Mezcla y Perfección

Ahora es el momento de mezclar cuidadosamente todas estas áreas utilizando un difumino o un hisopo. Comienza utilizando la punta limpia del instrumento de mezcla junto a las áreas iluminadas y trabaja gradualmente hacia las áreas más oscuras. Si la punta se satura de grafito, es aconsejable cambiar a un hisopo o difumino limpio para evitar manchas no deseadas en las áreas iluminadas. Recuerda, el objetivo no es mezclar todo para lograr una suavidad absoluta. Preservar algunas "imperfecciones" como pelos individuales, cicatrices, manchas o rastros de suciedad en el pelaje realzará el realismo del animal. Si el pelaje blanco es perfectamente suave, puede parecer más una ilustración digital o una ilustración vectorial, lo que puede resultar artificial o "falso". Agregar pequeños detalles aleatorios contribuirá a una representación más realista. Al abrazar estas pequeñas desviaciones e incorporar elementos sutiles e inesperados, crearás una representación más auténtica y natural del animal.

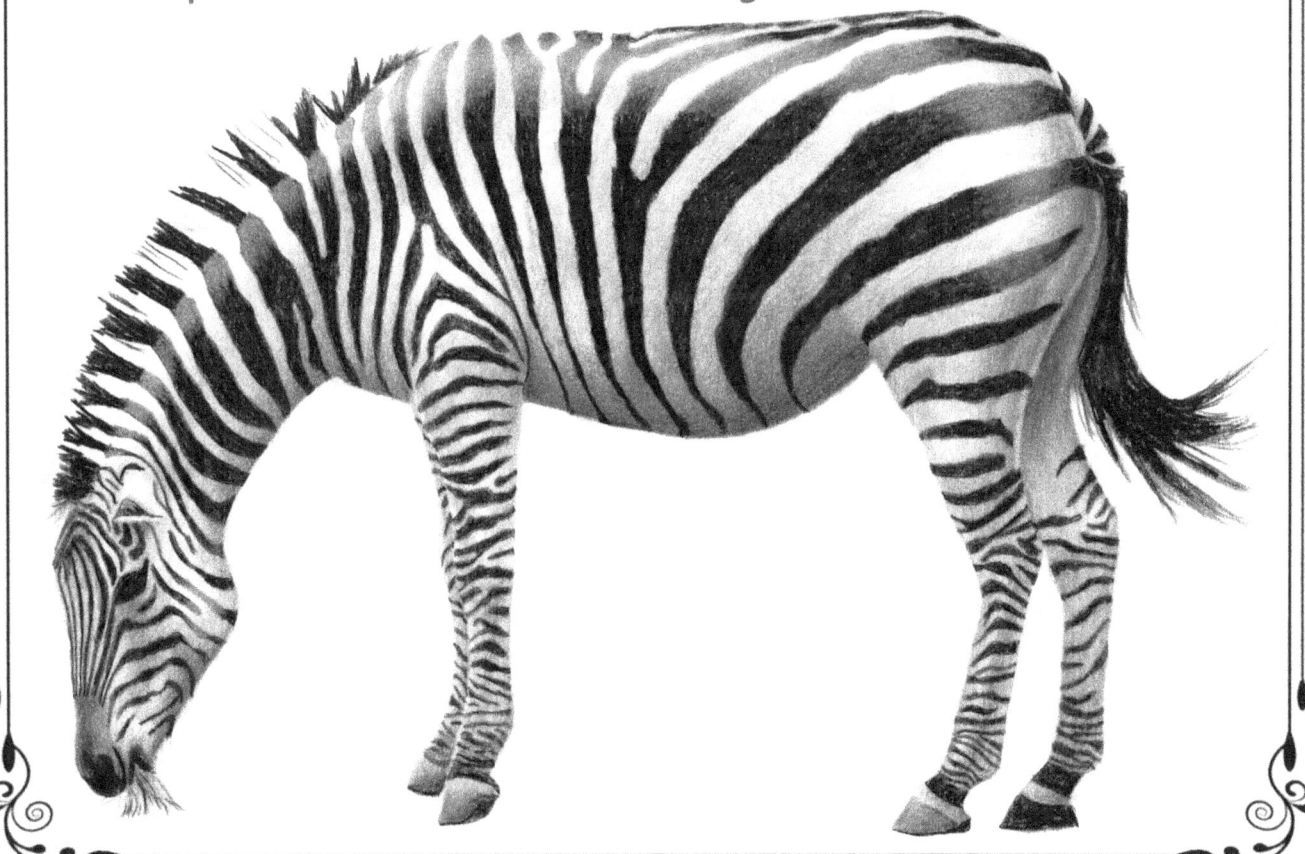

Sumergiéndonos en Detalles Intrincados

Ahora es el momento de incorporar algunos detalles intrincados que quizás no sean visibles de inmediato, pero que contribuyen al realismo del dibujo. Para esto, utilizo un difumino incoloro de Prismacolor para crear pequeños y delicados pelos a lo largo de los bordes donde se encuentran las rayas negras y blancas. Estos pelos imitan la fina textura que se encuentra en el pelaje de la cebra y añaden un nivel adicional de hiperrealismo a la obra de arte. Para difuminar estos bordes, coloco la punta del difumino incoloro sobre el borde de las rayas negras y lo deslizo suavemente hacia afuera, sobre las rayas blancas.

La punta del difumino recoge selectivamente la cantidad necesaria de grafito, lo que resulta en la creación de estos finos pelos con extremos esponjosos.

Es importante tener en cuenta que este paso requiere atención meticulosa a los detalles y puede llevar tiempo. Aunque puede que no sea fácilmente perceptible en una vista en miniatura, recomiendo aprovechar cada oportunidad para practicar la paciencia e involucrarse en este proceso. Sin embargo, si el tiempo es un factor a considerar, puedes optar por omitir este paso sin comprometer el impacto general del dibujo.

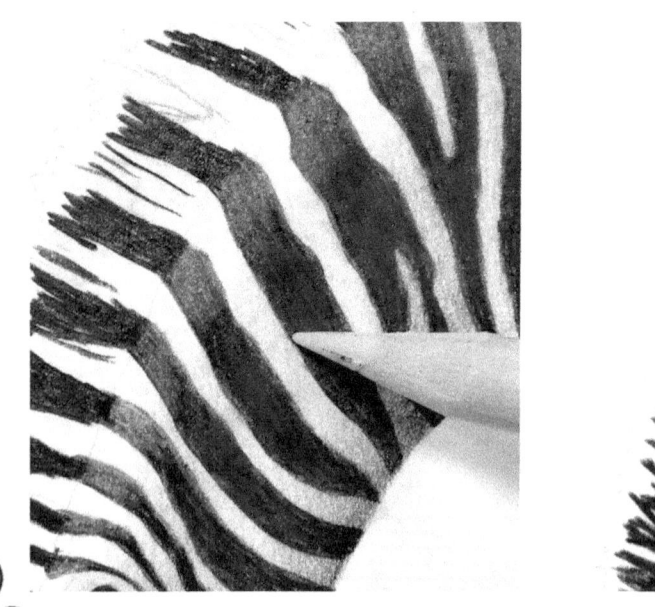
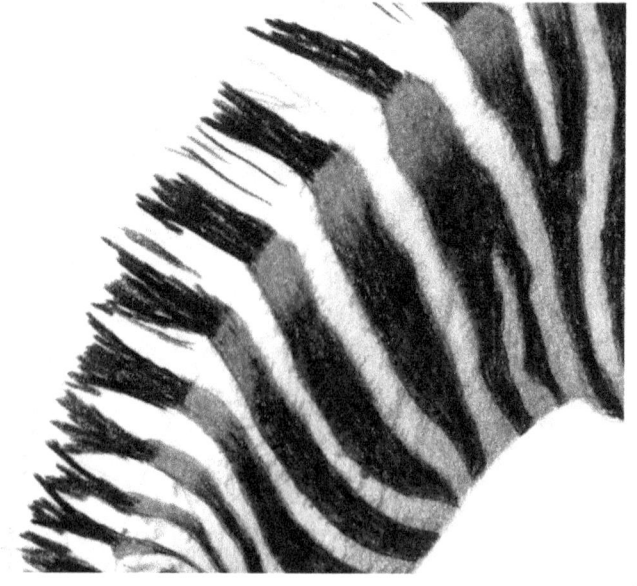

Añadiendo Elementos Sutiles para el Realismo

Para mejorar aún más los detalles, incorporemos algunos elementos que son visibles en la foto de referencia. Específicamente, hay rayas más oscuras entre las dos rayas negras sobre las blancas. Para lograr este efecto, utiliza un l ápiz 2B y aplícalo ligeramente en capas, construyendo gradualmente el valor hasta lograr la oscuridad deseada. Tómate tu tiempo con este proceso, asegurándote de que las capas se apliquen de manera uniforme y suave.

Para una comparación clara, te recomiendo examinar la imagen anterior junto con la actual para identificar las áreas específicas donde se han añadido estas rayas. Presta atención a los detalles sutiles y estudia también la foto de referencia.

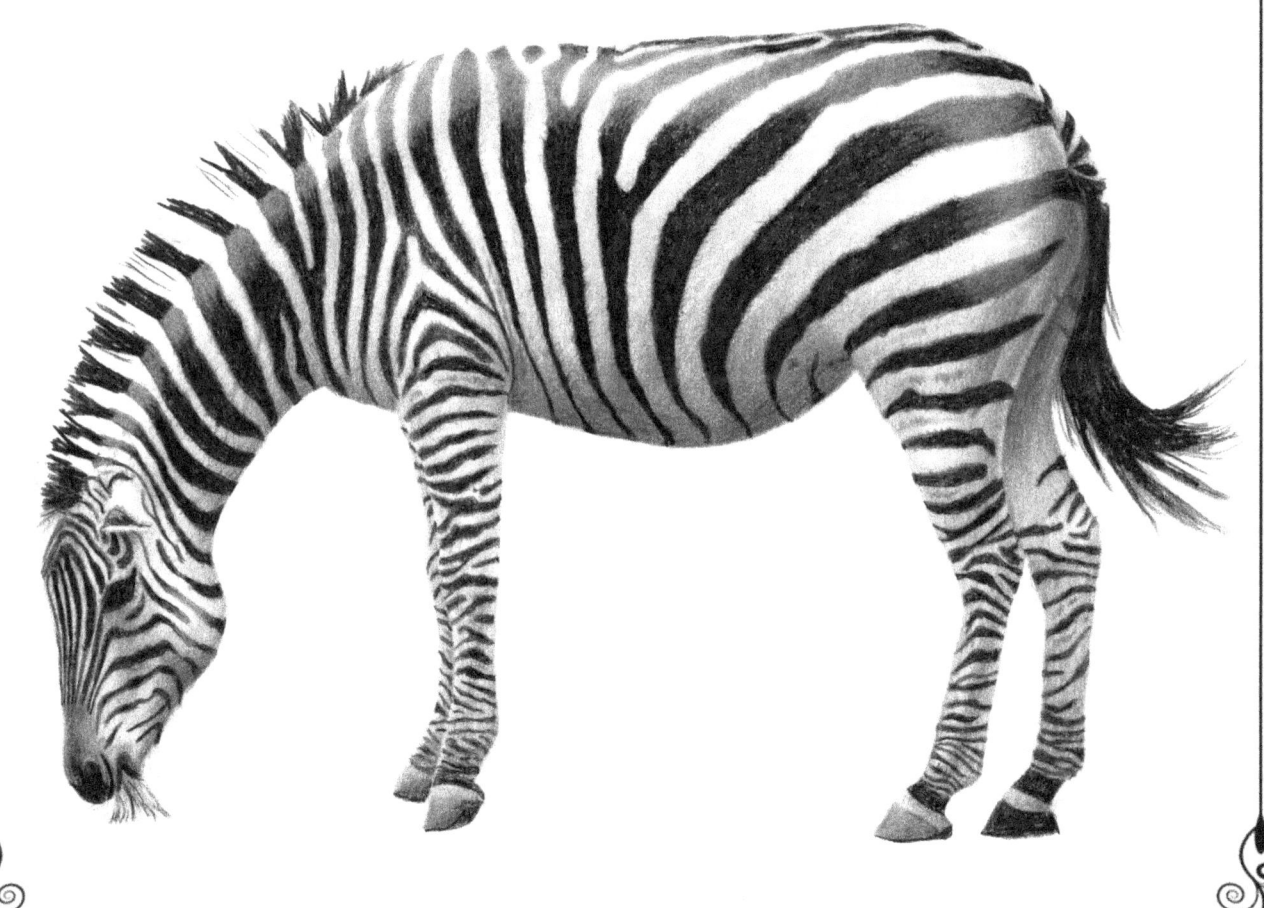

Suavizando los Pelos Largos

Para crear una textura suave y esponjosa en los extremos de la cola y la melena, la clave es el difuminado. Te recomiendo utilizar un difuminador incoloro a base de cera de Prismacolor en conjunto con un difumino. La punta del difuminador recogerá la cantidad adecuada de grafito para terminar suavemente la línea, permitiendo que desaparezca gradualmente en el fondo. Mientras tanto, el difumino creará un efecto ligeramente difuminado a lo largo de los bordes.

Para lograrlo, coloca la punta de tu difuminador en la zona deseada y utiliza trazos rápidos y seguros para extender el grafito hacia afuera. A medida que te acerques al fondo, levanta ligeramente la punta de tu lápiz para crear un efecto de difuminado. La diferencia en textura y difuminado se puede ver en la imagen antes y después a continuación, mostrando el impacto significativo de esta técnica de difuminado.

Antes y Después

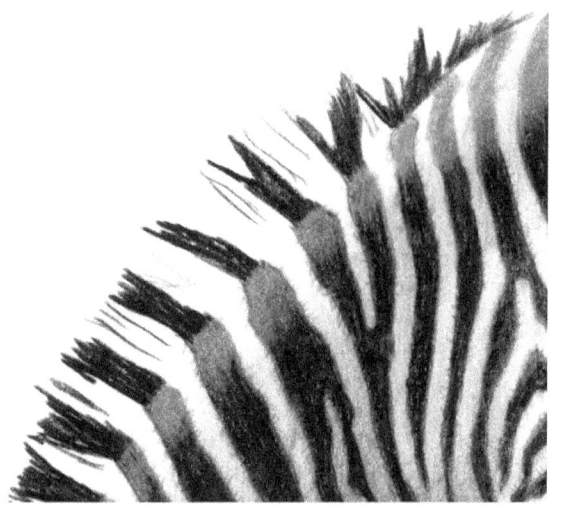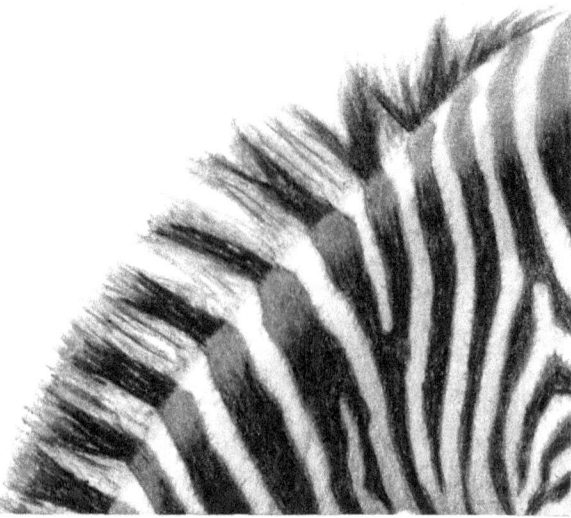

Además, al difuminar los extremos de la melena, es importante crear líneas siguiendo la dirección del flujo del cabello en las partes blancas de la melena. Esta técnica añade un toque realista al dibujo, imitando el flujo natural de los cabellos individuales de la melena.

Debo decir que este paso fue realmente cautivador y atractivo. Mantuvo mi interés a lo largo del proceso, y encontré una gran satisfacción en la creación de detalles y texturas intrincados. Me gustaría saber si tú también tuviste una parte favorita del proceso de dibujo. Me encantaría que compartieras tus pensamientos y experiencias conmigo.

Una vez que hayas completado el proceso de difuminado, puedes mejorar aún más el efecto dibujando algunos cabellos individuales con un lápiz 8B o una tonalidad más oscura.

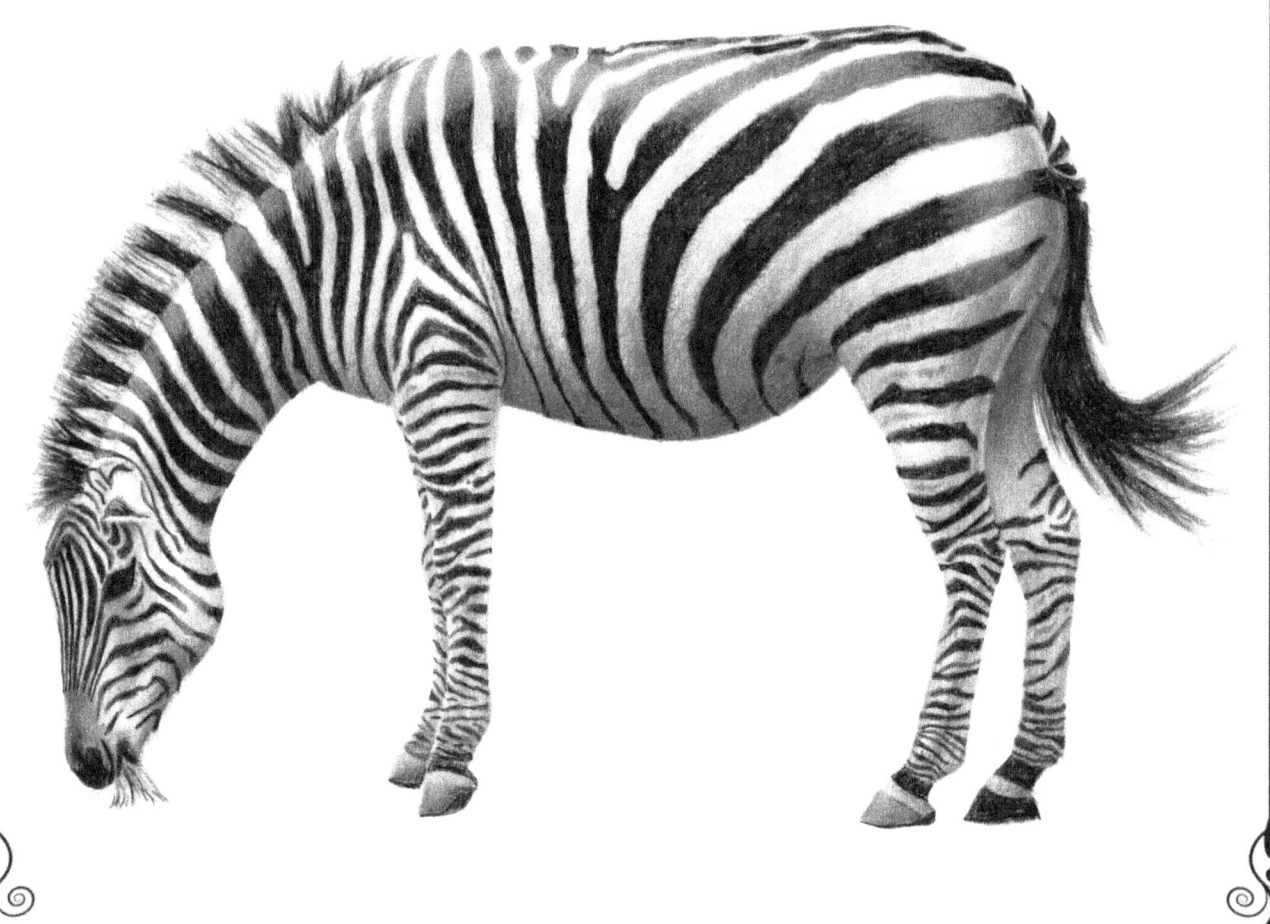

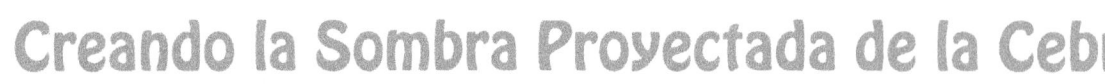

Creando la Sombra Proyectada de la Cebra

Para completar este dibujo, si estás satisfecho con el resultado general y sientes que no son necesarias más adiciones, ahora puedes considerar añadir la sombra proyectada por la cebra. En la foto de referencia, notarás que la sombra proyectada por la cabeza y las patas de la cebra aparece más oscura junto a esas partes del cuerpo, desvaneciéndose gradualmente en el área circundante. Además, crea una sombra proyectada más grande en el medio, alineada horizontalmente con los cascos para indicar la sombra proyectada por el cuerpo de la cebra. Puedes lograr este efecto usando polvo de grafito aplicado con un pincel de pintura simple o extendiéndolo suavemente con un pañuelo usando movimientos de vaivén. Esto ayudará a realzar la profundidad y el realismo general del dibujo. Cuando intentas representar a la cebra parada bajo luz directa del sol, es esencial tener bordes nítidos para la sombra proyectada y lograr un efecto realista. En contraste, si las condiciones de iluminación sugieren una iluminación más suave, la sombra sobre el animal debería aparecer borrosa.

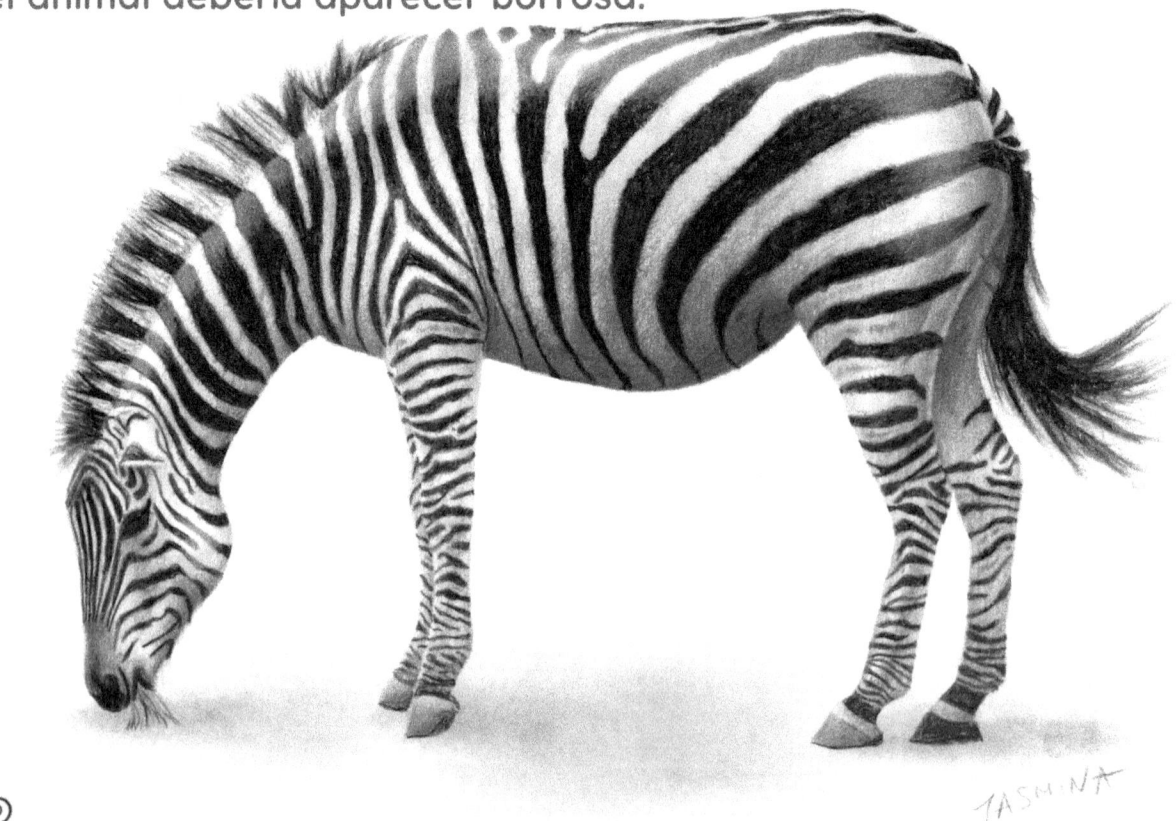

Interludios de Dibujo

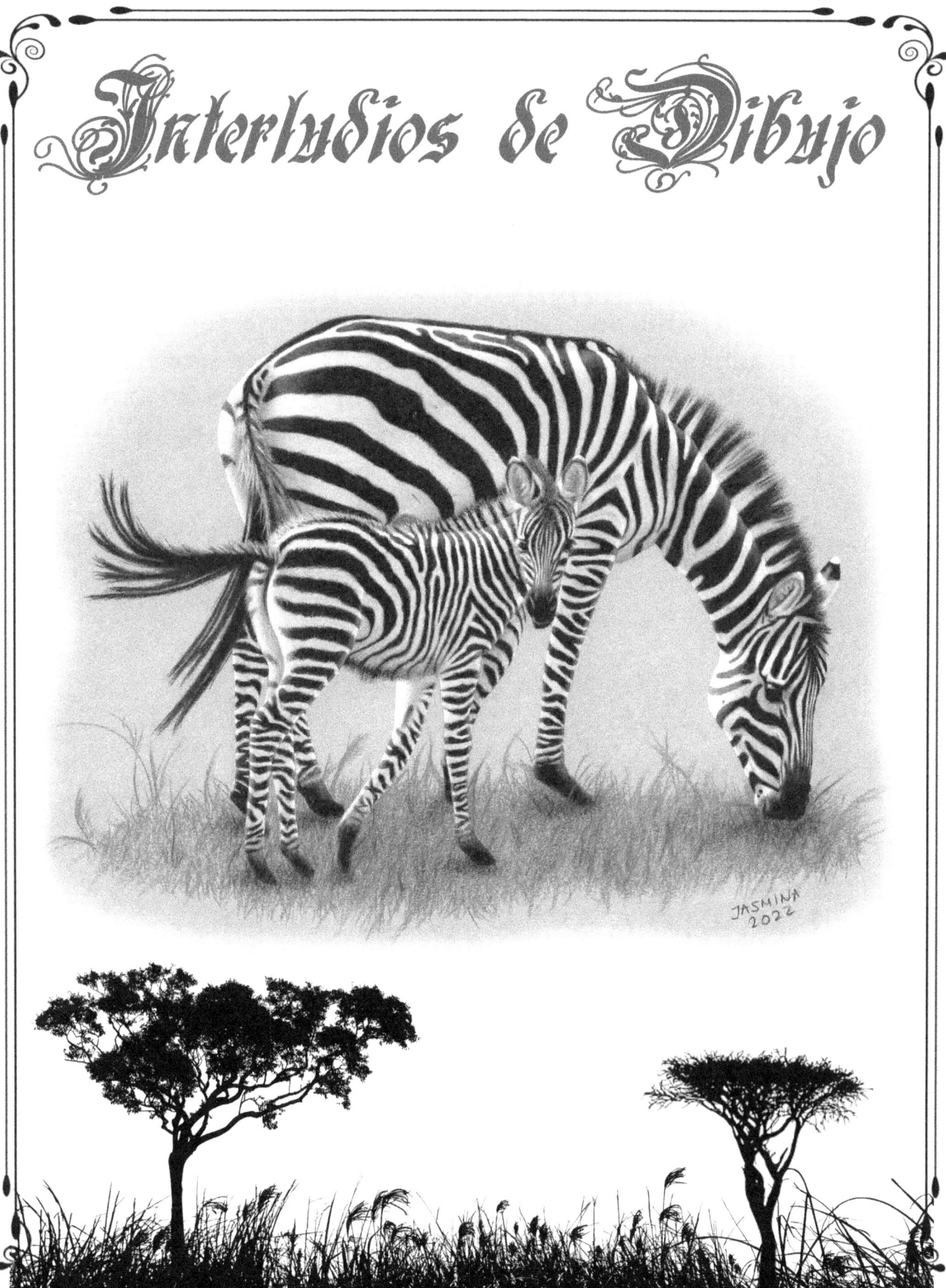

Cómo Dibujar un Elefante

Embarcarse en el dibujo de un elefante presenta una emocionante oportunidad para adentrarse en el arte de crear texturas intrincadas más allá del pelaje. La piel única del elefante, con sus arrugas, pliegues y características táctiles, permite a los artistas dominar el arte del detalle y el realismo. Explorar los desafíos de replicar esta notable textura mejora tus habilidades de dibujo y abre puertas a un mundo de posibilidades artísticas, lo que lo convierte en un tema fascinante y gratificante para cualquier artista.

La Foto de Referencia

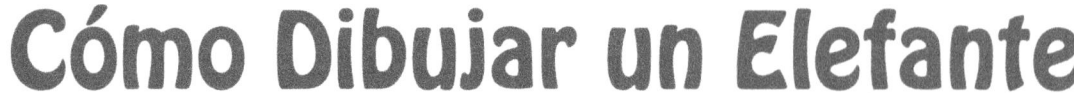

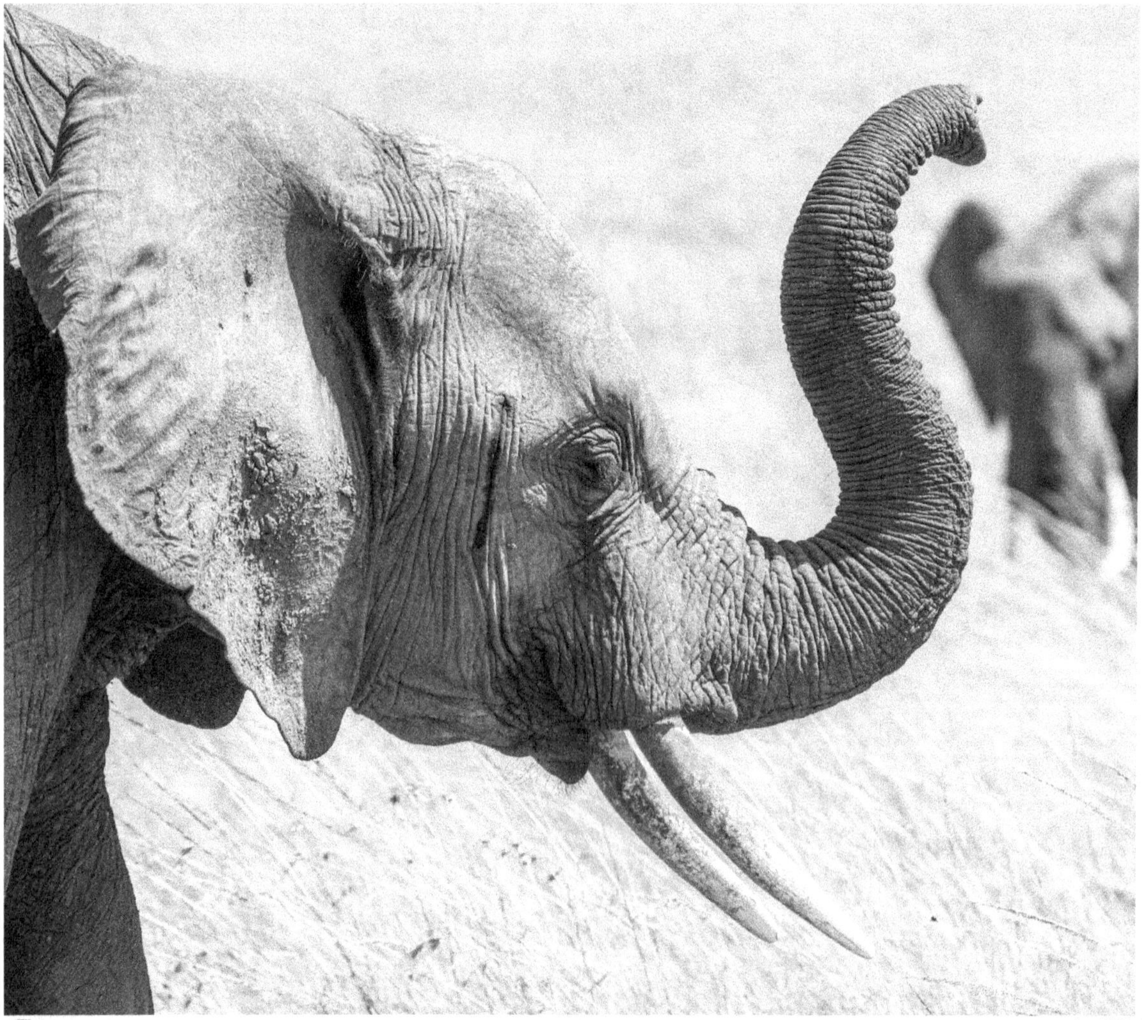

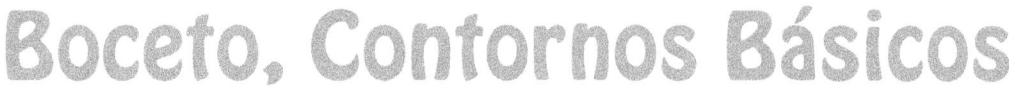

Para lograr representaciones realistas de elefantes y su singular textura de piel, seleccionar la foto de referencia adecuada es crucial. Busca imágenes de elefantes bañados por la luz directa del sol, ya que esta iluminación crea fuertes sombras proyectadas y sombras propias. Como resultado, la uniformidad de la textura de la piel del elefante se rompe y surgen una variedad de valores tonales, añadiendo profundidad y dimensión a la obra de arte. Al capturar el cautivador contraste entre la luz y la oscuridad, tus dibujos se volverán verdaderamente llamativos, mostrando la majestuosa belleza de estas magníficas criaturas.

En la imagen de abajo, notarás que he marcado el contorno del cuerpo del elefante y resaltado los bordes entre las áreas oscuras y brillantes en contraste. Además, he agregado algunos detalles más finos, como el ojo y arrugas sutiles.

Analizando los Valores de la Piel

A continuación, es importante identificar las zonas más claras del elefante, aunque puede que no exista un blanco completamente puro. Para ello, utilizo el Highlight & Shadow Isolator Online Free Tool que he creado en el sitio web Pencil Drawing Tutor www.pencildrawingtutor.com y que puede usar de forma gratuita para ver las zonas más oscuras y las luces más brillantes de su foto de referencia. Moví el control deslizante hacia Highlights para ver las partes más iluminadas del elefante.

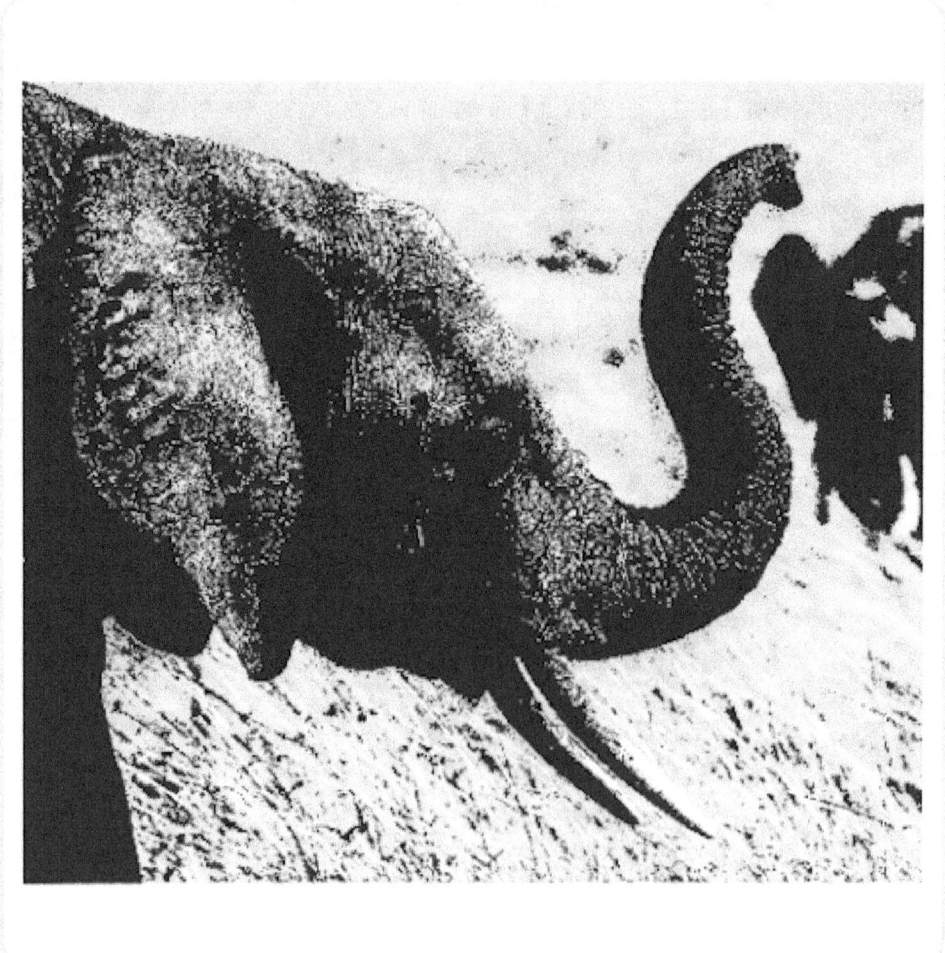

Shadows ◄ 0 ► Highlights

A continuación, para encontrar las zonas más oscuras de la foto de referencia, mueva el control deslizante hacia Shadows. Cuanto más lo desplace hacia la izquierda, más claramente aparecerán las áreas de negro puro, como puede observarse en la captura de pantalla proporcionada. Esta técnica le ayuda a identificar con precisión los valores más oscuros, que son esenciales para crear profundidad y contraste en su dibujo.

Recomiendo encarecidamente incorporar este paso de edición a su rutina de dibujo, ya sea que esté dibujando animales con pelaje, retratos humanos o cualquier otro tema. Le ayudará a desarrollar una comprensión más profunda de los valores tonales y a añadir un nuevo nivel de realismo a su obra.

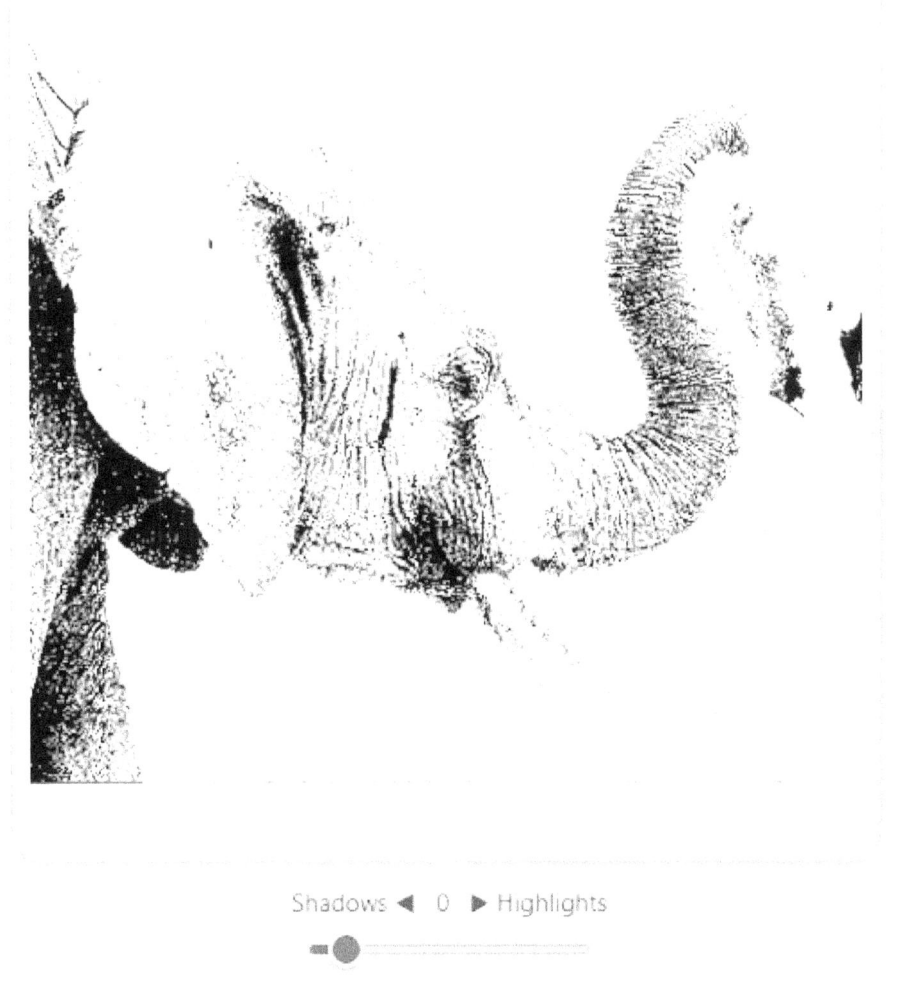

Shadows ◀ 0 ▶ Highlights

Dibuja las Sombras más Profundas

Así que, siguiendo las pautas anteriores, concéntrate en dibujar las partes más oscuras de la imagen. Para ello, utiliza un lápiz 12B para sombrear las áreas como se muestra en la imagen de abajo. Aplica una presión firme para crear tonos ricos y profundos. Recuerda que estas áreas más oscuras añadirán profundidad y dimensión a tu dibujo.

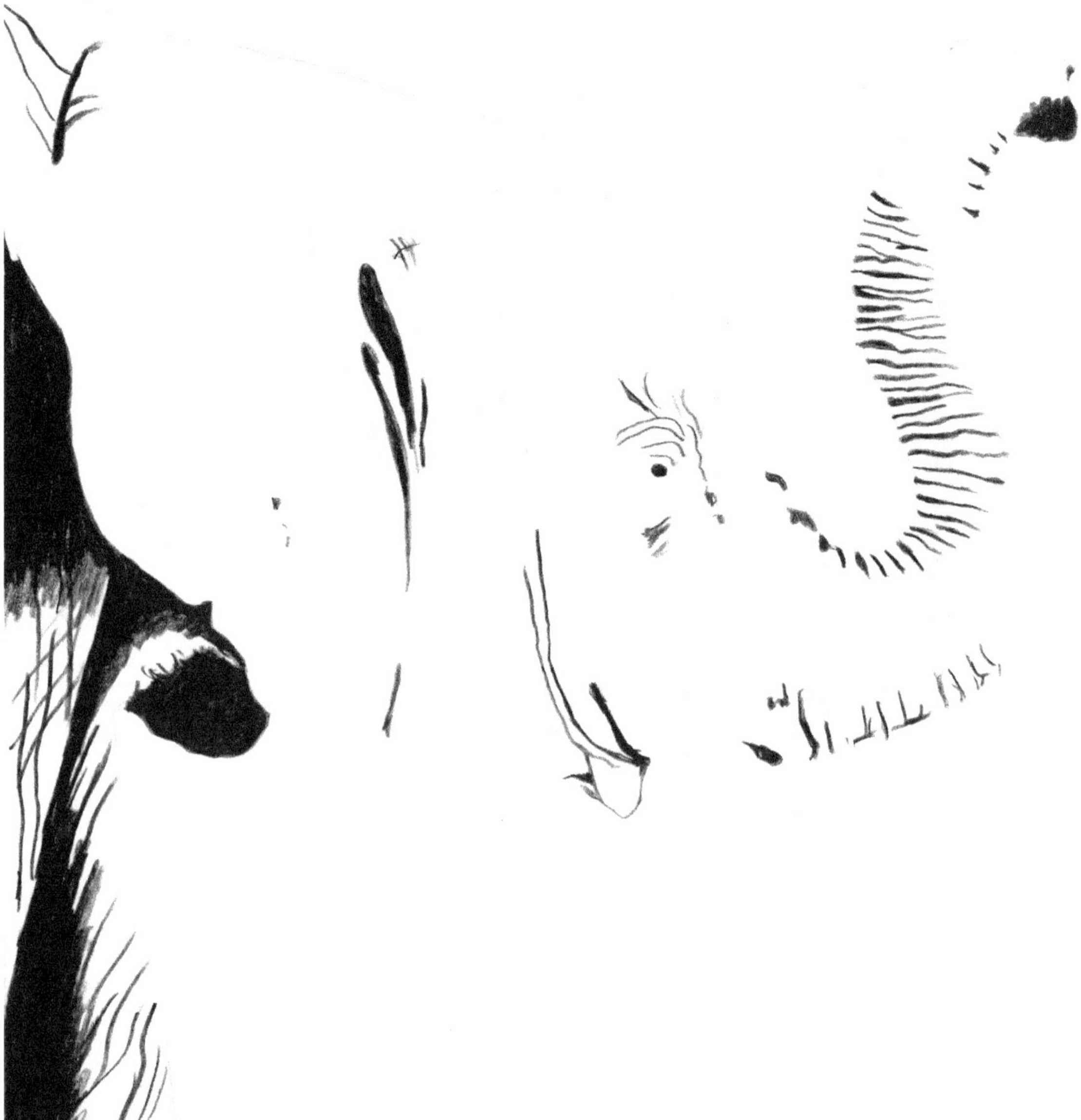

Creando Sombras más Suaves

A continuación, emplearemos un lápiz 2B para sombrear las regiones adyacentes a las que dibujamos anteriormente. Este lápiz es excelente para crear áreas oscuras, aunque no tan intensas como el lápiz 12B. Sirve como un valor oscuro más ligero, permitiéndonos hacer una transición suave a los tonos medios. Asegúrate de marcar cuidadosamente todas las arrugas en la trompa, cabeza y oreja con este lápiz. Recuerda también sombrear los colmillos, aplicando una presión más firme en las secciones sombreadas.

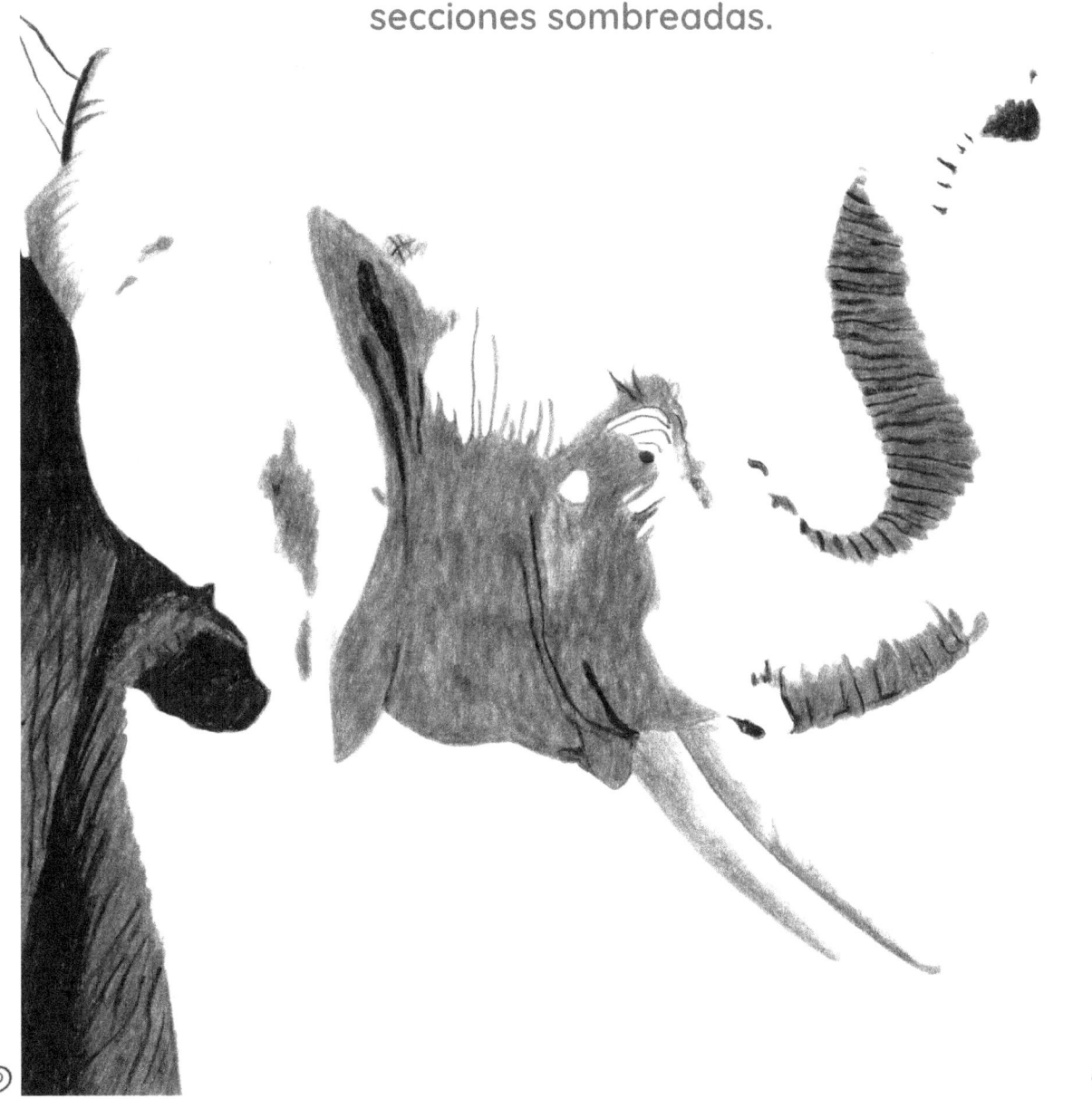

Aplicando Tonos Medios

Continuando, utiliza un lápiz HB para sombrear toda el área restante, siguiendo la dirección de las arrugas y texturas. Sé suave con tus trazos sobre las áreas destacadas, aplicando una presión más ligera. Para las áreas que requieran un toque ligeramente más oscuro, como arrugas y ciertas áreas hundidas que no estaban destinadas a sombrearse con un lápiz 2B, aplica un poco más de presión al lápiz.

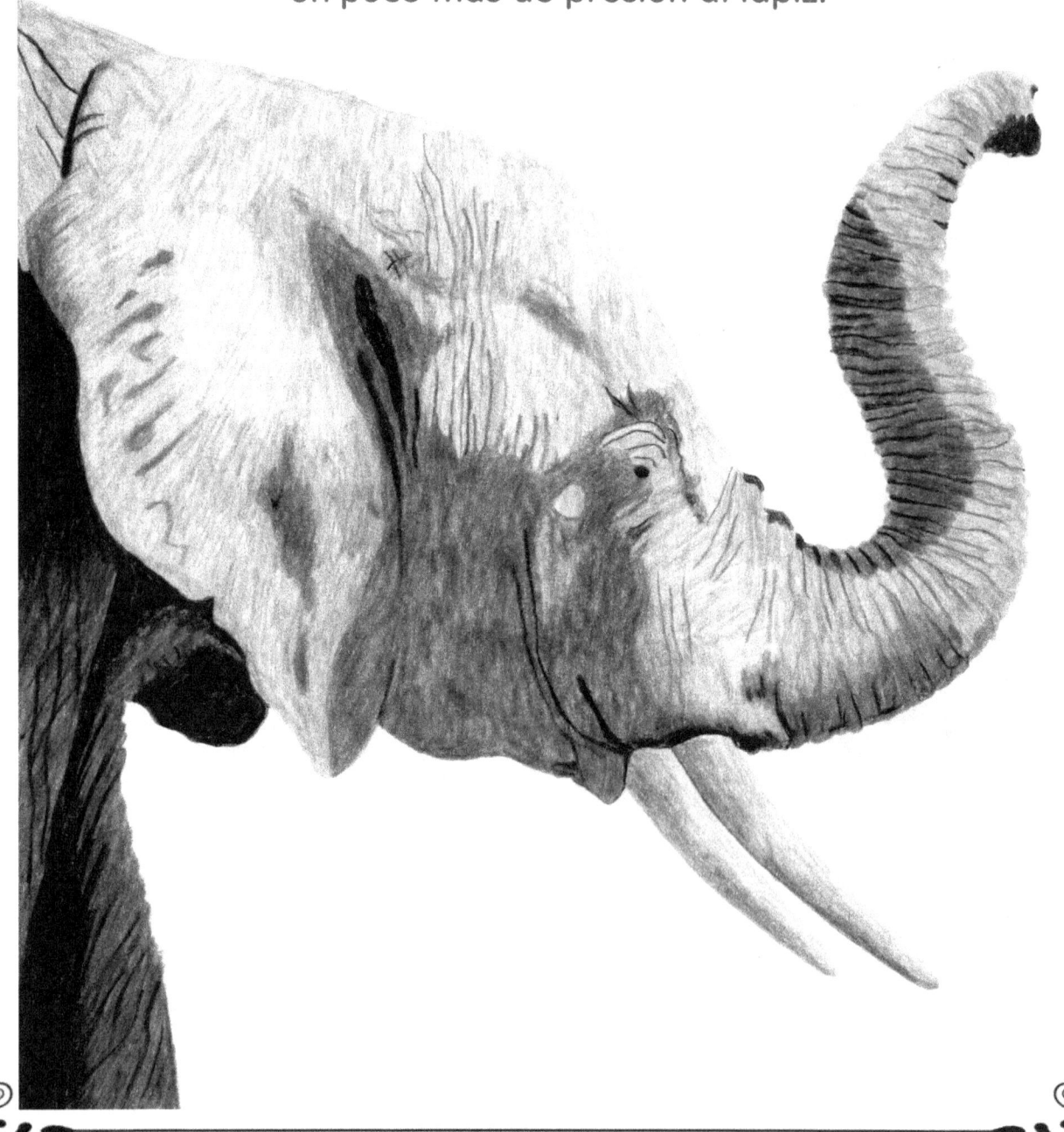

Mezclando los Tonos Medios

En este paso, toma un pañuelo enrollado en tu dedo o una almohadilla de algodón y mezcla toda el área sombreada con un lápiz HB aplicando una presión firme. Esta técnica de mezcla impresionará el grafito en las fibras del papel, resultando en un aspecto ligeramente más oscuro y suave. Para las áreas cerca de los bordes del dibujo, utiliza un difuminador. Si accidentalmente aplicaste grafito más allá del contorno del elefante y sobre el fondo, usa una goma de borrar para quitar cuidadosamente esas marcas no deseadas.

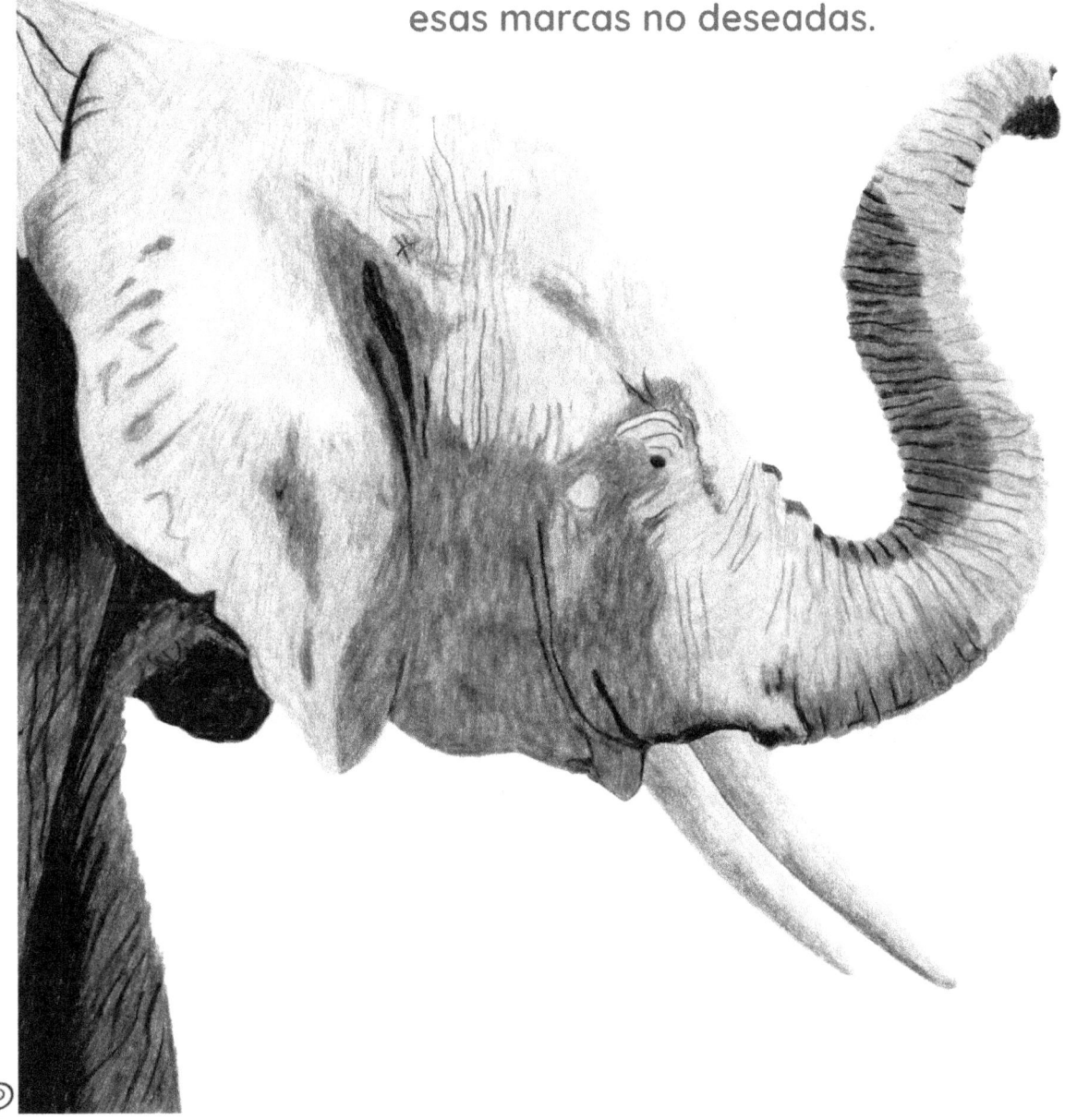

Detallando las Áreas Sombreadas

Ahora, volvamos a las áreas sombreadas con un lápiz 2B y creemos arrugas intrincadas utilizando un lápiz más oscuro como 8B, 10B o incluso 12B. Al dibujar las arrugas, aplica presión firme con el lápiz oscuro para enfatizar las partes más profundas de las arrugas. Reduce gradualmente la presión mientras sombreas alejándote del punto más profundo, permitiendo una transición suave entre las áreas más oscuras de la arruga y el tono básico del área circundante. Esta técnica creará múltiples tonos dentro de las regiones sombreadas, que son esenciales para lograr un efecto fotorrealista.

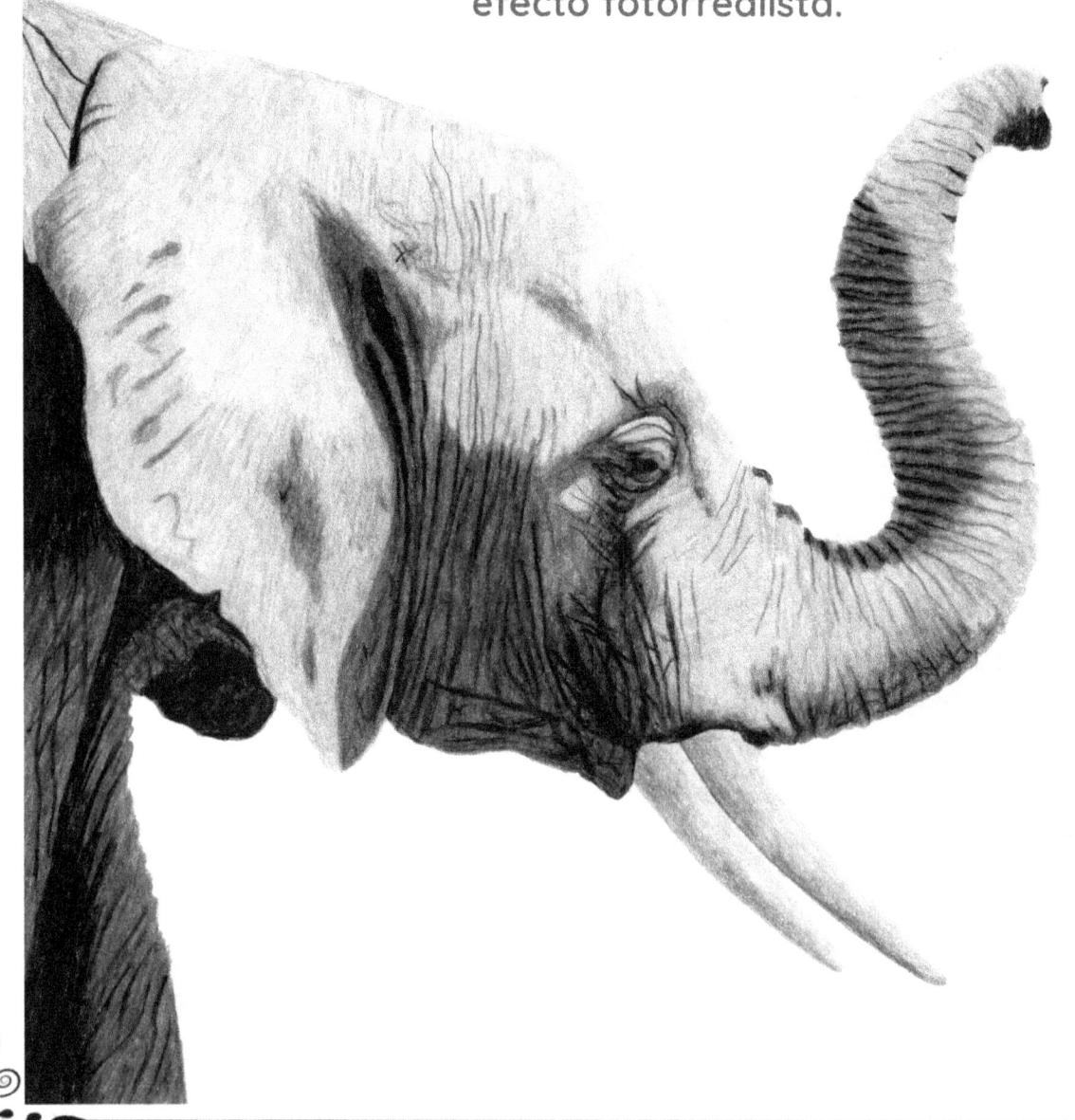

Creando Valores de Tono Medio

Utilizando un lápiz HB, intensifica las áreas sobre los tonos medios que previamente sombreaste con un HB y difuminaste. Asegúrate de que solo los reflejos más brillantes permanezcan sin tocar. Si deseas que sean más prominentes sin hacerlos más claros, simplemente agrega sombra alrededor de ellos. Varía la presión del lápiz para generar una variedad de valores, facilitando una progresión tonal suave entre los tonos medios y los reflejos. Observa las secciones específicas de la oreja donde he aplicado más sombreado y las que he dejado intencionalmente sin sombrear.

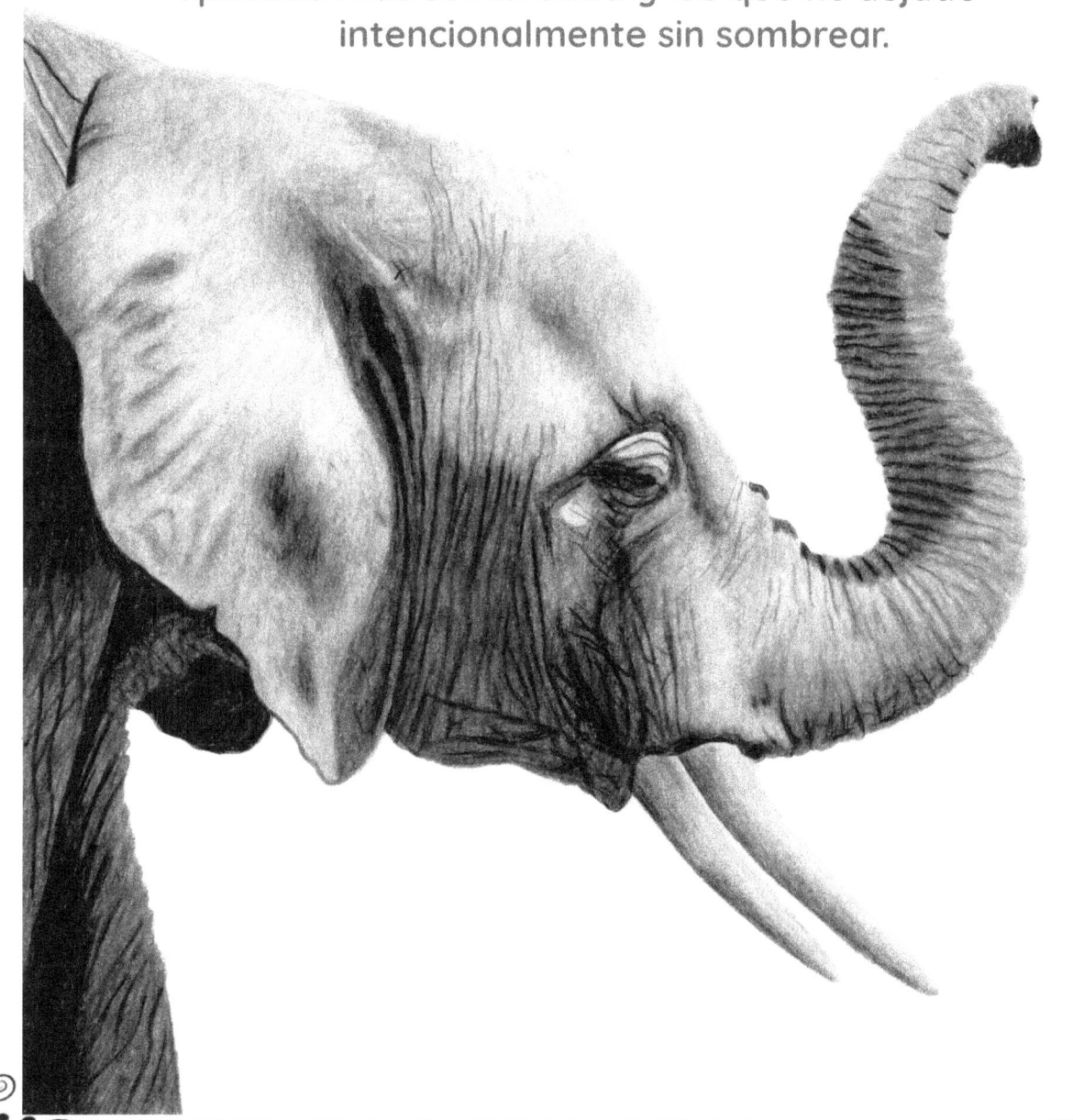

Agregando las Arrugas

Con un lápiz 4B, dibuja las arrugas a lo largo de la región sombreada con HB, incluyendo las que están encima y debajo del ojo, así como a lo largo de toda la trompa. Si bien las arrugas no necesitan replicar exactamente la foto de referencia, asegúrate de que sigan la dirección de la trompa, contribuyendo a su forma.

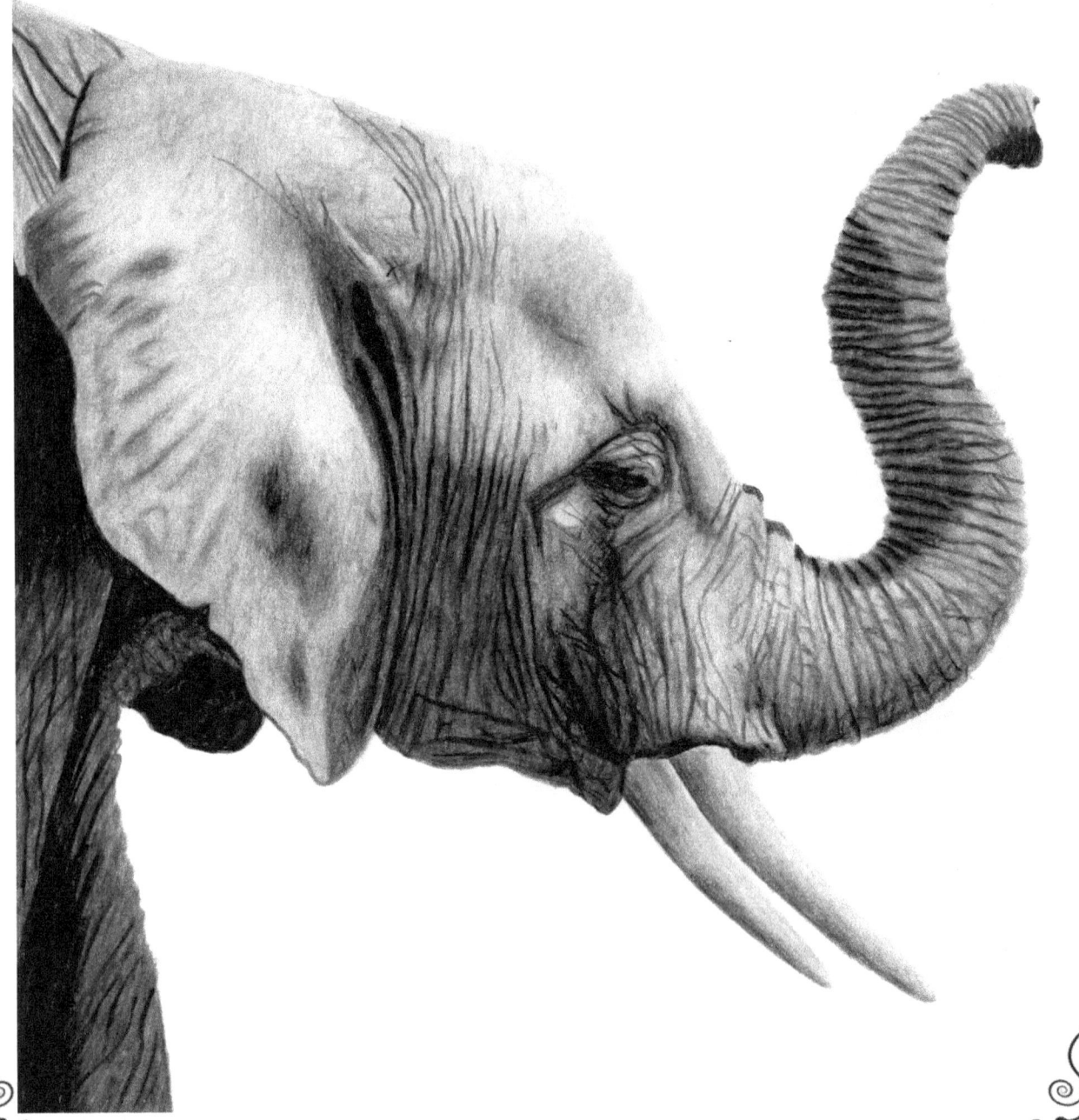

Suavizando las Arrugas

Dado que las arrugas actualmente parecen bastante agudas y pronunciadas, es necesario suavizarlas utilizando un lápiz más claro como el HB. Aunque un difuminador de tortillón puede que no logre la oscuridad requerida alrededor de las arrugas, sigue siendo crucial para difuminar estas transiciones de manera uniforme.

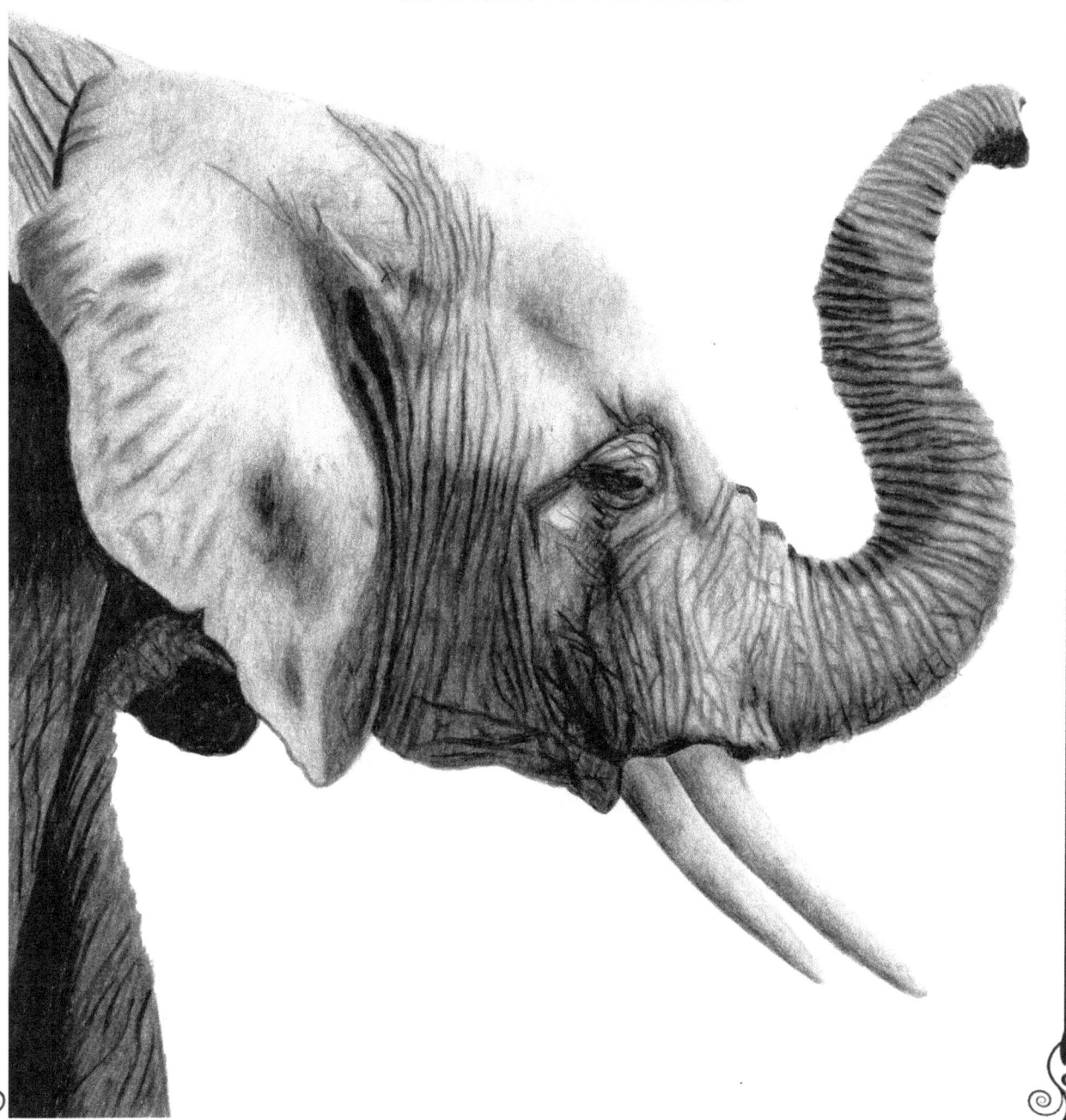

Detalles y Destellos

Concluye incorporando los detalles intrincados deseados, como imperfecciones sutiles y suciedad similares a las que se observan en la foto de referencia o en otras áreas de tu elección. Utiliza una goma de borrar para crear destellos sobre las secciones sobresalientes, completando así el proceso.

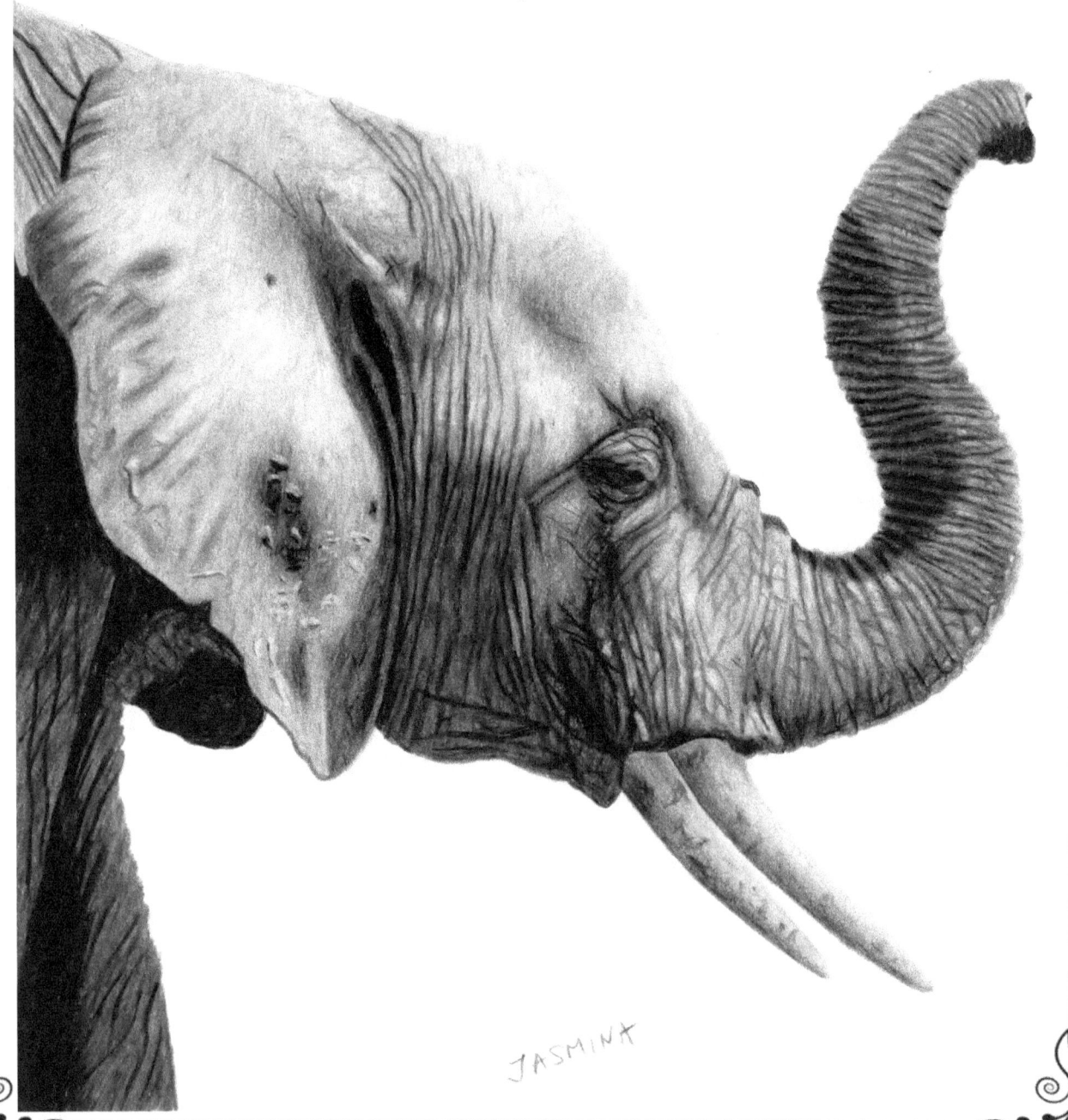

Interludios de Dibujo

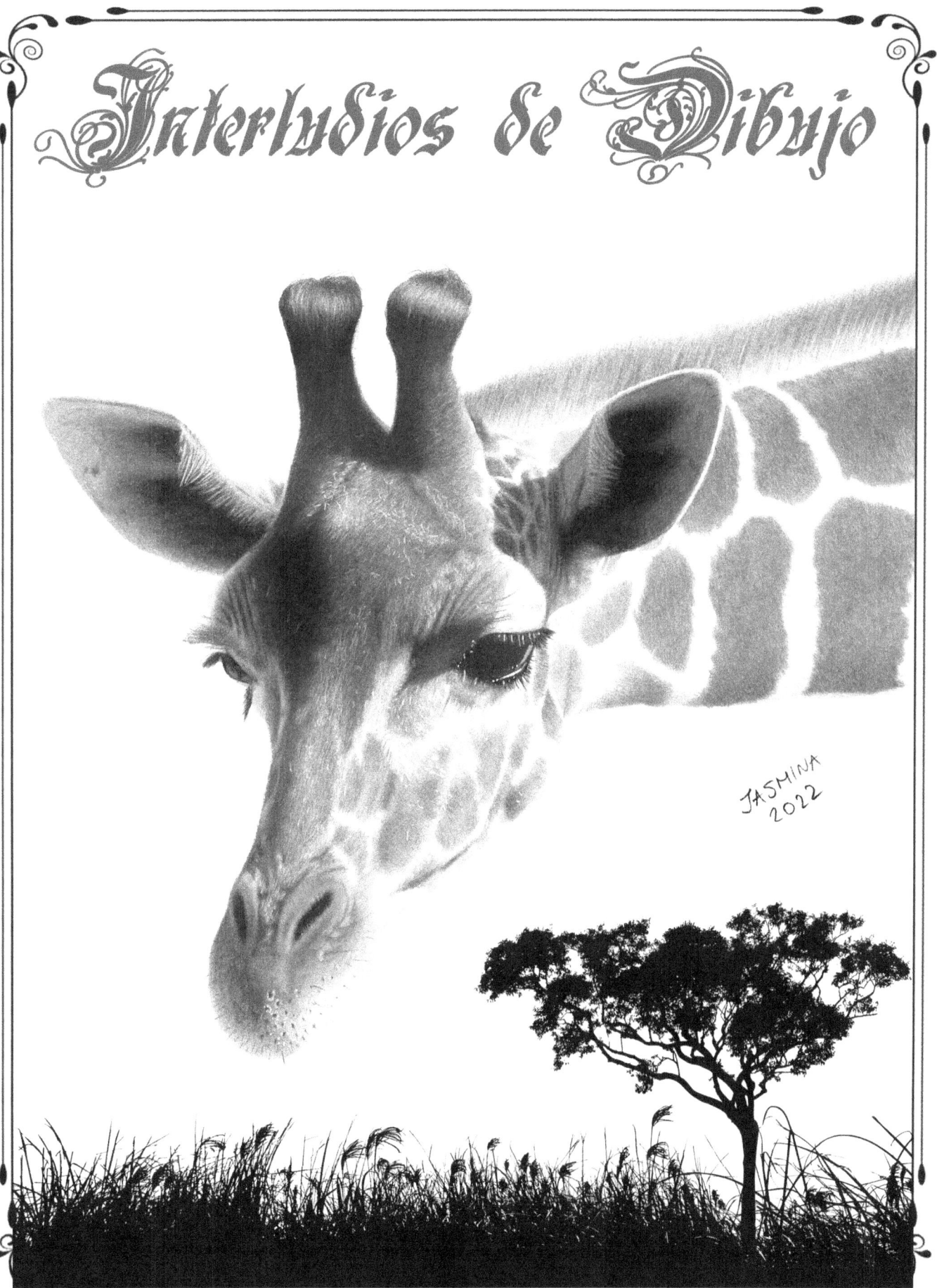

JASMINA
2022

Cómo Dibujar un Caballo

Los caballos poseen una gracia y belleza que los convierten en cautivadores sujetos para los artistas. Sus formas musculosas, melenas fluidas y ojos expresivos brindan una gran cantidad de detalles para plasmar en papel. Las texturas intrincadas de sus pelajes, el juego de luces y sombras en sus cuerpos y las complejidades de sus rasgos ofrecen oportunidades valiosas para practicar el sombreado, el renderizado y la captura de la profundidad.

La Foto de Referencia

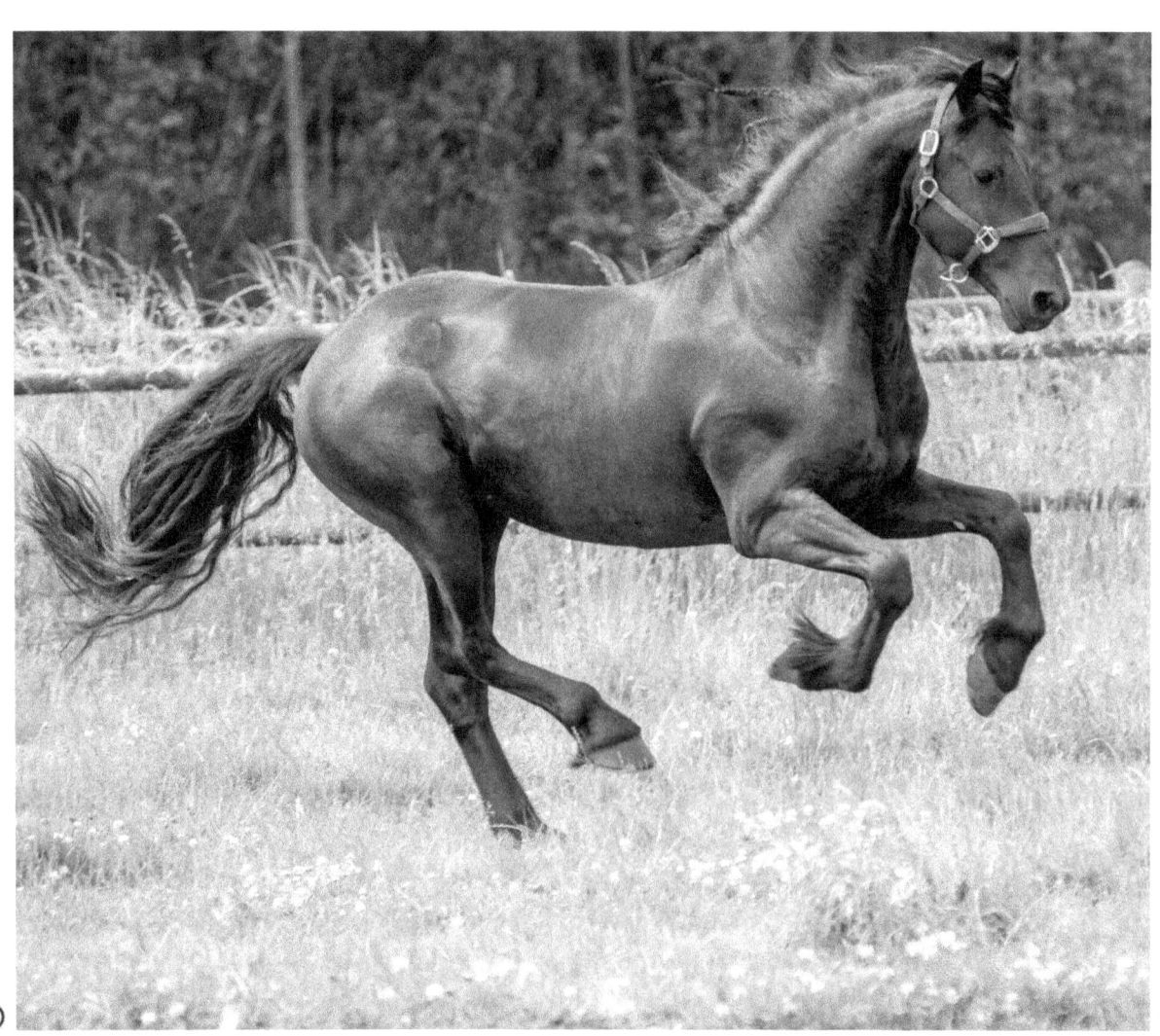

Boceto, Contornos Básicos

En las etapas iniciales, es fundamental establecer las bases para tu dibujo. He marcado estratégicamente líneas de boceto significativas que desempeñan un papel vital: delinean la estructura básica del cuerpo, las señas distintivas, los ojos expresivos, la melena fluida y el sutil límite que separa las secciones sombreadas e iluminadas. Vale la pena señalar que estas regiones pueden ser perfeccionadas durante el sombreado y no necesitan coincidir exactamente con la foto de referencia. Por ejemplo, la característica cola y melena ondulada de la raza de caballos Frisón pueden ser representadas de manera única, lo que te permite infundir tu visión artística en la representación.

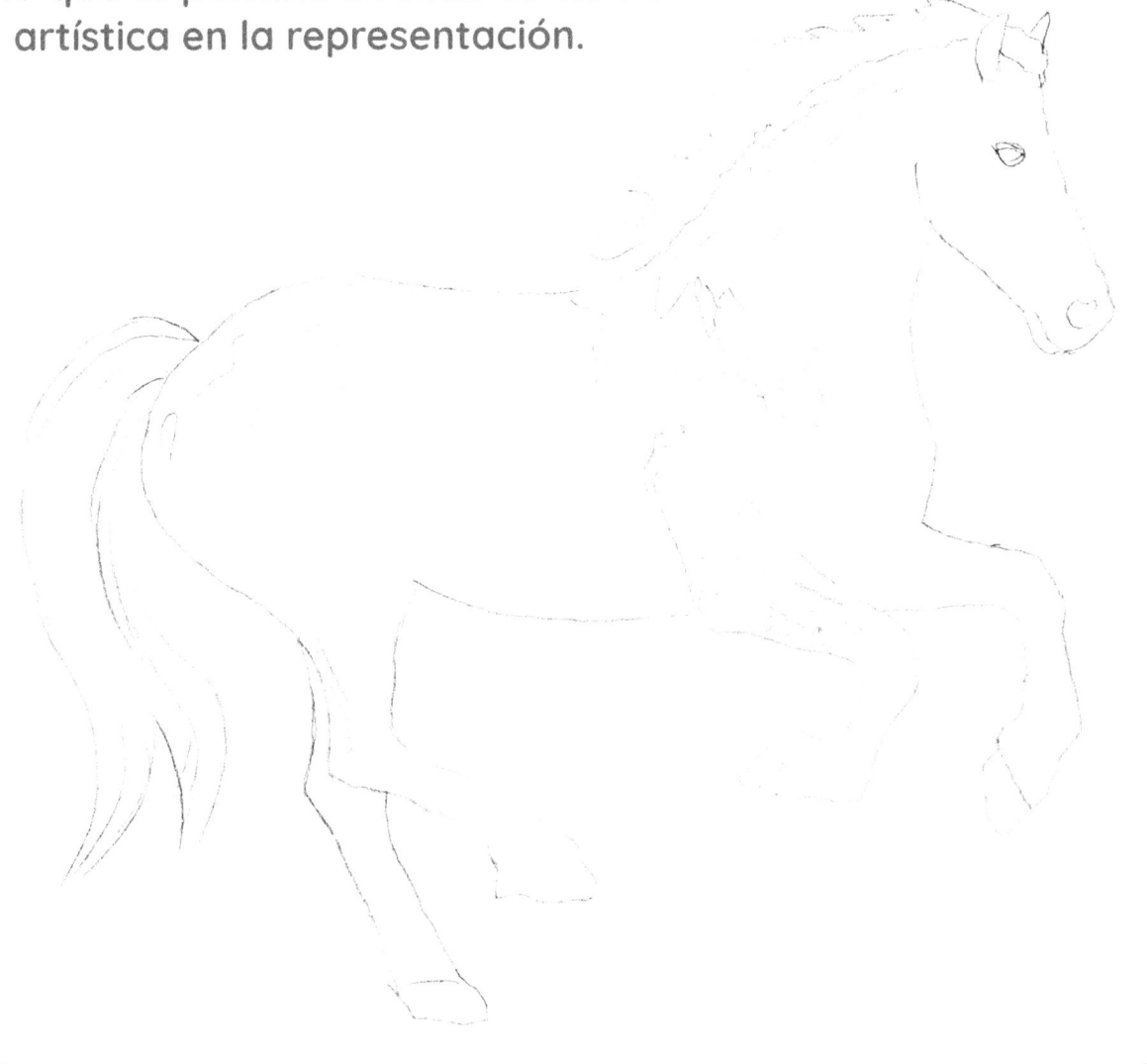

Definir las Sombras Más Profundas

Utilizando un lápiz **14B**, he delineado meticulosamente las regiones que permanecen sumidas en la oscuridad total; estas incluyen las áreas sombreadas debajo del vientre, el cuello, la cadera, los ojos y las orejas, entre otras. Al seguir la pauta visual proporcionada en mi siguiente paso, recuerda aplicar presión firme con el lápiz para capturar la esencia de una sombra profunda y aterciopelada.

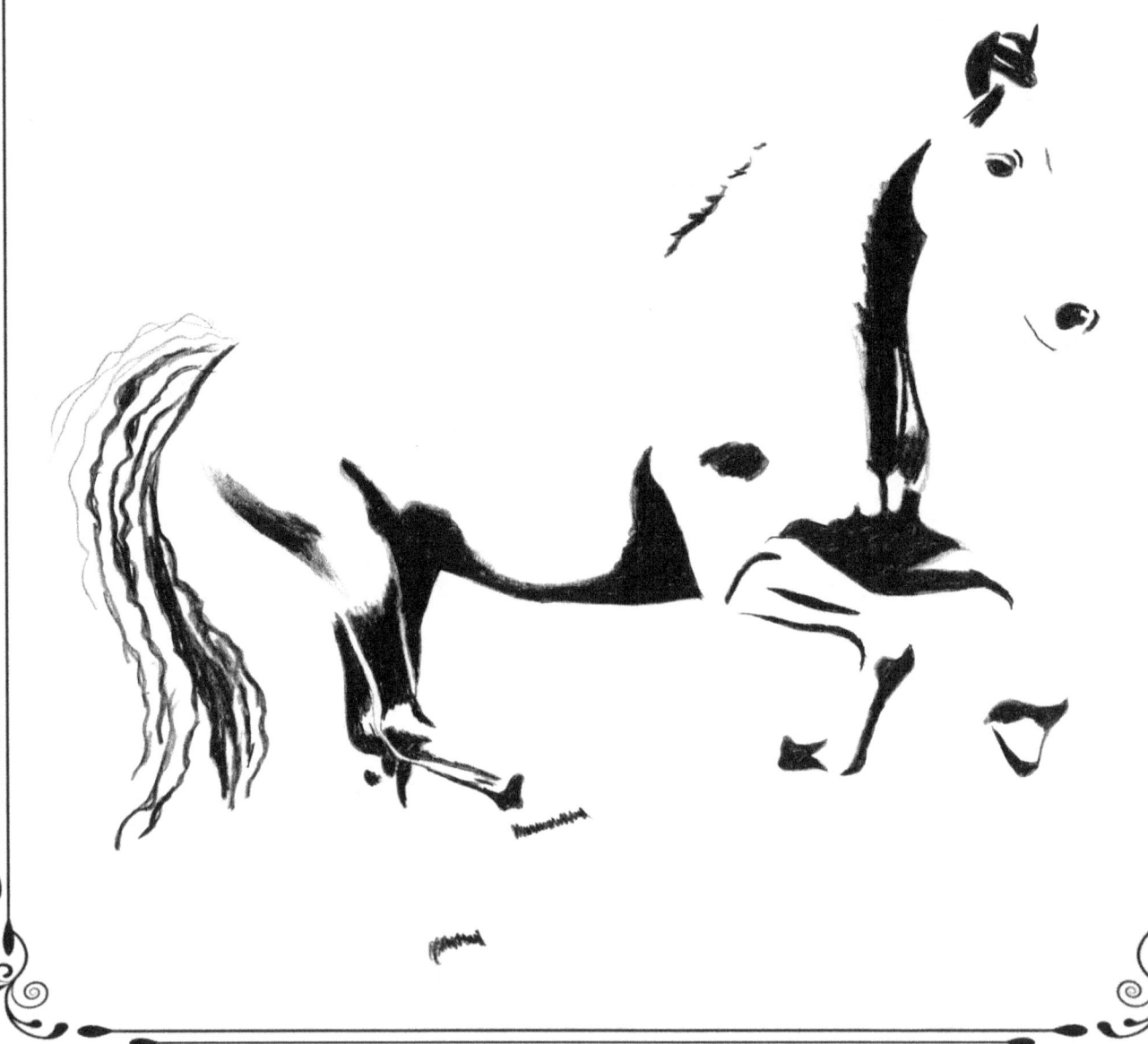

Aislamiento del Fondo

Para lograr el objetivo de reproducir el aspecto brillante y sedoso de esta raza particular de caballo, te recomiendo evitar los trazos tradicionales de lápiz. En su lugar, considera emplear polvo de grafito para lograr una textura refinada y aterciopelada. Para hacerlo, he optado por utilizar una película adhesiva Frisket Masking Film, adhiriéndola a mi papel de dibujo. A continuación, meticulosamente utilicé un cuchillo de precisión para trazar el contorno exterior del caballo. Posteriormente, retiré la parte de la película que cubría al caballo, lo que me permitió sombrear exclusivamente el cuerpo, la cabeza y las patas, dejando el fondo intacto.

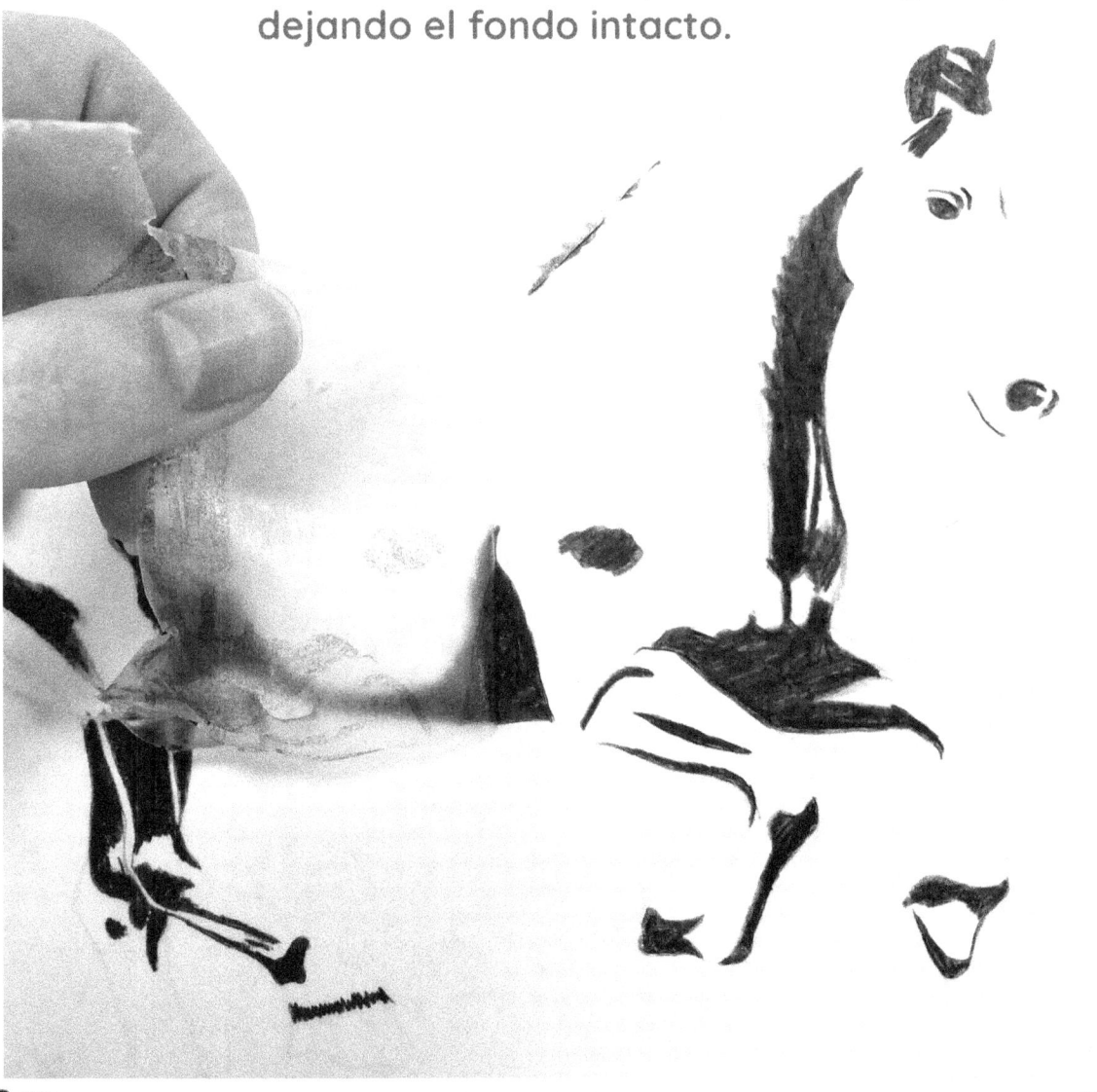

Introducción al Polvo de Grafito para Sombreado

Vamos a sumergirnos en la aplicación de polvo de grafito para sombrear toda el área sin cubrir. Opté por un polvo de grafito de grado B, aplicándolo generosamente sobre las secciones sombreadas adyacentes a las partes más oscuras representadas con un lápiz 14B. Encuentro que usar pequeños movimientos circulares con un pañuelo envuelto alrededor de mi dedo ofrece un mayor control. Después de cargar el pañuelo con polvo de grafito, comienza enfocándote en las áreas más oscuras. Gradualmente, cambia tu enfoque a los tonos medios y a los puntos de luz a medida que el polvo en el pañuelo disminuye. Ten en cuenta que el algodón o el pañuelo pueden volverse bastante oscuros y posiblemente manchar tonos más oscuros en áreas más claras. Para evitar esto, considera cambiar periódicamente a un algodón o pañuelo nuevo. Referenciando la imagen proporcionada, puedes observar las etapas iniciales de la aplicación del polvo de grafito.

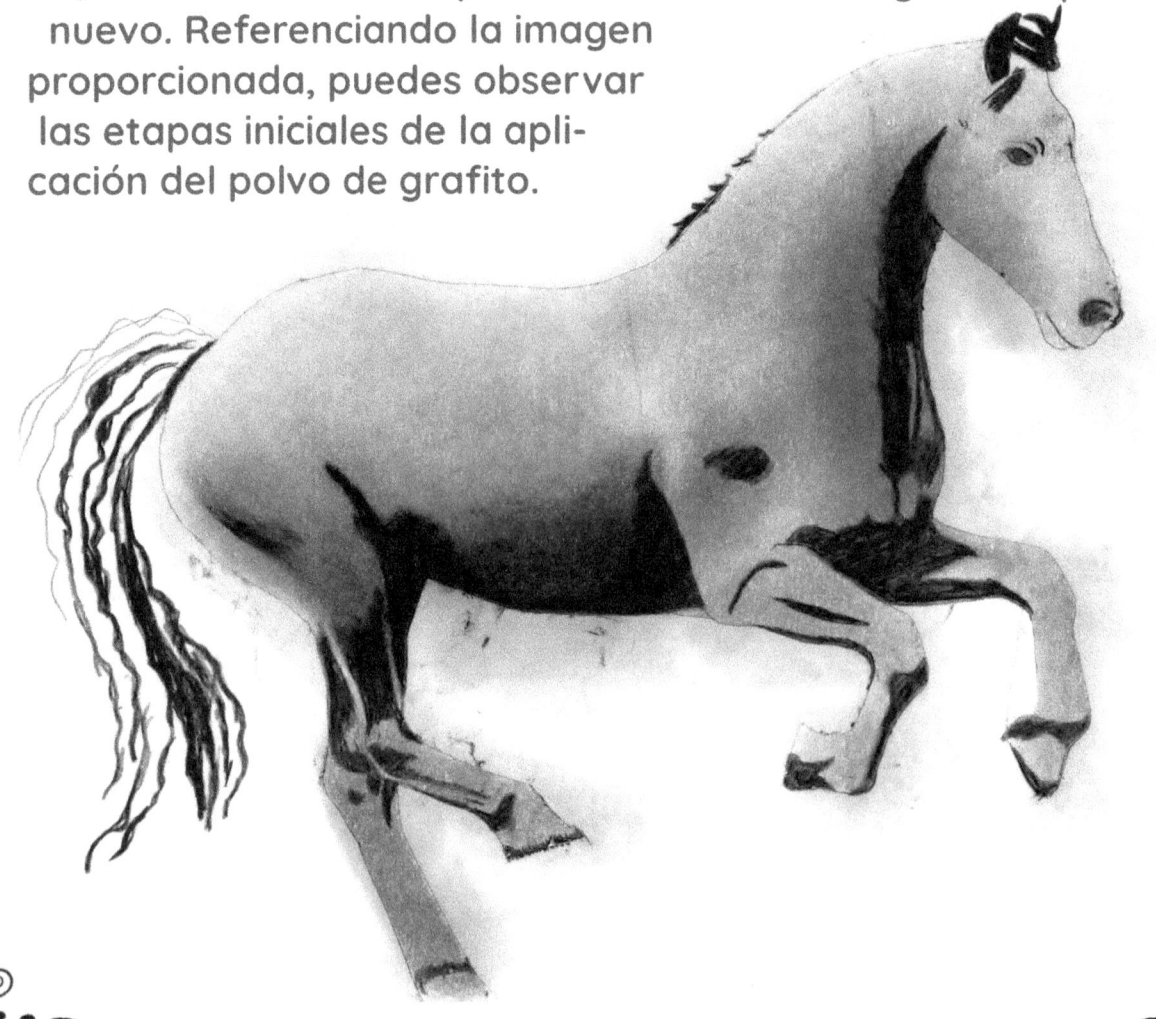

Cambiar a Grafito Más Oscuro

A continuación, emplearemos el polvo de grafito elaborado a partir de tonos más oscuros, como 6B o más oscuros. Creé mi polvo de grafito a partir de un lápiz **14B** Pitt Graphite Matt, ya que no encontraba que vendieran por ninguna parte este tipo de polvo de grafito. Por lo tanto, la idea era usar este grafito mate que no refleja ni brilla como el grafito común.

Así que, froté este lápiz sobre el papel de lija para obtener ese polvo y lo apliqué con un pañuelo sobre las áreas que deben ser muy oscuras, como se ve en mi imagen. Compara mi imagen anterior con esta para notar las áreas que ahora son más oscuras. Así que, debajo del vientre, el cuello y las 3 patas que están en sombra, etc.

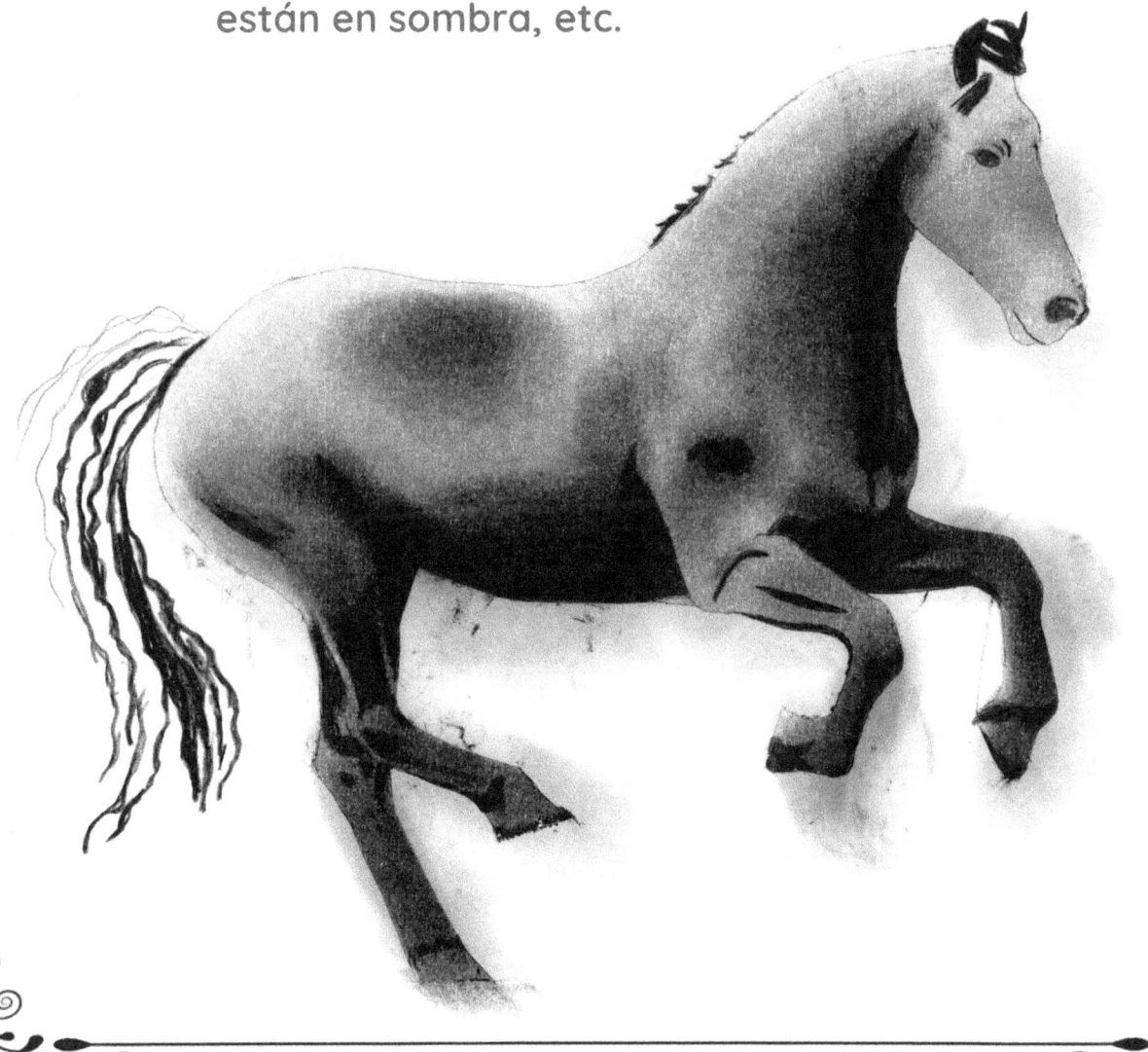

Refinando con Polvo de Grafito

Continuando, dado que he notado que el uso de un pañuelo es un poco incómodo para los detalles más finos que pretendo sombrear con grafito más oscuro, he recurrido a un hisopo y un difuminador para este propósito. Sumerjo las puntas de estas herramientas en el polvo de grafito creado a partir de los residuos del lápiz 14B en mi papel de lija, resultado de frotar el lápiz sobre él. Luego, aplico cuidadosamente este polvo de grafito a las sombras sutiles dentro de los detalles intrincados. Este enfoque es esencial para asegurar que estos detalles permanezcan suaves, ya que no aparecerían tan refinados si se dibujaran con un lápiz. En esta etapa, he extendido el sombreado para abarcar partes de la cabeza y el área justo debajo del resalte junto a la melena. Como puedes observar, he tenido un cuidado meticuloso para lograr un sombreado aún más suave en todo el cuerpo. Para realzar el efecto, he agregado capas adicionales de sombreado y las he suavizado minuciosamente, dando como resultado el gradiente de sombreado sin costuras que se aprecia en esta imagen.

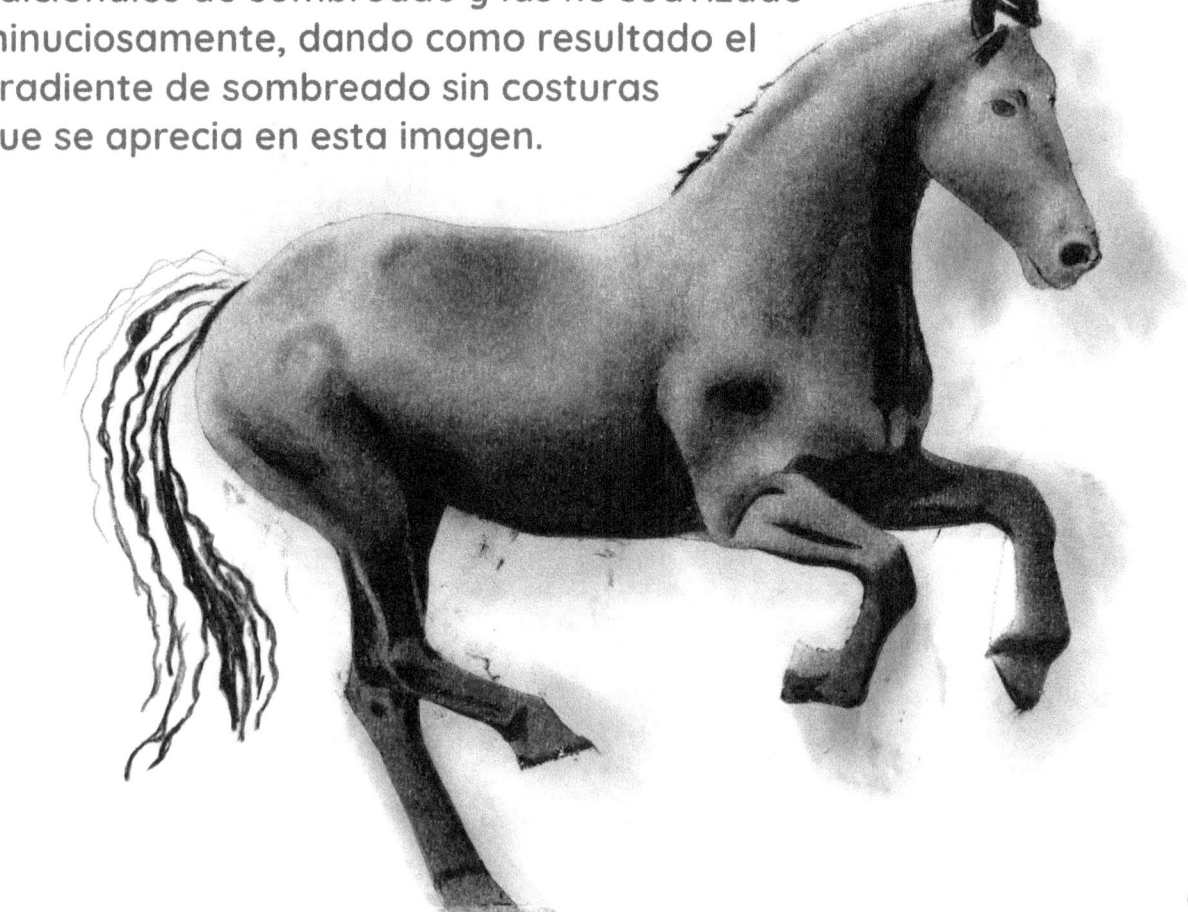

Desarrollando los Destellos

Los caballos domesticados lucen un pelaje bastante brillante, lo que resulta en destellos distintos que adornan sus cuerpos. En este dibujo, estos destellos se presentan principalmente en los hombros, las caderas, debajo de la melena en la parte superior del cuello y en una de las patas no sombreadas. Utilicemos una goma de borrar para crear los destellos necesarios. Aunque una goma de borrar amasable podría ser demasiado suave, levantar el grafito repetidamente con ella puede lograr el efecto deseado. Una goma de borrar eléctrica podría correr el riesgo de borrar demasiado, aunque siempre puedes volver a usar grafito para oscurecerlo. En mi caso, opté por una goma de borrar mecánica, ya que brinda un control más preciso sobre el proceso de realce. Siéntete libre de experimentar con diversas herramientas para determinar tu preferencia. Observa mi imagen para apreciar cómo estas áreas destacadas dotan al caballo de una apariencia radiante y elegante.

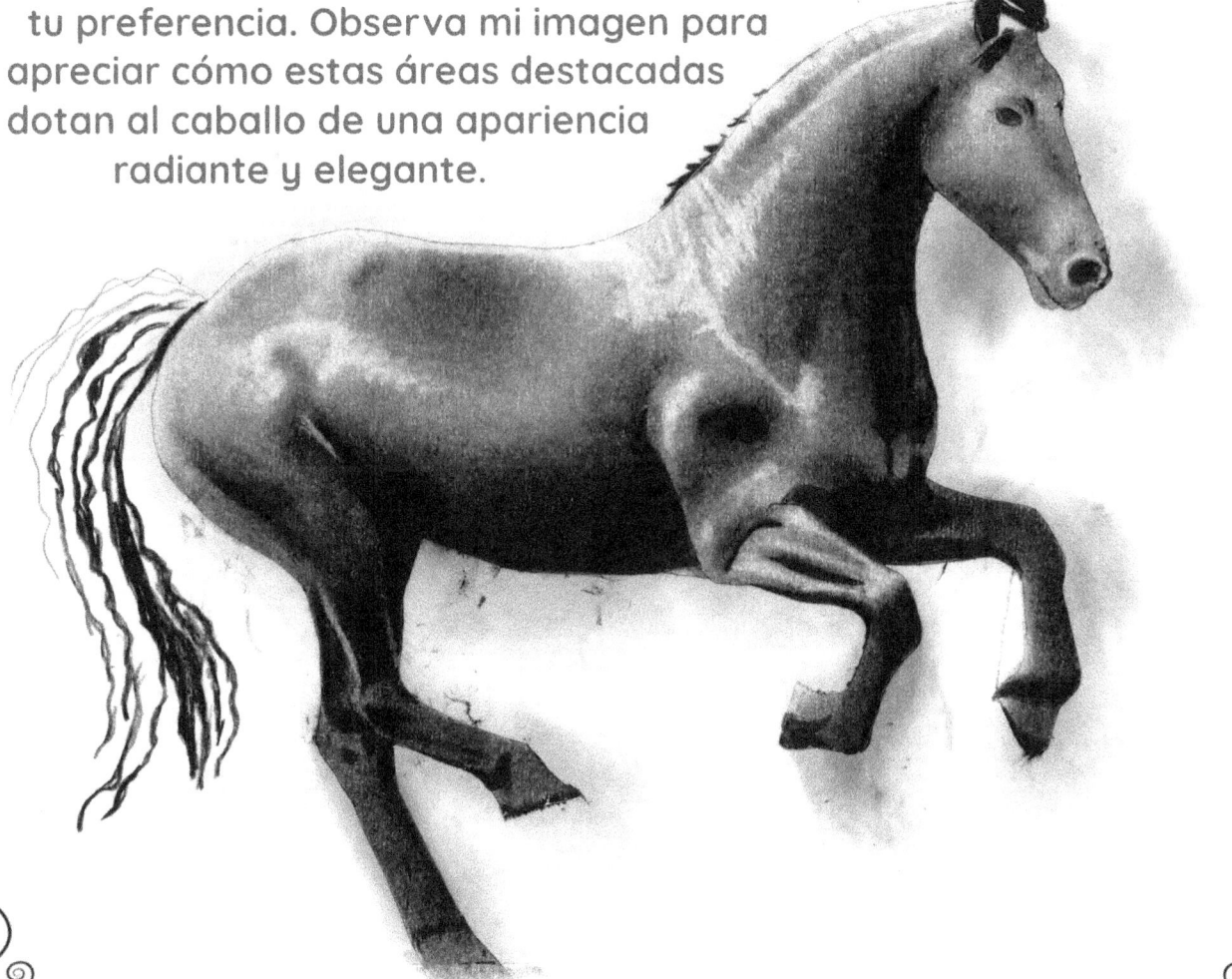

Perfeccionando con Sutil Sombreado

Continuando nuestro progreso, profundicemos los tonos medios alrededor de estos destellos para introducir más detalles intrincados. Utilicé un difuminador, el cual sumergí en mi polvo de grafito de grado B para este propósito. Observa que también sombreé la cabeza, logrando una apariencia mucho más oscura. En la foto de referencia, la cara permanece sin iluminar, lo que hace que las posiciones de los ojos sean difíciles de discernir debido a la oscuridad general. Solo el borde de la narina debe conservar un toque de iluminación. Durante este paso, incluso utilicé un lápiz tan suave como el 12B para agregar detalles adicionales, posteriormente los suavicé usando un difuminador. También observarás líneas delicadas entre los destellos; estas representan la piel o el pelaje con textura y arrugado. No pases por alto estos detalles matizados mientras los aplicas.

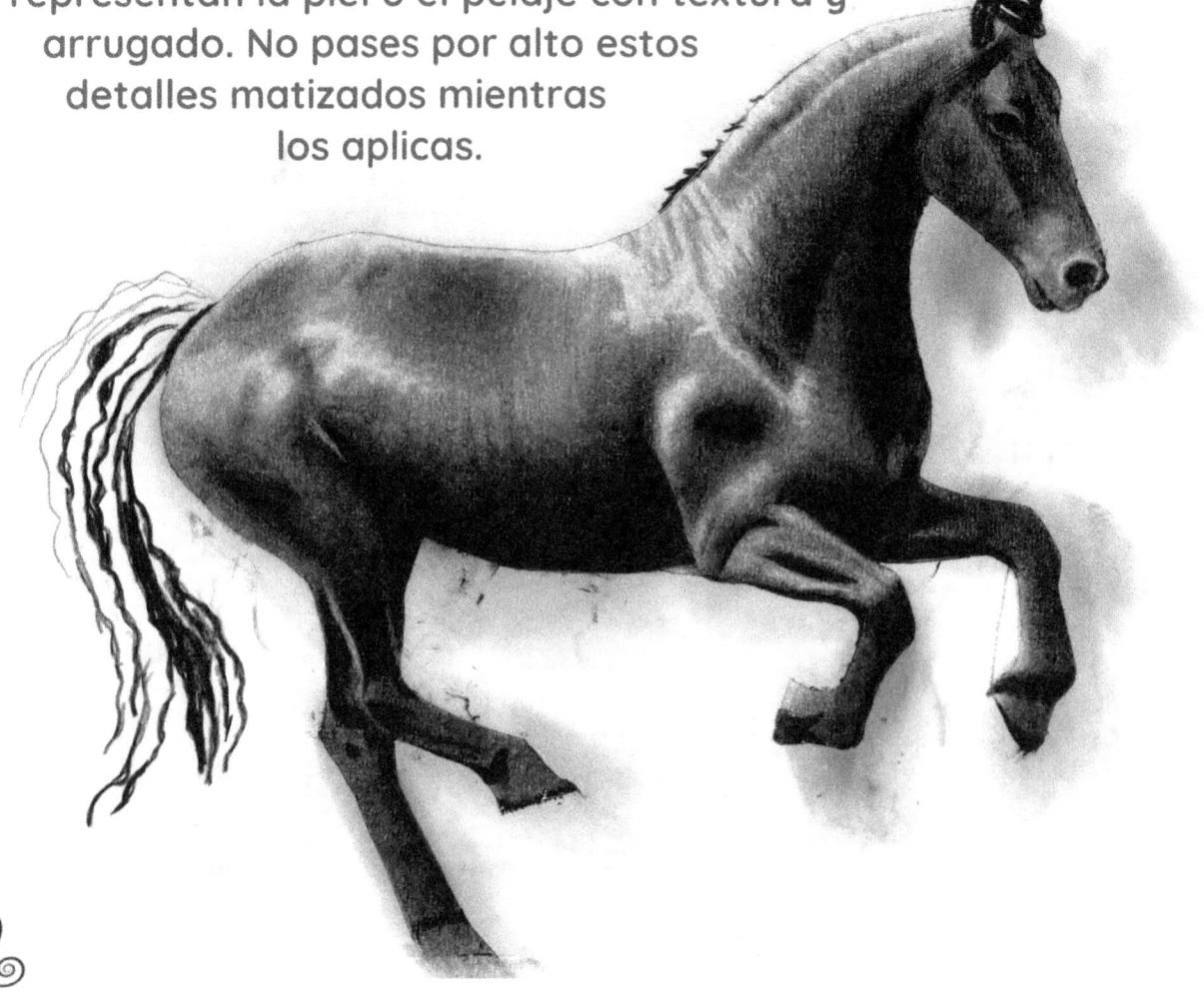

Removiendo la Cinta de Enmascarar

Una vez que hayas completado la aplicación de polvo de grafito, es momento de retirar con cuidado la película adhesiva Frisket (Frisket Masking Film) que cubría el fondo. Si bien esto no marca el final del sombreado, la mayor parte está completa y la cubierta protectora puede ser retirada de manera segura.

Ten en cuenta que áreas como la melena y la cola fueron dejadas intencionalmente cubiertas, ya que ahora centraremos nuestra atención en detallarlas.

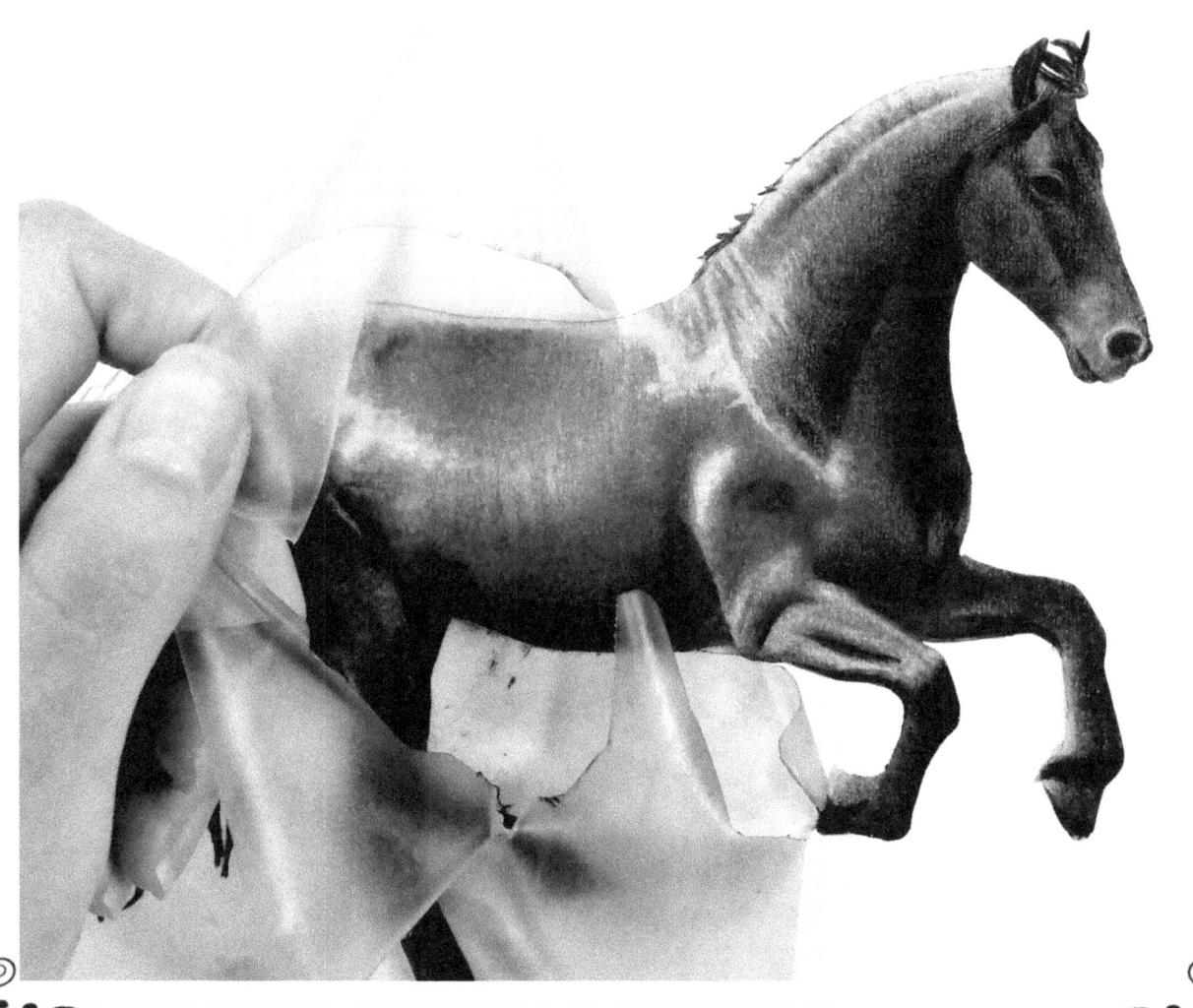

Revelando el Caballo Sin Enmascarar

En este paso, presento mi trabajo escaneado sin la película de enmascarar que previamente cubría el papel de dibujo. Esto revela los bordes sorprendentemente nítidos del contorno del caballo que logré conseguir. Aunque esta técnica de cinta puede no ser necesaria al enfocarse en el sombreado del fondo o en la creación de un paisaje, me permitió concentrarme exclusivamente en el caballo. Este contraste resalta la profundidad de las sombras que he establecido en comparación con el fondo en blanco. Además, te animo a considerar este concepto. Una vez que completes este caballo, puedes experimentar colocándolo dentro de un entorno, como un campo de hierba con una línea del horizonte en el centro. También puedes sombrear suavemente el cielo usando polvo de grafito. Si te embarcas en este proyecto, es crucial no tocar el papel con los dedos desnudos, ya que pueden dejar marcas después de la aplicación de polvo de grafito. Es similar a cómo los detectives revelan huellas dactilares, así que recuerda siempre mantener tu mano sobre un pañuelo o considera usar guantes cuando trabajes con grafito.

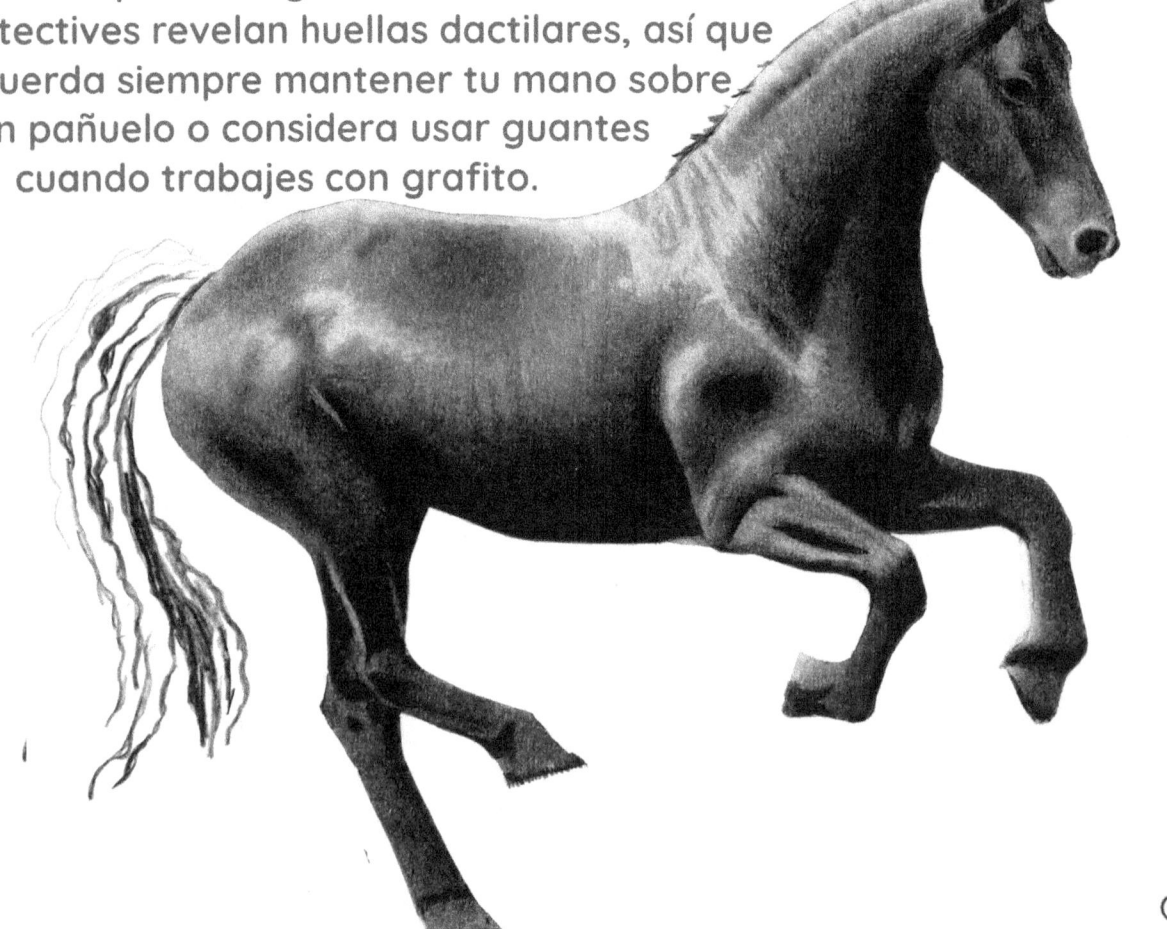

Creando la Crin y la Cola

Utilizando un lápiz 6B, dibujé cuidadosamente los mechones de cabello más oscuros a lo largo del cuello del caballo. A medida que completaba cada trazo, levantaba gradualmente el lápiz para crear una transición suave hacia los reflejos. En el lado opuesto de estos reflejos, añadí más líneas de pelo con un toque de aleatoriedad para un aspecto natural. Para el sombreado de la cola, busqué capturar su textura fluida dando forma con cuidado a los cabellos con diferentes grados de oscuridad y suavidad. También añadí un sentido de espontaneidad creando ondas y rizos en algunos de los mechones.

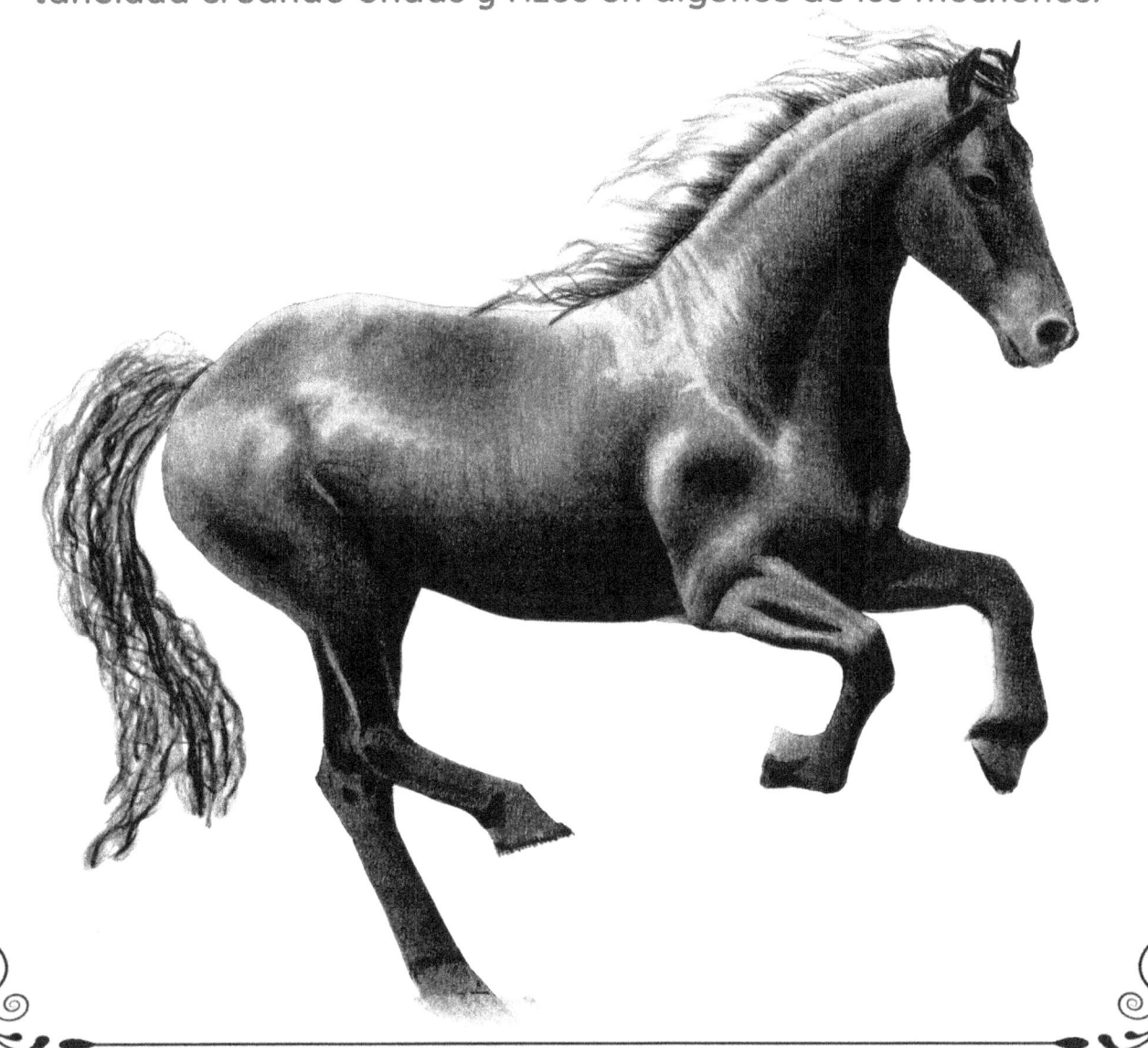

Refinando los Reflejos y Difuminando

Continuando con la crin, traza con delicadeza sobre las áreas destacadas usando un lápiz HB, siguiendo cuidadosamente el flujo natural del cabello. Al pasar a la cola, aplica el sombreado usando el mismo lápiz HB. Para lograr una mezcla uniforme entre estos tonos, utiliza suavemente un hisopo de algodón o un difuminador para suavizar y fusionar el grafito en el papel.

Este proceso dará a la crin y la cola una apariencia más unificada y pulida.

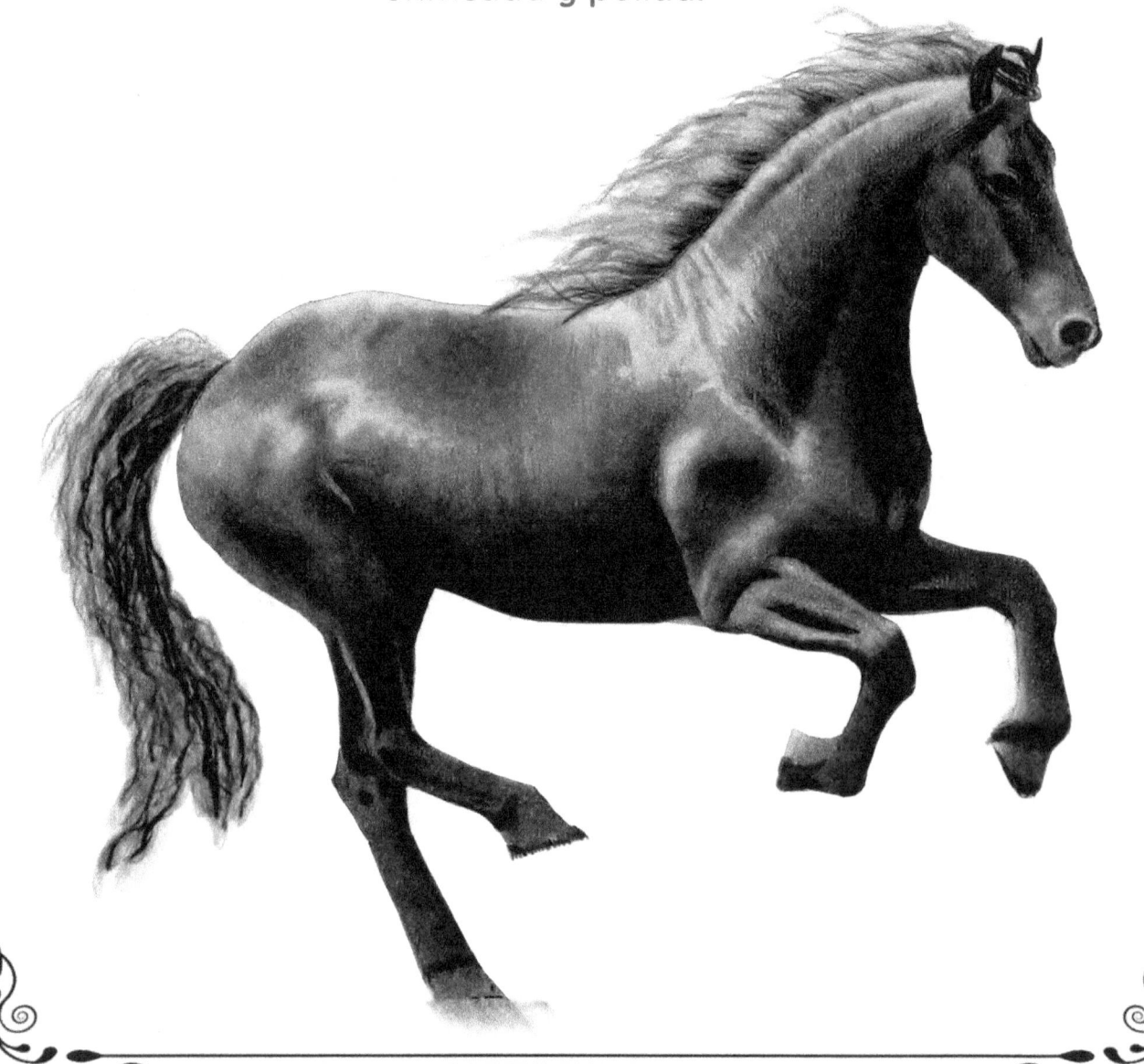

Agregando Hebras Suelta

Con un lápiz **10B** finamente afilado, agrega trazos aleatorios y seguros tanto a la cola como a la crin, otorgándoles una apariencia más natural. Siéntete libre de variar los trazos, introduciendo ocasionalmente ondas y luego, difumínalos suavemente usando un difuminador.

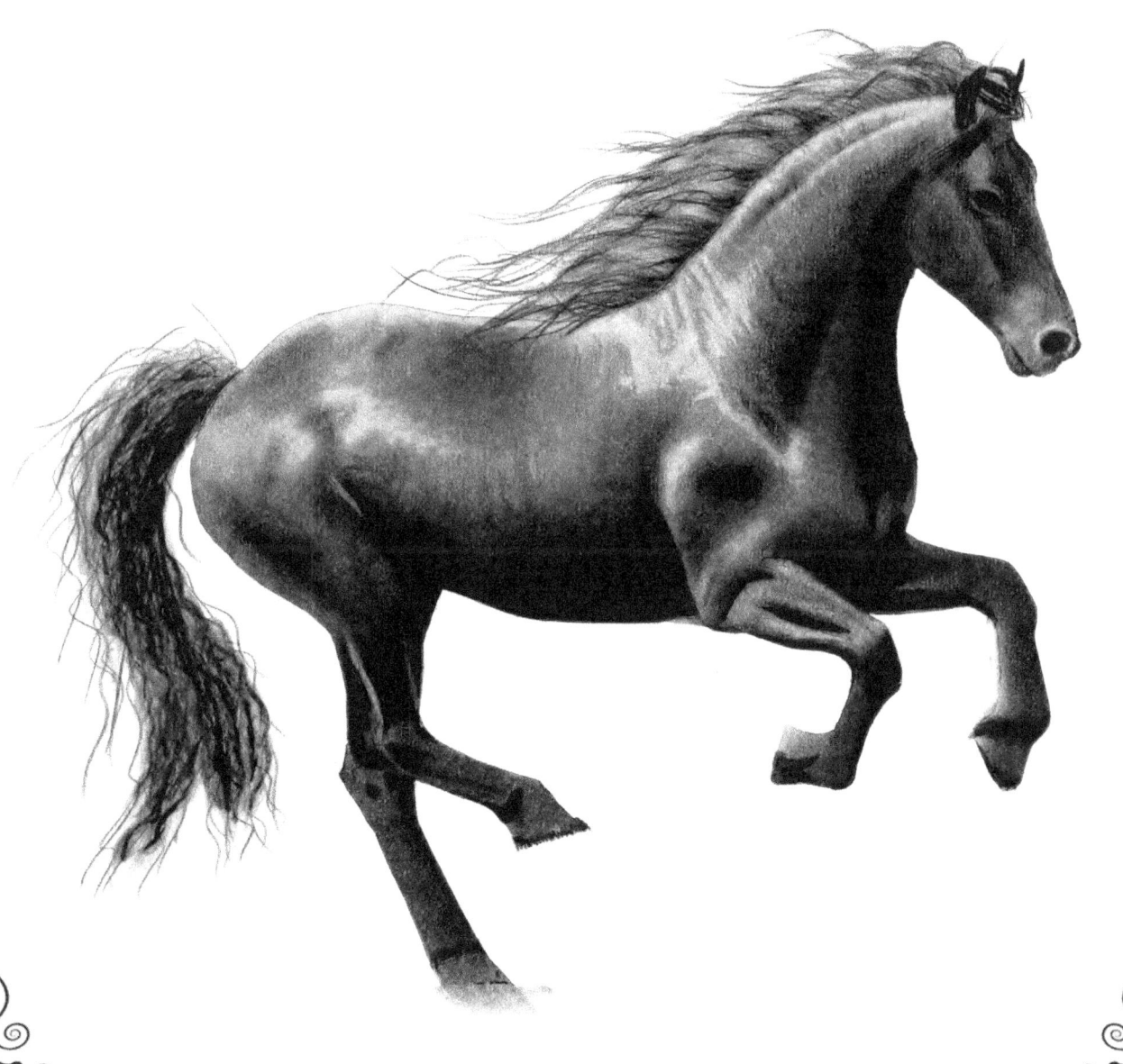

Dibujando los Cascos

Con un lápiz 8B, aplica sombreado a los cascos y utiliza un lápiz 2B en el centro para darles una apariencia redondeada. Estudia el paso proporcionado para comprender claramente la técnica. Luego, usa un difuminador para lograr una mezcla uniforme de estas áreas sombreadas.

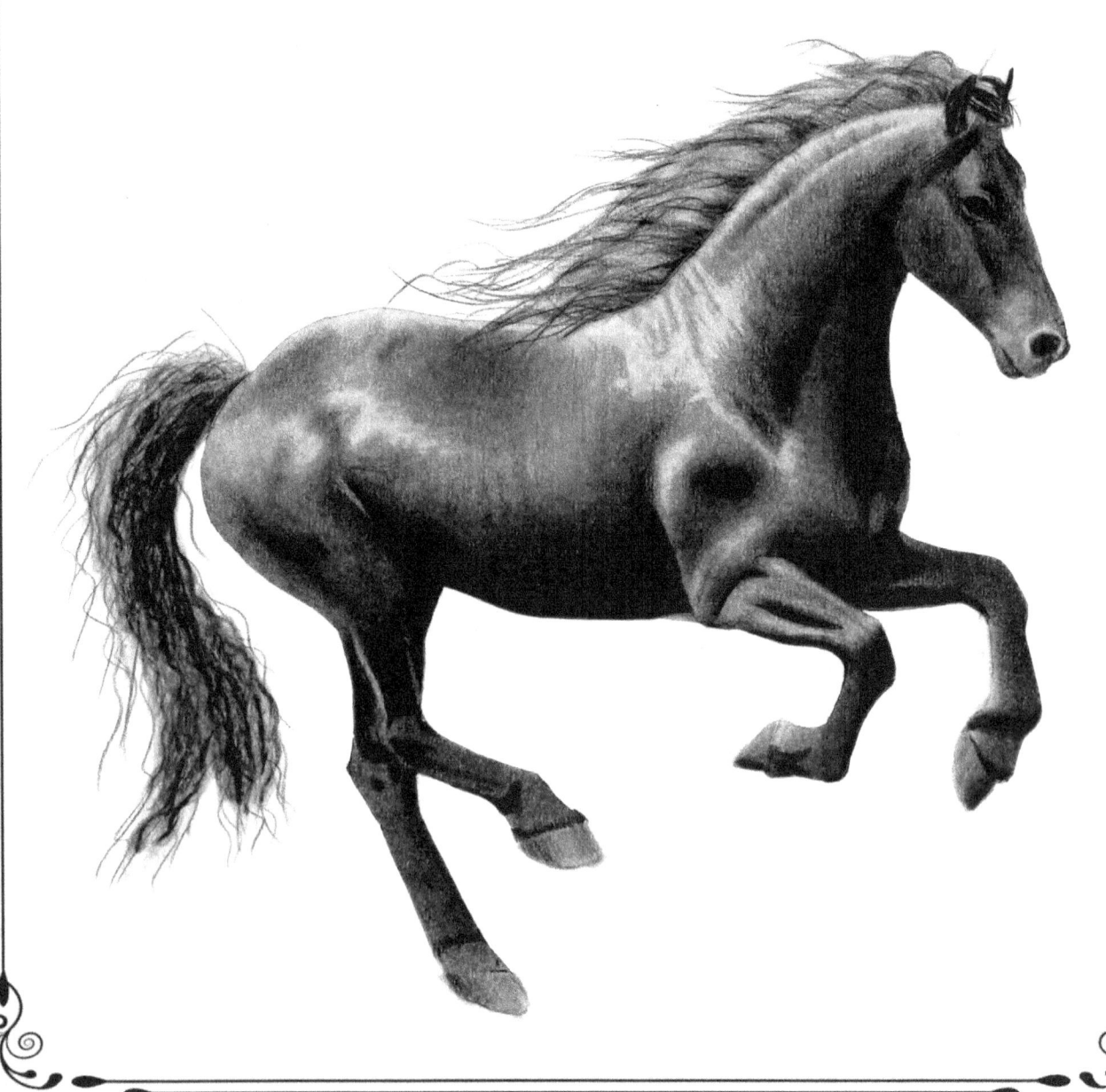

Realzando la Textura de las Pelaje

El siguiente paso implica usar un lápiz 12B para dibujar trazos cortos y rápidos que sigan el flujo del pelaje, como se muestra en la foto de referencia. Una vez que estos trazos estén en su lugar, mézclalos con un difuminador incoloro como el Prismacolor Premier. Para lograr una apariencia más esponjosa, coloca la punta del difuminador sobre los extremos de los trazos y muévelo hacia afuera de manera continua. Si no tienes un difuminador incoloro, puedes usar un lápiz HB, ya que su tono más claro puede crear un efecto similar.

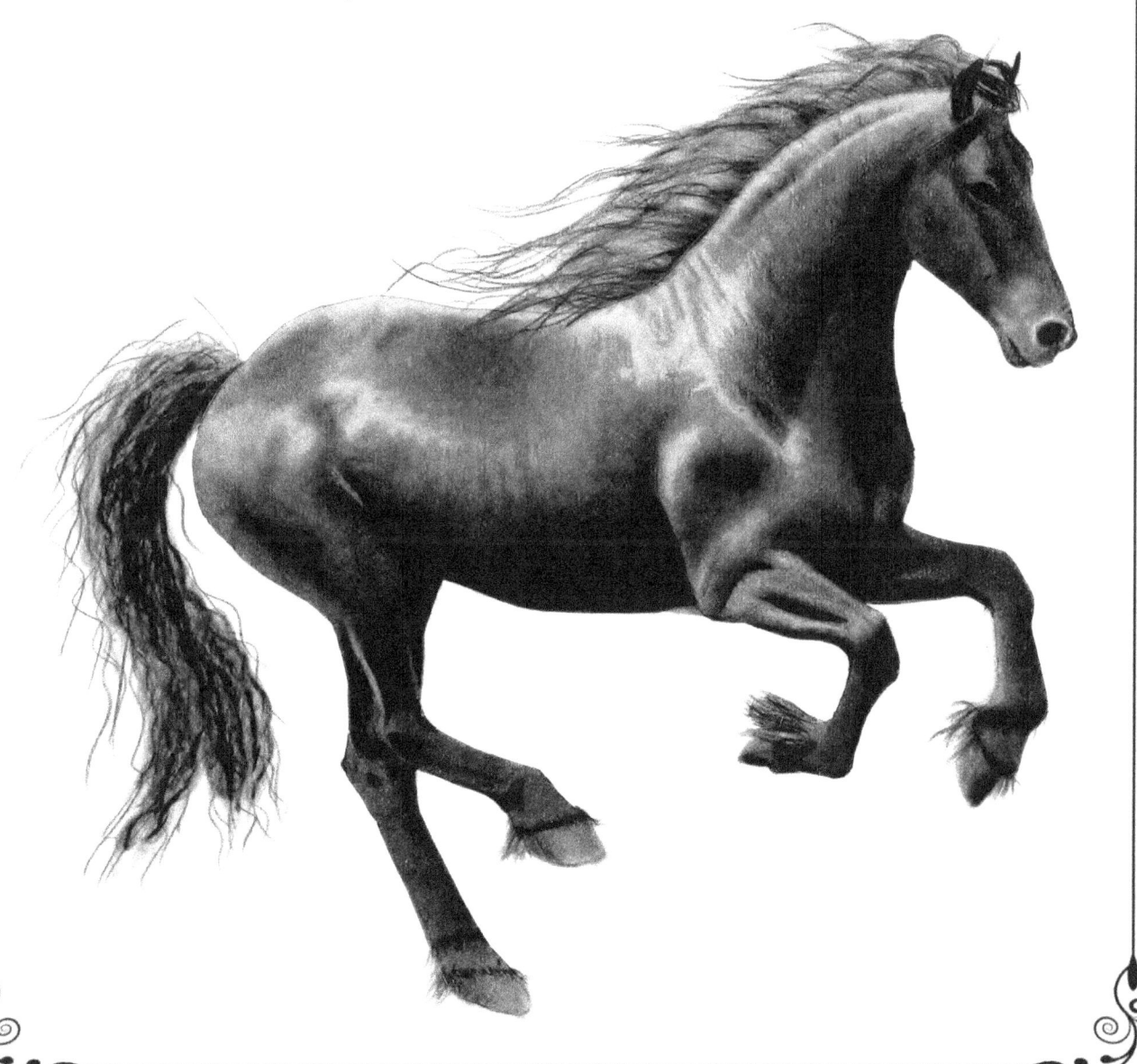

Creando la Sombra del Caballo

Una vez que estés satisfecho con la representación de tu caballo, considera introducir su sombra en la superficie debajo. Para lograr este efecto, utilicé polvo de grafito aplicado con el movimiento de un pincel en trazos de ida y vuelta. Concentré una aplicación más intensa de grafito junto a la pata que descansa en el suelo, permitiendo que la sombra haga una transición natural hacia el fondo a medida que disminuye. Ten en cuenta que mi caballo resultó más oscuro que el de nuestra foto de referencia, y eso es perfectamente aceptable.

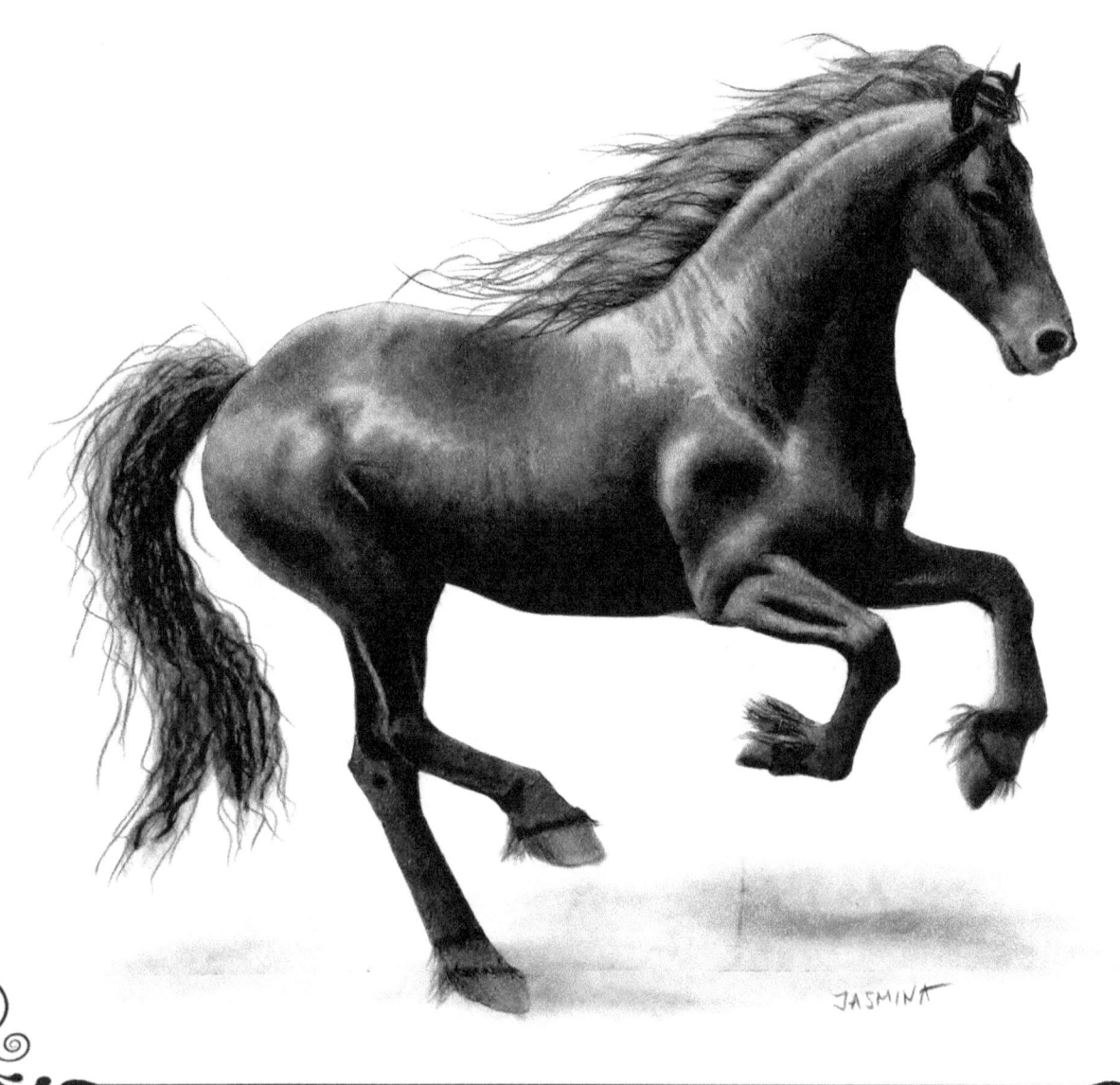

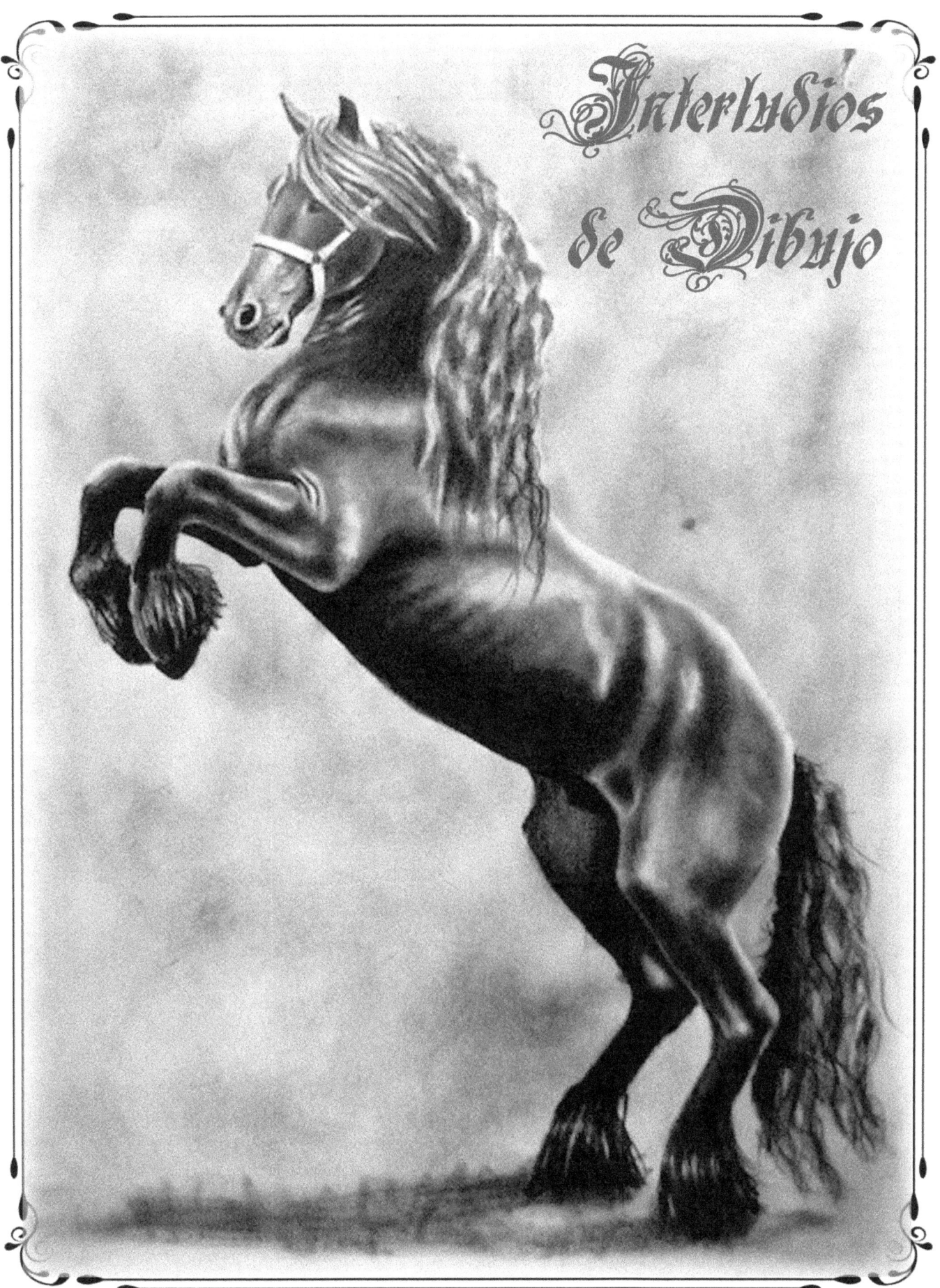

Interludios de Dibujo

Cómo dibujar un Husky

Dibujar un husky ofrece una experiencia artística gratificante. Estos animales, conocidos por sus patrones de pelaje únicos y ojos cautivadores, ofrecen un tema intrigante para los artistas. Capturar las características desafiantes de los huskies, como la textura del pelaje y las marcas faciales, brinda una oportunidad para mejorar las habilidades artísticas.

La Foto de Referencia

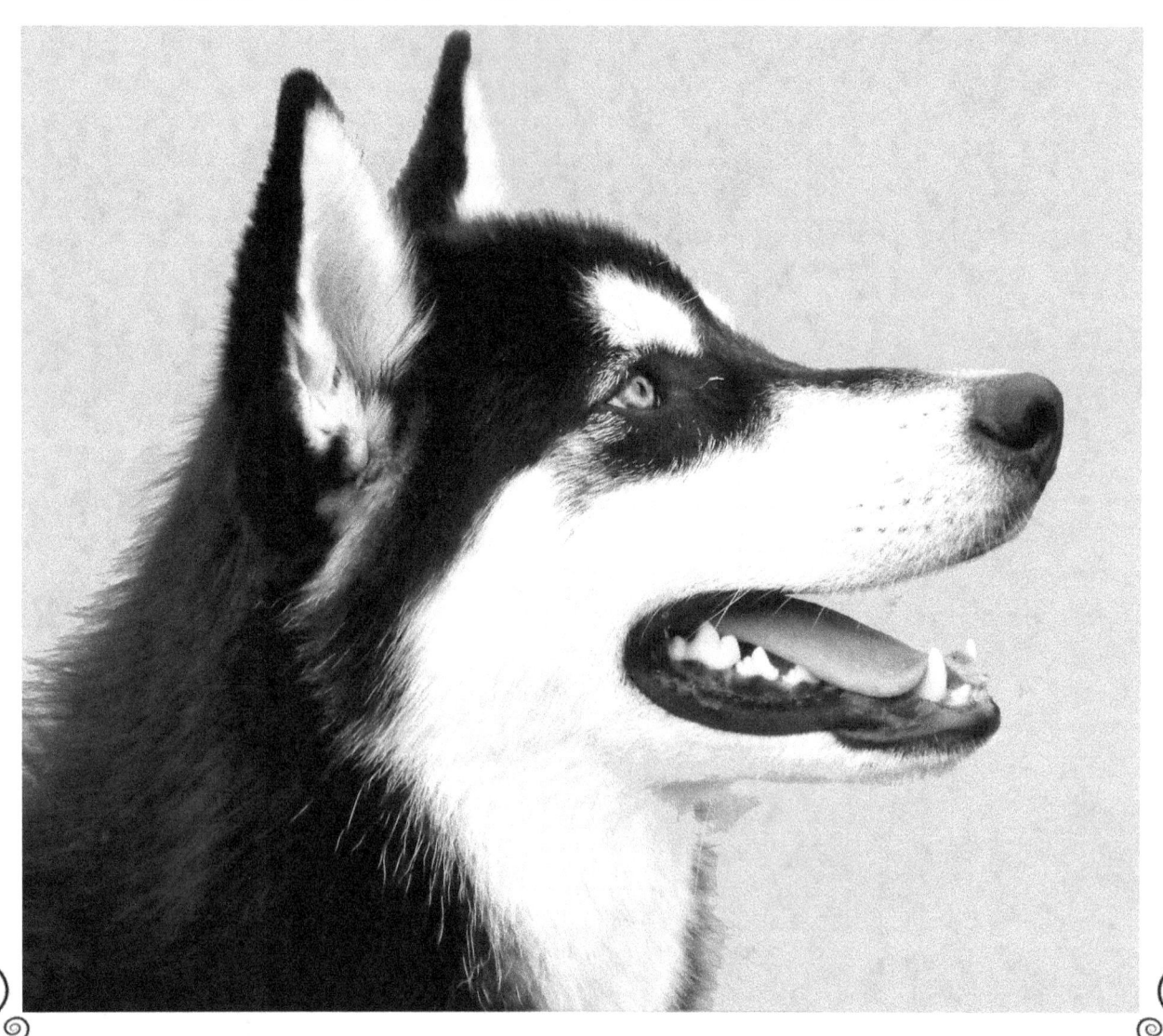

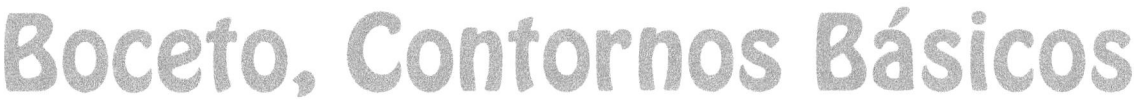

Boceto, Contornos Básicos

Vamos a representar este husky en papel gris utilizando lápices de grafito, carbón blanco y marcadores opacos blancos para amplificar el contraste entre el fondo gris y su pelaje blanco. Opté por el papel Clay de Fabriano, pero alternativas como Strathmore Toned Gray u opciones similares pueden producir resultados igualmente impresionantes.

En la imagen a continuación, observa las líneas de mi boceto a lápiz, resaltando contornos cruciales como la frontera entre el pelaje negro y blanco, el contorno principal de la cabeza y las características faciales. Especialmente, me propuse agrandar ligeramente el ojo para agregar énfasis y expresión.

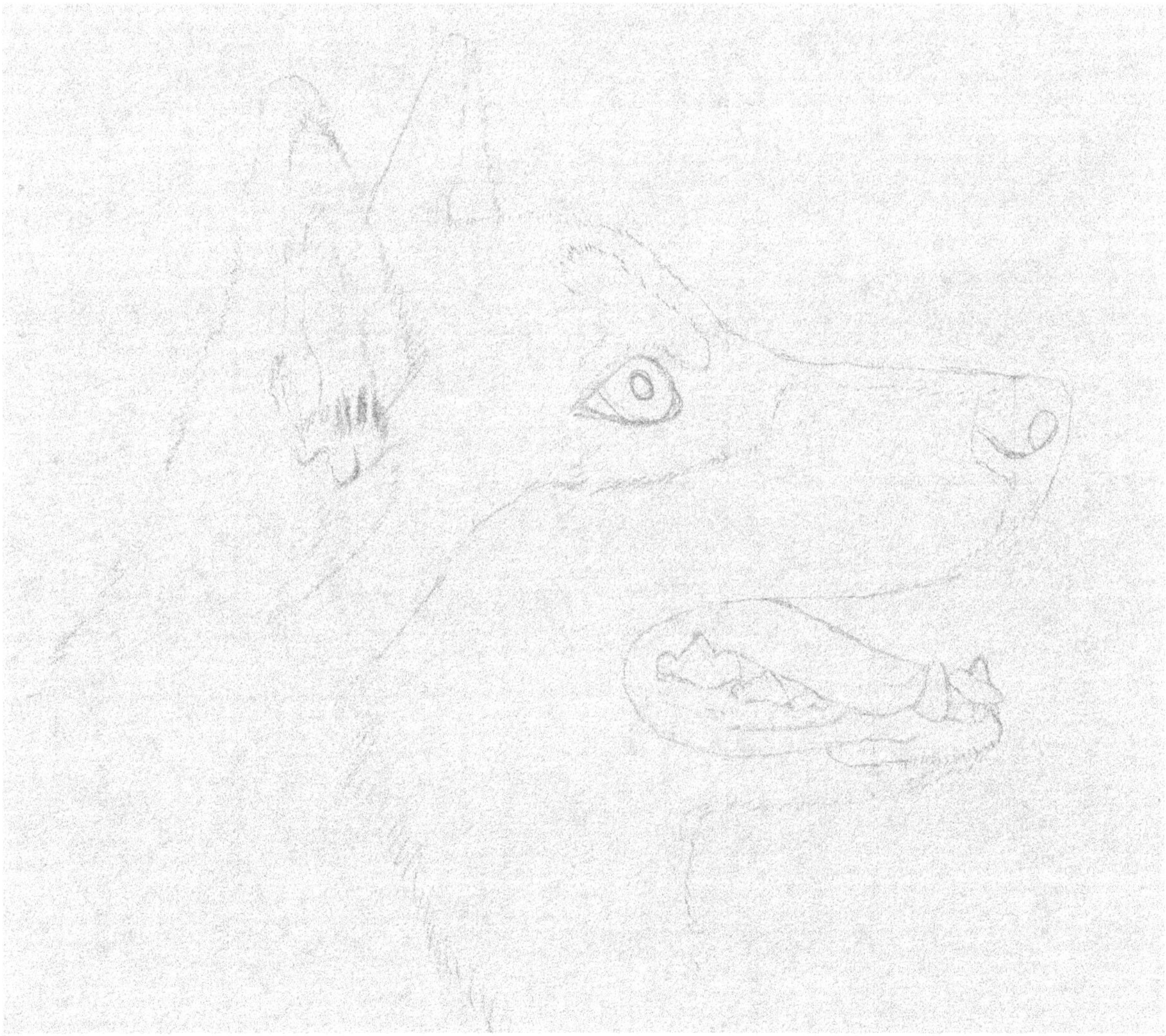

Sombras en el Iris

Ahora, procedamos con el sombreado, y recomiendo comenzar con los ojos. En este caso, solo debemos dibujar un ojo. Sugiero usar un lápiz HB para el iris, dándole prioridad a su representación detallada. Comienza utilizando el lápiz HB junto al borde del iris, creando trazos que irradian desde el centro de la pupila. Aplica más presión al iniciar cada trazo y libera gradualmente la presión hacia la pupila, permitiendo una transición natural y profundidad en el sombreado.

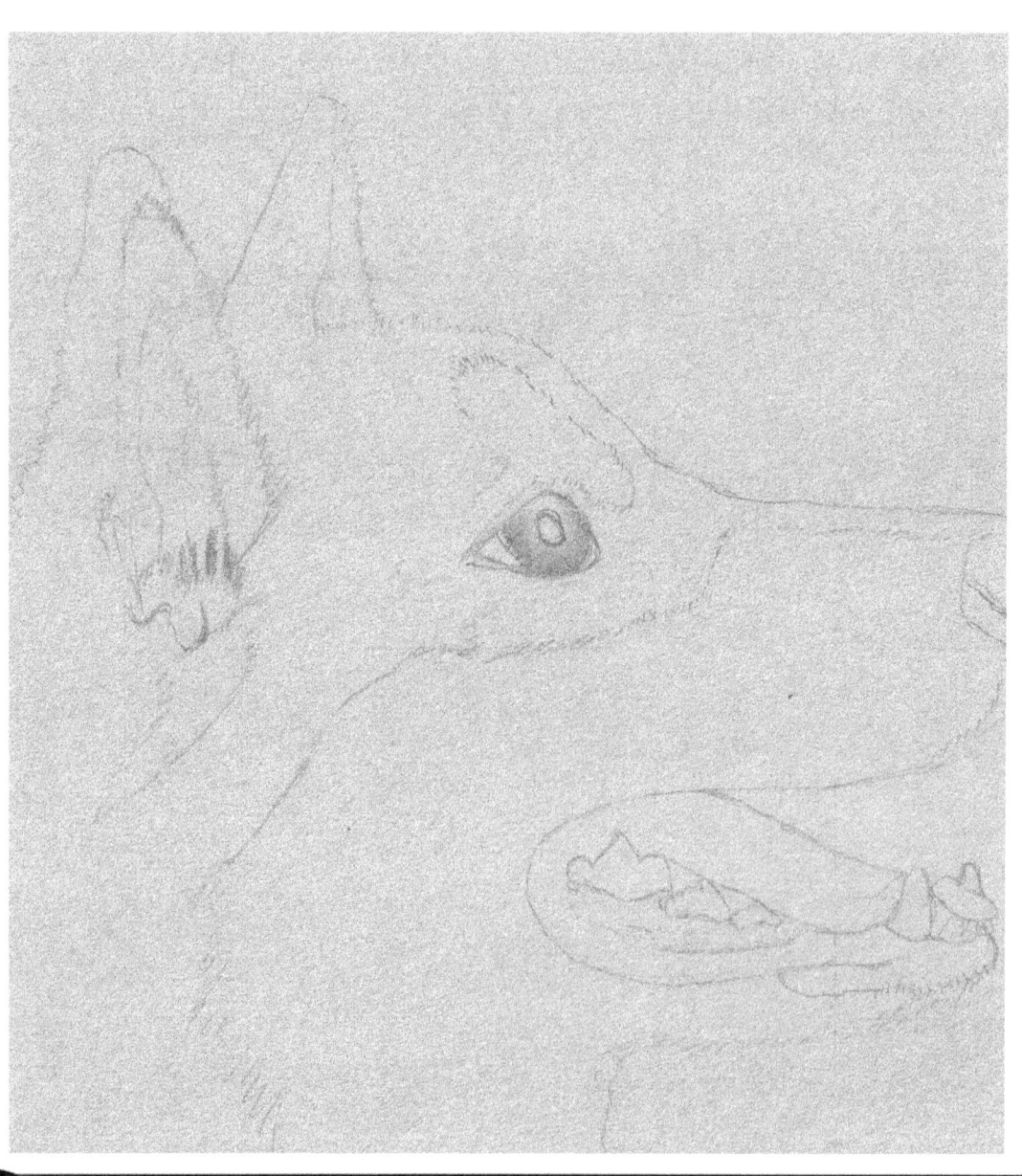

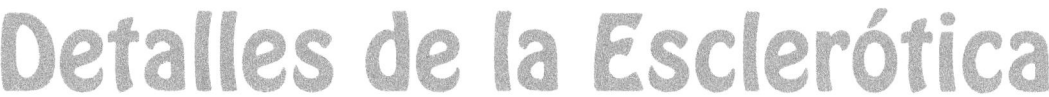

A continuación, introduzcamos carbón blanco o un marcador opaco blanco para representar la parte visible blanca del ojo, conocida como la esclerótica. Consulta la imagen a continuación para ver cómo la aplicación de color blanco sobre papel gris crea un contraste llamativo, atrayendo la atención hacia esta área.

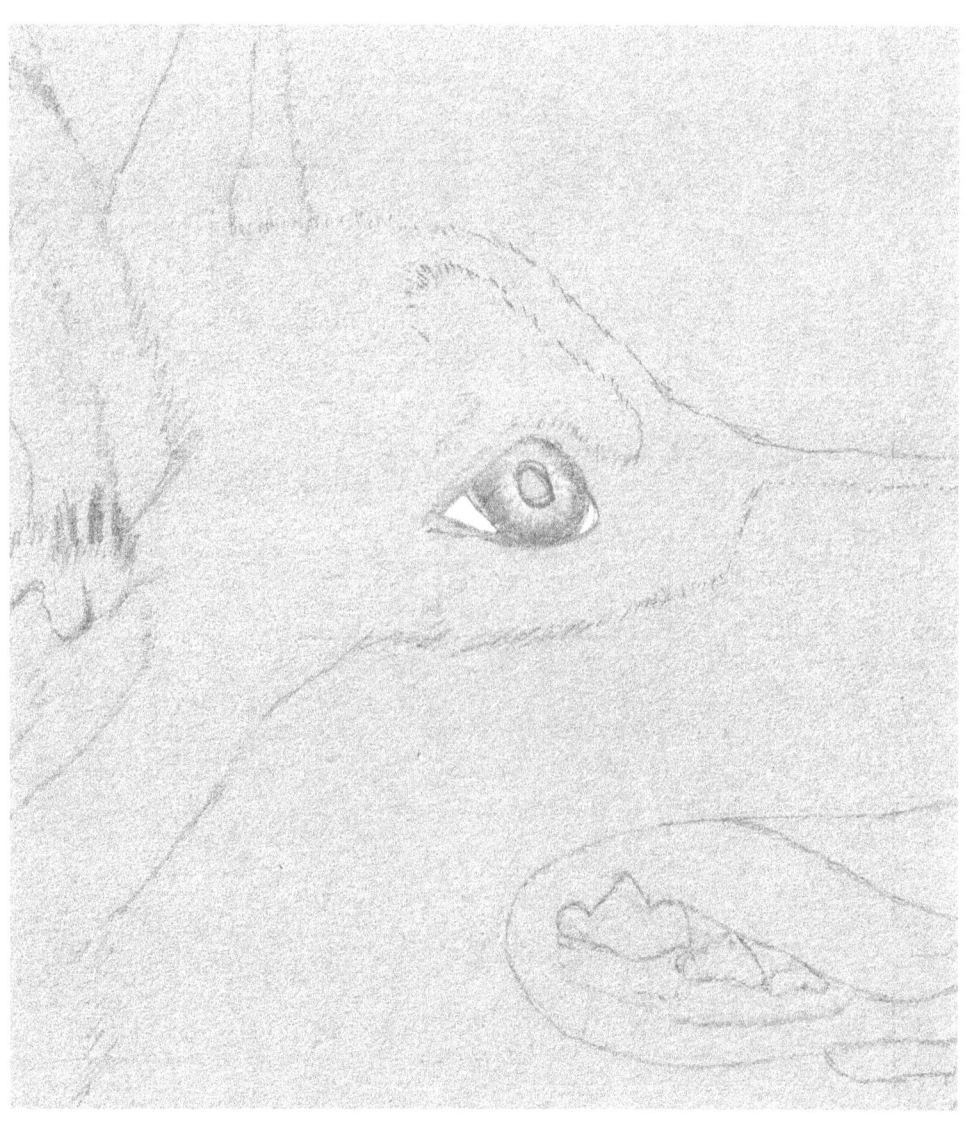

Aumentando el Contraste

Para mejorar aún más el contraste, utiliza un lápiz 14B para sombrear alrededor del iris, como se muestra en la siguiente imagen. Aplica una presión firme al sombrear el borde del iris y la pupila, procurando crear la sombra más profunda y lograr el valor más oscuro posible.

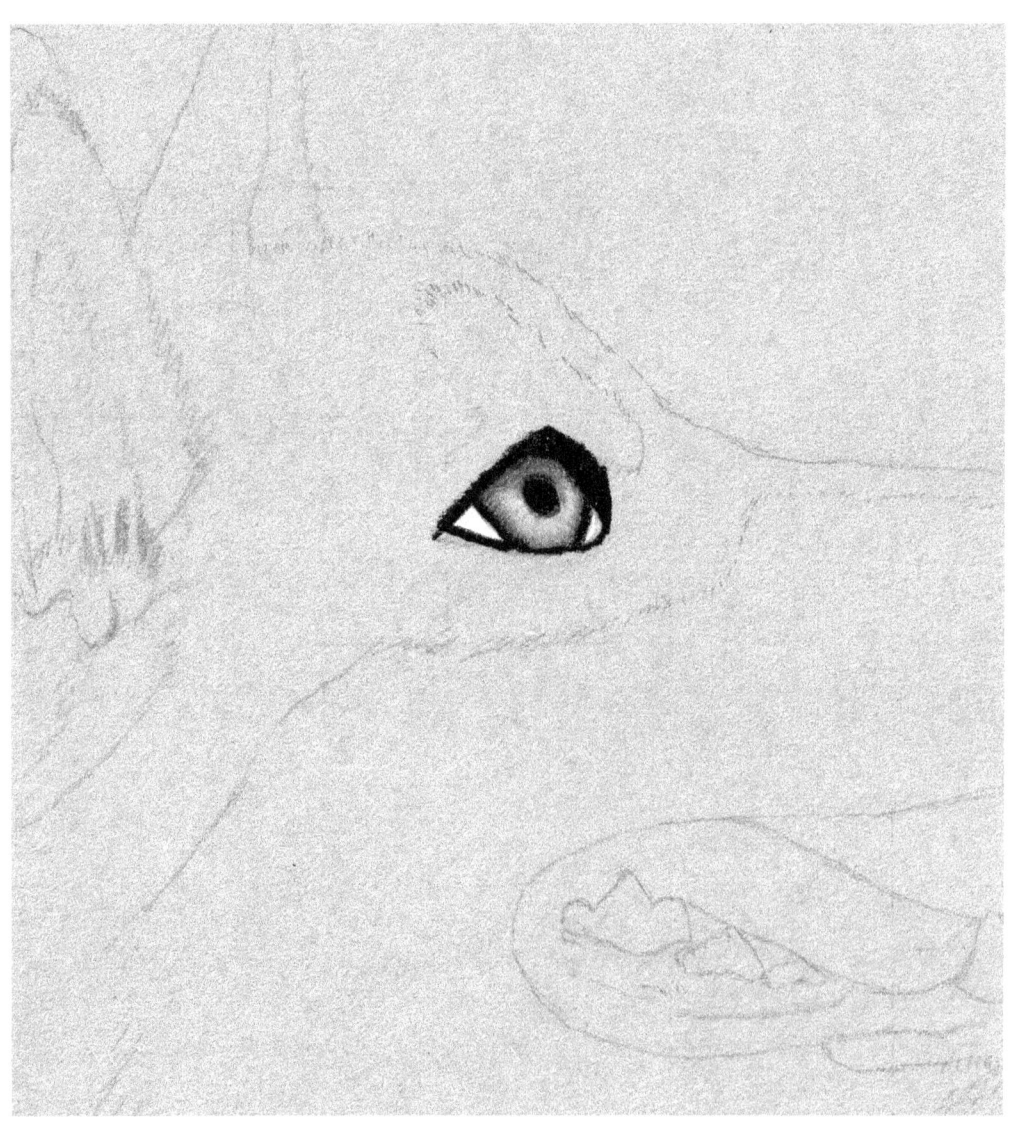

Creando luz Reflejada

Para dar vida al ojo y reducir su apariencia plana, utiliza una goma de borrar para crear delicadamente un efecto de luz reflejada sobre la parte superior del globo ocular. Observa cómo este toque sutil añade profundidad y realismo al retrato en general.

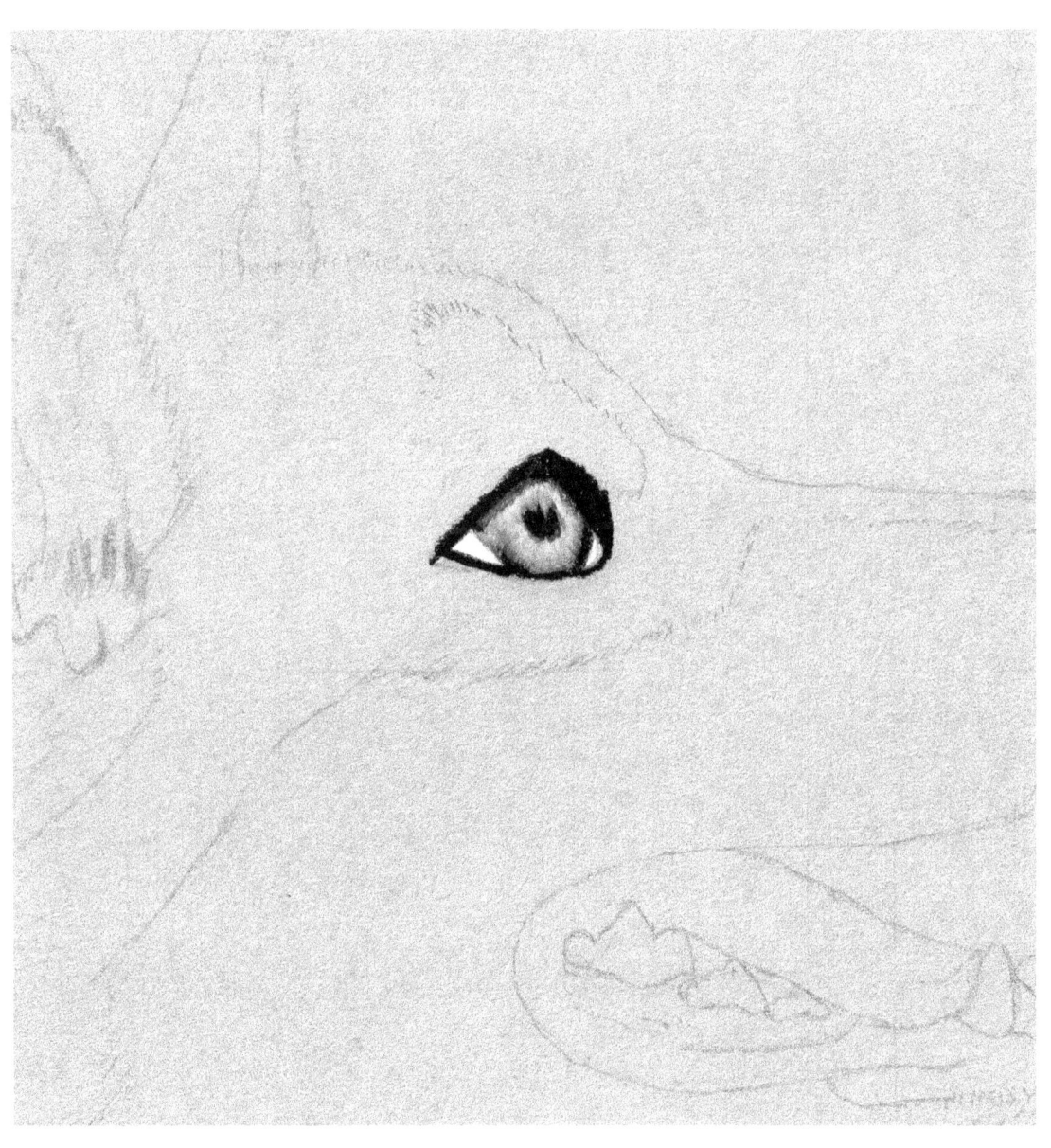

Comenzando con el Brillo

Para simplificar el proceso de dibujo, propongo dividirlo en tres fases. En primer lugar, nos centraremos en dibujar y sombrear el pelaje blanco. En segundo lugar, abordaremos el pelaje negro. Por último, perfeccionaremos los bordes donde se superponen los pelajes blanco y negro. Este enfoque segmentado nos permite concentrarnos en una sola capa en cada momento para mayor claridad y facilidad de explicación. Comencemos con un paso audaz coloreando todo el pelaje blanco utilizando carbón blanco o un marcador opaco blanco.

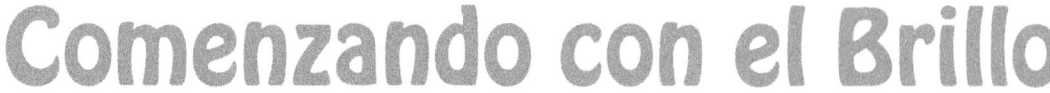

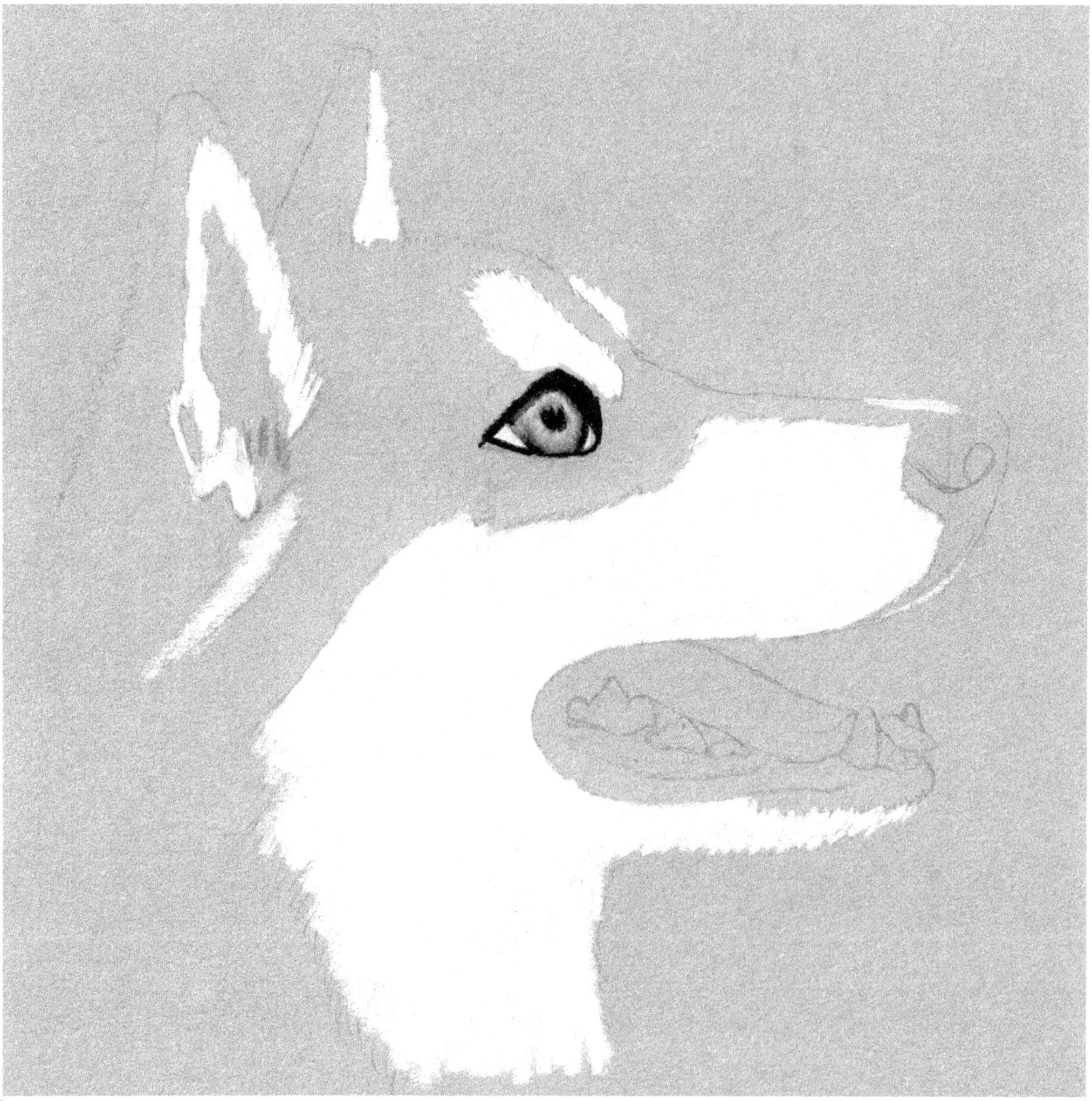

Aunque pueda parecer que todo el pelaje blanco es uniformemente blanco, nuestros ojos pueden engañarnos. Para distinguir qué zonas son realmente blanco puro y cuáles requieren sombreado, es fundamental reducir el brillo en cualquier editor de imágenes. En mi captura de pantalla muestro este proceso utilizando el Highlight & Shadow Isolator Online Free Tool que he creado y ofrezco de forma gratuita en mi sitio web Pencil Drawing Tutor www.pencildrawingtutor.com Después de mover el control deslizante hacia Highlights, resulta evidente que solo las zonas sobre los ojos, la parte superior del rostro y el hocico son verdaderamente blanco puro. Todo lo demás requiere distintos grados de sombreado con lápices de grafito.

Dibujar a partir de fotos de referencia simplifica el proceso, ya que nos evita tener que imaginar la forma del cráneo y otros detalles. Se recomienda encarecidamente imprimir la imagen de referencia en papel en lugar de verla en una pantalla digital, ya que la luz de la pantalla puede exagerar el brillo de las zonas blancas y provocar un sombreado demasiado claro donde se necesitan tonos más sutiles.

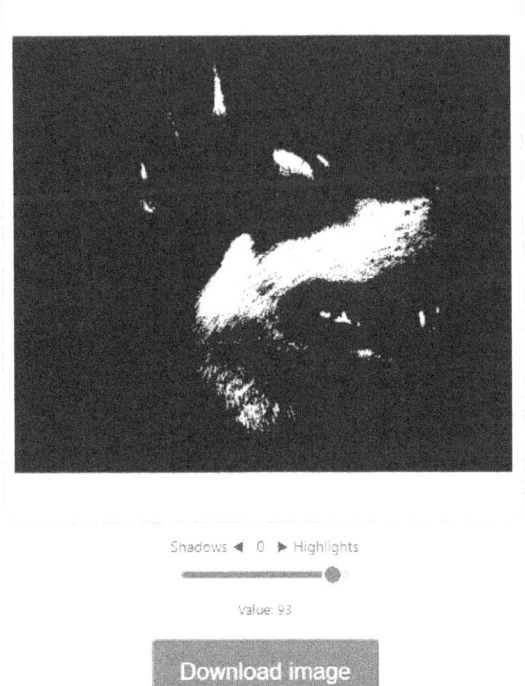

Shadows ◀ 0 ▶ Highlights

Value: 93

Download image

Sombreado del Pelaje Blanco

Comencemos sombreando el pelaje blanco, especialmente debajo y junto a la nariz, utilizando un lápiz HB para introducir un tono ligeramente más oscuro. Este paso también nos permite crear las raíces de los bigotes. Asegúrate de mantener consistentemente la dirección del crecimiento del pelo. Sombrea áreas donde la piel debajo se dobla, centrándote en las partes menos iluminadas. Consulta la foto de referencia y la imagen adjunta para comprender mejor los matices de este paso.

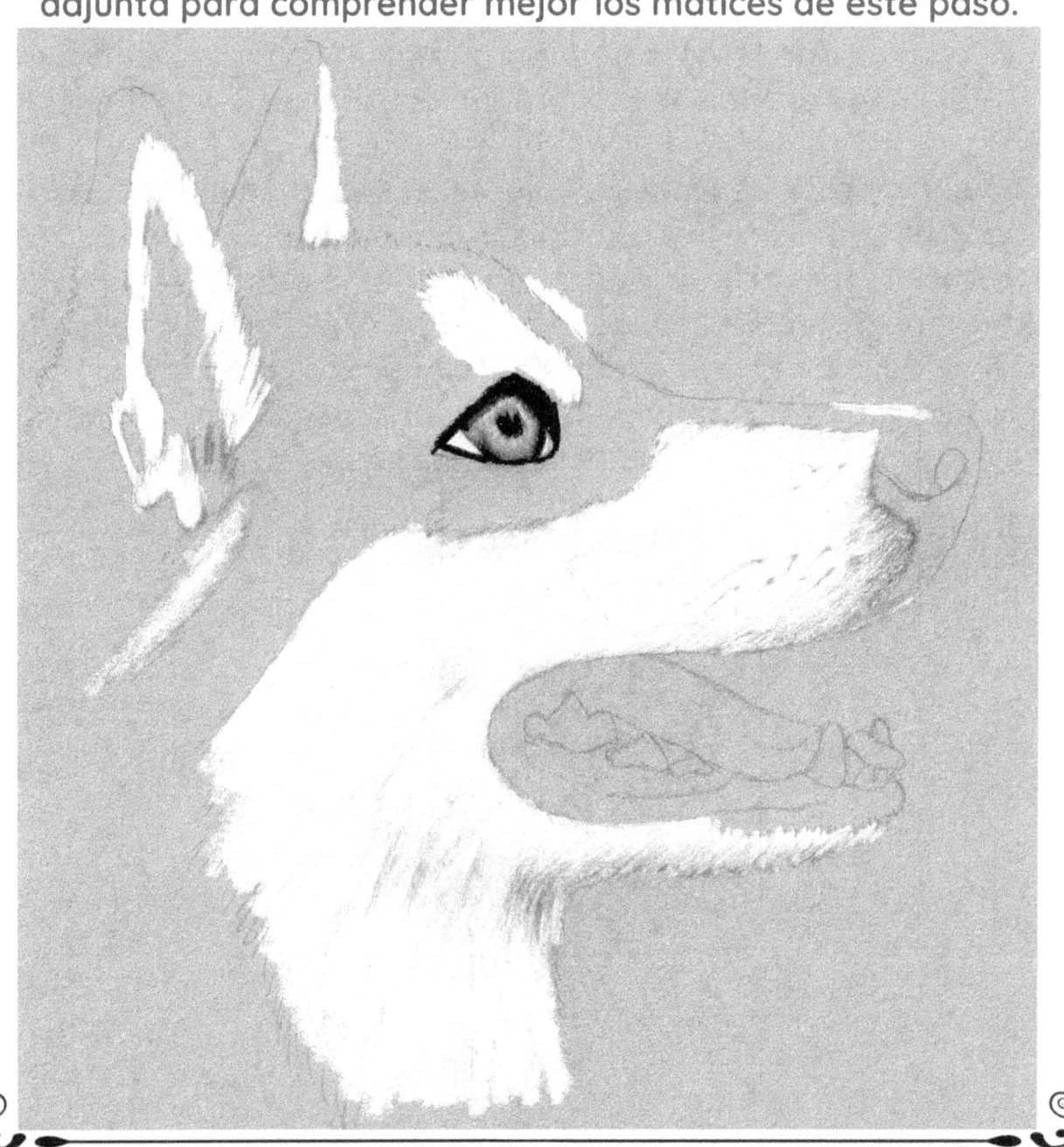

Detalle del oído Interno

Continúa dibujando la zona interna del oído, utilizando un lápiz HB para la sección más profunda y difuminándolo ligeramente con carbón blanco. Logra un acabado uniforme utilizando un difuminador de cera incoloro. Esto concluye nuestro trabajo en el pelaje blanco; cualquier ajuste adicional puede realizarse según sea necesario en etapas posteriores.

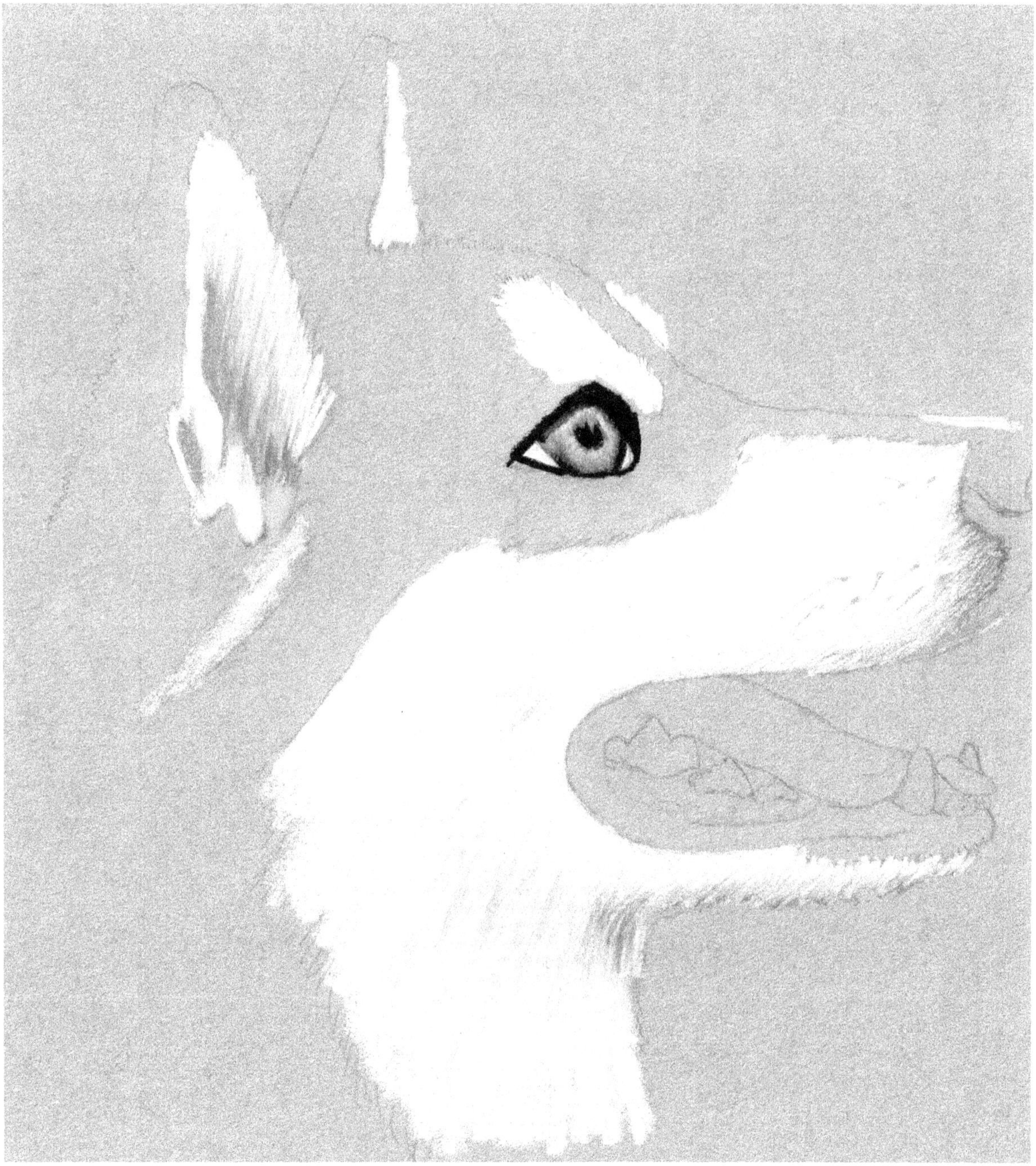

Definición de Sombras en la Nariz

Antes de abordar el pelaje negro, centrémonos en dibujar la nariz. Comienza utilizando un lápiz 14B para resaltar las áreas negras, coloreando la fosa nasal y un pequeño canal en el costado de la nariz, como se muestra en la siguiente imagen. Aplica presión firme, asegurándote de que estas áreas sean intensamente oscuras. Vale la pena señalar que incluso la piel negra, cuando se ilumina, se transforma en tonos de gris en lugar de mantenerse puramente negra.

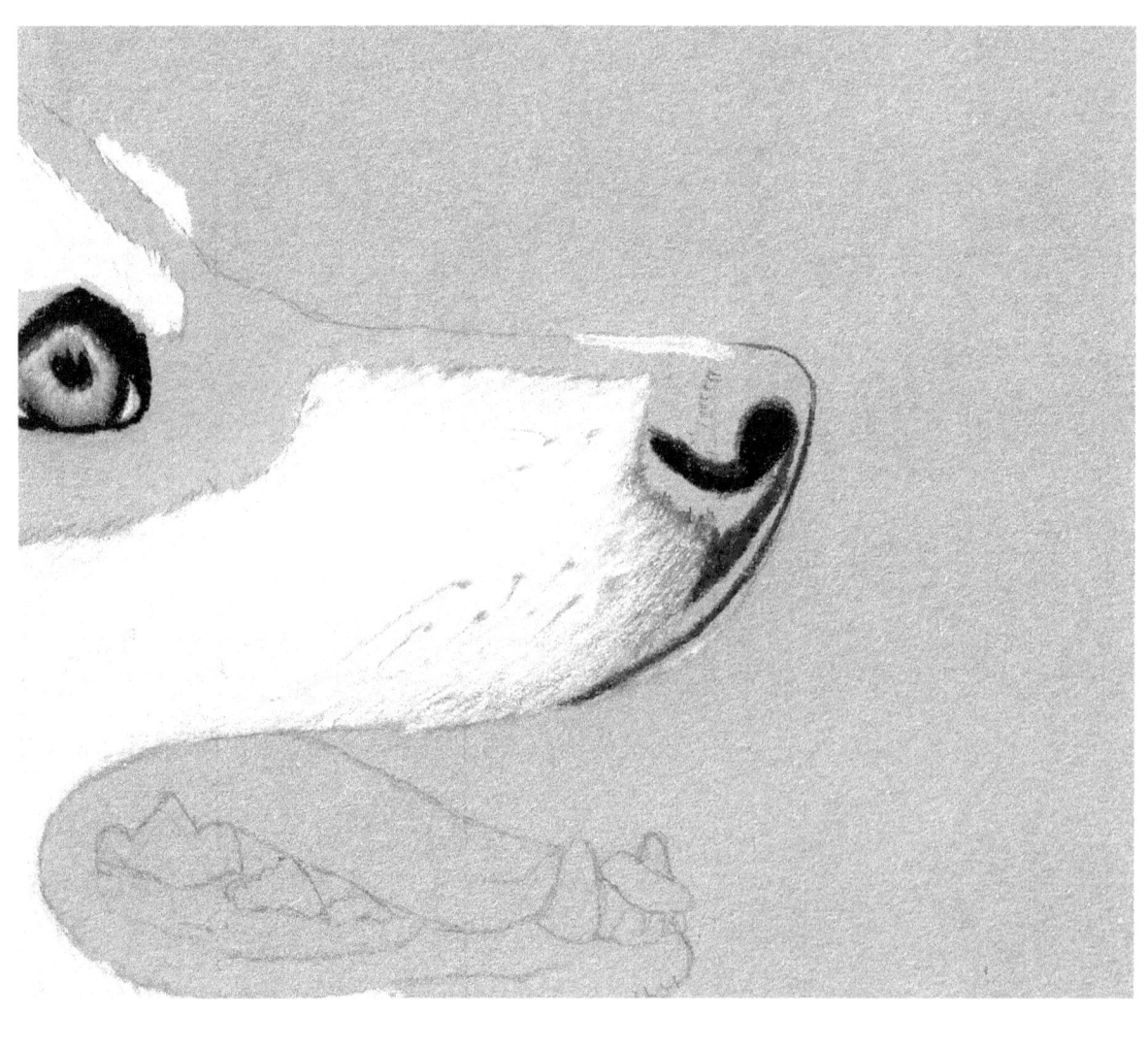

Ahora, continúa coloreando el resto de la nariz con un lápiz HB.
Aplica la técnica de circulismo en lugar de trazos
para lograr una textura uniforme.

El circulismo implica dibujar pequeños círculos superpuestos
hasta que toda el área esté sombreada de manera uniforme.

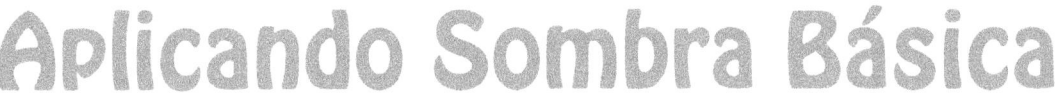

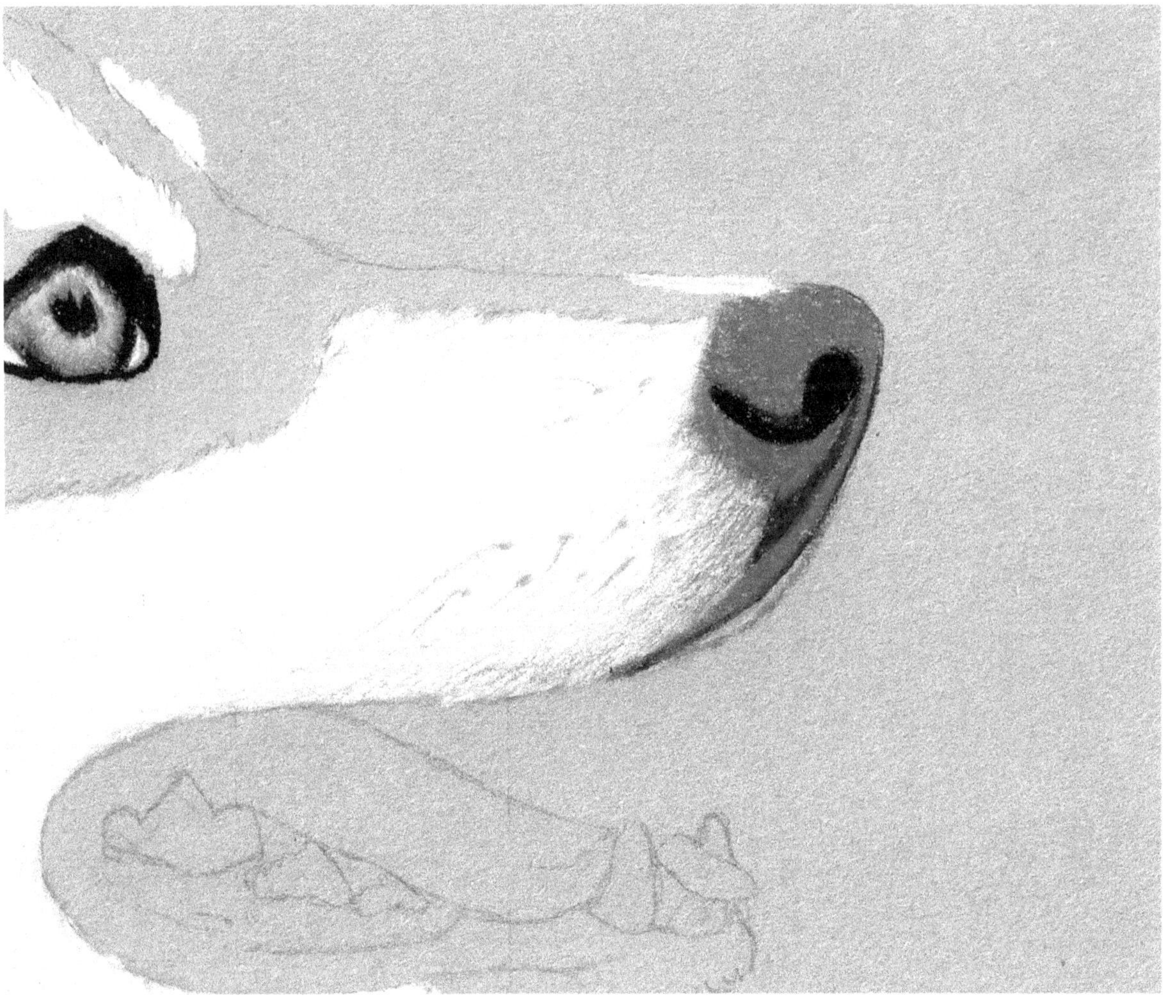

Creando Transiciones Uniformes

Para fusionar sin problemas los bordes entre las áreas de 14B y HB de la nariz, utiliza un lápiz 4B. Aplica presión firme junto a las regiones de 14B y libera gradualmente la presión a medida que te alejas. Busca un degradado suave para darle forma redondeada a la nariz.

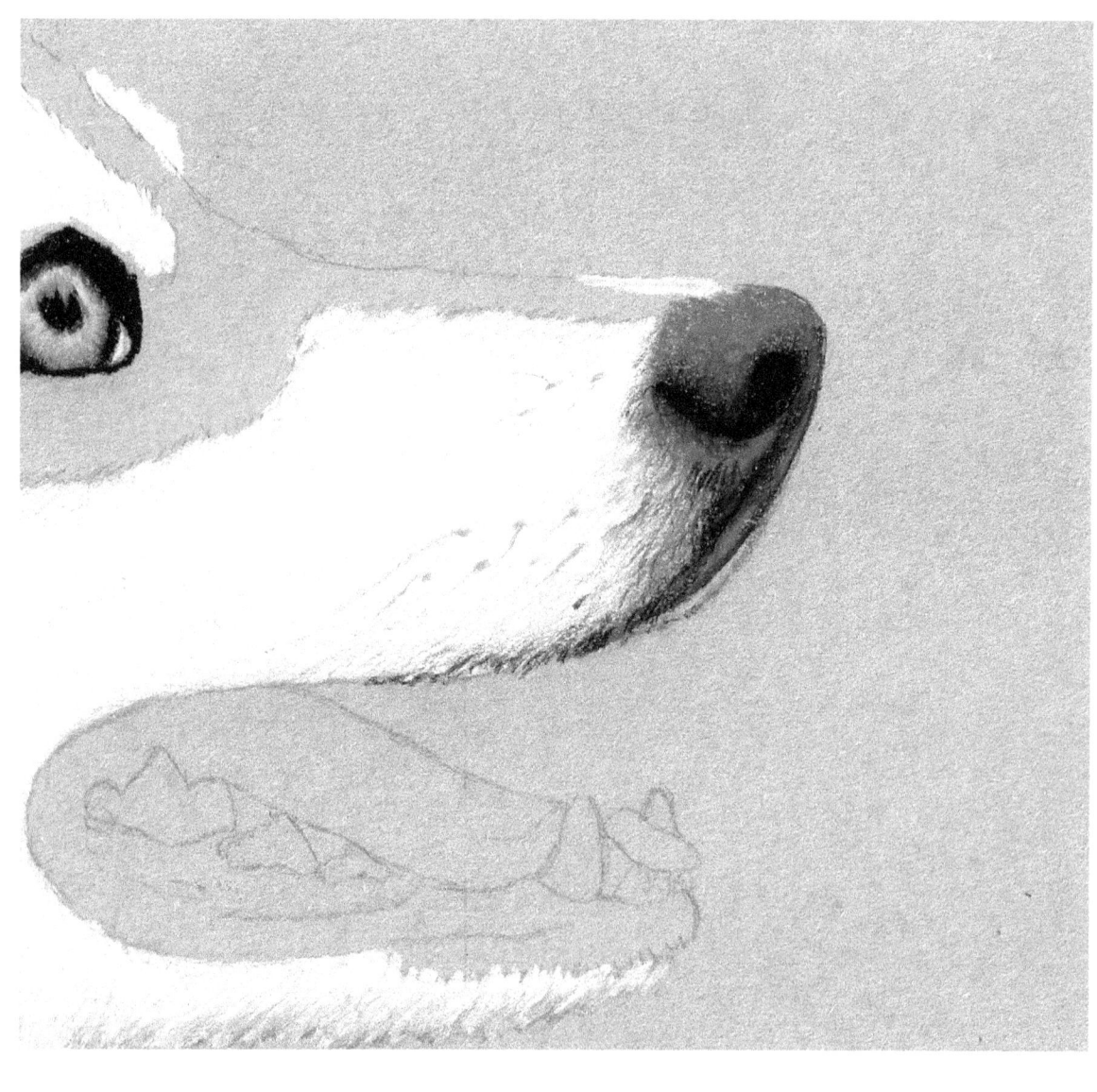

Mejorando los Reflejos de la Nariz

Finalmente, para mejorar el efecto general, elimina delicadamente ciertas porciones de grafito con una goma maleable para crear reflejos sutiles en el puente de la nariz.

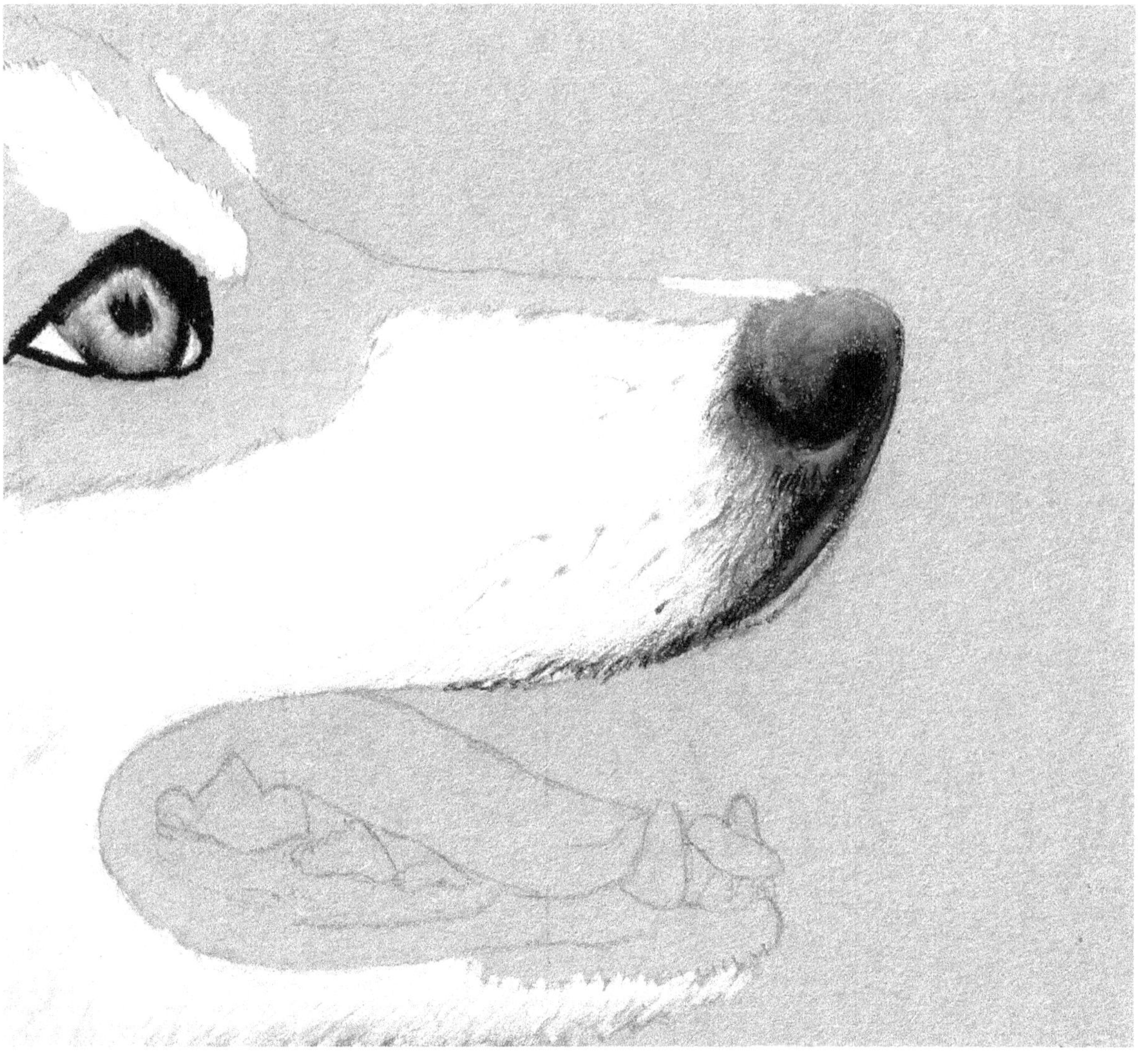

Identificación de Áreas Totalmente Negras

Ahora pasemos a dibujar las partes negras del pelaje. ¿Recuerda cuando movimos el control deslizante hacia Highlights en el Highlight & Shadow Isolator Online Free Tool para encontrar las zonas completamente blancas del pelaje blanco?
Ahora debemos hacer lo contrario y mover el control deslizante hacia Shadows para ver qué partes son completamente negras y cuáles son grises.

En la captura de pantalla puede ver que esta herramienta me mostró que solo algunas zonas del pelaje son realmente negras.

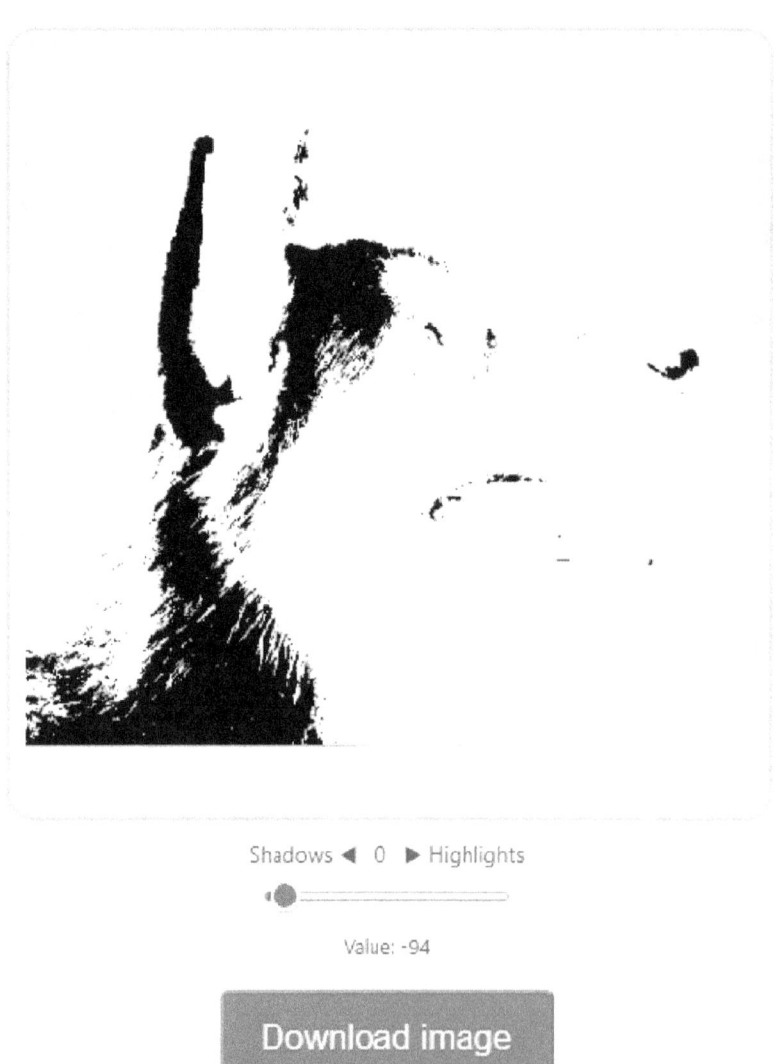

Shadows ◀ 0 ▶ Highlights

Value: -94

Download image

Dibujando el Pelaje más Oscuro

Ahora, utiliza un lápiz **14B** para dibujar las partes más oscuras, siguiendo la dirección del flujo del pelo. Consulta la siguiente imagen para identificar las áreas específicas que he sombreado con este lápiz.

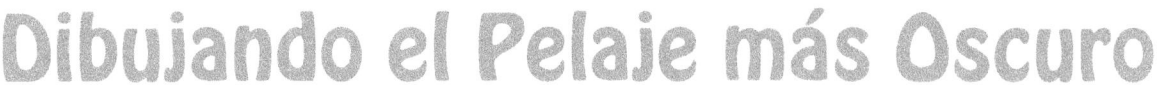

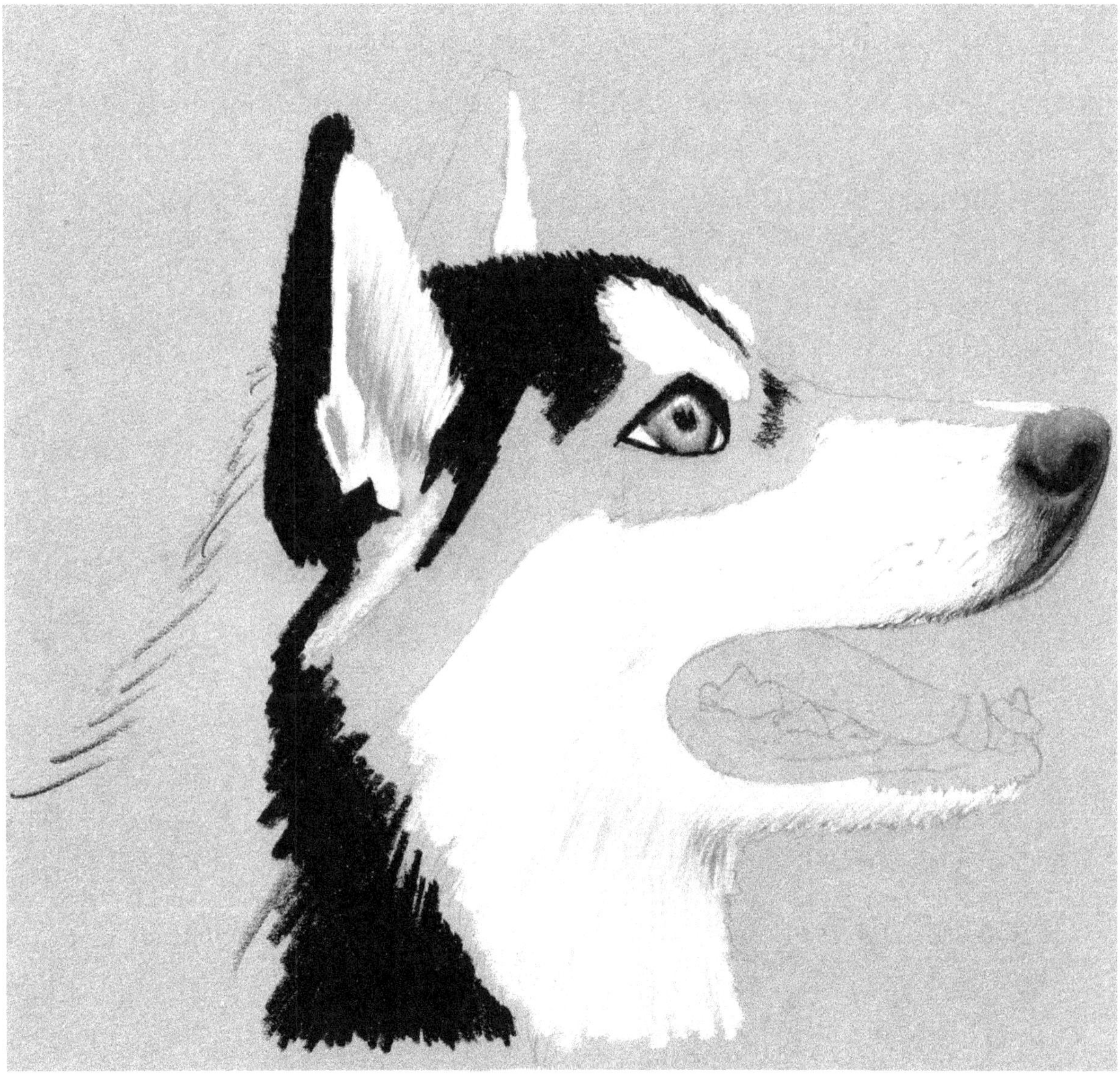

Sombreado con Lápiz 6B

A continuación, procede a sombrear el resto del pelaje utilizando un lápiz 6B, que, aunque aún es oscuro, es ligeramente más claro que el 14B. Mantén la práctica consistente de seguir la dirección natural del crecimiento del pelo. Extiende el sombreado para cubrir incluso las áreas donde pueda haber pequeños pelos blancos, como encima del ojo. Es esencial tener en cuenta que el hecho de que haya algunos pelos blancos no clasifica toda la sección como blanca. Por lo tanto, aplica generosamente el lápiz más oscuro y planea incorporar esos pocos pelos blancos más tarde usando un marcador blanco. Aunque las sutilezas entre el 14B y el 6B pueden no ser tan evidentes en mi dibujo escaneado, notarás la distinción de manera más prominente en tu propia obra.

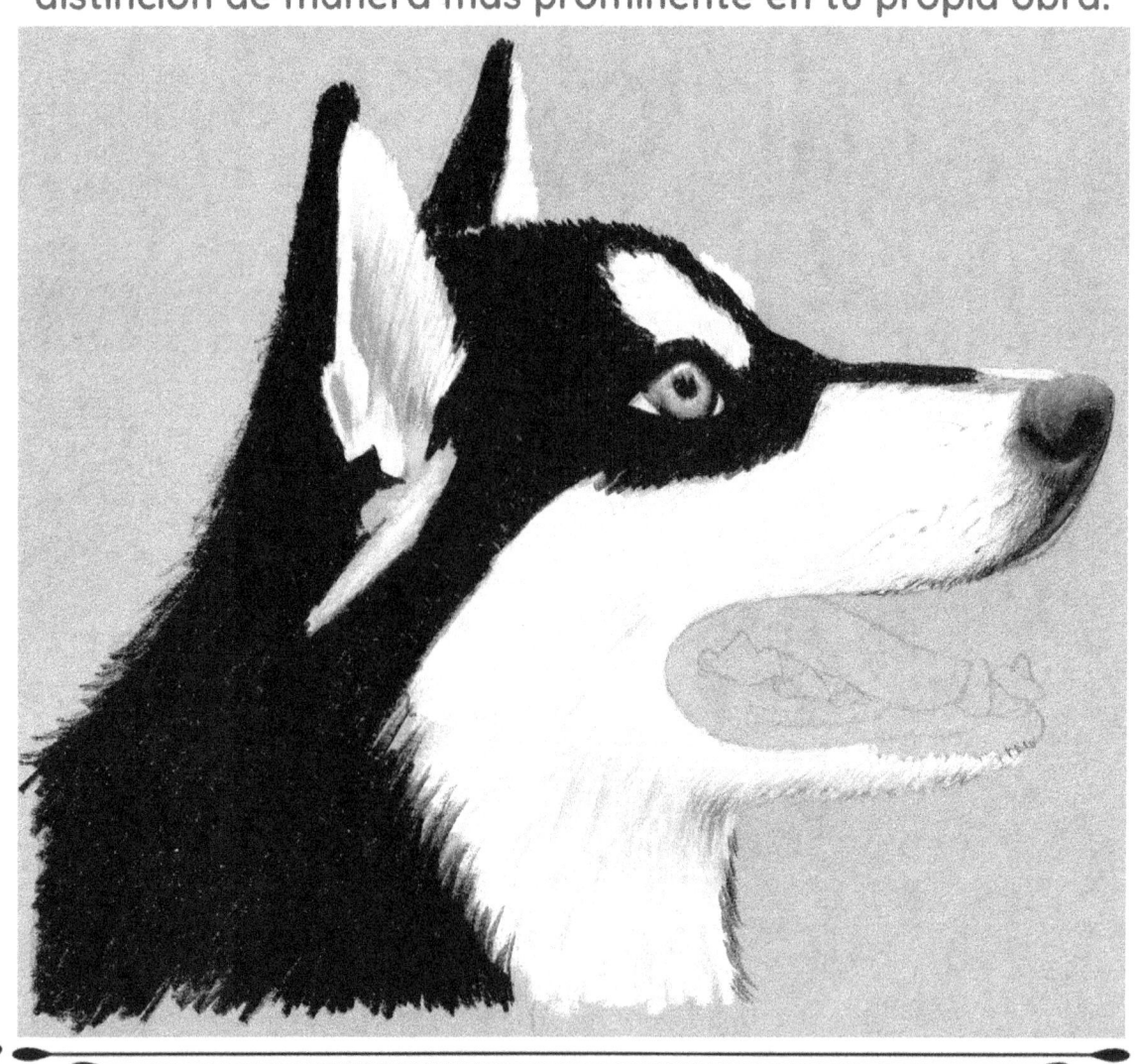

Resaltando el Pelaje Oscuro

Es hora de crear algunos reflejos con una goma de borrar sobre el pelaje oscuro y en áreas como debajo del ojo, en la parte superior del hocico, en la parte superior de la cabeza y en la espalda. Básicamente, las áreas sobresalientes que reciben más luz deben iluminarse eliminando parte del grafito.

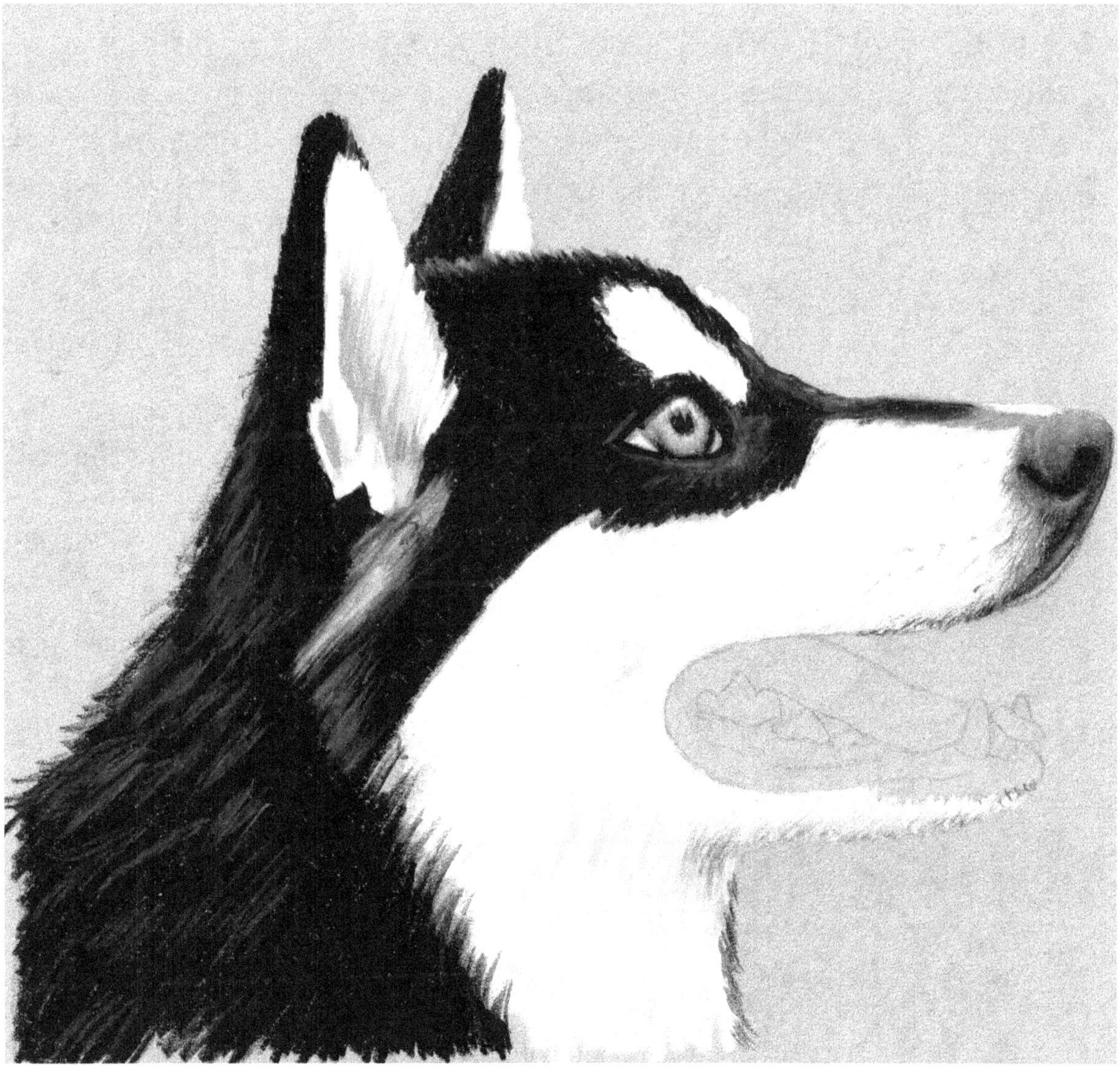

Suavizando la Apariencia

Como próximo paso, suavicemos el borde exterior del pelaje negro. Inicialmente, me enfoqué únicamente en aplicar el color principal al pelaje oscuro, descuidando la parte exterior. Ahora, la línea entre el pelaje y el fondo es demasiado clara. Necesitamos suavizarla agregando pequeños pelos que se extienden más allá del pelaje, y para esto, uso un difuminador de cera incoloro de Prismacolor. Toma la punta afilada del difuminador incoloro y pásala a lo largo del borde del pelaje negro, moviéndola hacia afuera con trazos rápidos y seguros. Consulta la imagen a continuación para ver cómo suavicé los bordes exteriores. Este paso hará que el borde exterior del pelaje parezca esponjoso y suave. Algunos pelos deben ser más cortos, como alrededor de la oreja y la frente, y algunos deben ser más largos, especialmente en la espalda. Ahora puedes ver cómo parece mucho más natural.

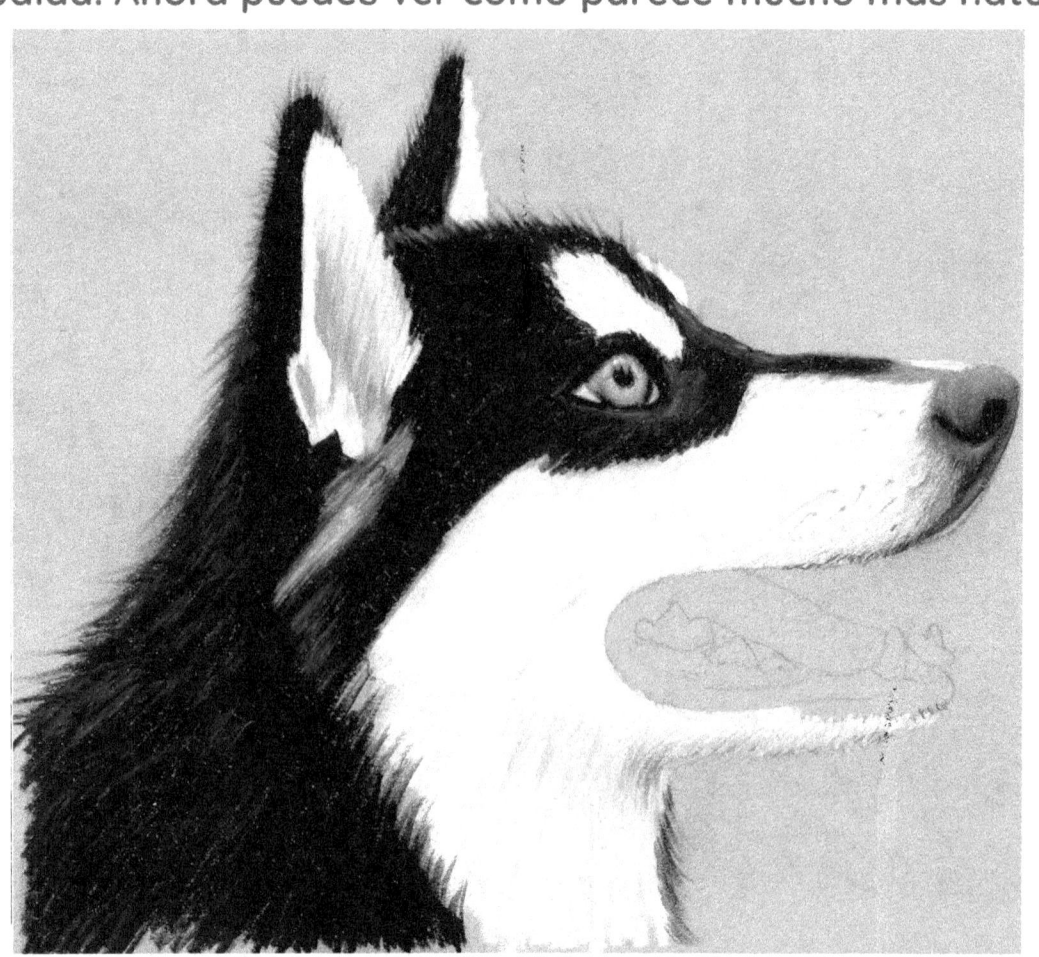

188

Transición de Negro a Blanco

Ahora, abordemos la transición entre el pelaje negro y blanco que discutimos anteriormente. Similar a nuestro enfoque en el paso anterior, necesitamos suavizar el límite entre estos dos colores a lo largo del borde exterior. Coloca la punta de tu difuminador de cera incoloro sobre el pelaje negro y, con trazos hacia adentro, intégralo con el pelaje blanco. Sé consciente de la dirección del crecimiento del pelo para obtener un aspecto natural. Para mayor profundidad, considera usar un lápiz oscuro como 4B para dibujar algunos pelos sobre el borde, mezclándo-los sin problemas.Específicamente cerca de la oreja, coloca la punta del lápiz y el difuminador de cera incoloro sobre el área negra. Dibuja líneas hacia adentro hacia el pelaje blanco de la oreja, crean-do una mezcla armoniosa entre los dos colores contrastantes.

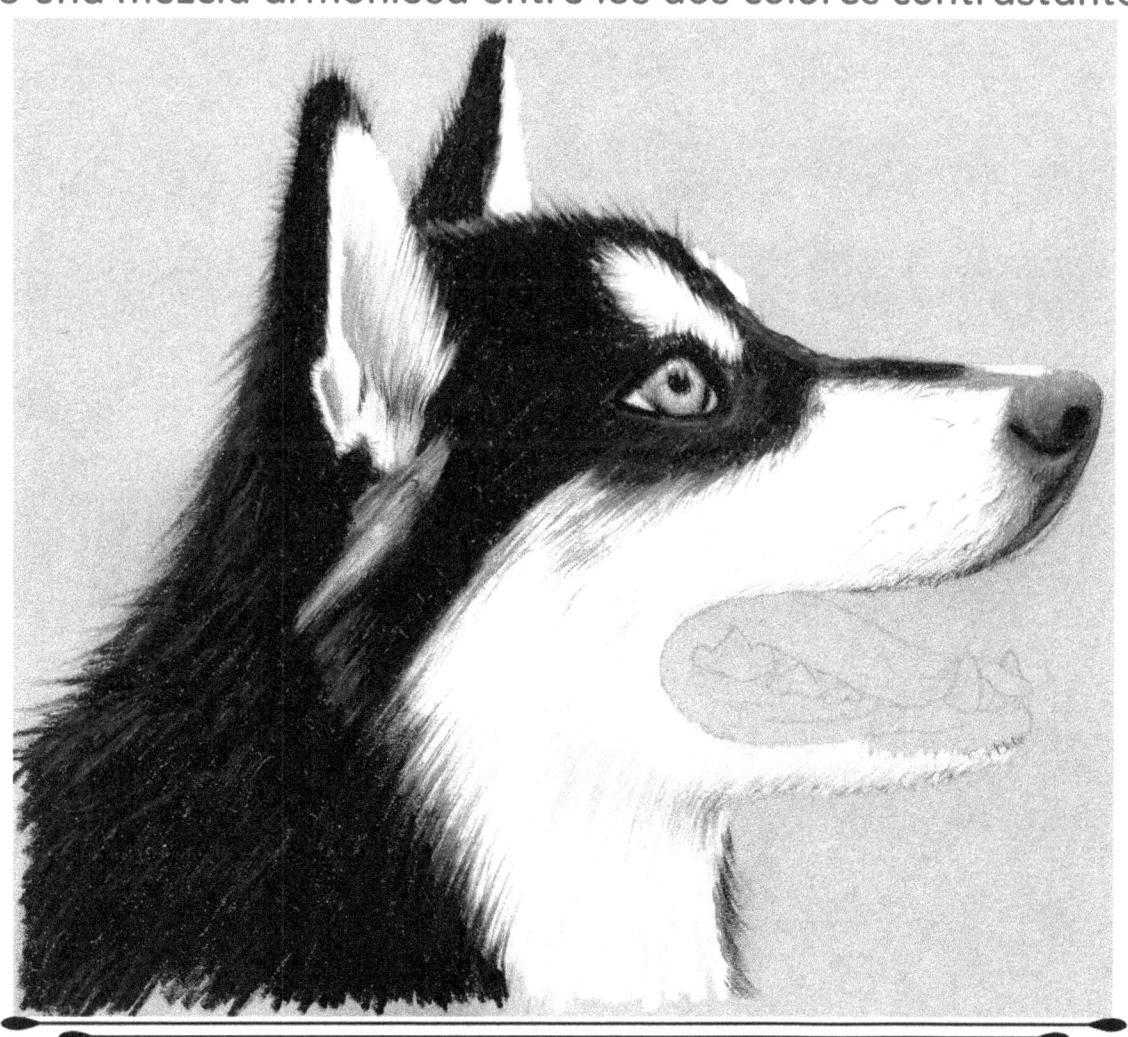

Pelos Blancos en el Pelaje Oscuro

Suaviza el pelaje blanco exterior de manera similar al pelaje negro, utilizando un carbón blanco bien afilado para obtener mejores resultados. Concéntrate en las áreas sobre el ojo y en el lado derecho de las orejas. Luego, dibuja pelos blancos sobre los negros cerca de la transición de colores utilizando un marcador blanco opaco o un bolígrafo de gel de tinta blanca. Limpia regularmente la punta del bolígrafo en una hoja separada para evitar que recoja residuos negros. Para controlar el brillo, toca suavemente los pelos recién dibujados con el dedo mientras aún estén húmedos. Si aparecen pelos blancos no deseados, retíralos fácilmente con la uña o un cuchillo de precisión. Dibuja los bigotes blancos después de completar la boca, dejándolos como el paso final.

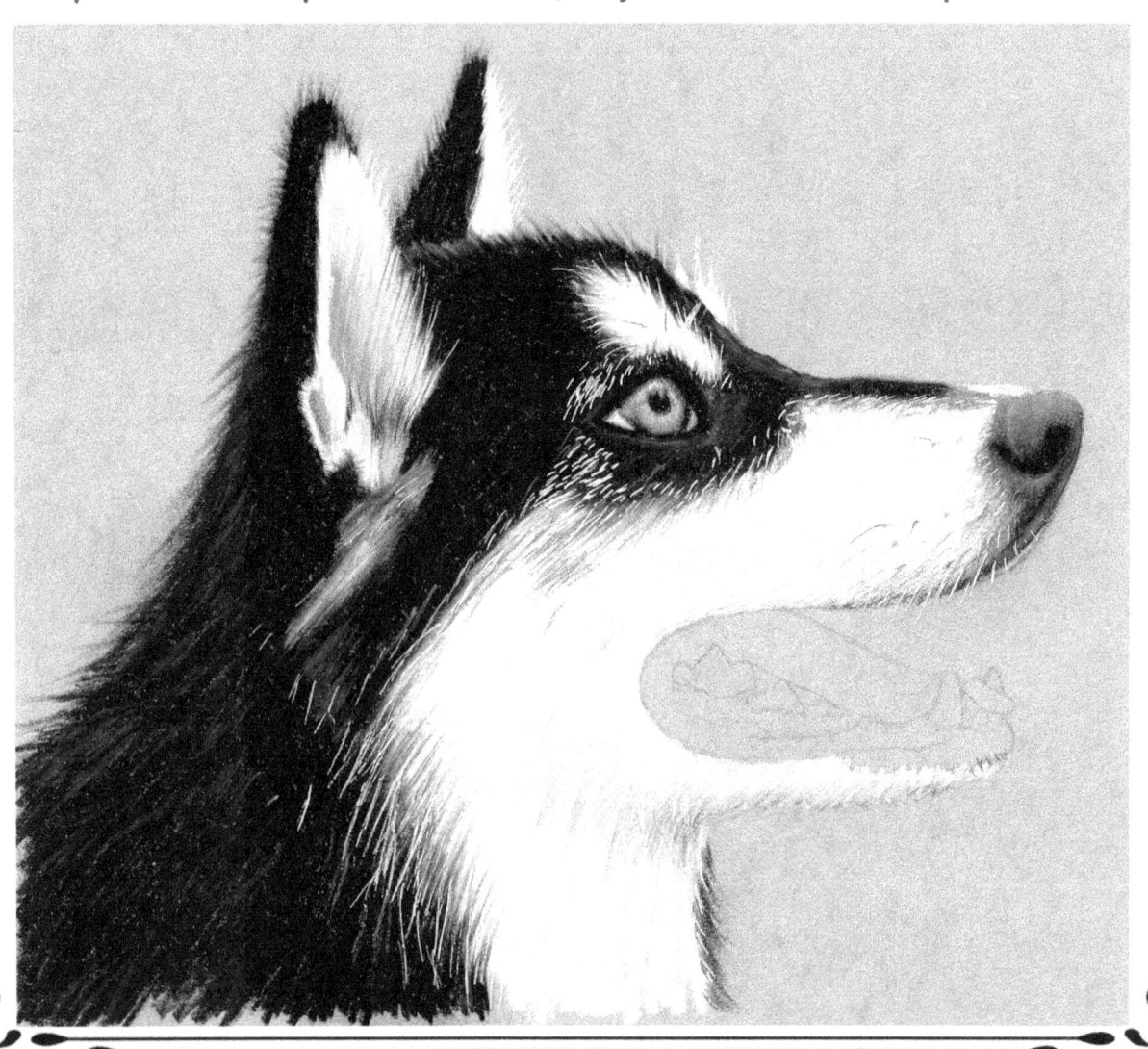

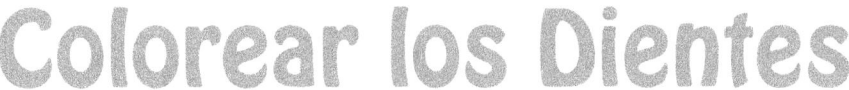

Colorear los Dientes

Ahora, centrémonos en el toque final: la boca.
Comienza coloreando cuidadosamente los dientes con un lápiz
de carbón blanco o un marcador blanco opaco. Después, repasa
suavemente las partes sombreadas de los dientes con un lápiz
HB, aplicando una presión ligera para obtener un sombreado
sutil. Este paso aporta precisión a los detalles, completando el
refinamiento general de tu dibujo.

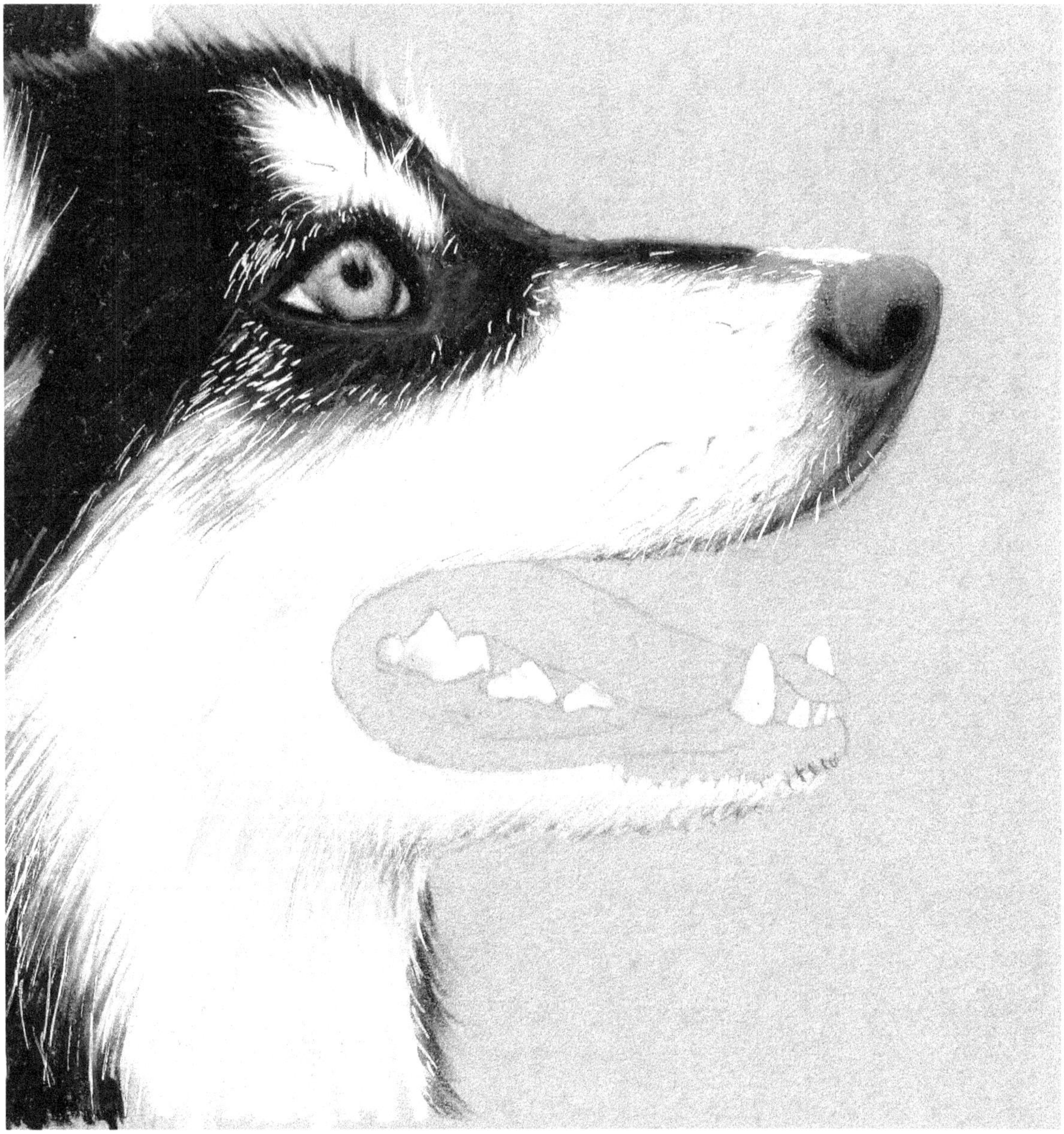

Sombreado de la Lengua

Continúa sombreando la lengua, siguiendo la guía visual en la próxima imagen. Utiliza un lápiz HB para lograr profundidad y realismo de manera matizada.

La elección es tuya: puedes agregar más detalles o mantener la simplicidad actual. Ten en cuenta que un dibujo superior no siempre es el más intrincado. Tu obra preferida suele ser aquella que resuena más contigo. Esfuérzate por crear una obra de arte que realmente satisfaga tu visión artística.

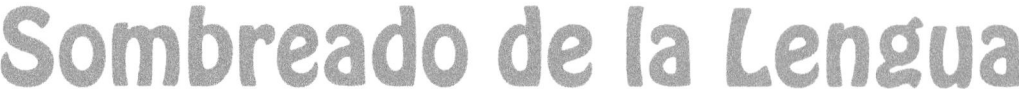

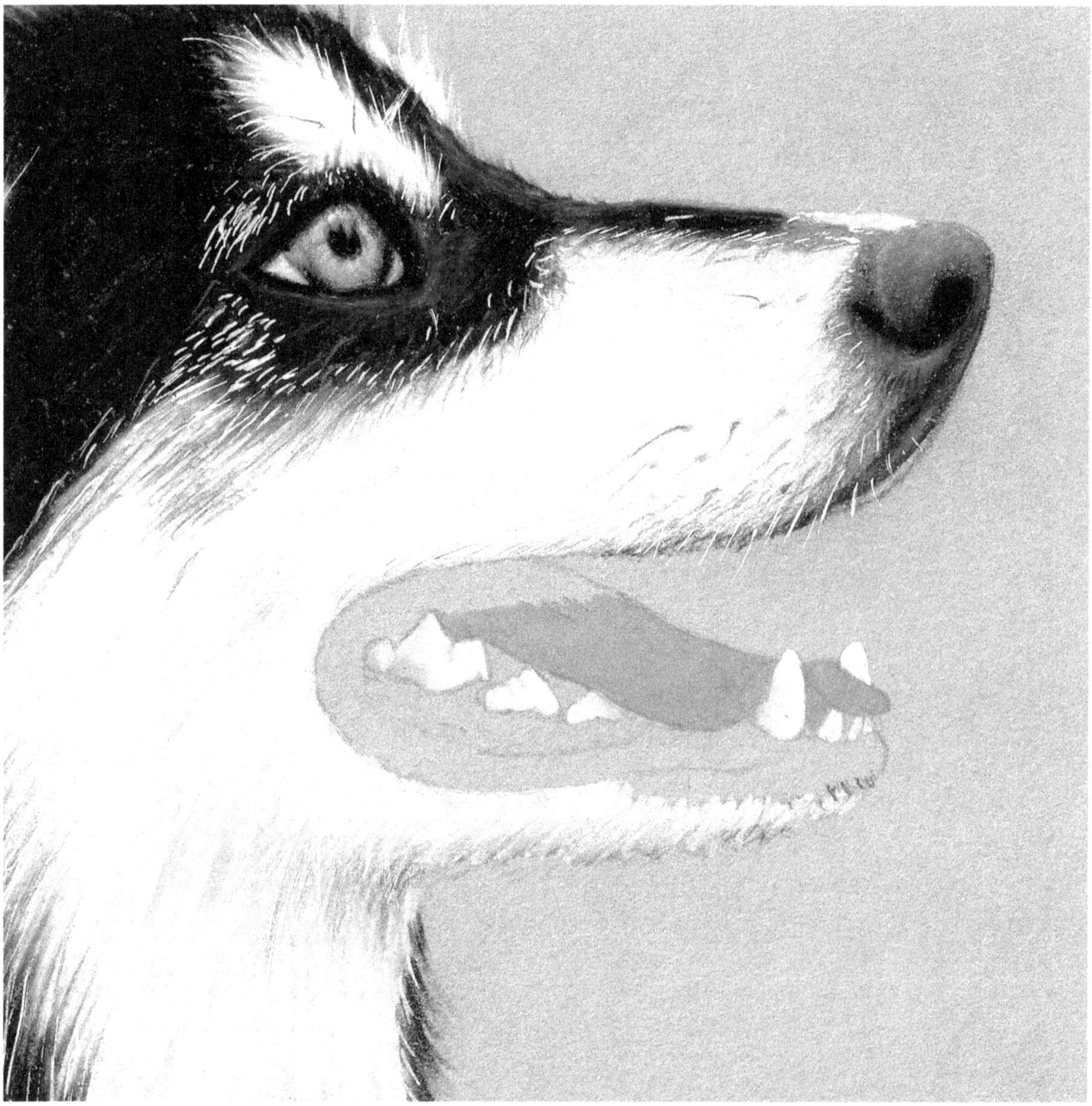

Sombreado de la Boca con Precisión

Sombrea las áreas restantes de la boca, la piel circundante y las encías completamente negras alrededor de los dientes, excluyendo la sección junto a la lengua sombreada. Toma un lápiz 14B y aplica presión firme para sombras intensas.

Ejerce precisión mientras delimitas cuidadosamente alrededor de los dientes y la lengua, utilizando un lápiz bien afilado para mantener sus formas originales.

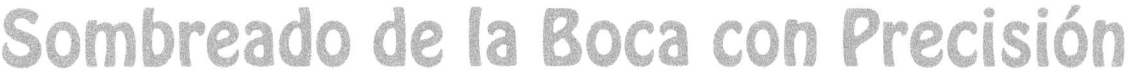

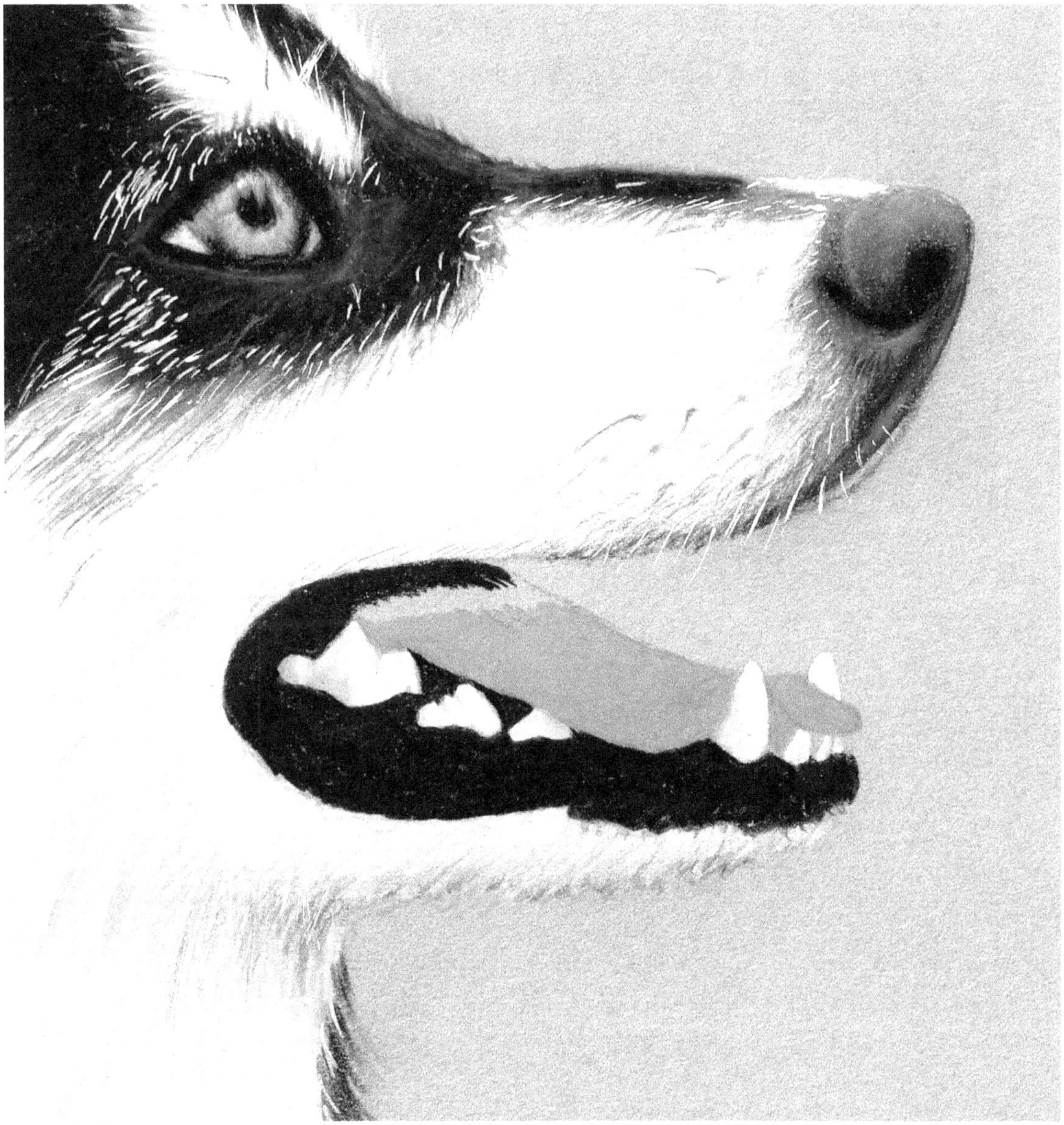

Difuminar la Lengua

Asegúrate de lograr una transición suave a medida que el área de la lengua con lápiz HB se funde gradualmente con el área previamente sombreada con lápiz 14B. Usa un lápiz 4B para conectar las regiones de lápices HB y negro, aplicando presión firme sobre la sección negra y liberándola gradualmente al llegar al borde del área HB. Esta técnica crea una transición sin problemas entre ambas, mejorando el realismo general. Extiende el sombreado a la parte inferior de la lengua, abordando la sombra proyectada por los colmillos. Intensifica gradualmente la sombra en la parte inferior manteniéndola más clara junto al sombreado inicial con lápiz HB. Esta técnica realza la redondez de los bordes de la lengua, contribuyendo a una representación más realista.

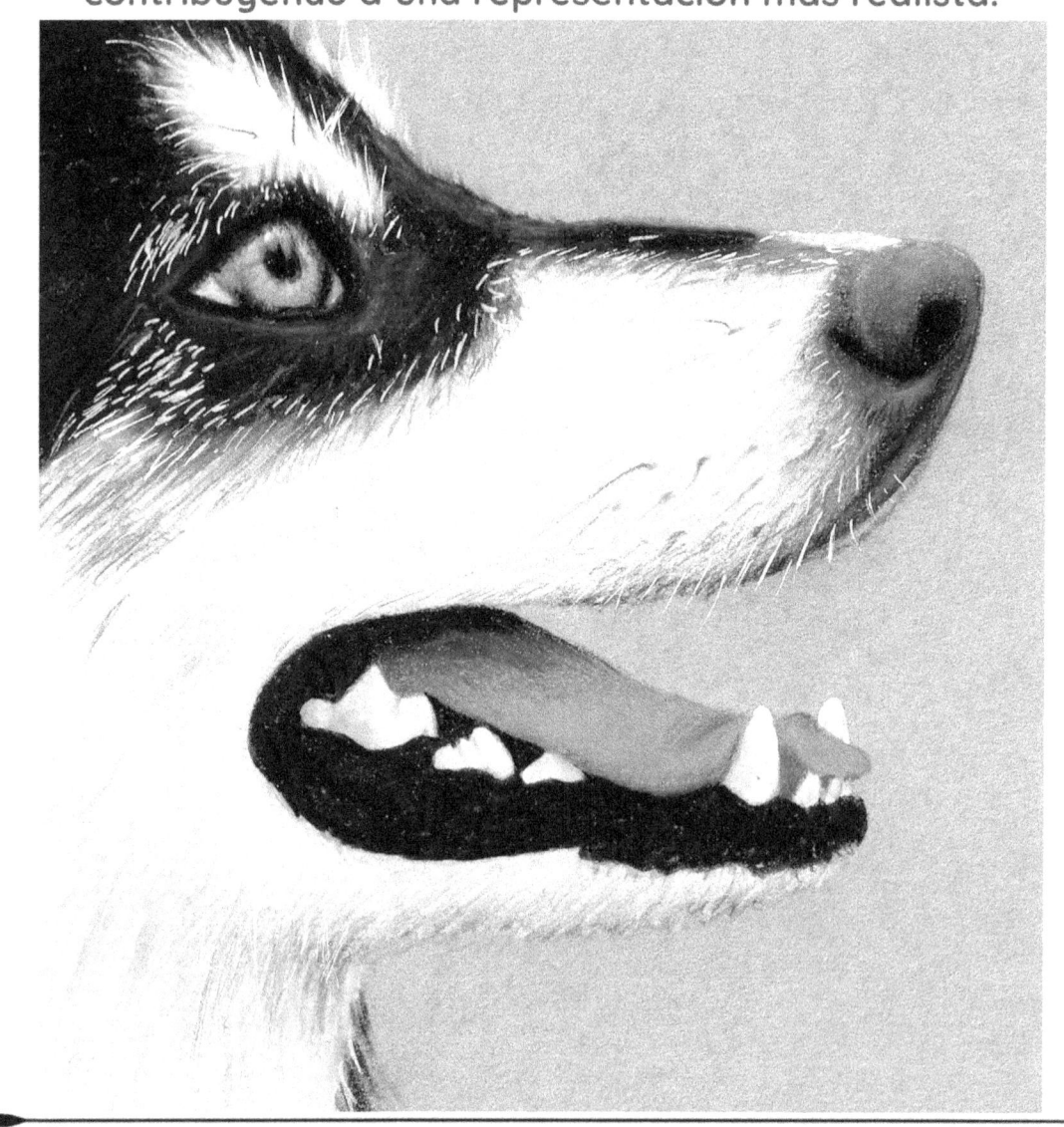

Añadir Destellos y Bigotes

Termina tu dibujo añadiendo destellos a las encías, la lengua y las áreas sombreadas utilizando la goma de borrar con firmeza. Presiona para resaltar estos puntos.

Como toque final, dibuja los bigotes encima de la boca y delinea la zona de la boca abierta, siguiendo la foto de referencia. Utiliza un marcador blanco o un bolígrafo de gel de tinta blanca para este paso, dándole ese toque extra para que tu dibujo luzca completo.

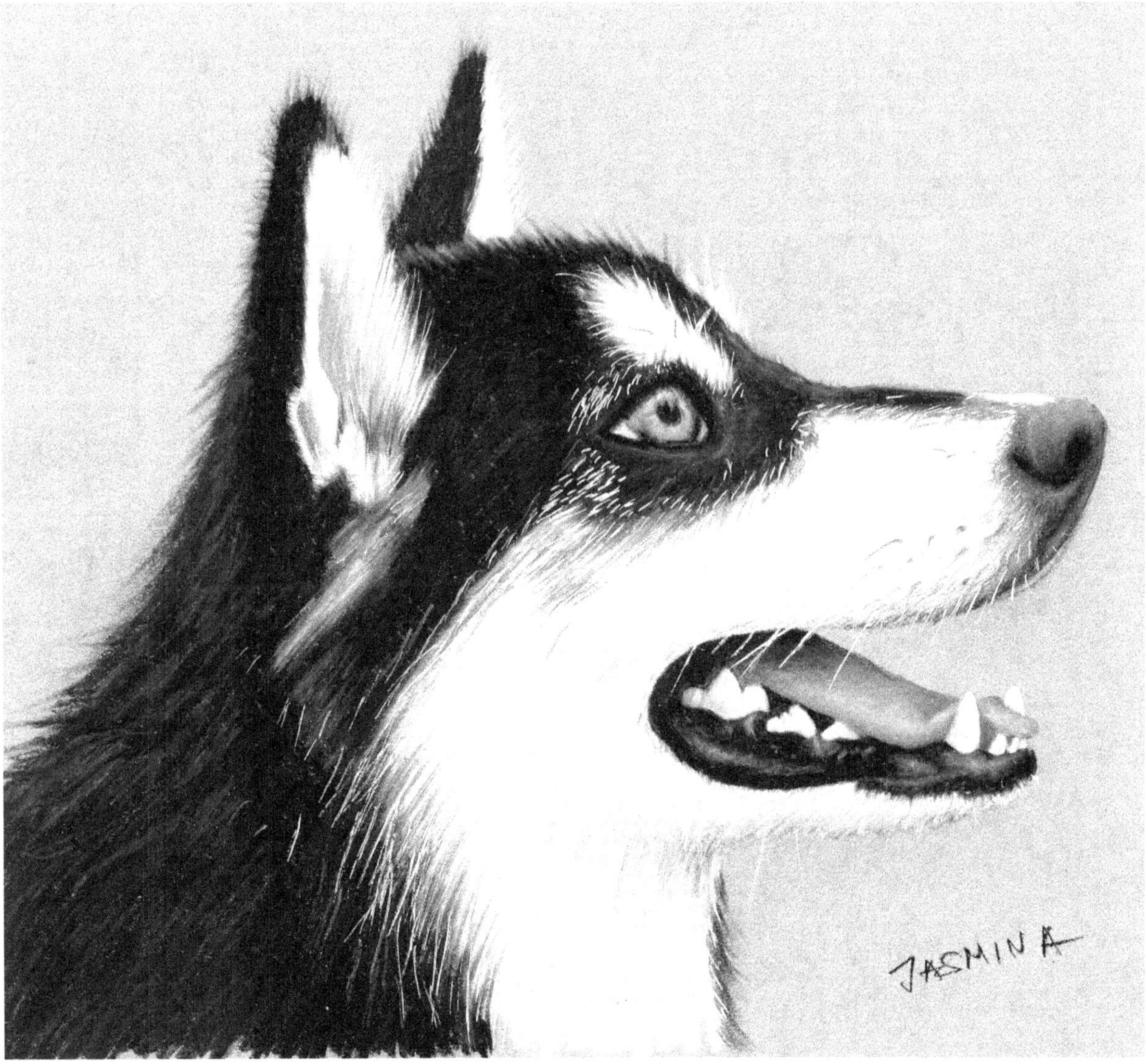

Cómo Dibujar un Tigre

Dibujar un tigre a partir de una foto de referencia ofrece una oportunidad centrada para el desarrollo de habilidades en observación y destreza técnica. Los tigres, como sujetos, presentan detalles intrincados que desafían a los artistas a refinar sus habilidades y mejorar sus destrezas artísticas trabajando en detalles, texturas y proporciones. También permite un estudio enfocado de las características únicas del animal, fomentando una comprensión más profunda de la vida silvestre y potencialmente generando conciencia sobre la importancia de la conservación.

La Foto de Referencia

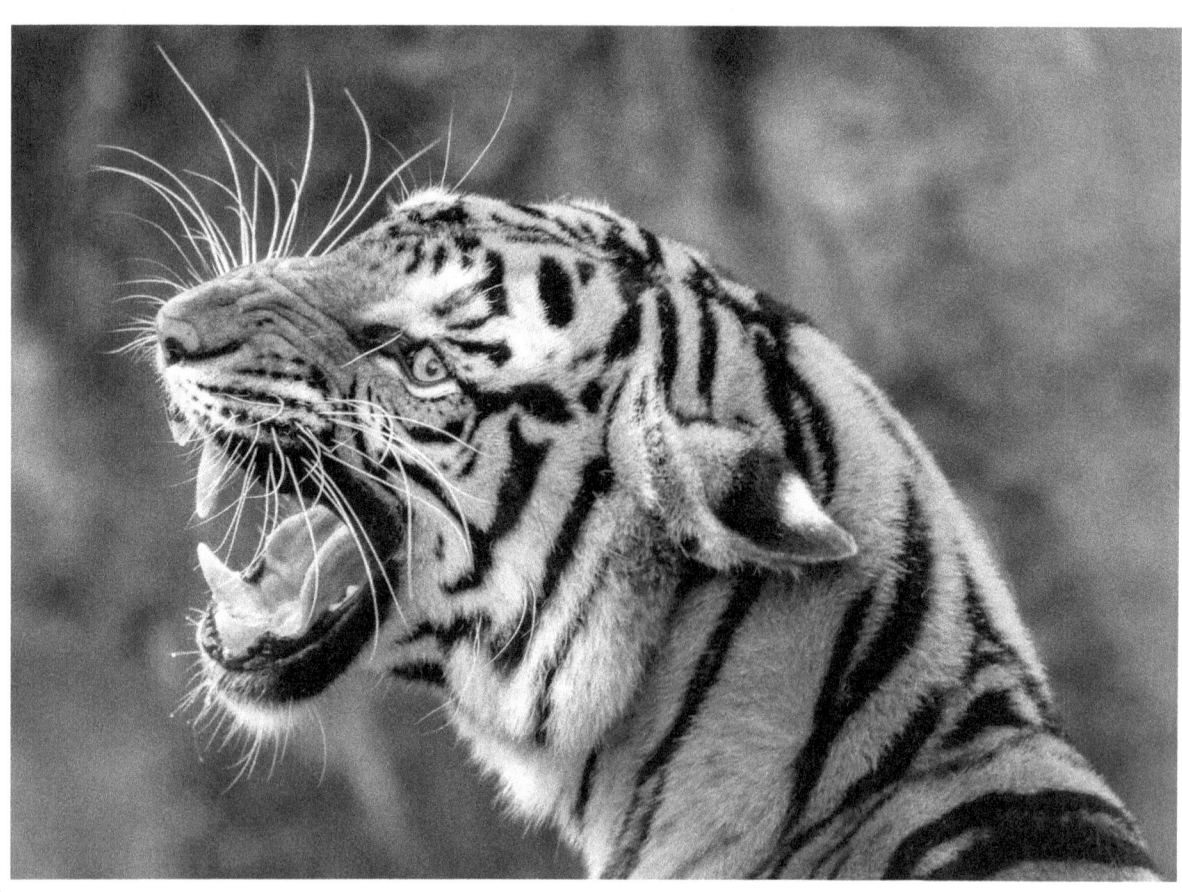

Boceto, Contornos Básicos

Explora tus habilidades de dibujo al representar este tigre en papel gris, permitiendo que el pelaje blanco y los bigotes destaquen. Trabajar en un fondo tonificado no solo añade profundidad, sino que también presenta una oportunidad única para desarrollar tu técnica artística. Recomiendo el papel Clay de Fabriano o el papel Strathmore Toned Gray para esto.

En la siguiente imagen, encontrarás mi boceto a lápiz después de quitar las líneas de la cuadrícula. Para guiar mi proceso de sombreado, he marcado las distintivas rayas negras con 'X'. Esto sirve como una referencia útil, asegurando precisión y permitiendo un enfoque concentrado al agregar detalles de sombreado.

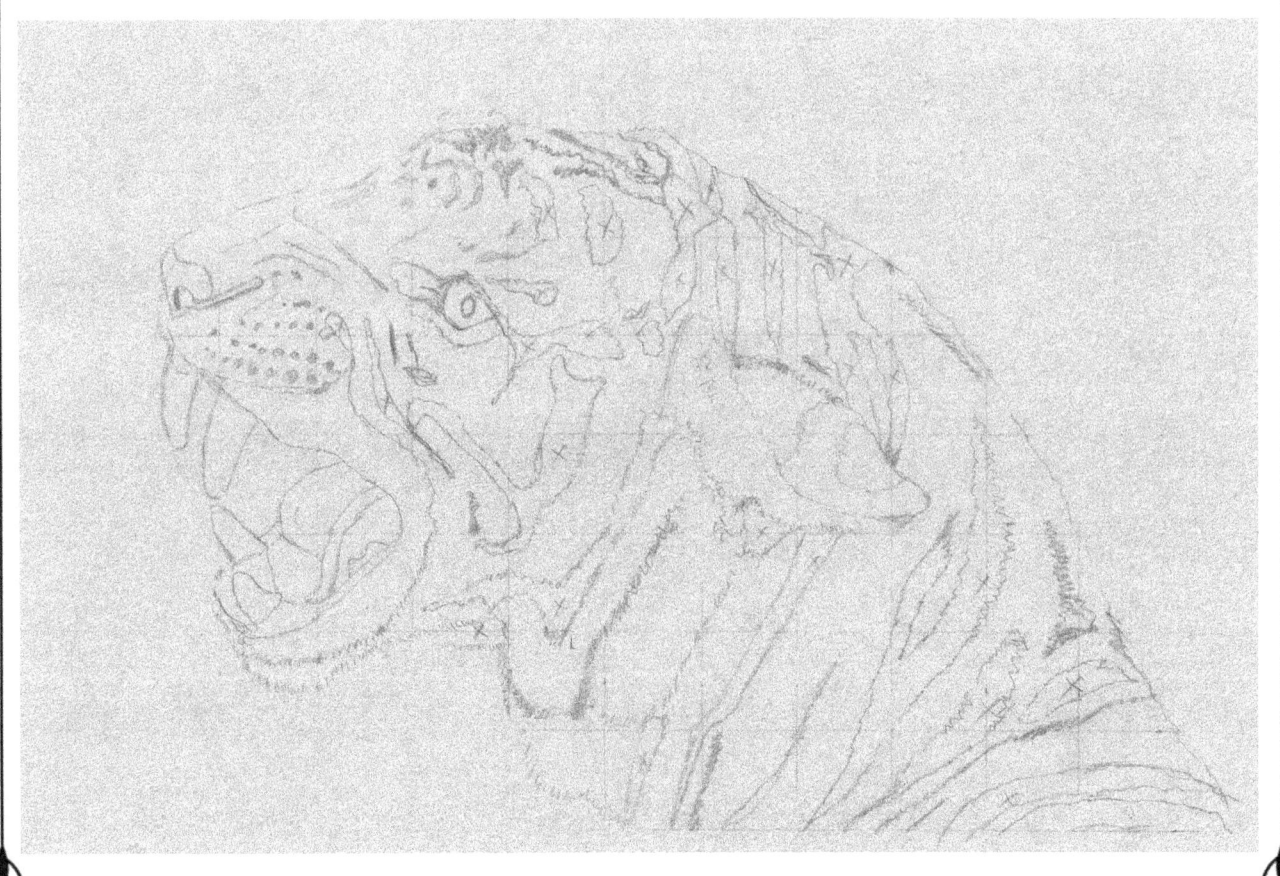

Ojos Cautivadores

Comienza dando vida al tigre a través de sus ojos. Comienza coloreando la pupila con un lápiz 14B para obtener profundidad. Luego, agrega reflejos sobre el iris coloreado del papel gris utilizando carbón blanco o marcadores opacos blancos.

Este sutil contraste en el papel gris intensificará la mirada y creará un efecto cautivador.

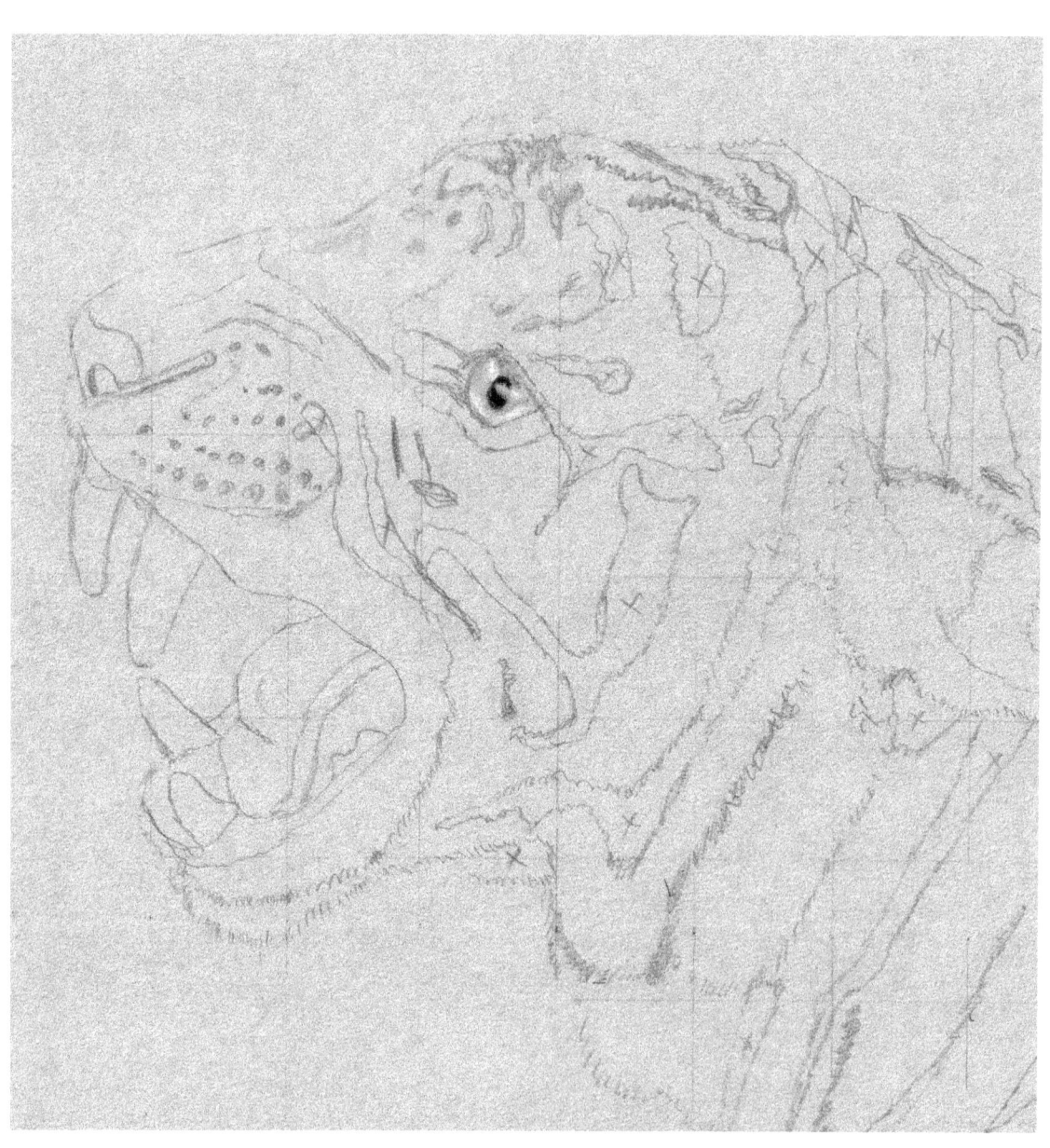

Sombreado de los Elementos más Oscuros

Sombreemos los elementos más oscuros utilizando un lápiz 14B. Esto incluye las rayas negras y otras áreas como la piel alrededor del hocico, el conducto lagrimal y las fosas nasales. Aplica presión firme para lograr un color negro intenso, asegurándote de seguir la dirección del flujo y crecimiento del pelo. Ten especial cuidado al sombrear sobre la nariz y el hocico para mantener sus formas proporcionadas. Sin embargo, al colorear las rayas, siéntete libre de relajarte, ya que no necesitan coincidir precisamente con la foto de referencia. Este paso puede llevar tiempo, así que no hay necesidad de apresurarse. Presionar con fuerza durante mucho tiempo puede causar incomodidad, así que toma descansos cada 10-15 minutos. En la imagen a continuación, puedes observar el sombreado completado para las áreas negras.

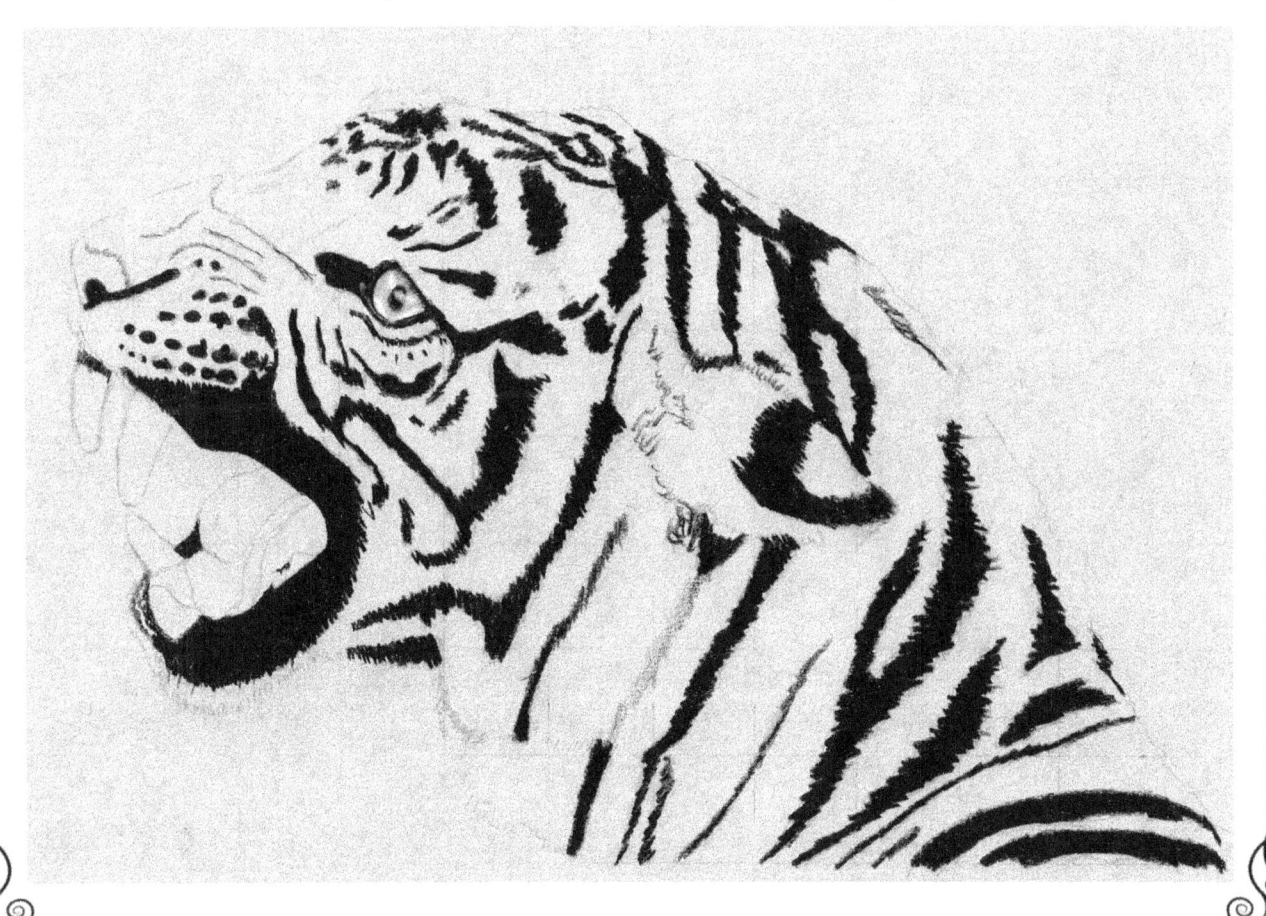

Colorear Características Blancas

Comienza a colorear los elementos blancos como los colmillos, las partes resaltadas de la lengua y el pelaje blanco utilizando un lápiz de carbón blanco, como se muestra en la ilustración a continuación. Presta mucha atención a la dirección del flujo y crecimiento del pelo para obtener un aspecto natural.

Ten cuidado al colorear junto a las áreas negras para mantener su intensidad. Pasar por encima de ellas podría afectar su negrura absoluta y podría recoger algunos residuos de lápiz negro, especialmente si se aplica sobre las secciones blancas. Aunque el mundo no es solo blanco y negro, por ahora, centrémonos en aplicar estos colores primarios, reservando el trabajo detallado en los bordes para más adelante.

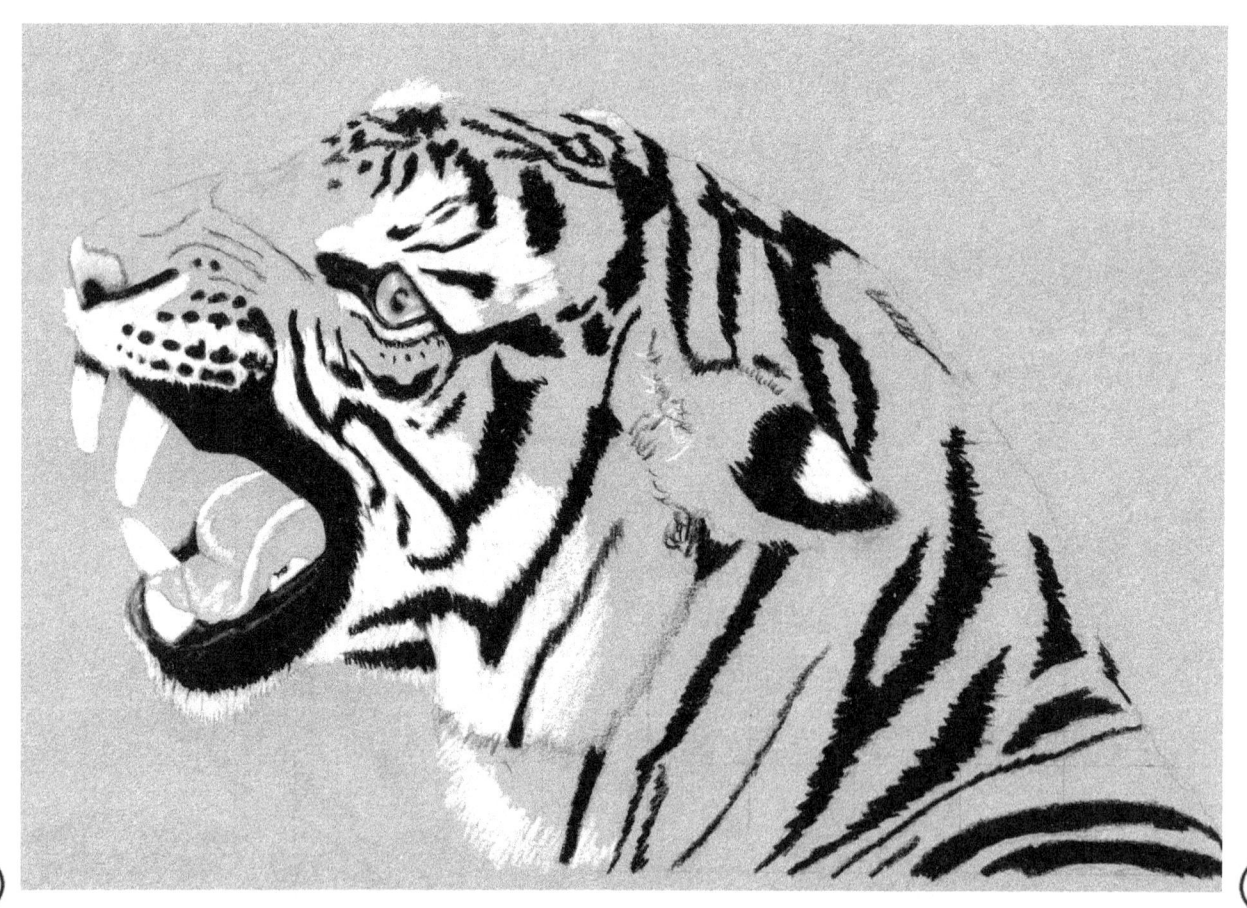

Sombreado de los Colmillos del Tigre

Comienza sombreando los colmillos del tigre desde el lado derecho con un lápiz HB. Disminuye gradualmente la presión a medida que te desplazas hacia la izquierda, deteniéndote en el centro para lograr un efecto tridimensional matizado. Utiliza una difuminador para fusionar sin problemas el área sombreada con el papel blanco, resaltando una apariencia redondeada. Repite este proceso para el colmillo inferior, asegurándote de lograr una representación armoniosa y realista.

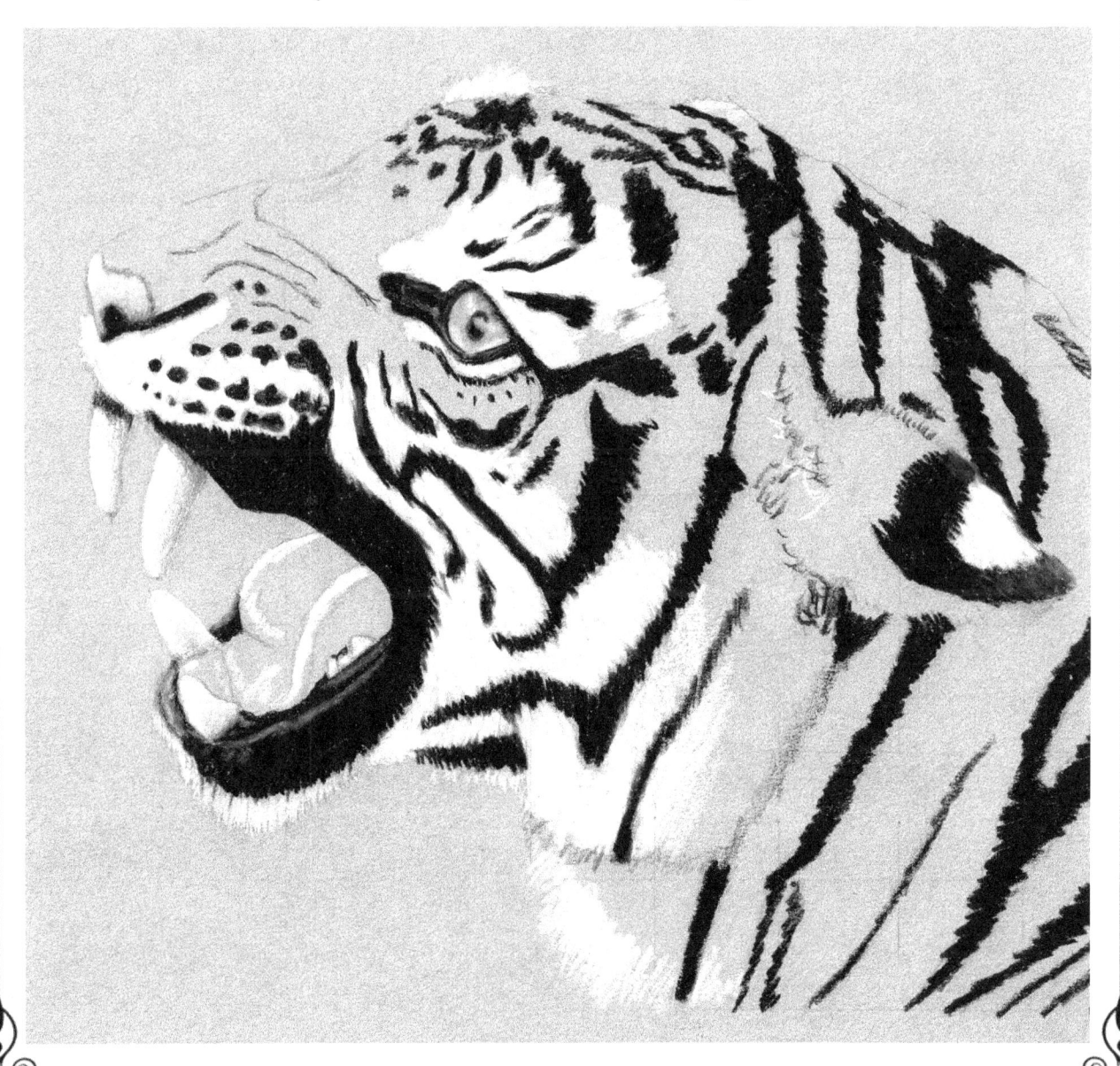

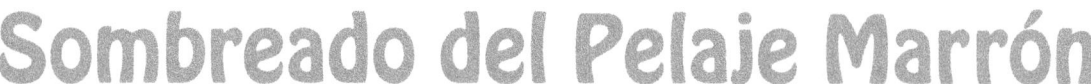

Sombreado del Pelaje Marrón

Con un lápiz HB y un toque delicado, aplica una presión ligera para sombrear el pelaje marrón. Sigue la dirección natural del crecimiento del pelo, asegurándote de marcar las áreas marrones para futuros detalles.

Este paso requiere paciencia, ya que más adelante mejoraremos el dibujo con reflejos y sombras sobre el pelaje marrón. En este punto, el dibujo puede parecer algo bidimensional, pero las próximas adiciones de sombras, reflejos y gradientes suaves aportarán realismo y una calidad tridimensional a la obra de arte.

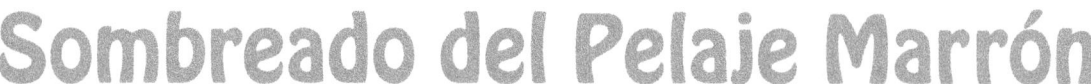

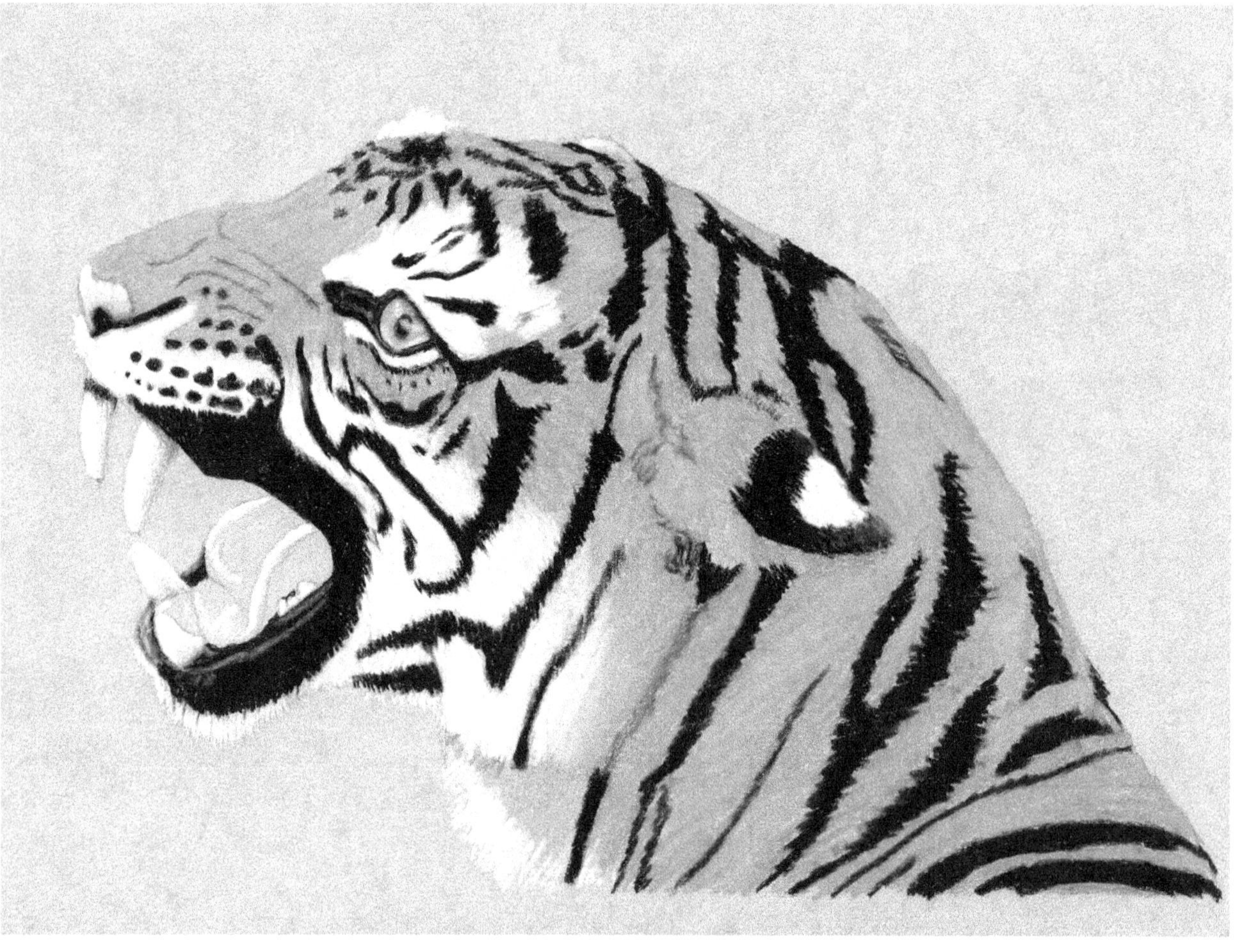

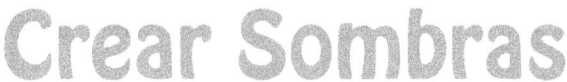

Crear Sombras

Utiliza un lápiz 2B para crear áreas sombreadas sobre el pelaje marrón dibujado con un HB, concentrándote en las regiones más oscuras como la sombra proyectada por la oreja, las arrugas faciales y otras áreas relevantes. Esta fase invita a un enfoque más cercano en los detalles, permitiéndote dibujar pelo por pelo ahora que las sombras principales han sido establecidas.

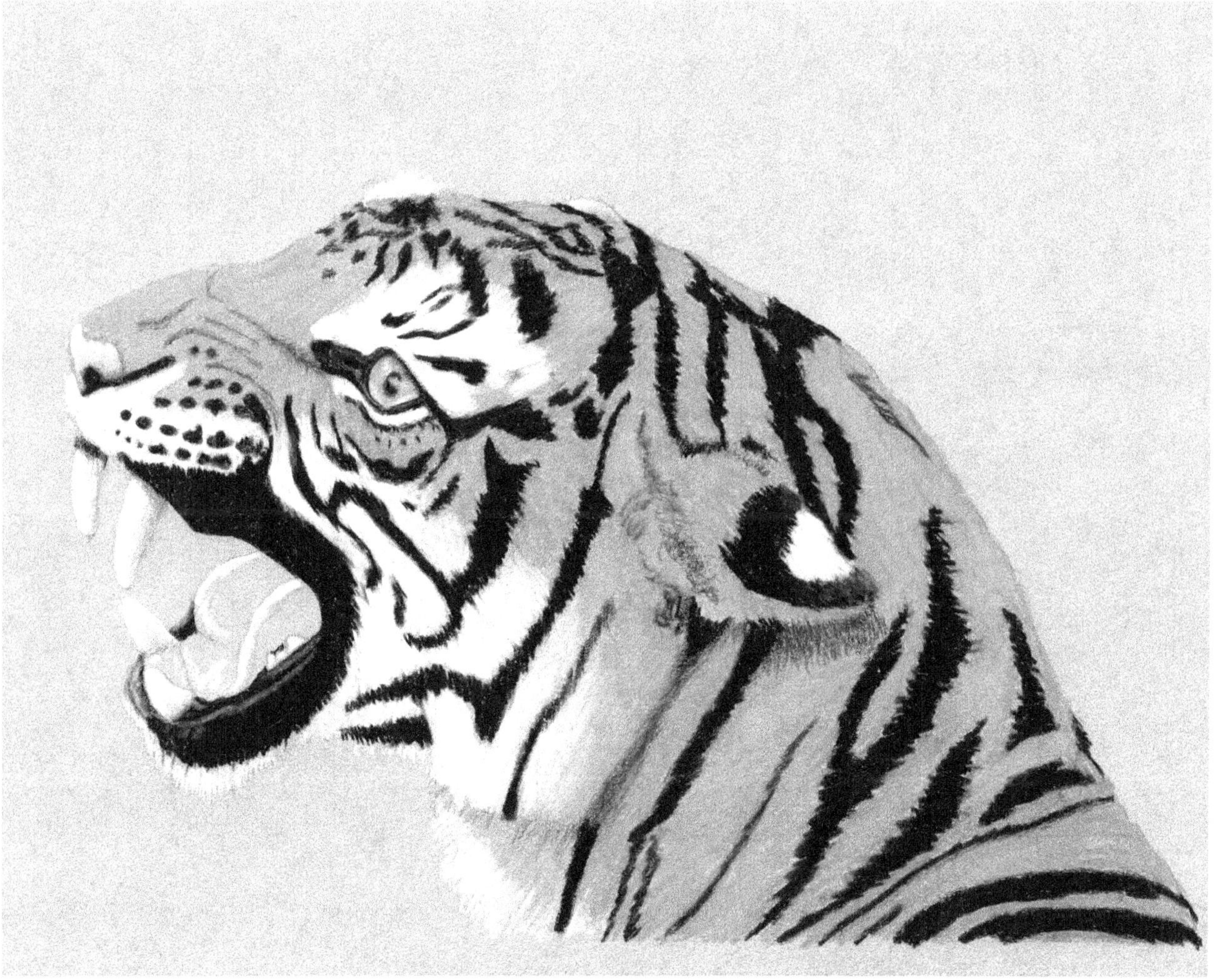

Refinar Detalles

Extiende el trabajo detallado con un lápiz 2B sobre el resto del pelaje marrón sombreado. Mezcla los bordes entre las áreas sombreadas con 2B y el pelaje marrón básico creado con un HB, utilizando un lápiz B. Concéntrate en agregar numerosos pelos pequeños en cualquier área más oscura que el valor básico del pelaje, creando un efecto matizado y realista.

Compara las imágenes anteriores y siguientes para observar la diferencia notable, especialmente en las áreas que se han vuelto más oscuras.

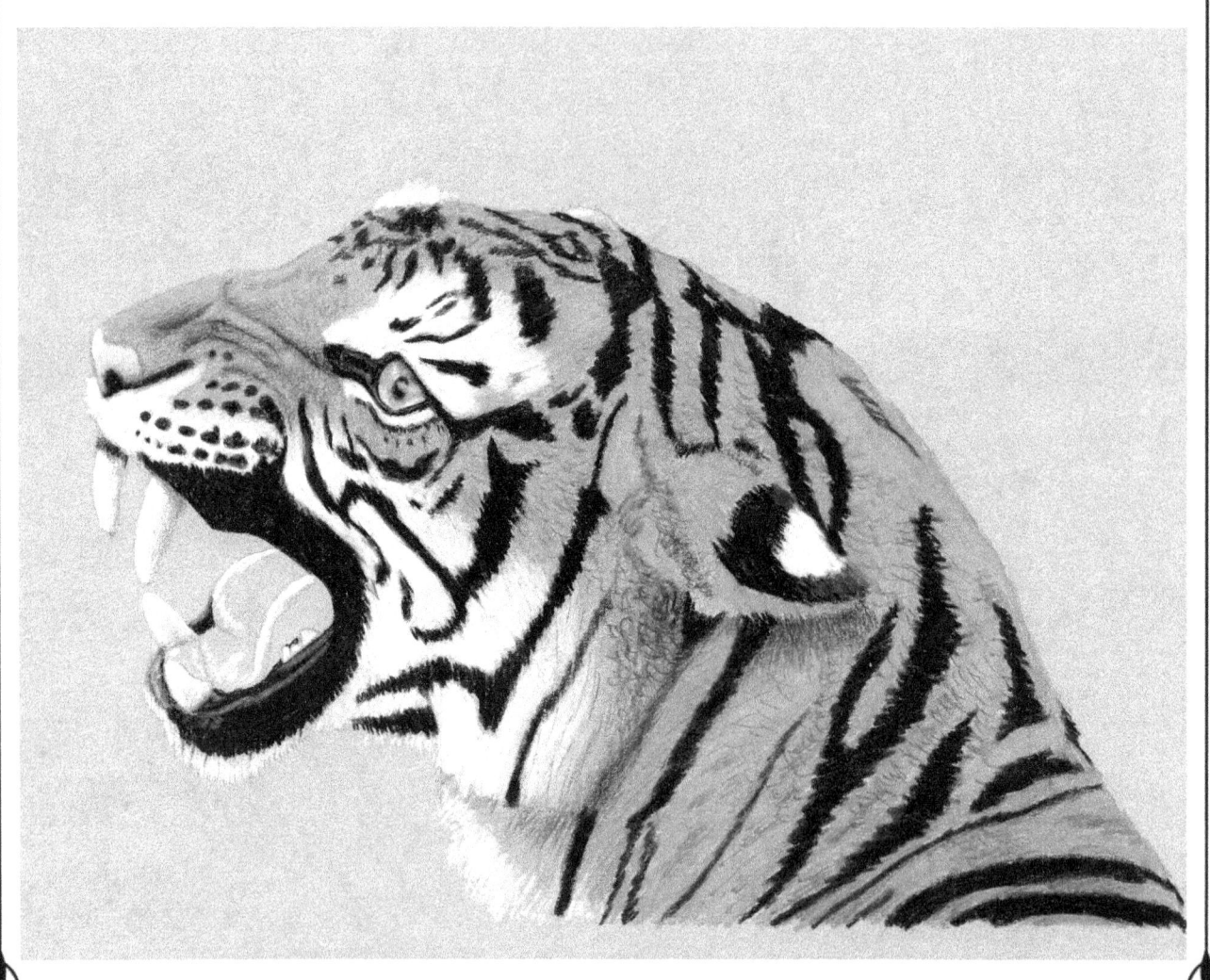

Añadir Reflejos y Gradientes

Ahora, hagamos que esas partes más claras del pelaje marrón resalten. Toma tu borrador y trabaja suavemente sobre las marcas de lápiz HB, especialmente en la parte superior de la cabeza y la espalda donde el pelaje captura más luz. Con un borrador puntiagudo, elimina cuidadosamente pequeños detalles parecidos a pelos, ajustando la presión para obtener reflejos variados. Presta atención a los bordes, que también deberían ser un poco más brillantes.

Para crear una transición sin problemas entre el pelaje blanco y el marrón, utiliza un lápiz 2B. Simplemente deslízalo sobre ambas secciones, y lograrás una mezcla gradual agradable. Añade más sombreado con este lápiz según sea necesario para enriquecer la profundidad y textura.

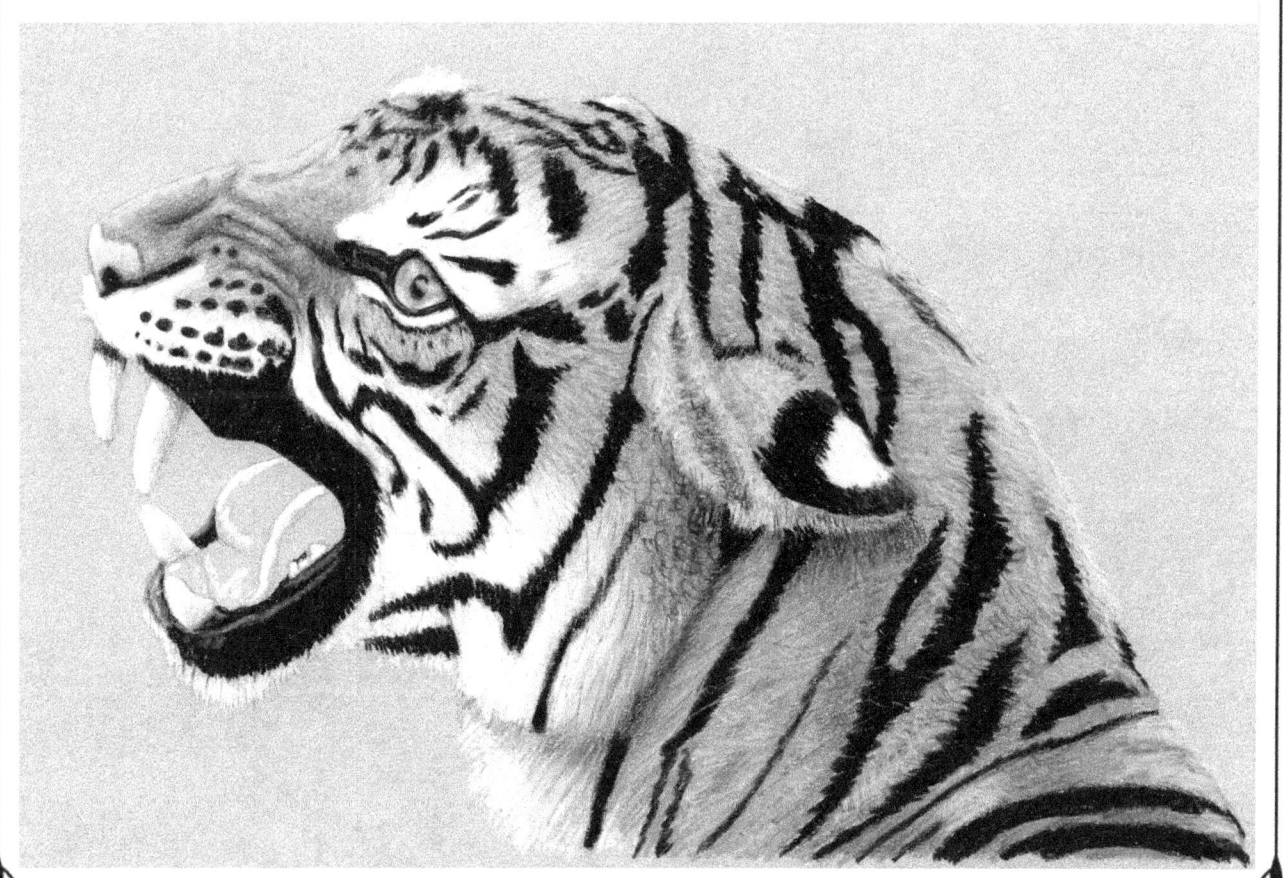

Perfeccionar las Rayas Negras

Utilizando un difuminador incoloro (como el PC 1077 de Prismacolor Premier), coloca suavemente la punta sobre la raya negra y dibuja hacia afuera. Esta técnica introduce pelos negros sobre los pelos blancos y marrones, dando como resultado una textura suave y esponjosa. El objetivo es crear pelos difuminados y borrosos para obtener un aspecto más realista.

Presta atención cuidadosa a la dirección del crecimiento y flujo del pelo durante este proceso para obtener un resultado más natural y realista. Este paso puede llevar tiempo, ya que navegas delicadamente alrededor de cada área negra, pero la transformación significativa en textura y apariencia valdrá la pena el esfuerzo.

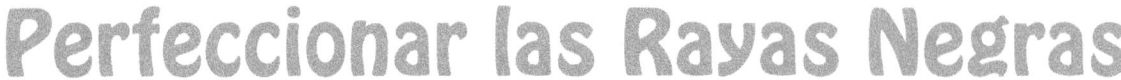

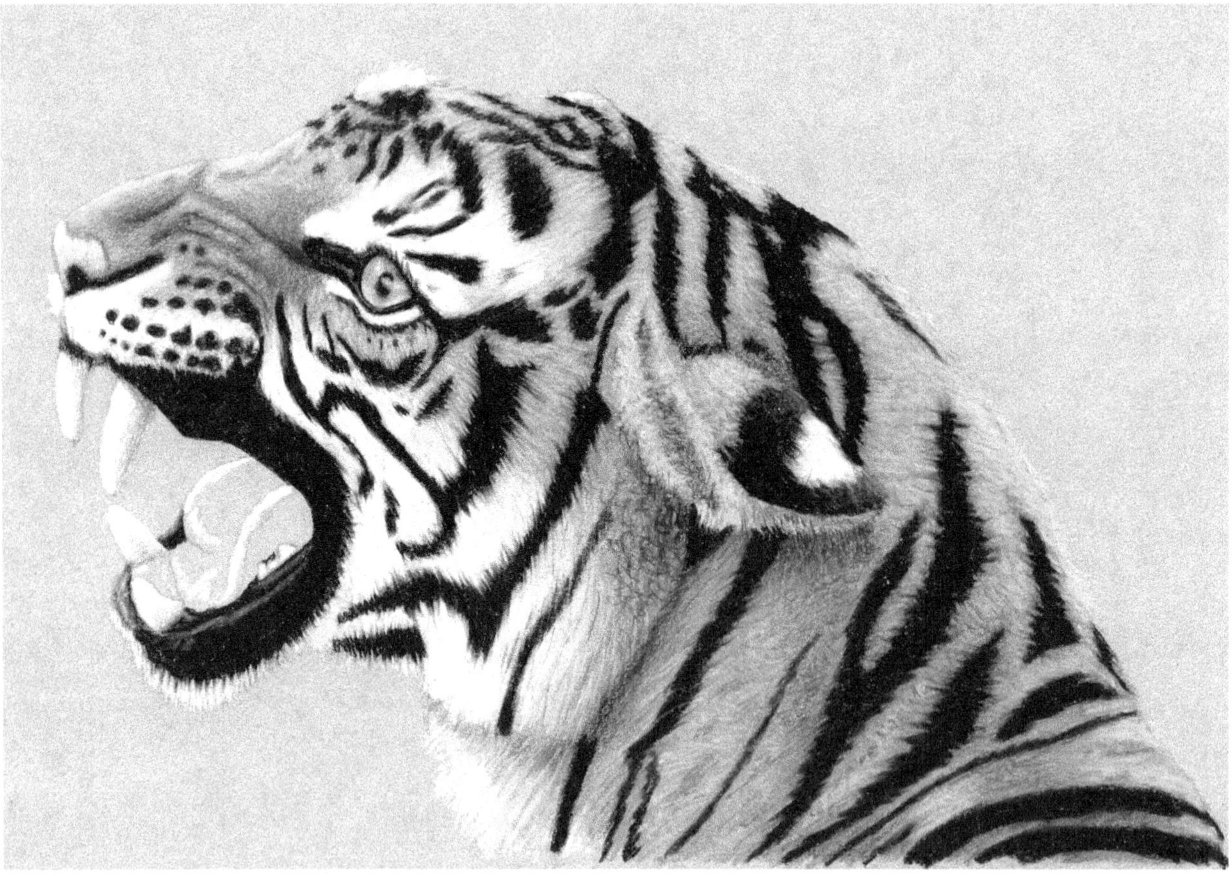

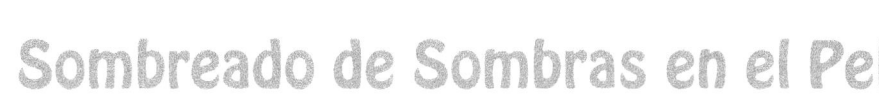

Ahora, profundicemos las sombras en el pelaje blanco en áreas con menos luz. Toma un lápiz HB y sombrea sobre las secciones blancas donde sea necesario. Recuerda, los objetos blancos tienden a volverse grises en condiciones de luz reducida, así que tenlo en cuenta mientras sombreas.

Resalta el área ligeramente curva sobre los ojos del tigre en el medio del pelaje blanco oscureciéndola con el lápiz HB. Además, asegúrate de que el pelaje blanco aparezca más oscuro en el lado derecho del hocico, ya que recibe menos luz. Este paso añade dimensión y realismo a las características del tigre.

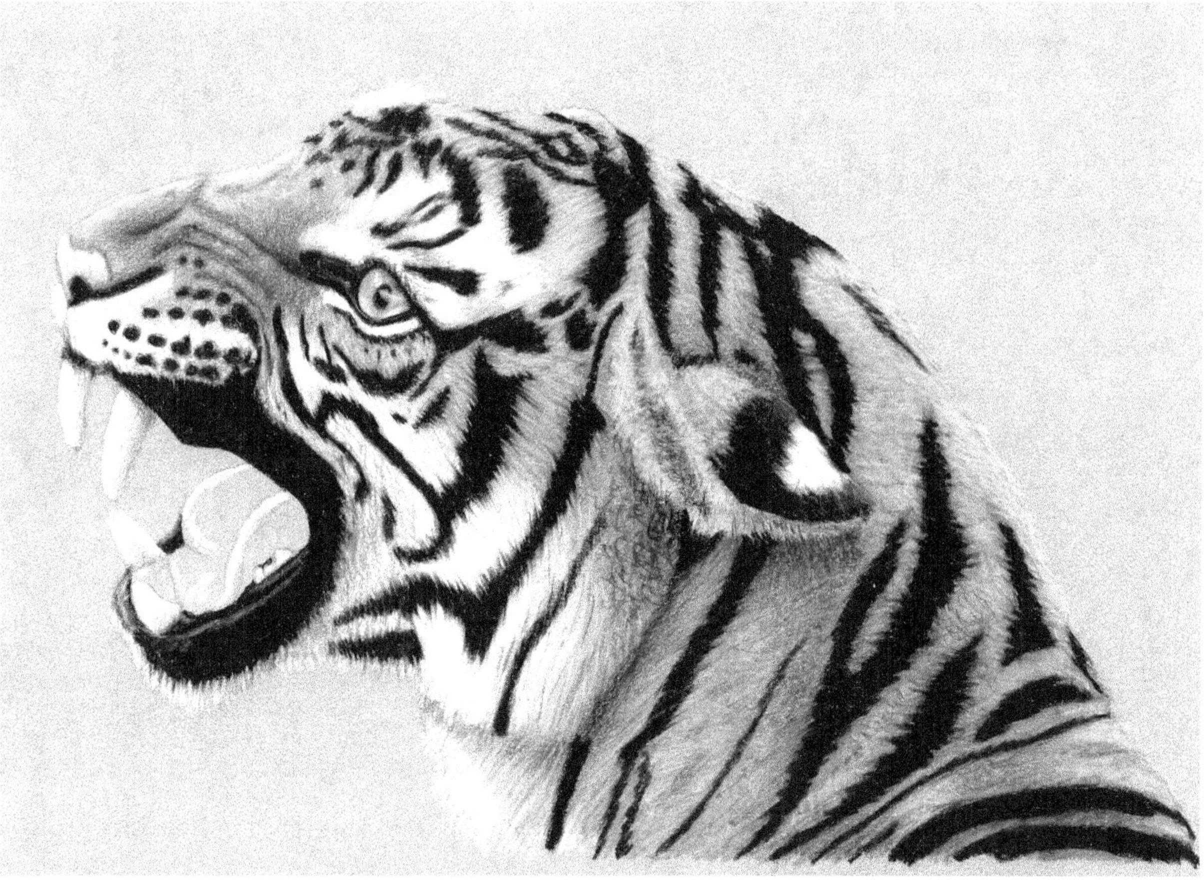

Sombreado de la Lengua

Sigue la imagen a continuación para sombrear la nariz y la lengua del tigre con un lápiz HB. Ajusta la presión para crear áreas sombreadas y resaltadas matizadas. Considera utilizar lápices más claros o más oscuros que el HB para obtener variaciones adicionales.

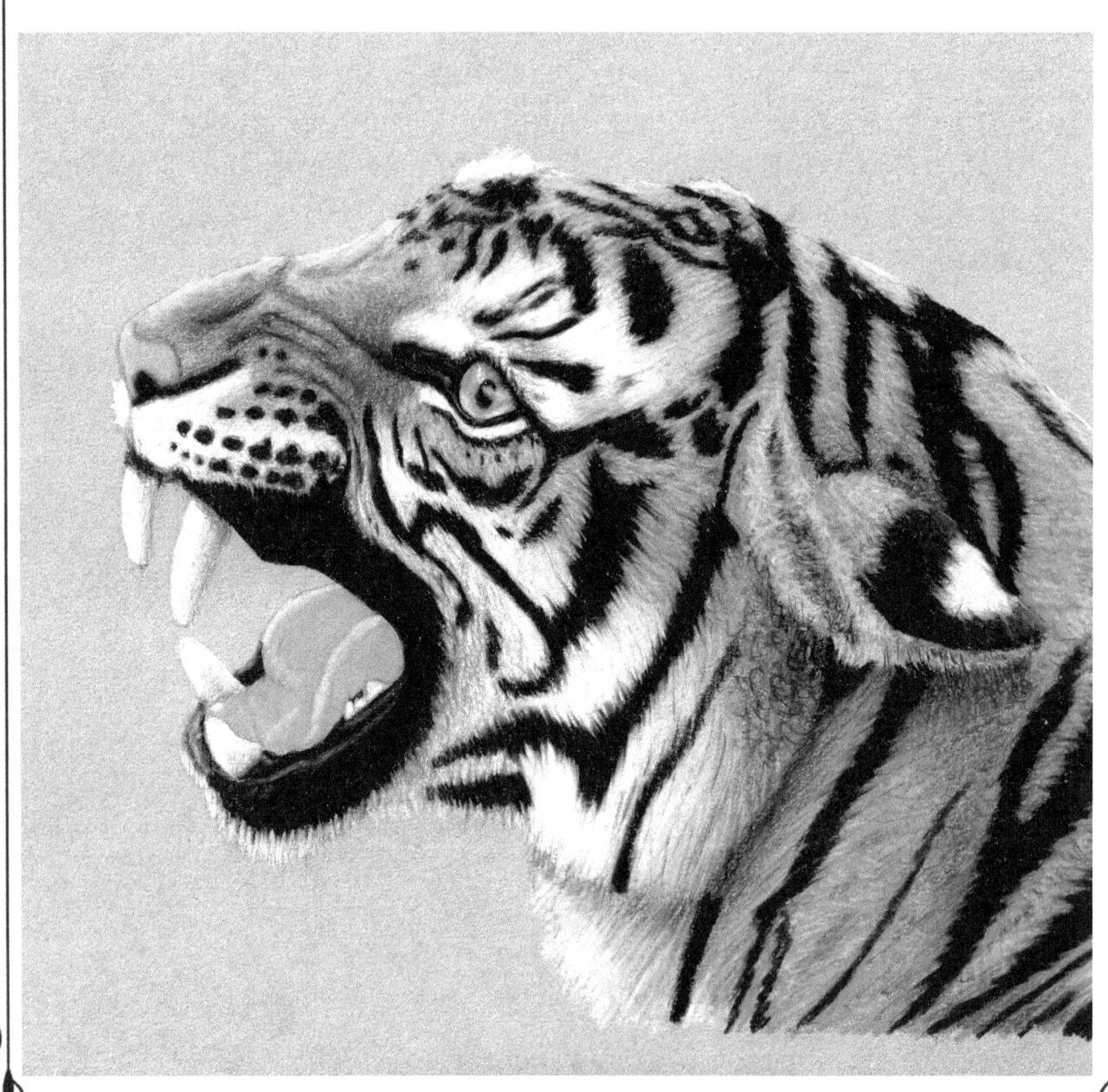

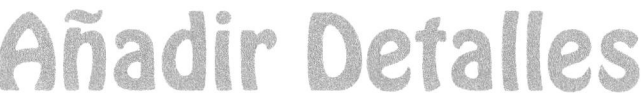
Añadir Detalles

Para agregar detalles intrincados a la lengua, utiliza una goma de borrar eléctrica para eliminar cuidadosamente grafito, creando texturas pequeñas y similares a agujas. Este paso mejora el realismo y destaca los aspectos más finos de las características del tigre.

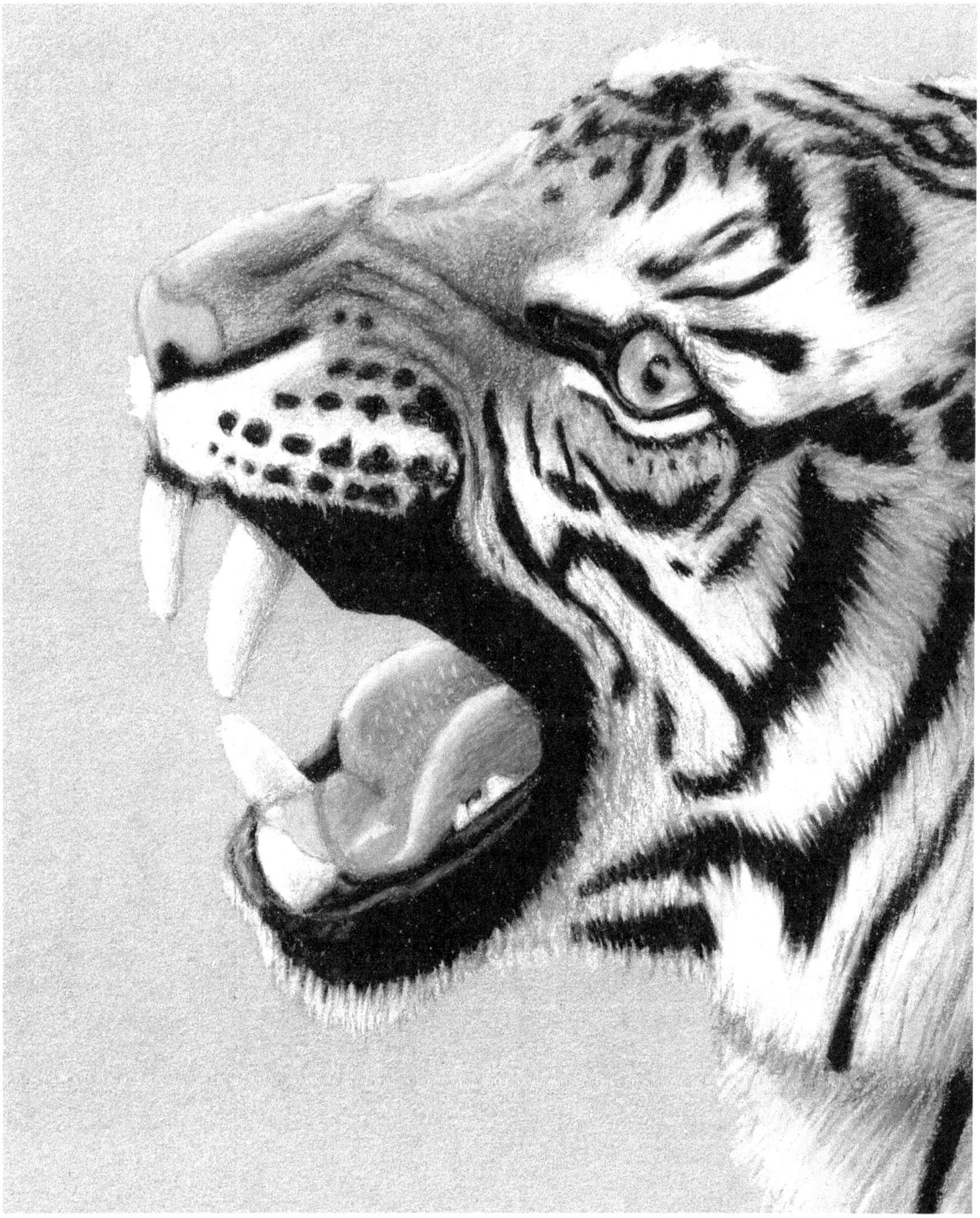

Toques Finales

Como toque final, dibuja delicadamente líneas finas para los bigotes utilizando un marcador blanco. Siéntete libre de agregar tantos detalles como desees, ajustando el sombreado a tu estilo preferido. Este paso permite la personalización, dándote la libertad creativa para perfeccionar y mejorar el dibujo según tu satisfacción.

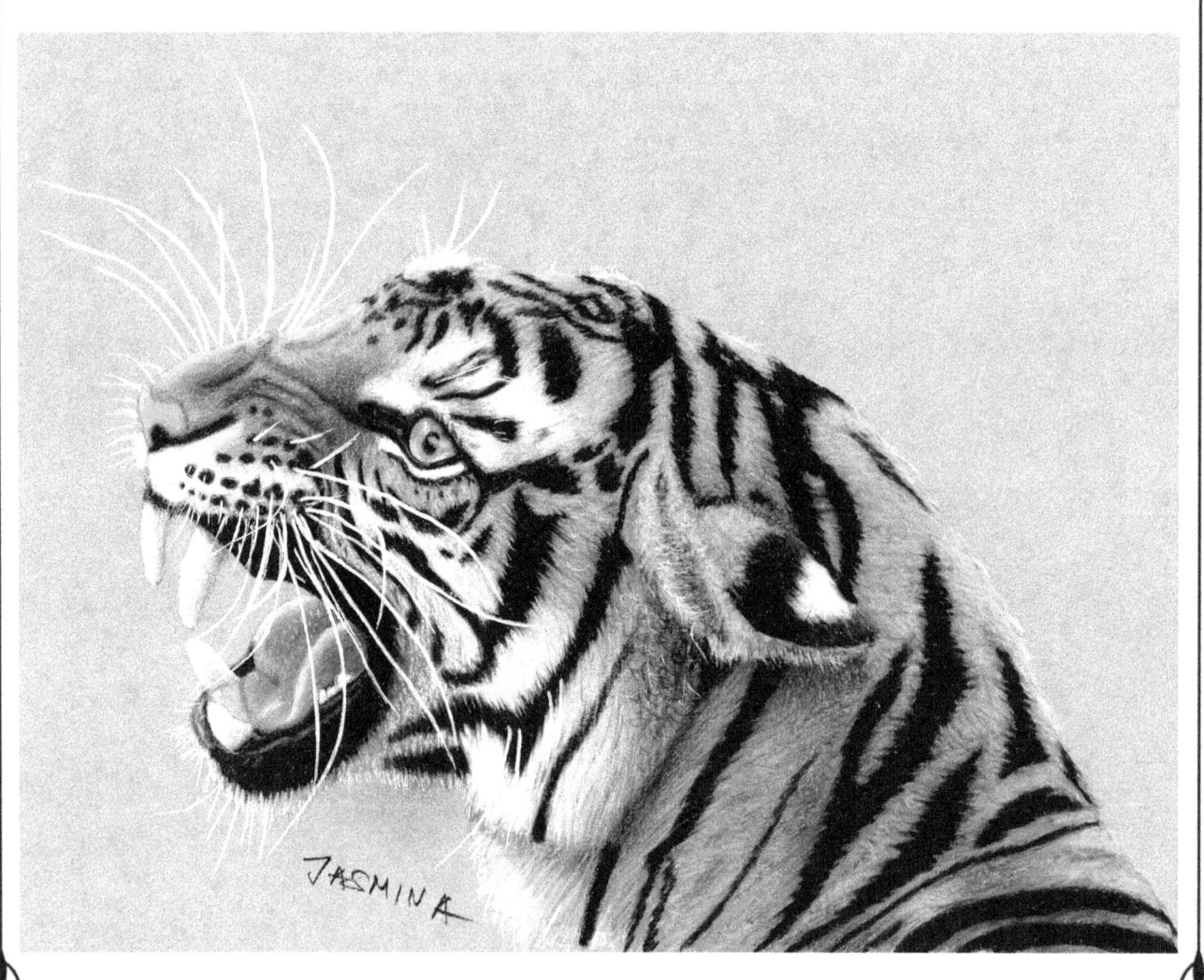

Interludios de Dibujo

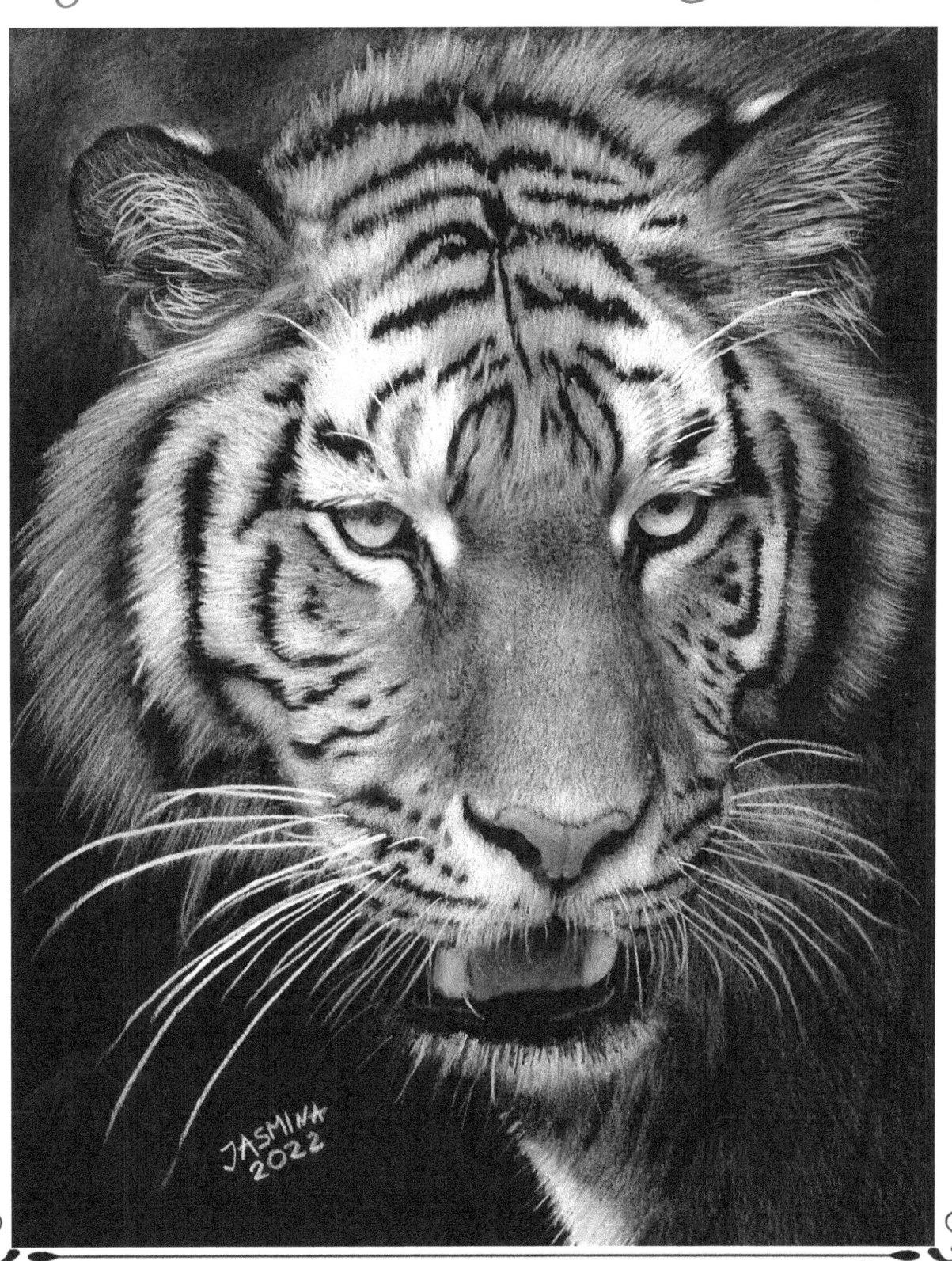

Edición de tu Dibujo

Muy bien, has completado tu dibujo y ahora es el momento de mostrarlo en línea. Después de escanear o fotografiar tu obra de arte, es posible que notes que no se ve igual que en persona. Para asegurarte de que tus dibujos brillen en toda su gloria real, mostrarlos en luz natural se vuelve esencial, especialmente si planeas venderlos o tomar encargos. En este tutorial, exploraremos el proceso de editar tu dibujo escaneado para mejorar su apariencia. Después de terminar tu dibujo, es posible que notes que la versión escaneada o fotografiada parece pálida y el grafito está excesivamente brillante. Para presentar tu dibujo con precisión y mostrar su verdadera belleza, es importante editarlo utilizando un software de edición de imágenes.

Antes y Después

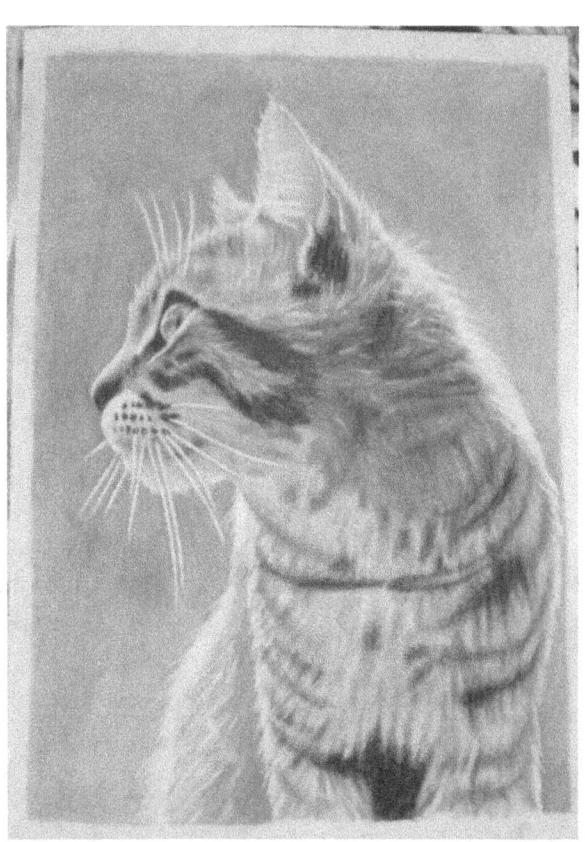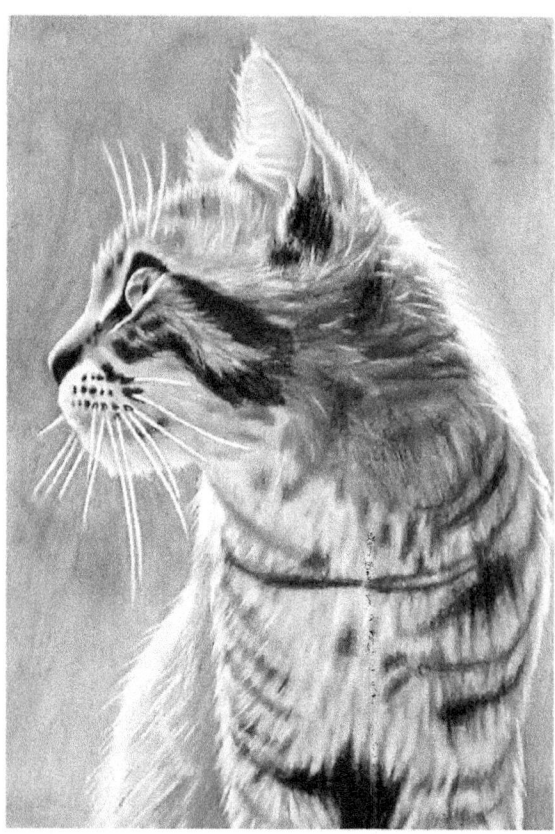

Enderezando, Recortando y Afilando Tu Dibujo

Personalmente, uso Windows Photo Gallery para editar, como se muestra en este tutorial. Sin embargo, puedes utilizar cualquier programa de edición de imágenes que ofrezca capacidades de ajuste, como PaintNET, Photoshop o Picasa. Te guiaré a través de mi método preferido utilizando Windows Photo Gallery, pero siéntete libre de adaptar los pasos a tu software elegido.

Comienza enderezando la imagen si es necesario. Esto corregirá cualquier inclinación o distorsión que pueda haber ocurrido durante el escaneo o la fotografía, resultando en una composición más equilibrada y alineada.

A continuación, recorta cuidadosamente la imagen para eliminar cualquier elemento innecesario o distractor. Al recortar estratégicamente, puedes centrar la atención del espectador en las partes más importantes de tu dibujo, creando una presentación más atractiva e impactante visualmente.

Por último, aplica un filtro o herramienta de afilado para mejorar la claridad y nitidez de tu dibujo. Esto resaltará los detalles finos y las texturas, haciendo que tu obra de arte se vea más definida y profesional.

Ajustando el Contraste y la Saturación

En este paso, nos centraremos en editar el contraste y la saturación de nuestro dibujo escaneado o fotografiado. Comienza reduciendo la saturación para eliminar cualquier color restante. Esto transformará la imagen en una representación en escala de grises que enfatiza las tonalidades del grafito. A continuación, aumenta ligeramente el contraste para agregar profundidad y definición al dibujo, realzando las luces y las sombras y haciendo que los detalles resalten.

Opcionalmente, también puedes oscurecer las sombras para crear un efecto más dramático, enfatizando la profundidad y dimensión de tu obra de arte.

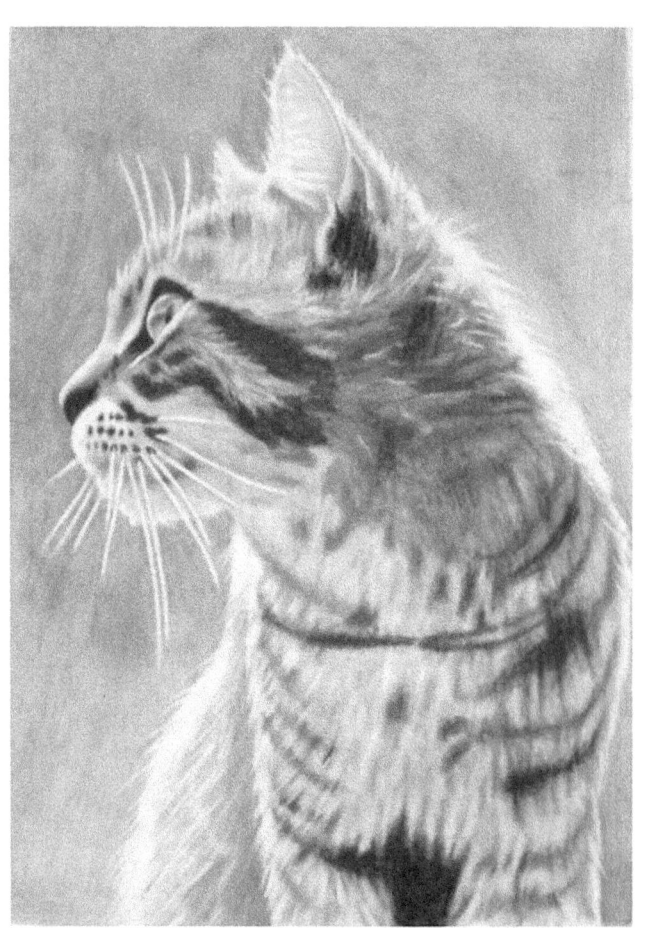

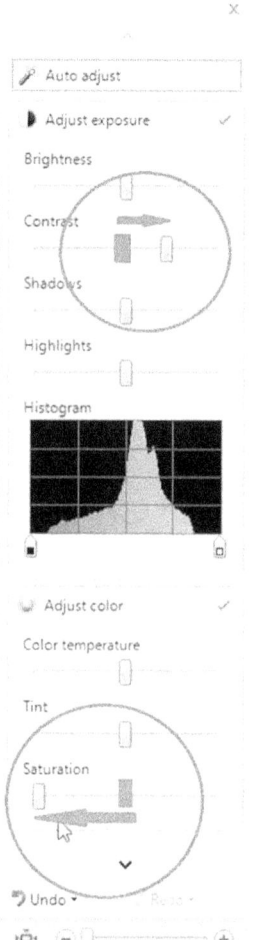

En lugar de utilizar la función de contraste, puedes confiar en la función del histograma para ajustar la oscuridad y los reflejos en tu dibujo escaneado o fotografiado.
Al manipular los deslizadores, puedes intensificar las sombras y resaltar las áreas más brillantes, añadiendo riqueza y vitalidad a tu obra de arte.

Este método alternativo no solo mejora la apariencia general de tu dibujo, sino que también te permite afinar áreas específicas con precisión. Una vez que te sientas cómodo con esta técnica, te sorprenderá lo rápido que puedes realzar el impacto visual de tu obra, dándole un toque adicional de profundidad y vida.

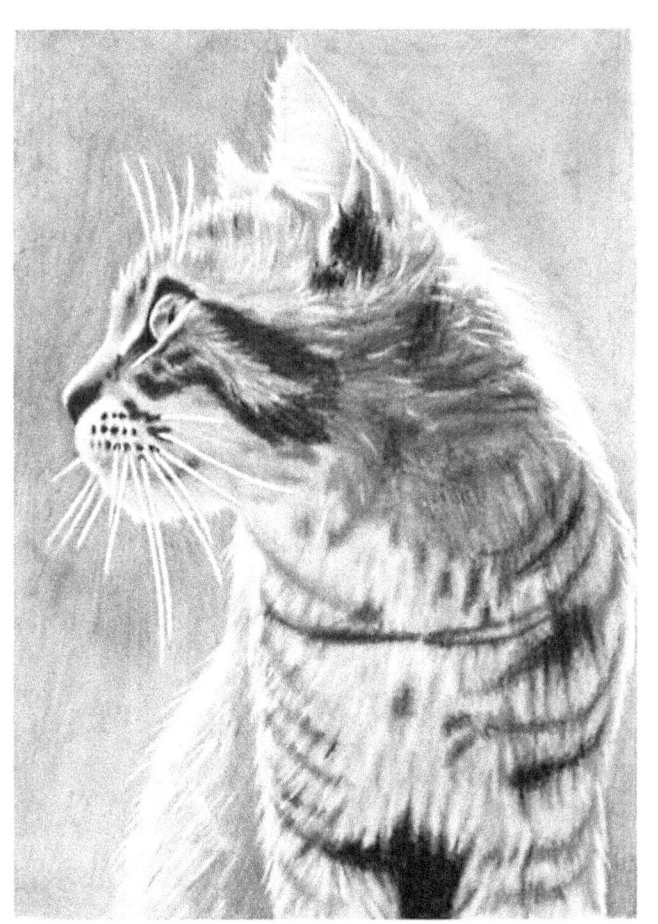
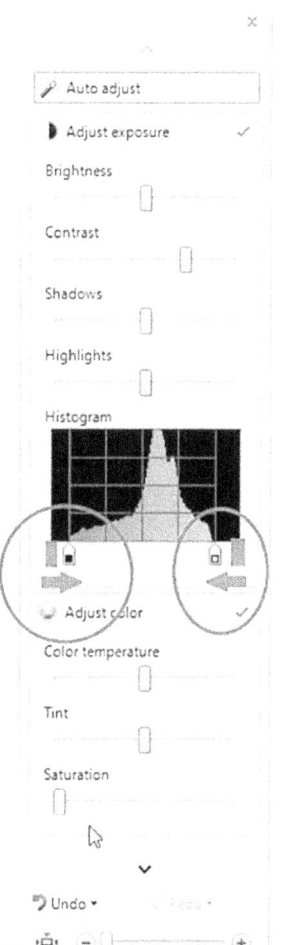

Epílogo

Al concluir, quiero expresar mi sincera gratitud a cada uno de ustedes que ha emprendido este viaje artístico conmigo. A través de estos tutoriales, he compartido mi pasión por el dibujo fotorrealista y las técnicas que han moldeado mi propio estilo artístico. A lo largo de mi propia evolución artística, he llegado a apreciar la infinita inspiración que yace en un lienzo en blanco o una hoja de papel. Cada trazo y marca realizados tienen el potencial de dar vida a una obra terminada, cautivadora e impresionante.

Al adentrarse en el mundo del dibujo fotorrealista, recuerden la importancia de construir una base sólida. Comiencen con grafito o carbón para dominar las habilidades fundamentales de creación de valores, y gradualmente avancen hacia técnicas más complejas, como agregar colores a sus dibujos. La práctica, la dedicación y la autodisciplina son clave para lograr los resultados deseados en su arte.

Entiendo que puede ser desalentador cuando nos comparamos con artistas más exitosos, pero es importante recordar que cada persona tiene su propio camino y progreso único. Recuerda que esos artistas han invertido incontables horas, esfuerzo y trabajo duro en su arte, perfeccionando sus habilidades y produciendo cientos de dibujos. Es fundamental reconocer que cada uno aprende a su propio ritmo. Mientras algunas personas pueden comprender conceptos con facilidad y avanzar rápidamente, otras pueden necesitar más tiempo y práctica para alcanzar el mismo nivel de destreza. Las comparaciones pueden obstaculizar nuestro progreso, así que apreciemos la inspiración que nos brindan otros artistas mientras mantenemos nuestro propio desarrollo artístico.

Recuerda que lograr siquiera un ligero parecido en tu dibujo es un testimonio de tu arduo trabajo y dedicación. Siéntete orgulloso de tus logros y permíteles impulsar tu motivación para seguir avanzando. En lugar de compararnos con otros, enfoquémonos en nuestro propio crecimiento y celebremos nuestros logros en el camino.

El dibujo no es solo una vía creativa, sino también una fuente de inmensa alegría y satisfacción. Trasciende barreras de edad y tiene beneficios profundos para tu bienestar en general. No importa tu edad, involucrarse en el dibujo fomenta la concentración, la atención plena y un profundo sentido de presencia en el momento presente. Te permite escapar de las presiones de la vida cotidiana y sumergirte en un mundo de creatividad y autoexpresión.

Más allá del crecimiento personal, creo firmemente en el poder del arte para inspirar y tener un impacto positivo en el mundo. Cada dibujo tiene el potencial de difundir compasión, crear conciencia o simplemente elevar el ánimo de alguien. Mientras creas tu obra de arte, considera los mensajes que puedes transmitir y la diferencia que puedes hacer a través de tu arte. Ha sido un honor guiarte a través de los intrincados pasos. No dudes en contactarme en redes sociales o a través de mi sitio web. Estaré encantado de ver tus dibujos, escuchar tus sugerencias y responder a cualquier pregunta que puedas tener. Sigue creando, sigue explorando y permite que tu viaje artístico se desarrolle de maneras que nunca imaginaste. Gracias por unirte a mí en esta aventura artística, y que tus futuros dibujos inspiren y deleiten a otros.

Con los más cálidos saludos,
Jasmina

Sobre la Autora

Jasmina Susak es una artista autodidacta con una pasión por crear dibujos fotorrealistas y pinturas acrílicas. Especializada en trabajos con lápices de colores y grafito, ha ganado reconocimiento por su habilidad para capturar la esencia y semejanza de animales, retratos, personajes de películas y objetos cotidianos.

Impulsada por el deseo de ver sus dibujos cobrar vida, Jasmina emprendió su viaje artístico armada únicamente con un lápiz de grafito, papel y una goma de borrar. La alegría de ver el parecido en sus retratos se convirtió en una fuerza motriz en sus búsquedas artísticas. Los admiradores de su trabajo la alentaron a experimentar con colores, por lo que se adentró en el mundo de los lápices de colores, centrándose principalmente en sus cualidades vibrantes mientras ocasionalmente volvía a su querido medio de grafito.

Más allá de su trabajo con lápices, Jasmina también encuentra alegría en pintar paisajes con acrílicos. Esta forma de expresión artística le permite relajarse y abrazar una sensación de libertad, apartándose del estricto parecido de las fotos de referencia. Tanto el dibujo como la pintura desempeñan un papel vital en su crecimiento artístico.

Con una gran cantidad de seguidores en las redes sociales, Jasmina ha conectado con cientos de miles de entusiastas del arte y artistas en ciernes que aprecian su trabajo y encuentran inspiración en su trayectoria artística.

En su tiempo libre, Jasmina se dedica a su pasión por la jardinería y busca continuamente oportunidades para aprender cosas nuevas. Ella cree firmemente en el valor del aprendizaje constante, reconociéndolo como un aspecto fundamental del ser humano y un catalizador para el crecimiento personal, tanto físico como mental.

Las pasiones de Jasmina se extienden mucho más allá del mundo del arte. Encuentra alegría e inspiración en las maravillas de la naturaleza, las complejidades de la ciencia, los misterios de la astronomía, los avances de la tecnología, la creatividad del diseño web, las melodías de la música y la emoción de participar en diversas actividades deportivas.

A través de su arte y su trayectoria como artista autodidacta, Jasmina tiene como objetivo inspirar a otros a explorar su creatividad, fomentar la autoexpresión y descubrir el poder transformador del arte en sus vidas.

Jasmina cree en el poder de una perspectiva positiva y optimista, haciendo hincapié en la importancia de la autodisciplina y el autocuidado no solo en el arte, sino en todos los aspectos de la vida. Reconoce que las lecciones aprendidas a través del dibujo pueden influir profundamente en nuestra personalidad y en la forma en que vivimos, guiándonos hacia una existencia más positiva y satisfactoria.

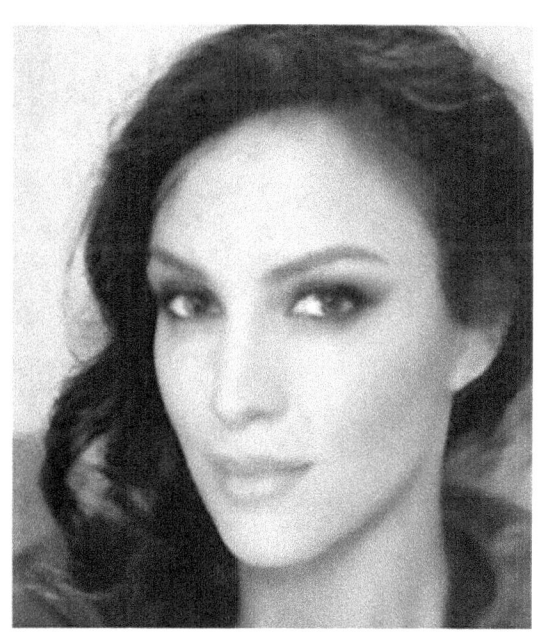

www.jasminasusak.com

Fotos de Referencia para Mejorar Habilidades

Aquí tienes una colección de fotos de referencia, seleccionadas cuidadosamente para complementar las estrategias del tutorial cubiertas en el libro. Sumérgete en la alegría del dibujo mientras exploras estas imágenes de dominio público para mejorar tus habilidades.
¡Feliz dibujo!

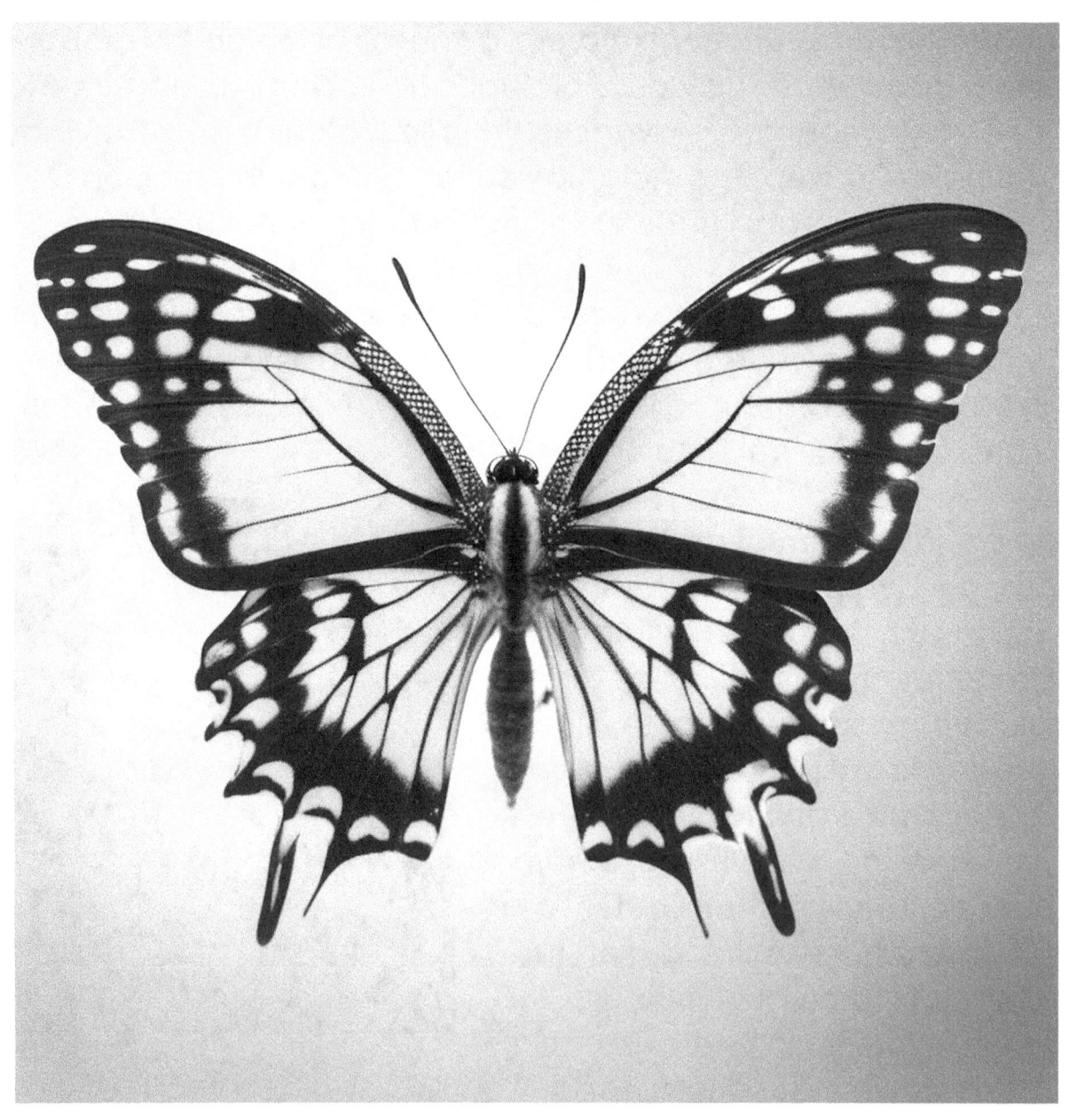

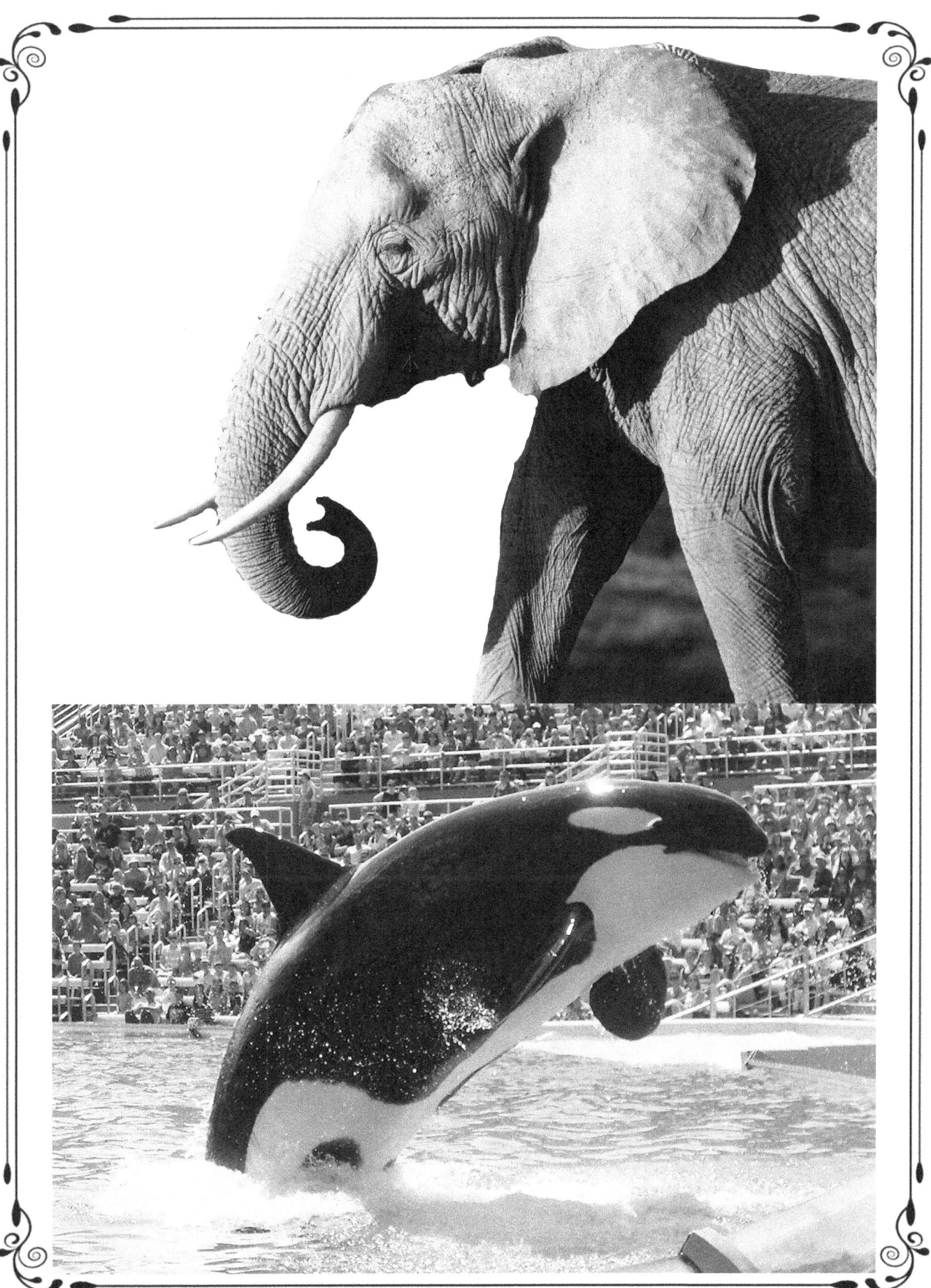

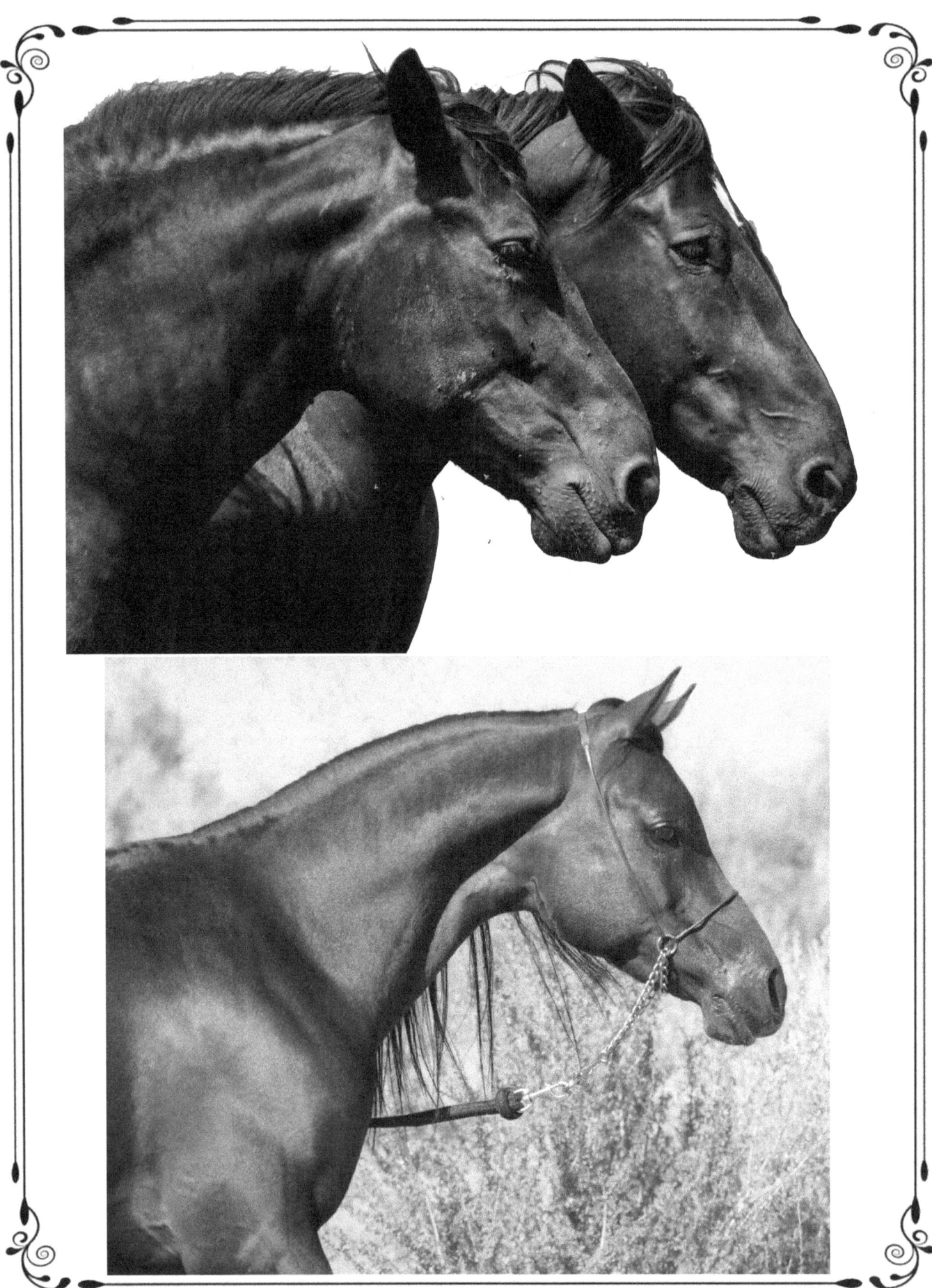

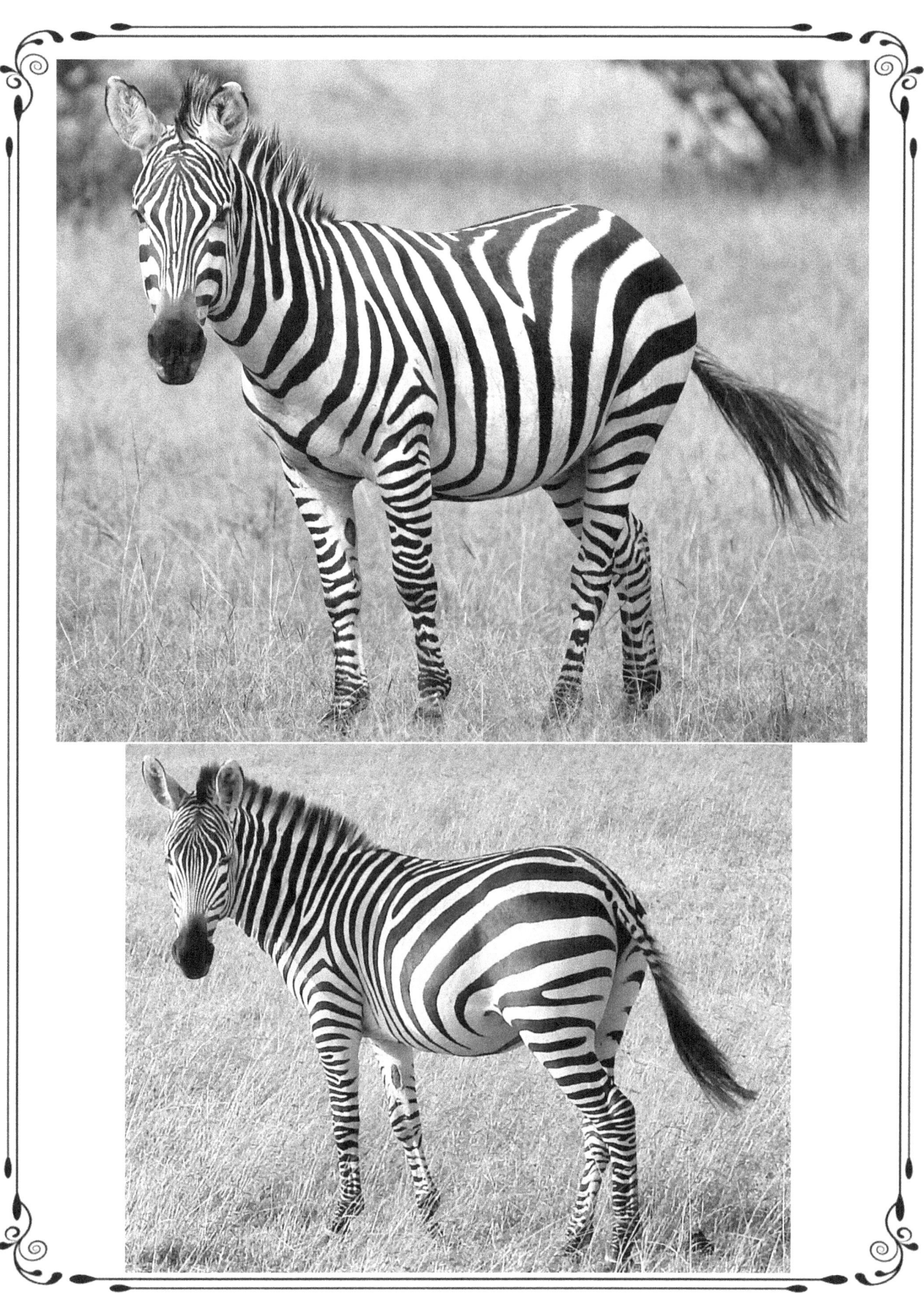

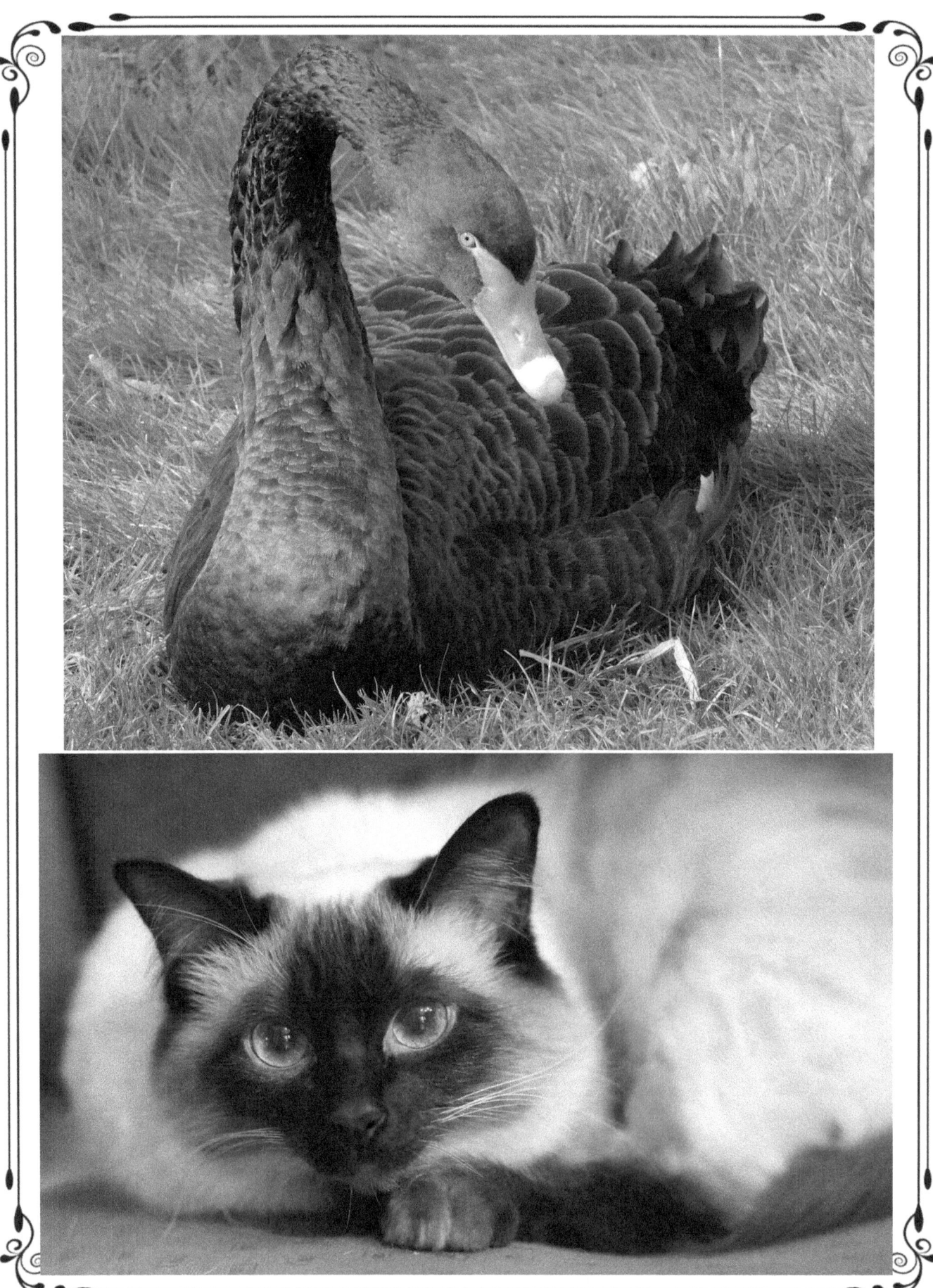

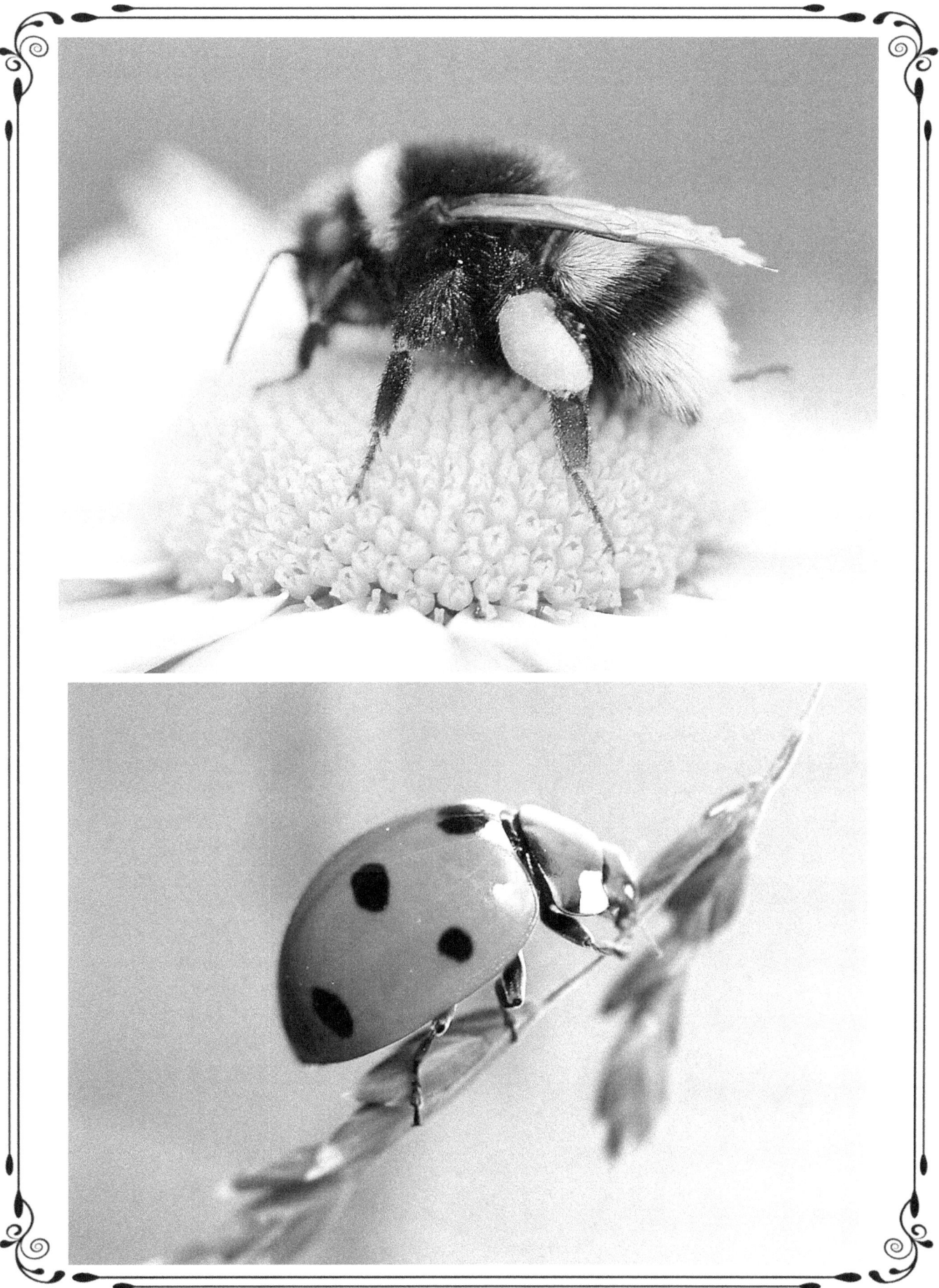